化學學科核心素養
與教學設計

江合佩 / 编著

海峡出版发行集团 | 福建教育出版社

图书在版编目(CIP)数据

化学学科核心素养与教学设计/江合佩编著.—福州:福建教育出版社,2020.9(2024.7重印)
 ISBN 978-7-5334-8514-6

Ⅰ.①化…　Ⅱ.①江…　Ⅲ.①中学化学课－教学设计　Ⅳ.①G633.82

中国版本图书馆 CIP 数据核字(2019)第 176860 号

Huaxue Xueke Hexin Suyang Yu Jiaoxue Sheji

化学学科核心素养与教学设计

江合佩　编著

出版发行	福建教育出版社 (福州市梦山路 27 号　邮编:350025　网址:www.fep.com.cn) 编辑部电话:0591-83763372 发行部电话:0591-83721876　87115073　010-62024258)
出 版 人	江金辉
印　　刷	福州万紫千红印刷有限公司 (福州市闽侯县南屿镇高岐村安里 6 号　邮编:350109)
开　　本	787 毫米×1092 毫米　1/16
印　　张	18
字　　数	413 千字
版　　次	2020 年 9 月第 1 版　2024 年 7 月第 4 次印刷
书　　号	ISBN 978-7-5334-8514-6
定　　价	48.00 元

如发现本书印装质量问题,请向本社出版科(电话:0591-83726019)调换。

序

2020年，一个注定载入历史的一年！在盛夏时节，有幸受我的好友江合佩老师邀请，为他的最新研究成果《化学学科核心素养与教学设计》作序。江老师作为一名在化学教学和教研领域探索的实践者和思考者，对于化学学科核心素养导向下的教学关注由来已久。随着我国课程改革的不断深入，基于核心素养的学科教学研究备受全国广大教育研究者的青睐，江老师博采众长，抽提出各家精华，进行有效整合，形成了具有鲜明厦门教研特色的理论探索与教学实践。

教育部颁布的《关于全面深化课程改革落实立德树人根本任务的意见》中把核心素养界定为"学生应具备的适应终身发展和社会发展需要的必备品格和关键能力"。对于核心素养的发展，化学学科核心素养的基本内涵，以及如何基于核心素养进行教学设计等热点问题，江合佩老师在其编著的《化学学科核心素养与教学设计》一书中都进行了详细阐释。概括起来，本书具有以下特色。

一、注重学术理论引领，全面解读了核心素养的发展历程

2016年北师大林崇德团队发布《中国学生发展核心素养》，从文化基础、自主发展和社会参与三个方面，明确了中国学生应具备的、能够适应终身发展和社会发展进步需要的必备品格、关键能力和正确价值观念。至此，关于核心素养的相关研究在我国迅速发展，但对于核心素养提出的意义及核心素养的发展历程，核心素养和学科核心素养之间的关系等问题，很多教育工作者并不十分清楚。在本书中，江合佩老师分别从提出核心素养的必要性、从核心素养到学生发展核心素养、从学生发展核心素养到化学学科核心素养三个方面，参考国内外知名学者文献，全面解读了从核心素养到化学学科核心素养的发展历程，为广大读者进行了释疑解惑。

二、注重学科特色彰显，详细解读了化学学科核心素养的内涵精髓

化学是自然科学领域的一门重要基础学科，化学学科核心素养必然是科学素养的重要组成部分。理解化学学科核心素养，要认识化学学科核心素养的具体内涵及精神实质，理解化学学科核心素养各个素养之间的关系，并要从哲学本体认识论的视角认识化学学科核心素养内部之间的关系。在本书中，江合佩老师分别从化学学科核心素养的建构路径、化学学科核心素养的特点及变化、化学学科核心素养目标达成等方面进行详细解读。另外，江合佩老师还围绕《普通高中化学课程标准（2017年版）》提出的"宏观辨识与微观探析、变化观念与平衡思想、证据推理与模型认知、科学探究与创新意识、科学态度与社会责任"化学学科五大核心素养，分章节分别从学科核心素养的内涵及体现、发展学科核心素养的教学策略等方面进行了深度解读。

三、注重教学案例示范，深度剖析了发展学科核心素养的教学设计

随着我国基础教育课程改革的不断深入发展，核心素养导向下的课堂教学如何基于新课程标准和学生需求进行有效设计，对广大教育工作者提出了新的挑战。在本书中，江合佩老师在解读相关理论知识和剖析如何发展化学学科核心素养的策略研究过程中，从《化学教育》《化学教学》和《中学化学教学参考》等全国中文核心期刊上，遴选国内优秀教师的优质教学案例分主题进行介绍，对如何聚焦化学学科核心素养进行教学设计做了全面的解读。同时，还围绕基于真实情境的项目式教学、以深度学习发展学生高阶思维、以化学史浸润核心素养的培育、以信息技术促进课堂教学转型及单元整体教学设计等方面，深度解读如何促进学生化学学科核心素养发展的教学模式。

综上所述，本书从核心素养的视角，博览群书，旁征博引，汇聚古今内外有关素养、核心素养发展与评价的主要观点和研究成果，紧跟教育要立德树人的时代要求，聚焦新课程标准发展学生学科核心素养的理念，注重理论与实践结合，深度探讨教学设计和核心素养的关系。同时，结合化学学科的特点，精选典型化学学科教学案例，探讨如何聚焦化学学科核心素养进行课堂教学设计，促进学生全面发展。本书具有很强的示范性和可操作性，具有较高的推广价值。

最后，期待江合佩老师编著的《化学学科核心素养与教学设计》一书对广大中学化学教师起到借鉴和启示作用，助推我国基础教育课程教学改革。

王　春

2020年夏于北京教育学院

（作者为北京教育学院教授，特教教师工作室负责人）

第一章　从核心素养到化学学科核心素养 /1
　第一节　提出核心素养的必要性 /1
　第二节　从核心素养到学生发展核心素养 /4
　第三节　从学生发展核心素养到化学学科核心素养 /15

第二章　化学学科核心素养 /21
　第一节　化学学科核心素养的建构路径 /21
　第二节　化学学科核心素养的特点及变化 /35
　第三节　化学学科核心素养目标达成 /58

第三章　宏观辨识与微观探析 /61
　第一节　宏观辨识与微观探析的内涵及体现 /61
　第二节　发展宏观辨识与微观探析素养的教学策略 /68
　第三节　发展宏观辨识与微观探析素养的教学设计研究 /74

第四章　变化观念与平衡思想 /93
　第一节　变化观念与平衡思想的内涵及体现 /93
　第二节　发展变化观念与平衡思想素养的教学策略 /101
　第三节　发展变化观念与平衡思想素养的教学设计研究 /105

第五章 证据推理与模型认知 /128
第一节 证据推理与模型认知的内涵及体现 /128
第二节 发展证据推理与模型认知素养的教学策略 /143
第三节 发展证据推理与模型认知素养的教学设计研究 /150

第六章 科学探究与创新意识 /169
第一节 科学探究与创新意识的内涵及体现 /169
第二节 发展科学探究与创新意识素养的教学策略 /176
第三节 发展科学探究与创新意识素养的教学设计研究 /181

第七章 科学态度与社会责任 /202
第一节 科学态度与社会责任的内涵及体现 /202
第二节 发展科学态度与社会责任素养的教学策略 /207
第三节 发展科学态度与社会责任素养的教学设计研究 /212

第八章 促进学生化学学科核心素养发展的教学模式 /234
第一节 基于真实情境的项目式教学 /235
第二节 单元整体教学模式 /249
第三节 以学习任务促进素养发展 /254
第四节 以深度学习发展学生高阶思维 /258
第五节 以化学史浸润核心素养的培育 /265
第六节 以信息技术促进课堂教学转型 /272

后记 /280

第一章
从核心素养到化学学科核心素养

第一节 提出核心素养的必要性

一、合格的社会公民的培育呼唤核心素养的提出

1920年,在印度加尔各答东北一个名叫米德纳波尔的小城,有人在晚上见到两个用四肢走路、长得像人的怪物尾随在三只大狼后面出没于附近森林。后来人们打死了大狼,在狼窝里找到这两个怪物,发现它们原来是两个裸体的女孩,其中大的约七八岁,小的约两岁。这两个女孩被送到米德纳波尔的孤儿院抚养,大的取名卡玛拉,小的取名阿玛拉。她们刚被发现时用四肢行走;白天睡觉,晚上出来活动;怕火、怕光、怕水洗;只知道饿了找吃的,吃饱了就睡;不吃素食只吃肉;不用手拿食物,而是放在地上用牙齿撕咬;不会说话,午夜后会像狼一样引颈长嗥。由于她们的生活习性和行为方式与狼一样,所以被称为"狼孩"。阿玛拉第二年就死了,卡玛拉活了大约九年。卡玛拉刚被发现时只懂得一般6个月婴儿所懂得的事,人们花了很大气力才使她初步适应人类的生活方式:她2年后才会直立,6年后才艰难地学会独立行走,但快跑时还得四肢并用;4年内只学会6个词,听懂几句话,直到第7年才学会45个词,至死也未真正学会讲话。在最后的3年中,卡玛拉终于学会在晚上睡觉,也怕黑暗了。卡玛拉在1929年死去,死时16岁左右,但智力只相当于三四岁的孩子。

这起"狼孩"事件当时在世界多国引起轰动。这种野兽哺育人类幼童的事例不止一件。1758年,著名的瑞典生物学家林耐在其生物分类学著作《自然系统》(第10版)中就记载了野兽哺育孩子的事例:1344年在德国黑森发现被狼哺育长大的小孩;1661年在立陶宛发现与熊一起长大的小孩;1672年在伊朗发现绵羊哺育的小孩。20世纪70年代在印度又发现了一个从小被狼攫取并哺育长大的人类幼童;2007年在俄罗斯中部山区和柬埔寨偏远地区都发现类似的"半人半兽"情况:像狼那样嗥叫,像狼那样吃东西,手指甲和脚趾甲就像狼爪,而且爱咬人。

"狼孩"事件给人类深深的警醒,人的语言天赋、智力的开发、人的社会性不是与生俱来的,是需要生活在特定的人类社会群体中共同相互作用的结果。人如何利用、改造工具,人如何与人相互打交道体现人的社会性,人如何通过外界对自己的反馈建立人的所谓"自我",都需要社会性一起建构而成。因此从"狼孩"事件可以给我们如下启示。

第一,"狼孩"事件说明直立行走和语言不是人类与生俱来的本能,而是需要后天通过在人类社会群体中不断实践操练而来的。人是高度社会化的动物,脱离了人所处的社会环境,脱离了集体生活,人所特有的文化习性、智慧和才能就很难发展,就很难发展高级的语言交流,虽然有手,但是没有经过对工具的使用和改造,大脑很难形成各种突触,很难形成高级思维。

第二,"狼孩"事件说明在孩子幼儿阶段关键期的社会性培育非常重要。孩子从出生到上小学之前,体重直线上升,脑容量不断增加,此时正是孩子模仿学习,建立其社会属性和人类属性的"关键期"。如何与人交流,如何与人高质量地交流,如何学会直立行走,如何用手来使用工具,如何利用工具来为自己服务,这些我们看似稀松平常的事情,但是对于孩子来说却是不能逾越的天堑。"狼孩"由于在狼这个群体中成长,其幼儿初期建立的属性是动物属性,其认知主要是动物的生存捕猎行为,而不是人类高级的交流、改造技能,因此错失了幼儿"关键期",智力远远落后于同龄人。

第三,人的语言发展也有"关键敏感期"。在关键敏感期的牙牙学语,不断刺激大脑的神经中枢,不断形成突触,这些突触不断进行有效连接,发展孩子的智力。有研究表明,将一个5岁的小孩置于3种语言的环境中,孩子能在不经过任何授课情况下灵活自如地运用和掌握。人的很多技能需要在大量的练习中才能掌握,同样人的抽象思维和理性意识也不是与生俱来的,而是儿童长期置身于不断进行具象描述、抽象建模、问题解决的社会环境中,不断进行潜意识地模仿形成的结果。

第四,人类个体的成长过程正如整个人类发展简史重演一样,人类个体智力的成长过程浓缩了人类从类人猿发展到智人的发展过程。约翰·格登和山中伸弥获得2012年诺贝尔生理学或医学奖,是因为他们发现了成熟细胞可以被重新编程而具备多能性,说得通俗点就是"先父遗传被证实",也就是说不仅是人的生物基因可以遗传,人的社会性和意志力也可以部分遗传。也正是如此,处于社会环境中的人可以快速将基因唤醒,不断发展人的直立行走和语言的高级技能,不断通过劳动和实践让人从动物性塑造为具有社会属性的"人"。

简而言之,一个人从自然分娩由生物人发展演化为社会人,是需要一定条件的。处于人类共同思维属性的社会是人由懵懂进阶为聪明甚至智慧必不可少的条件。由于"狼孩"所处的群体属性是狼群,因此其接触的更多的是生存的基本技能,是高度具象的捕猎技能,因此很难发展进化出语言功能,更不能自然模仿使用工具、改造工具、创造工具。因此错失发展关键期的"狼孩"很难融入人类最基本的日常起居,更不要说融入现代高度发达的信息时代了。人由生物人发展成为社会人必须具备以下三个方面的基础。

①自然基础。所谓"种瓜得瓜,种豆得豆"即是如此。要发展出高级智商,首先基础是人,不可能像《西游记》描述的那样,经过修炼,豺狼虎豹皆可以成为人。这是因为人类经过数百万年进化,已经发展出了有高级智商的"大脑",这是个体适应人类社会发展的自然前提。

②社会基础。所谓"龙生龙,凤生凤,老鼠生的儿子会打洞"即是如此。个体人由自然人或者生物人发展成为社会人,必须在人类社会里才能发展出来。社会基础涵盖社会生产方式、政治和法律制度、经济体系、社会规范、价值体系、信仰体系、风俗、种族和民族、家庭、学校、职场、社团或其他组织以及同伴等,其中最重要的是社会生产方式。这些社会因素是个体社会化发展的外部影响条件。

③实践活动基础。这是个体社会化的主体条件，是个体社会化发展的能动因素。个体社会化过程有赖于个体与社会的相互作用，有赖于个人的生理禀赋与社会环境充分接触，有赖于个体参加社会实践活动。如果一个人从小与社会生活隔离，脱离社会实践，即使他具有个体社会化的自然基础，具有健全的神经系统，也不能实现真正的社会化。正常地参加社会实践，正常地进行社会交往，才能获得正常的社会化。生产劳动是人类社会最基本的实践活动，它决定着人的社会化的性质和表现形式。

以上三项基础条件说明，即使是成为人类最基础的社会成员也是有必要条件的。"狼孩"事件表明，即使是人类花很大的力气对"狼孩"进行教化，以期逐渐适应人类社会生活的方式，却还是无能为力，因为已经错过了孩子发展的"关键敏感期"。教育作为一个复杂的系统工程，除了自然人的必要条件之外，孩子所处环境的社会基础、一定的社会实践基础也是构成教育有效性的关键组成部分。教育的可教性，即孔子所提倡的"因材施教"，一定是建立在一定的生理基础、社会基础、心理基础上的，也就是说人们常说的"素质"。从基于知识、技能传授的教育转向面向学生终身发展，适应不断变化的高节奏社会，以期在社会生活中处理好人与自我、人与社会、人与工具之间的相互关系，提出适应学生未来发展的"核心素养"势在必行。

二、学生发展核心素养必须顺应社会未来发展的需要①

人类从蛮荒走向旧石器时代，大约花了300万年；人类从旧石器时代走进新石器时代，大约花了6000年；人类进入青铜时代，大约花了1500年；人类进入铁器时代，大约花了700年；1760年，第一次工业革命，人类进入了蒸汽机时代，机器大量替代手工业；1840年，第二次工业革命，人类进入电气时代；20世纪四五十年代，人类开始了以原子能、电子计算机、空间技术、生物工程为代表的第三次工业革命，人类开始进入信息时代；2003年德国汉诺威工业博览会，以石墨烯、基因工程、虚拟现实、量子信息技术、可控核聚变、清洁能源以及生物技术为代表的第四次工业革命即绿色工业革命拉开帷幕，人类开始进入人工智能时代。人类每次革命性的大进步，都是源于使用的工具的大跨越进步，每次进步的时间也越来越短，每次进步对所处时代的人的要求也越来越高。

人工智能时代对学生知识结构的要求从大工业生产时代的学校习得知识向终身不断自主学习迈进，学生终身发展学习始终是与整个社会的发展密切相连的。学生个人的终身发展是社会发展进步的基础，而社会发展进步又依赖于每个社会劳动者整体素养的提升；社会发展进步呼唤学生终身学习发展，学生终身学习发展也需要社会持续不断向前发展，两者相互促进，互为依存。在人工智能时代，越来越多的自动化、高度程序化的工作将由人工智能替代，人类将要学会与人工智能和谐共存，共同发展。这个时代更加呼唤教育的育人价值，呼唤发展学生的必备品格和重要的价值观念。除了正确的价值观念外，学生还需要适应未来社会发展的必备知识和关键能力，以期在信息爆炸、知识爆炸的时代获得更好的发展，适应时代对人才的需求。

未来的社会需要的价值观念、必备知识和关键能力，取决于对未来社会发展趋势的研判。

---

① 吴俊明，杨健. 对学生核心素养的再思考——兼议学生核心素养的培育与养成[J]. 化学教学，2017（3）：3-7.

笔者认为未来社会发展主要有如下特点。

一是未来的社会创新将成为社会发展进步的引擎。社会鼓励创新、创造，人越来越多从事创意方面的工作，创新能力越来越成为衡量一个国家发展进步的关键指标。

二是科技发展的速度将越来越快，新技术从研发到应用于生产生活的步伐将逐渐加快。人工智能、万物互联、5G技术将越来越快应用于生活。网络化、信息化、智能化、城市化、都市化发展步伐将越来越快，传统的行业被互联网、人工智能替代的速度也越来越快。

三是我国在本世纪中叶崛起将成为人类发展史上重要的大事件。如何将14亿的人口负担转化为人力资源，如何在高度老龄化的情况下继续高质量地发展，如何在日益多元化的国际社会始终占据国际舞台中央，这些挑战使得对人才的需求和培育将越来越受到重视。

四是高质量发展的社会对教育、医疗及社会保障的要求越来越高，对现行大工业时代的教育、医疗及社会保障体系提出了巨大的挑战。和谐、进步、发展、跨越等命题将由教育培养的人才所决定。

五是各种文化思潮、价值观念风起云涌，如何在技术进步的同时让人类的灵魂跟上发展，如何协调发展与资源不均的问题，如何协调发展与环境的问题，如何协调发展与制度进步的问题，如何协调发展与保障每一位个体获得发展的红利问题等，都将成为教育工作者需要思考和解决的问题。

因此，核心素养的确定需要紧紧围绕"立德树人"的根本要求，坚持以人为本，坚持科学性，坚持时代性，强化民族性。在价值观日益多元化的今天，如何铸好学生发展的根和魂，如何培育具有正确的价值观、追求真善美、有宽厚文化积淀、有高尚精神价值追求的学生显得尤为重要。因此学生发展核心素养遴选最重要的视角是文化基础。需要从学生的人文底蕴及科学精神两个层面进行构建，要培育有着中国心、被中国文化传统浸润、有国际理解的学生，同时有高度科学理性、有批判性思维、有质疑思维品质的学生。其次，学生发展核心素养遴选的视角是个人的自主发展。面临知识爆炸和信息爆炸，如何遴选有用的信息，如何合理安排自己的工作和学习，如何学会学习、健康生活显得尤为重要。再次，学生发展核心素养遴选的视角是如何强化学生的主动社会参与。如何协调好人与自我、人与社会之间的关系，如何增强社会责任感，主动提升创新精神和创新意识，强化责任担当和实践创新，培育信息意识、问题解决以及合理应用技术的能力。

第二节　从核心素养到学生发展核心素养

一、核心素养提出的时代背景[①]

传统意义上的大工业时代流水线式的培养学生的模式很显然已经跟不上时代对人才的需求。教育培养的个性化、针对化、精准化，学习场域的泛在性，学习过程的多元性，使得教育

---

① 朱鹏飞，徐惠. 核心素养的研究进展及对化学核心素养构建的启示[J]. 化学教学，2015 (7)：3-7.

的藩篱与界限越来越模糊化。为了适应时代对人才的新需求，教育必须传递给学生的最重要、最关键、最必要、最核心的素养，即核心素养（key competencies）[①]。

1997年国际经合组织（简称OECD）为了研究未来社会对未来人才的需求启动了"素养的界定与遴选：理论和概念基础"项目，研究的目的是为了要搞清楚社会需求与个人愿景和谐统一需要什么样的核心素养。紧接着欧盟为了应对人工智能时代以及全球化浪潮的挑战，在内部经济、社会治理高度融合而文化多样性、冲突进一步加剧的背景下，在教育及教育培训领域进行大刀阔斧的改革，大力推进终身学习战略，提出以核心素养替代传统的"读写算"能力。这一项改革运动引发了全球各国的效仿和参照。2002年，在美国联邦教育部主持下成立了"21世纪技能合作组织"，对人才的要求从"3Rs"升级到"4Cs"，即"核心课程和21世纪教育主题（Core Subjects and 21st Century Themes），生活和工作技能（Life and Career Skills），学习和创新技能（Learning and Innovation Skills），信息、媒体与技术技能（Information, Media and Technology Skills）"，也就是大家所熟知的"彩虹桥"模型。此后加拿大、芬兰、日本、澳大利亚也相继启动了核心素养的研究并以此为抓手开始课程改革。

我国也于2014年开始由教育部委托北师大林崇德团队着手研究，于2016年发布了《中国学生发展核心素养（征求意见稿）》，核心素养成为世界教育改革的潮流。值得说明的是我国核心素养的提出并非是对世界教育改革潮流的简单跟风，而是我们国家教育和新一轮基础教育课程改革发展到一定阶段的必然选择，是对我国自上世纪80年代起提出的素质教育的进一步突破和深化。经过多年教育改革，素质教育成效显著，但"与立德树人的要求还存在一定差距"，主要表现在："重智轻德，单纯追求分数和升学率，学生的社会责任感、创新精神和实践能力较为薄弱"[②]；"由于过度追求升学率，中小学生课业负担过重，身心健康受到严重损害，学生的学习能力、创新能力、实践能力不足，各级各类学生适应社会和就业的创业能力不强，以分数为本的教育导致人的异化而不是人的解放，学生素质不能适应自身可持续发展的要求，不能适应经济社会变革的要求，不能适应国际竞争的要求"[③]；新一轮课程改革发展过程中，存在着理念超前、部分理念不完善、新课改理念实施艰难，各地对新课改理念的学习程度和接受程度不一等问题[④]。学生核心素养体系的提出试图从教育的顶层设计突破和解决这些痼疾。通过以上分析我们可以得到启示，我国学生核心素养体系的提出一方面源于国际教育发展趋势的影响，一方面受到社会发展和时代进步的推动，更重要的动因来自于我国教育和课程改革呼唤以"立德树人"为核心的基础教育人才培育模式的改变的内在需求。

二、学生核心素养的内涵及价值取向

"核心素养"旨在勾勒人工智能时代新型人才的形象，规约着学校教育的方向、内容与方法。所谓"核心素养"指的是，同职业的实力与人生的成功直接相关的，涵盖了社会技能与动机、人格特征在内的统整的能力。从价值取向来看，已有的核心素养内容体系大致可以分为五

[①] 邵朝友,周文叶,崔允漷.基于核心素养的课程标准研制：国际经验与启示[J].全球教育展望,2015(8)：14-22.
[②] 施久铭.核心素养：为了培养"全面发展的人"[J].人民教育,2014(10)：13-15.
[③] 褚宏启.论教育发展方式的转变[J].教育研究,2011(10)：3-15.
[④] 纪德奎.新课改十年：争鸣与反思——兼论新课改如何穿新鞋走出老路[J].课程·教材·教法,2011(3)：18-24.

大类型：成功生活取向型（以经合组织和我国台湾地区为代表）、终身学习取向型（以欧盟和联合国教科文组织为代表）、个人发展取向型（以新加坡为代表）、综合性取向型（以美国为代表）以及以社会主义核心价值观为取向的中国学生发展核心素养体系。

1. 以"成功生活"为价值取向的经合组织和我国台湾地区的核心素养体系

国际经合组织（OECD）于1997年末启动核心素养框架项目，即"素养界定与选择：理论与概念基础（Definition and Selection of Competences: Theoretical and Conceptual Foundations）"，简称"迪斯科"计划（DeSeCo）。其中将"素养"界定如下："素养不只是知识与技能。它是在特定情境中，通过利用和调动社会资源（包括技能和态度），以满足复杂需要的能力。"同时指出素养的共同价值基础是民主价值观与可持续发展；素养是一种以创造与责任为核心的高级心智能力；素养是后天习得的，而非与生俱来的心理特征；素养是跨领域的，又是多功能的。本着实用的目的，选择并确立最根本、最关键的素养，体现价值性、迁移性、民主性，为此确立了三类核心素养：①交互使用工具的能力，具体包括交互使用语言、符号和文本的能力，交互使用知识和信息的能力，交互使用技术的能力。②在异质群体中有效互动的能力，具体包括与他人建立良好关系的能力、合作能力、管理并化解冲突的能力。③自主行动的能力，具体包括适应宏大情境的行动能力，形成并执行人生规划和个人项目的能力，维护权利、兴趣、范围和需要的能力。三类核心素养的内在逻辑是人与工具、人与社会、人与自我之关系①，具体模型见图1-2-1。

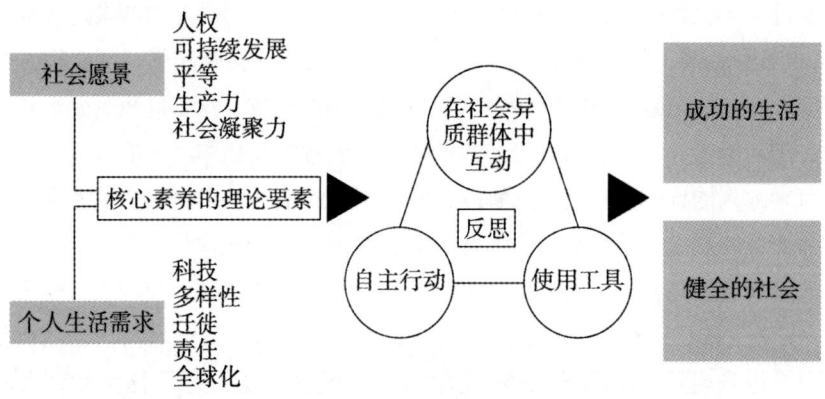

图 1-2-1　经合组织提出的核心素养体系

以"成功生活"为价值取向建立核心素养体系的还有我国台湾地区，其在2014年11月发布的《十二年国民基本教育课程纲要总纲》中指出：本着全人教育精神，以"自发""互动"及"共好"为理念，结合核心素养研定课程目标，将核心素养作为十二年国民基本教育课程核心。台湾地区国民核心素养的一级指标由自主行动力、沟通互动力、社会参与力三个方面构成，一级指标下同样有多个二级指标，如沟通互动力有符号运用与沟通表达、科技资讯与媒体素养、艺术涵养与美感素养。台湾地区核心素养的架构采取"滚动圆轮意向"，强调国民核心素养必须应生活情境所需历经长期培养，并重视与外在社会与自然环境等生活情境的互动联

---

① 张娜. DeSeCo项目关于核心素养的研究及启示 [J]. 教育科学研究，2013 (10)：39~45.

系^①。其核心素养的提出在于协助个人获得成功优质的个人生活，进而建构功能健全的社会。

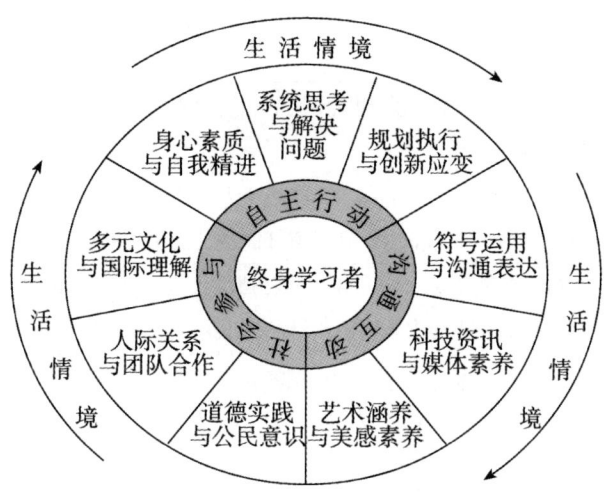

图 1-2-2 我国台湾地区提出的核心素养体系

2. 以"终身学习"为价值取向的欧盟和联合国教科文组织的核心素养体系

为了应对全球化、知识经济和信息时代的挑战，欧洲理事会将提供"新基本技能"作为优先策略，同时强调终身学习，"让学习从学前阶段延展到退休以后"。欧盟将"素养"界定为"适用于特定情境的知识、技能和态度的综合"，将"核心素养"界定为"所有个体达成自我实现和发展、成为主动的公民、融入社会和成功就业所需要的那些素养"。欧盟列出八大核心素养：①母语交际；②外语交际；③数学素养和基础科技素养；④信息素养；⑤学习能力；⑥社会与公民素养；⑦主动意识与创业精神；⑧文化意识和文化表达。对每一个核心素养，欧盟都从必要知识、技能和态度三个方面做出了明确说明，具体相关内容见表1-2-1^②。由表可知欧盟的核心素养内涵及框架有如下特点：首先，欧盟的核心素养是结果取向的，且具体指明其应用领域与情境；其次，欧盟的核心素养框架是由学科素养和跨学科素养两部分构成；第三，欧盟的核心素养与相应的知识、技能和态度的联系更加紧密、明确和具体。

表 1-2-1 欧盟提出的核心素养体系

核心素养类型	核心素养内涵
母语交际	使用母语进行口头或书面表达和解释的能力；在各种社会文化情境中恰当和创造性地运用母语进行交流的能力。
外语交际	在适当范围的社会文化情境中理解、表达与解释的能力；跨文化理解、交流与协调能力。
数学素养与基础科技素养	发展和运用数学思维处理日常生活问题，使用数学模型和数学表征的能力和意愿；使用科学知识和方法体系解释自然界、发现问题和得出基于证据的结论的能力和意愿；应用相关知识和方法达到目的或满足需要；理解人类活动带来的变化及个体公民责任。

---

① 蔡清田. 台湾十二年国民基本教育课程改革核心素养的回顾与前瞻 [J]. 教育学术月刊, 2015 (10): 105-111.
② 裴新宁, 刘新阳. 为21世纪重建教育——欧盟核心素养框架的确立 [J]. 全球教育展望, 2013 (12): 89-102.

续表

核心素养类型	核心素养内涵
信息素养	在工作、生活和交往中自信和批判地使用信息技术的能力，以基本的信息技术能力如使用计算机和互联网的能力为基础。
学习能力	求知的能力和持之以恒地学习的能力，组织个人或团队学习的能力；对学习过程、目标和机会的认识、解决学习困难的能力；在已有知能基础上获取新知的能力。
社会与公民素养	包括个人、人际和跨文化等方面，以有效和建设性的方式处理多变的社会和职业生活的问题、解决冲突的能力；充分参与公民生活，认识和积极民主地参与社会和政治活动。
主动意识与创业精神	个人将想法付诸实现的能力，包括创造创新能力、风险承担能力、计划和管理项目的能力；觉知环境与把握机遇的能力；开展和参与社会活动或商业活动的能力，伦理价值和善治的意识。
文化意识与文化表达	欣赏以音乐、表演艺术、文学和视觉艺术等形式对思想、体验的创造性表达。

联合国教科文组织（UNESCO）于 1996 年在《教育：财富蕴藏其中》报告中首次提出"终身学习"思想，界定了 21 世纪社会公民必备的基本素质，即"学会求知、学会做事、学会共处以及学会生存"。2003 年，又提出了"学会改变"的主张，并将其视为终身学习的第五支柱。2004 年出版的《发展教育的核心素养：来自一些国际和国家的经验和教训》一书，指出核心素养是使个人过上他想要的生活和实现社会良好运行所需要的素养。UNESCO 提出的终身学习五大支柱的核心素养具体指标见表 1-2-2[①]。

表 1-2-2 UNESCO 提出的核心素养体系

五大支柱	具体指标
学会求知	1. 学会学习 2. 注意力 3. 记忆力 4. 思维品质
学会做事	1. 职业技能 2. 社会行为 3. 团队合作 4. 创新进取 5. 冒险精神
学会共处	1. 认识自己的能力 2. 认识他人的能力 3. 同理心 4. 实现共同目标的能力
学会生存	1. 促进自我精神 2. 丰富人格特质 3. 多样化表达能力 4. 责任承诺
学会改变	1. 接受改变 2. 适应改变 3. 主动改变 4. 引领改变

3. 以"个人发展"为价值取向的新加坡的核心素养体系

与以"成功生活"和"终身学习"为价值取向的核心素养体系不同，从新加坡教育部 2014 年发布的《新加坡 21 世纪素养和目标框架》[②]中可以发现，新加坡提出的核心素养体系更加强调教育的个人发展功能，以"个人发展"为价值取向，其旨在培养自信的人、自主的学习者、有担当的公民和积极的贡献者。

价值观是知识和能力的基础，决定人的性格。因而新加坡提出的结构模型（如图 1-2-3 所示）中核心价值观占据核心位置，进而发展出与完善自我相关的能力素养和未来社会所需要的

[①] 钟启泉. 核心素养的"核心"在哪里——核心素养研究的构图 [J]. 中国教育报，2015（4）：7.
[②] 新加坡教育部. 21 世纪素养和目标框架 [eb/ol]. http://www.moe.gov.sg/education/21cc.

素养，包含三个维度：交流、合作和信息素养，公民素养、全球意识和跨文化素养，批判性、创新性素养，在结构模型的最外围是核心素养发展最终要达到的目标——培养什么样的人：自信的人、自主的学习者、有担当的公民和积极的贡献者。

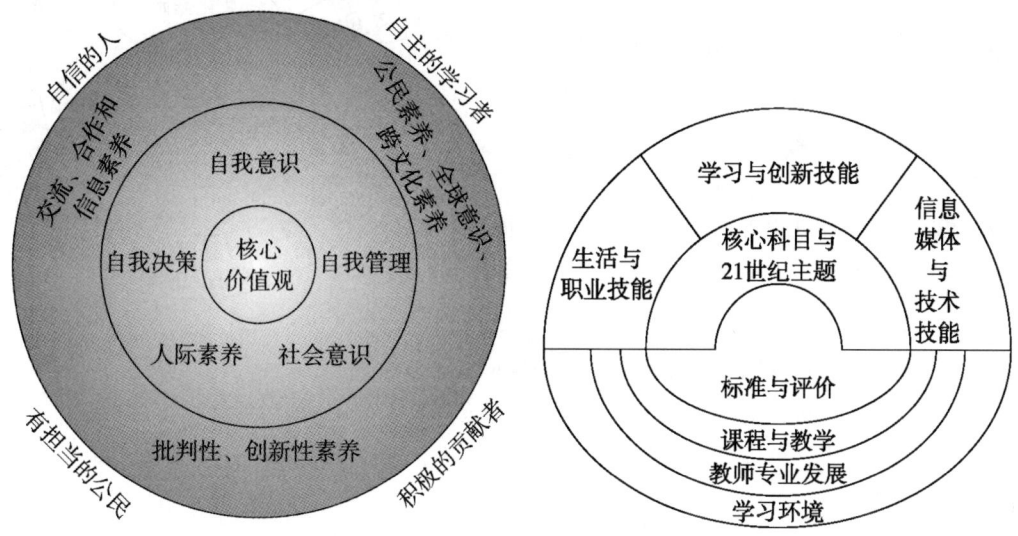

图 1-2-3　新加坡提出的核心素养体系　　　　图 1-2-4　美国提出的核心素养体系

4. 以"综合性"为取向的美国的 21 世纪素养体系

2007 年，美国发布了"21 世纪素养"框架的最新版本，主要包含三个部分：核心素养内涵、培养核心素养所依托的载体和支持系统，整体呈一个彩虹形状。在彩虹部分的外环是核心素养的三个维度，包含：生活与职业技能、学习与创新技能和信息媒体与技术技能。这些核心素养的达成需要以核心科目和跨学科的 21 世纪主题为载体达成，因此就有了彩虹的内环部分。在彩虹图的基座部分还提出了四大支持核心素养培养的系统，包括：核心素养质量标准和评价、课程与教学、教师专业发展和学习环境，如图 1-2-4 所示。[①]

"21 世纪素养"有如下典型特点[②]：首先，它把核心学科和 21 世纪主题与 21 世纪技能既做了清晰区分，又使两者有机融合，由此使知识与技能相得益彰；其次，它把核心学科与具有跨学科性质的 21 世纪主题既做了清晰区分，又使两者有机融合，由此使学科课程与跨学科课程相得益彰；第三，它对 21 世纪技能既做了清晰分类，又恰当处理了彼此之间的关系，由此形成了完整的 21 世纪技能或素养体系；第四，它为如何实施"21 世纪学习框架"提供了完备的支持系统，包括"21 世纪标准""21 世纪评价""21 世纪课程与教学""21 世纪教师专业发展""21 世纪学习环境"五个彼此联系的子系统，由此为框架实施提供了保障。

5. 以"社会主义核心价值观"为取向的中国学生发展核心素养体系

2016 年 2 月，受教育部基础教育二司委托，北师大林崇德团队发布了《中国学生发展核心素养（征求意见稿）》，指出我国学生发展核心素养综合表现为六大素养（见图 1-2-5），具体

[①] 张义兵. 美国的"21 世纪技能"内涵解读——兼析对我国基础教育改革的启示 [J]. 比较教育研究，2012（5）：86-89.
[②] 钟启泉，崔允漷主编. 核心素养研究 [M]. 上海：华东师范大学出版社，2018：30.

为：人文底蕴、科学精神；学会学习、健康生活；责任担当、实践创新。每个一级核心素养下还包含三个二级核心素养。①

综合分析比较不同国际组织、国家（地区）和专业机构的核心素养的内涵及框架，荷兰学者沃格特②等人经过对比分析比较研究后得出如下结论：①所有框架共同倡导的核心素养是四个，即协作，交往，信息素养技术素养，社会和文化技能、公民素养；②大多数框架倡导的核心素养是另外四个，即创造性，批判性思维，问题解决，开发高质量产品的能力或生产性。这八大素养是人类在人工智能时代的共同追求，可称为"世界共同核心素养"，将其进一步提炼简化，即协作（collaboration）、交往（communication）、创造性（creativity）、批判性思维（critical thinking），由此构成享誉世界的"21世纪4Cs"。其中，前两者属非认知性素养，即社会性素养，后两者属认知性素养。

图 1-2-5　我国提出的核心素养体系

三、我国学生发展核心素养的意义、内涵、结构与特点

人由自然人向社会人迈进，教育是重要的手段及途径，倡导基于核心素养培育的教学势在必行。素养是人在特定情境中综合运用知识、技能和态度解决问题的高级能力与人性能力。核心素养是人适应人工智能时代和知识经济时代的需要，解决复杂问题和适应可预测情境的高级能力与人性能力。核心素养是对农业和工业时代"基本技能"的发展与超越，其核心是创造性思维能力与复杂交往能力。核心素养具有时代性、综合性、跨领域与复杂性。要深入地了解核心素养，需要了解它的核心意义所在，以及它的内涵和结构等。

核心素养的核心意义主要体现在：①根据学生的成长规律和社会对人才的需求，把对学生德智体美劳全面发展总体要求和社会主义核心价值观的有关内容具体化、细化，深入回答"培养什么人、怎样培养人"的问题，全面系统体现核心价值观的基本内容和要求。②明确学生应具备的适应终身发展和社会发展需要的必备品格和关键能力。③进一步明确各学段、各学科具体的育人目标和任务，完善高校和中小学课程有关标准。④明确学生完成不同学段、不同年级、不同学科学习内容后应该达到的程度要求，指导教师准确把握教学的深度和广度，使考试评价更加准确反映人才培养要求的根据。

什么是核心素养？教育部《关于全面深化课程改革落实立德树人根本任务的意见》把核心素养界定为"学生应具备的适应终身发展和社会发展需要的必备品格和关键能力"，并扼要点明其要点"突出强调个人修养、社会关爱、家国情怀，更加注重自主发展、合作参与、创新实践"。

---

① 中国教育学会. 中国学生发展核心素养（征求意见稿）[J]. 2016.

② Voogt, J. & Roblin, N. A comparative analysis of international frameworks for 21st century competences: Implication for national curriculum polices [J]. Journal of Curriculum Studies, 2012, 44：3, 299-321, 309.

什么是品格？品格中的"品"有品质、等级、表现等意，"格"则有标准式样、规格、人格（人的道德品质）、格调等意；两字合起之后的"品格"是指人的思想、认识、言语、举止、态度、情操、意志、兴趣、追求等所表现出的一定水准的品质、品性，大体上可以分为认识、情感、行为、意志追求等相互关联的几个方面。高尚的品格是人性的最高形式的体现，能最大限度地展现出人的价值，所以品格历来受到人们尊重和崇尚。

　　什么是关键能力？这里的"关键能力"不仅是单纯的知识技能，而是包括了运用知识、技能、态度在内的心理的社会的资源，来应对特定的情境中复杂问题的能力。国际经合组织（OECD）界定的关键能力由三种能力构成[①]：一是使用工具进行沟通的能力（使用语言符号及文本沟通互动的能力；使用知识与信息沟通互动的能力；使用技术沟通互动的能力）；二是在异质集体交流的能力（构筑与他者关系的能力；团队合作的能力；处理与解决冲突的能力）；三是自律地行动的能力（在复杂的大环境中行动与决策的能力；设计与实施人生规划、个人计划的能力；伸张自己的权益、边界与需求的能力）。美国提出的"21世纪型能力"则是在学科内容的知识之上加上了在21世纪社会里所必需的高阶认知能力，即批判性思维、沟通能力、协同与创造性。我国教育部文件则把关键能力界定为"学生应具备的适应终身发展和社会发展需要的关键能力"，明确排除了职业核心能力、与职业岗位关系密切的非专业能力以及专业能力（因为学生尚无职业），也排除了"对现代生产和社会顺利运转起关键作用的能力"。

　　综合上述分析可知，适应学生未来终身发展的"关键能力"主要包括与人沟通交流的能力、与工具互联互通的能力、自主学习的能力。在我国学生发展核心素养体系的3个维度中，学习能力必须贯彻自律性、自觉性、自主性、自省性，以期在学会学习、健康生活中实现自主发展；沟通能力必须贯彻交互性、合作性、互利性、互融性，以期在发展文化基础的过程中提升人文底蕴、科学精神水平；实践能力必须贯彻实操性、反思性、过程性、体验性，以期在社会参与中提升学生责任担当、实践创新意识。

　　核心素养具有鲜明的社会属性，反映了一个国家对未来人才的愿景与想象，核心素养不但反映了时代对人才的要求，更反映了国家对人才的期许。我国当前已经进入了有中国特色的社会主义新时代，由制造大国向创新大国迈进，经济也由追求体量向追求高质量迈进，在这样特殊的时代背景下，勾勒我国学生发展核心素养的图景，既要继承中华优秀传统文化基因，更要反映为实现中华民族伟大复兴、实现中华伟大崛起对人才培育的特殊要求。因此，简单照搬他国或者其他国际组织的经验显然是行不通的，必须广泛学习国际先进经验，仔细研究当前我国的国情，形成具有中国特色，有国际视野和前沿视角的中国学生发展的核心素养体系。

四、学生发展核心素养的培育与养成

　　学生发展核心素养的培育与养成涉及必备品格与关键能力的培养，绝不是一蹴而就的事情，必须循序渐进，全社会与个人相互联动，遵循人才培养的相关规律，达成核心素养目标的落地。

---

① 田中义隆. 21世纪型能力与各国的教育实践 [M]. 东京：明石书店，2015：17-21，23，22-25.

1. 知、情、行、意联动

必备品格是由人的思想、认识、语言、举止、态度、情操、意志、追求等综合内化所表现出一定水平的品质、品行，是个体在一定的社会环境和教育环境中外显出的某些相对稳定的行为特征。认识必备品格是人与社会相互作用的结果，有助于形成必备品格，有助于向丰富情感、坚强意志等期望的教育方向迈进。行为则是品格的外显，只有知、情、行、意相互联动，才能形成相对稳定的性格特征，才能让个体在社会群体中得到认可，才能让个体相信自己的行为符合社会行为规范。因此知、情、行、意对目标品格的形成都是至关重要的，不可偏废任何一方。

关键能力的形成离不开知识的输入。知识分为陈述性知识、程序性知识和认知性知识，个体只有先通过经验、观察输入陈述性知识，经过加工、内化，形成程序性知识，形成对未知问题程序性的类比迁移，从高度具化的事实抽象、概括，然后逐步内化，形成相对稳定的认识，才能转化为能力。熟练度、敏捷性是判断从知识的习得到能力的形成的重要标志。因此，要获得关键能力，必须要有一定的知识输入量，必须有足够的训练量，知识和能力两者并不矛盾，而是互为因果。

2. 积极开展实践活动

有了足够的知识输入或者说掌握一定的理论知识并不一定能形成解决问题的能力，只有在真实的现实体验中，通过理论认知和事实体验相互印证，或者在解决问题过程遇到新的问题，通过观察、比较、分类、论证、设计、评价逐步外显为可观测的能力。关键能力的养成离不开实践活动的开展，离不开活动中的体验感、现场感。理论认识应用于实践体验，实践体验梳理总结概括为新的理论认知，新的理论认知又进一步促进原有理论认识的发展，形成完整的哲学认识论。离开了具体实践活动的开展，既不能形成关键能力，也不能发展个体的关键能力，因此，核心素养的培育离不开实践活动。

3. 注意发挥背景知识对于基本品质培育与养成的特殊意义

已有认知，包括学习内容形成或存在的自然或社会环境背景、历史背景、价值背景、领域层次属性、总体和逻辑背景（学科背景）以及教学背景等方面的知识，它们反映着知识在空间和时间维度上广泛的内、外联系。结合背景知识开展学科教学活动，能够凸现学习内容的实践性和社会性，弥补课堂教学在空间和时间方面的局限，增强教学的有效性。了解有关的背景知识，有利于增强学生相关学习的可理解性和自主性，因而对于必备品质和关键能力的培养具有特别意义，应该充分重视。

4. 营造良好的社会环境

虽然品格和关键能力都是个体表现出的稳定的特征，然而它们实质上具有社会性、时代性，反映了一定时代社会的特点和要求。良好的社会环境有助于必备品格和关键能力的实现、稳定与强化，因而是核心素养培育的重要因素。必备品格通常在社会交往中表现，良好的社会环境对于必备品格来说格外重要，建立并用好社会实践基地十分重要。

5. 搞好核心素养评价

教育评价不但具有鉴定功能，还具有激励功能、反馈功能和诊断功能。要努力设计好核心素养评价系统，研制好核心素养评价工具，不断探索。

由上可知，核心素养的培育与养成绝不是闭门造车，应该充分发挥人的社会性特点，营造良好的社会环境，充分发挥个人的主观能动性，知、情、行、意相互联动，不断将获得的间接经验转化为实践感悟，做中学、做中悟，同时要充分发挥评价的正向激励性功能，形成整体的合力，促进核心素养的落地。

五、核心素养与知识、情境、技能以及三维目标的关系

1. 素养与知识

素养不是知识，知识的积累不会必然带来素养的发展，相反，碎片化的知识反而会阻碍素养的形成与发展。倘若秉持僵化、凝固的知识观，并加以灌输、强化训练以传授知识，知识的积累反而会导致素养的衰减甚至泯灭，甚至会出现范进中举式的新儒林外史。但是素养离不开知识，没有知识，素养就是无源之水、无本之木。相反，素养的形成与发展不仅需要知识，而且需要高度结构化的知识，要求知识从结构化向功能化发展，甚至要求知识从功能化向素养化发展，将知识形成解决或者解构一类问题的工具。

如何正确处理两者之间的相互关系呢？第一，转变知识观，不再把知识当做"客观真理"或"固定事实"，而使之成为探究的对象或使用的资源，使得知识变得具有解构的意义或者类比迁移的价值。第二，将知识提升为观念。就化学学科而言，将学科知识提升为学科观念，利用学科大概念来解构学科问题。通过学习元素及其化合物，要从具体的物质转化过程中抽离出其中要么是没有化合价变化遵循物质类属通性的类维，要么就是有化合价变化遵循物质氧化还原性的价维，由此抽离出"价类二维"的变化观，形成解决物质及其转化问题的一般思路。第三，尊重学生的个人知识。所谓"个人知识"，即个体与学科知识和生活世界互动时所产生的自己的思想或者经验。人工智能时代强调创新和创造，强调个性化地发展自己的知识和认识，强调基于每个鲜活的生命个体来发展新的认知。第四，转变知识学习方式，倡导深度学习与协作学习。"知识＋实践＝素养"，只有不断强调知识的应用和类比迁移的价值，让知识在探究和实践甚至解决真实问题过程中彰显其功能与价值。

2. 素养与情境

素养的形成与发展必须根植于真实的问题情境，必须根植于广泛的实践。因此，素养的形成和发展与真实情境的创设有着密不可分的关系。第一，素养依赖于情境。素养是一种复杂、高级、综合、功能化的能力，其形成与发展只能在真实的情境之中才能形成。倘若离开真实情境，可能有知识技能熟练掌握，断无素养的形成与发展。第二，素养超越情境。人工智能时代，知识日益情境化，情境日益复杂多元化。只有将知识根植于真实复杂情境，才能找到知识学习的意义，促进素养的发展。第三，素养的形成与发展需要关注虚拟环境和人的发展的影响。人工智能时代由于"增强现实"技术的发展使得人不需要事事、时时去进行真实的体验、感悟，利用相应的技术构筑相应的真实场景也能帮助问题的解决。

3. 素养与技能

以 4Cs 为代表的 21 世纪人工智能时代的核心素养，与农业和工业时代以读写算（即传统 3Rs）为代表的基本技能是一种继承与发展的关系。第一，基本技能与基本知识（双基）不是

凝固不变、普遍有效的，而是随着时代变迁而不断发展、变化的。第二，核心素养与传统的"双基"是一种包含、融合和超越的关系，而非简单叠加。核心素养并不排斥传统的"双基"，相反，核心素养的形成与发展要求高度熟练化的"双基"。第三，"双基"的学习方式需要根据核心素养的要求而发生根本改变，核心素养本质是解决真实复杂问题的能力，因此只有让学生置身于真实问题情境，亲历复杂的问题解决过程而得到培养。因此需要学生具有高度功能化的基本技能和高度结构化的基础知识。

4. 核心素养与三维目标[①]

"核心素养"与过去提出的"三维目标"有着怎样的逻辑关系？这是广大教育工作者共同关注的话题。有学者形象地将"核心素养"与"三维目标"的关系描述为：落实"双基"是课程目标1.0版，"三维目标"是2.0版，"核心素养"就是3.0版。"核心素养"是"三维目标"的传承。欧盟将"素养"界定成"公民适用于特定情境的知识、技能和态度的综合"，将"核心素养"界定为"所有个体达成自我实现和发展、成为主动的公民、融入社会和成功就业所需要的那些素养"。因而"核心素养"是个体获得成功、融入社会和胜任工作所必备的，集知识、能力和态度为一体的关键能力和品格，是知识与技能、过程与方法、情感态度价值观"三维目标"融为一体的整体表现[②]。知识与技能是形成和发展学生核心素养的基础、前提和载体。

没有知识与技能就不可能形成和发展核心素养，但知识与技能并不等同于素养。建立知识与素养的关系要解决好两个问题，一是"什么样的知识与技能"，二是"如何获取知识与技能"。任何一个学科的知识体系都是由事实性知识、理论原理性知识和学科观念性知识构成的。学科观念凝聚着所在学科思想的精华，是学科知识体系中更本质的东西，处于核心的地位。在信息时代，学科知识的衰减和更新速度空前加快，但学科观念或思想却相对稳定，学科观念也是学生应对复杂的、不可预测的问题时所必需的学科知识与技能的核心所在。因此，舍弃无法穷尽、细小的"知识与技能"的点，将学科知识提升为学科观念，就能形成和发展核心素养。

学科知识与技能是否有利于形成和发展核心素养，还要看知识与技能是如何获取的。机械灌输、被动接受的学科知识和技能不可能形成核心素养，自主探究、主动建构知识的过程才是核心素养发展的前提。学科知识和技能的学习过程，是体验科学探究过程、学习学科特征科学思维方法的过程，同样也是形成正确的态度、情感和价值观的过程。

"核心素养"是"三维目标"的提升和发展。"三维目标"强调在正确的学习过程中自主探究知识与技能、掌握方法、发展能力、培养态度和价值观，"核心素养"要求培养学生适应知识经济、信息时代和全球化社会所必备的"文化基础、自主发展和社会参与"等方面的关键能力和品格。"三维目标"聚焦课程对学生的培养，"核心素养"聚焦教育对学生未来融入社会并获得成功所需要关键能力和品格的培养，"核心素养"更能体现时代发展对人的需求，更能体现以学生发展为本的教育理念；"三维目标"体现现代学科的内在价值，"核心素养"指向多学科、跨学科对学生"关键能力和品格"的贡献，"核心素养"更强调不同学科融合对学生发展的教育价值。

综上所述，首先，核心素养是党的教育方针的具体化、明确化，使得教育目标转化为课程

[①] 吴星. 从三维目标走向核心素养 [J]. 化学教学，2017 (1)：3～7.
[②] 刘国飞等. 核心素养研究述评 [J]. 教育导刊，2016 (3)：5～9.

目标，再进一步落实为教学目标，使得核心素养真正落地。其次，核心素养是所有学生具有最关键、最基础的素养，是核心的核心，是未来时代对每个独立个体的愿景。再次，核心素养具有科学性、时代性、民族性和针对性，是一个系统相互作用的整体，相互依存，不可分割。第四，核心素养是对三维目标的传承与超越，是在我国前几次课改非常好的传统的基础上总结凝练经验，形成具有中国特色化的表达。第五，核心素养强调的是后天学习获得，即可教、可学。第六，核心素养强调真实的、复杂情境中的问题解决能力。强调不是知识的习得或者技能的掌握，而是利用高度结构化的知识和程序化的技能去解决真实复杂的现实问题。第七，核心素养对学生培养的要求整体提高。核心素养视域下的教学不仅仅是知识与技能目标的达成，而是在"立德树人"整体教育目标指引下，突出知识的育人价值与迁移价值，强调学生灵活运用知识类比迁移的能力。

第三节 从学生发展核心素养到化学学科核心素养

一、学生发展核心素养与学科核心素养

学生发展核心素养是社会、国家对一个全人全面发展所勾勒出的素养要求，学科核心素养是本学科从学生发展核心素养的要求出发，根据学科的特点从全人素养中找出本学科的发展点，根据一定的逻辑体系，形成的具有鲜明学科特质的学科核心素养。明辨并处理好两者之间的关系，对如何发展好本学科核心素养，如何将本学科核心素养与其他学科核心素养整合形成最后的育人合力，显得至关重要。

1. 由人的活动看学科核心素养与学生发展核心素养的关系

马克思、恩格斯指出，人的活动的本质是实践活动。实践活动的内容包括处理人与自然关系的劳动实践和处理人与人社会关系的社会实践两个方面，各种社会关系即通过人的活动形成，如图1-3-1所示。

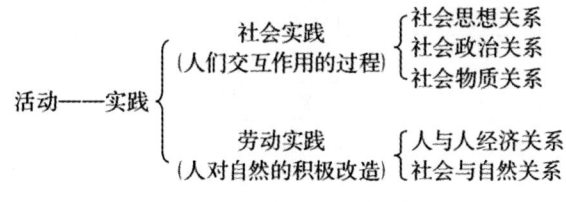

图1-3-1 对人的活动分析

学生发展核心素养包括社会实践、劳动实践，是两者相互整合形成合力共振和谐的结果。学科核心素养则属于上图中的社会或劳动实践。比如化学学科主要是处理物质在原子水平上的相互转化关系的问题，因此属于社会物质关系；地理学科主要关注人与自然、自然与自然、自然与物质、自然与生物之间的关系，因此属于社会与自然的关系；政治学科关注社会政治关系、人与人经济关系，既有社会实践，又有劳动实践。每个学科根据学科特质发展本学科的学科核心素养，形成合力来发展一个全人的学生发展核心素养，其中学校在发挥整合性功能的时

候还需要充分挖掘每个学科的特质与全人核心素养的要求，开发和挖掘相关社会实践和劳动实践校本课程，形成最终的合力，提升学生发展核心素养。

2. 不同学科核心素养的协同作用

不同学科核心素养都根据本学科的特质和特点来梳理、归纳、总结，形成本学科的学科核心素养。以物理、化学、生物三科为例，根据科学素养的四个维度——科学观念认识、科学思维方法、科学探究实践、科学态度与责任，一一对应，物理学科形成物理观念、科学思维、科学探究、科学态度与责任四个物理学科核心素养，生物学科形成生命观念、科学思维、科学探究、社会责任四个生物学科核心素养，化学学科则突出化学学科认识世界的特质，从科学素养出发，梳理总结出了宏观辨识与微观探析、变化观念与平衡思想、证据推理与模型认知、科学探究与创新意识、科学态度与社会责任五个化学学科核心素养。三个学科都属于科学学科，物理学科主要研究的是宏观的物体，化学学科主要研究的是物质，生物学科主要研究的是生命，实质上三者研究的都是客观世界及其规律，因此需要充分发挥三者之间的协同作用。比如在研究化学物质的理想转化时，需要更多地从物理学科角度的热力学、动力学的视角来分析和研究实际转化过程的转化率、反应速率、反应机理、反应历程等问题；比如生物在研究生命体运动的相互规律时则可以从细胞层级的维度不断细化到分子生物学的角度，从更加微观、更加本质的角度来认识生命的变化过程及其规律。三者和谐共振，形成合力，共同形成科学素养，科学学科与人文学科相互交融，利用人文学科的哲学本体认识又进一步促进科学学科的发展，形成最终的育人合力，由发展学生的学科核心素养进阶到发展学生的核心素养。

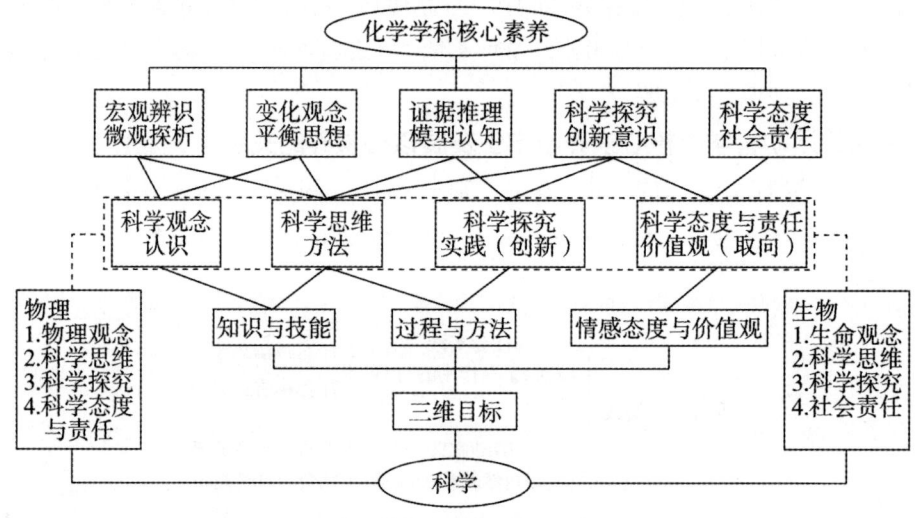

图 1-3-2 物理、化学、生物学科核心素养之间的关系

3. 学生发展核心素养的结构

学生发展核心素养主要由正确价值观念、关键能力和必备品格三个基本要素组成，三者之间主要通过教学活动达成三者之间的和谐共振，其相互关系如图 1-3-3 所示。正确价值观念和必备品格引领、调控着学生活动，在教学活动中要充分挖掘学科知识内容，形成学科大观念，将学科大观念的情意价值梳理出来形成学科育人范式。其中，学科大观念的理解与运用体现出核心素养的本质要求，促进学习迁移的大观念有助于落实核心素养，隐含主要问题的大观念架

构起指向核心素养的教学。因此，学科大观念作为架构具体知识与正确价值观念的桥梁，在落实学科核心素养方面有着不可忽视的作用。学科教学活动则促进和决定着关键能力与必备品格的形成与发展，关键能力的培育决定着教学活动的顺利开展以及开展的效率，必备品格体现正确价值观念、保障学科教学活动顺利地进行并取得预期的成效。学科教学活动作用的结果对正确价值观念的确立、巩固、完善和发展有着反馈和促进作用。

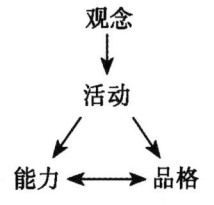

图 1-3-3　核心素养的结构

二、学科核心素养与化学学科核心素养

核心素养是所有学生应具备的最关键、最必要的基础素养，是知识、能力和态度等的综合表现，是可以通过教育来形成和发展的，具有发展连续性，也存在发展阶段的敏感性，兼具个人价值和社会价值，是一个体系，其作用具有整合性。因此，在落实核心素养的时候，既不能"大水漫灌"，也不能"一插到底"，必须要有序分类推进，注意轻重缓急，抓住学生具备的"适应终身发展和社会发展需要的必备品格与关键能力"。育人是教育的根本任务，素质教育是教育的重要内容。课程是教育思想、教育目标和教育内容的重要载体，要培养学生发展核心素养必须深化课程改革、落实立德树人根本任务，集中体现国家意志和社会主义核心价值观。在这个问题上，我们既要防止迷失方向，又要防止空谈。为此，要统筹各学段、各学科、各环节、各方面力量、各重要阵地的教育教学，进一步明确各学段的教育功能定位，理顺各学段的育人目标，使其依次递进、有序过渡，充分体现教育规律和人才培养规律；既充分发挥人文学科的独特育人优势，又注意进一步提升数学、科学、技术等课程的育人价值，同时加强学科间的相互配合，发挥综合育人功能，不断提高学生综合运用知识解决实际问题的能力；全面发挥课程标准的统领作用，各环节有效配合，相互促进。普通高中课程标准的修订中提出了"学科核心素养"概念，为了明确认识、防止偏差，有必要对此展开深入的思考和讨论。

1. 从学科核心素养到化学学科核心素养[①]

(1) 学科核心素养的形成是需要一定基础的

学科核心素养的形成是需要一定基础的。吴俊明曾经指出：观念是人对于事物或者事物某些方面（问题）的概括性的、总结性的、综合性的认识（见解、看法），是人在对事物感性认识基础上进行分析、概括、抽象、整合和辨证等思考活动的产物[②]。对必备品格的认识是形成必备品格的基础，对必备品格的情感、意志是必备品格得以实现和坚持的内驱动力，行为则是品格的体现。能力跟知识及其概括有关：由陈述性知识可以产生活动的程序性知识、确定特定的活动方式，按照这种方式进行活动，达到掌握、熟练程度后逐步内化、概括化和个性化，外部控制和内部意识的作用显著隐化、弱化之后，即可形成能力。敏捷地形成有效的活动策略是上述内化、概括化和个性化过程的重要内容和标志。为了形成关键能力，也是首先需要使学生掌握有关的知识，形成可靠的知识基础。

[①] 吴俊明. 关于核心素养及化学学科核心素养的思考与疑问 [J]. 化学教学，2016 (11)：3-8, 23.
[②] 吴俊明，吴敏. 为什么要关注科学观念 [J]. 化学教学，2014 (4)：3.

(2) 学科核心素养的内涵

观念、情感因素、活动策略等都是学科核心素养的重要内容。学科核心素养的组成结构可用表 1-3-1 表示。

表 1-3-1　学科核心素养的组成结构

基本模块	核心内容
核心观念	学科特有的基本观念
	上位领域如科学、艺术、体育等的基本观念
	涉及各领域的一般的世界观、人生观、核心价值观等重要观念
关键能力及方法策略	学科特需的关键能力及方法策略
	各领域普遍需要的信息能力、学习能力、思维能力、批判能力、行为能力、实践能力、人际交流和社会交往能力及方法策略等
重要品格	学科特需的重要品格
	上位领域普遍需要的重要品格
	各领域普遍需要的社会生存素养与创新创业精神、态度、责任心、积极情感、家国情怀以及国际视野等重要品格

说起学科核心素养常常有人想起"三维目标"，这是很自然的：以往的学科教学几乎把知识技能当成教学的惟一目标，能力培养常常被忽视，情感、态度、观念等等就更加不受重视了。本世纪初我国的基础教育课程改革明确把过程、方法、情感、态度、价值观作为课程教学目标，跟知识、技能并列形成"三维目标"，这是对以往的学科教学目标的超越。现在，为了更好地培养社会主义合格建设者和可靠接班人，落实立德树人根本任务，总结课程改革十多年的实践经验，在德育为先、能力为重、全面发展教育理念指引下制定学科核心素养，是对"三维目标"的超越，反映了课程理念新的发展和进步。有人说，"'三维目标'蛮好的，没必要搞什么'核心素养'新花头"，其实是没有弄清其中的传承与发展关系。要深刻理解学科核心素养，就一定要认真地跟"三维目标"进行比较，领会提出和制定学科核心素养的真实意图。同时，还要在学科教学实践中努力发挥学科核心素养的核心作用。

(3) 化学学科核心素养的内涵

化学学科核心素养是"化学科目（课程）的核心素养"，可以界定为化学学科教学中应该注意培养的核心素养。这样界定应该比较合理、准确，包容性较大。在化学学科核心素养培养中，应该含有科学素养和技术素养中跟化学有密切关系的内容，含有一般的核心素养中跟化学有密切关系的内容，才能搞好化学教学，并进一步提升化学学科（课程）的育人价值，强化跟其他学科间的相互配合，为核心素养培养做出自己的贡献。要了解化学学科核心素养的具体内容，除了要了解具有化学学科专属性的特殊内容外，还需要了解一般的学科核心素养和（学生发展）核心素养的具体内容[①]。

化学的核心是其基本观念以及相应的思维和实践，化学学科的核心素养包括若干基本观念、相应的思维和实践能力以及态度与责任心，其组成结构如图 1-3-4 所示。

---

① 吴俊明. 关于核心素养及化学学科核心素养的思考与疑问[J]. 化学教学，2016 (11)：3.

```
                           ┌ 化学元素观
              ┌ 化学物质观 ─┤ 化学物质结构观
              │            └ 化学能量观等
              │
              │ 化学变化观 ┌ 化学变化本质观
作为化学学     ┤            └ 化学变化规律观等
科核心素养     │                         ┌ 化学物质及其变化利弊观
的基本观念     │            ┌ 化学价值观 ┤
              │ 化学学科观 ┤            └ 化学实践伦理道德观
              │            │ 化学本体观
              │            └ 化学过程方法观等
              │
              └ 科学技术观、科学世界观、科学发展观以及人生观等重要观念

作为化学学   ┌ 化学信息能力  包括对化学物质及其变化信息初步的识别、收集、结构化、计算、变换、推理、应用能力等
科核心素养   ┤ 化学学习能力  包括宏微结合、分类研究等化学认知策略及能力、自主与合作学习能力等
的关键能力   └ 化学实践能力  包括化学实验及应用的意识、意向与能力等

作为化学学   ┌ 敢于质疑、创新,不怕困难的精神(科学精神)
科核心素养   ┤ 积极、认真,实事求是的态度
的重要品格   └ 强烈、持久的社会责任心、对人民群众的关爱心以及家国情怀等
```

图 1-3-4　化学学科核心素养的组成结构

2. 如何处理学科核心素养与核心素养的关系

各个学科都把自己的"学科核心素养"培育好了,是不是学生的核心素养就一定培育好了呢?笔者认为,学生核心素养跟学科核心素养是整体与部分的关系,学生核心素养是一个复杂系统,这个复杂系统的整体是大于部分之和的。更不用说,在学校中除了学科课程之外,还有活动课程,还有社会实践活动等等。因此,把各个学科的"学科核心素养"培育好了,决不意味着学生的核心素养就一定培育好了(不妨把《普通高中各学科核心素养一览表》中所有学科的"学科核心素养"内容都汇合在一起,看看是否能够形成完整无缺的学生核心素养)。有人说,学生核心素养必然要向学科核心素养转变,如果是意指前者一定被后者取代的话,笔者是不能苟同的。道理很简单:不能用部分来取代整体。

当然,各学科还是要为整体的核心素养做出应有的贡献。笔者一直认为,化学有其特殊的教育功能,是其他学科无可替代的,因而中学化学课程是不能取消的,其他学科多是如此。我们应该充分发挥各学科无可替代的特殊功能,促进学生更好地、更全面地提升素养,各门学科都应该为学生提升素养整体目标做出自己应有的贡献。仍以化学学科为例:化学可以在学生最广泛、最经常接触的实物材料层面上让学生体察世界的物质性与辩证规律;从组成、结构、化学变化等特定角度形成和创新认识物质世界的方式,发展认识世界的能力;养成科学精神,提升精神追求;比较全面地了解和认识物质,初步学习如何以化学为工具更好地利用自然、改造自然、保护自然,满足人类生存需求,提高人类生活质量和生存安全,服务社会,服务民族振兴;重视理性思维和实践、实证,实事求是;重视微观探索,重视宏观探索与微观探索结合;明白化学的应用受世界观、人生观、价值观影响,等等[①]。而且,各学科还应该相互配合、相互协同,形成功能增殖(复杂系统涌现),从而促进核心素养的增长。

学科核心素养虽然被冠以"学科"二字,并不意味着它只有纯学科的内容,也不能说它的核心是学科。它的核心在于"育人",在于"促进学生全面发展"。学科核心素养是关系着立德

---

① 吴俊明,许颖如. 挖掘,创新,更好地发挥化学课程的育人功能 [J]. 化学教学,2016 (5):27.

育人的、跟学科有关的因素，这一点是需要注意的。过于强调学科性、排斥非学科内容，忽视"立德"，忽视培育和践行社会主义核心价值观，就会迷失方向，不能把学生培养成为社会主义建设者和可靠接班人；单纯强调"立德"，忽视学科属性和学科特点，就不能培育全面发展的人，不能把学生培养成为社会主义建设需要的、具有一定科学文化水平的合格的普通劳动者和专门人才。搞好学科核心素养培育的关键在于：恰当地解读学科核心素养的学科性并合理地确定核心内容各成分模块的权重。此外，还应注意知、情、行、意联动；密切结合实际的化学问题解决活动；周密制定有序、可行的养育计划；搞好测量评价工作，等等。

学科核心素养，更加强调的是学科中最值得教，最有类比迁移功能价值的素养，也就是学科大概念，有学科认识功能的大观念。学科核心素养的提出，有利于根据学科核心素养遴选学科最值得教的必备知识，有利于梳理最值得发展的学科关键能力，有利于彰显学科知识的育人价值功能，也有利于从"三维目标"向"核心素养"迈进。但是有一点必须清晰，学科核心素养从属于学生发展核心素养，且相较于学生发展核心素养来说，学科核心素养仅仅是"学科素养"，学生发展核心素养才是真正的核心，只有明确两个"核心"之间的相互关系，才能清晰认识到真正的核心只有一个，即发展一个全人所需要的核心素养，学科核心素养只是学科核心大概念的另外一种表述。

3. 对学科核心素养的进一步思考

一方面，上述"学科核心素养"都属于"必备品格"或者"关键能力"吗？都符合教育部《关于全面深化课程改革落实立德树人根本任务的意见》中对"核心素养"的界定吗？教育部《关于全面深化课程改革落实立德树人根本任务的意见》中指出："当前，高校和中小学课程改革从总体上看，整体规划、协同推进不够，与立德树人的要求还存在一定差距。主要表现在：重智轻德，单纯追求分数和升学率，学生的社会责任感、创新精神和实践能力较为薄弱；高校、中小学课程目标有机衔接不够，部分学科内容交叉重复……直接影响着立德树人的效果，必须引起高度重视，全面深化课程改革，切实加以解决。"提出要统筹各学段，统筹各学科，统筹各环节，统筹多方力量，统筹课堂、校园、社团、家庭、社会等阵地，实现全科育人、全程育人、全员育人。网上有转载《普通高中各学科核心素养一览表》，虽然这不是一个正式文件，仍建议读者看一看，注意并思考一下：物理、化学和生物有没有重复？6门外语有没有重复？人文学科和数理学科有没有重复？这些重复有必要吗？各门学科的"核心素养"是否都确实反映了该学科独特的育人功能，是该学科的"核心"吗？跟教育部文件指出的问题对照，这些"学科核心素养"是不是都有利于解决上述存在的问题？各门学科都要建立自己的核心素养体系，核心多了，还会真正有核心吗？……

另一方面，学科核心素养应能"发挥各学科独特育人功能"，理应每一个学生都必须具有。但是，现在学生对课程的选择权加大了，万一学生以后不选这门学科，或者只选学部分内容，"学科核心素养"如何落实？以"化学学科核心素养"为例，如果制定了，势必要在课程中进一步强化宏微结合、分类表征、变化守恒、模型认知、实验探究、绿色应用或其他方案概括的内容，否则很难落实，成为空谈。而初中化学本是启蒙性质，其中纯粹的化学内容尚没有形成比较完整的体系，教学时间又紧，如果还要培养化学科学伦理观、化学科学精神以及化学科学能力、化学信息素养，还要形成核心素养体系，这又如何完成？

第二章
化学学科核心素养

教育部《关于全面深化课程改革 落实立德树人根本任务的意见》指出:"研究制订学生发展核心素养体系和学业质量标准。要根据学生的成长规律和社会对人才的需求,把对学生德智体美全面发展总体要求和社会主义核心价值观的有关内容具体化、细化,深入回答'培养什么人、怎样培养人'的问题。"为了贯彻落实立德树人根本任务,落实十八大、十九大、全国教育大会等一系列会议精神,与新高考新方案相衔接,体现新时期高中教育定位即全面而有个性的发展,汲取十年高中课改经验,以问题为导向,促进学习方式和教学方式变革,形成符合国情、具有国际先进水平的中国特色教育特色,2016 年北师大林崇德团队借鉴国内外先进成果经验,发布《中国学生发展核心素养》,从文化基础、自主发展和社会参与三个方面,明确了中国学生应具备的、能够适应终身发展和社会发展进步需要的必备品格、关键能力和正确价值观念。学生发展核心素养的培育需要化学学科作为科学学科的共性贡献,也需要化学学科特质的宏观辨识与微观探析、变化观念与平衡思想核心素养的贡献,因此有必要梳理和分析高中化学学科核心素养建构的独特视角和内涵。

第一节 化学学科核心素养的建构路径

一、化学学科核心素养的建构视角[①]

1. 从学生发展核心素养建构高中化学学科核心素养

学生发展核心素养主要从人与自我、人与社会、人与工具三个视角,分别从自主发展、社会参与、文化基础三个角度构建一个全人的核心素养。学生发展核心素养是为了适应 21 世纪人工智能时代每个学生最关键、最必要、最核心的综合素养,是社会、国家、时代对每个个体的具体要求。学生核心素养的发展与形成,有利于学生适应未来社会的发展与变化,有利于终身学习和良好的发展,有利于完满人格与健康身体的形成,有利于个人与社会形成良好的互动与共振。学生发展核心素养回答了"为谁培养人,培养怎么样的人,怎么样培养人",与《国家中长期教育改革和发展规划纲要(2010~2020 年)》提出的"促进人的全面发展、适应社会需要"的教育质量根本标准相一致[②]。

[①] 吴星. 高中化学核心素养的建构视角[J]. 化学教学,2017(2):3-7.
[②] 赵婀娜. 今天,为何要提"核心素养"[T]. 人民日报,2016:20.

化学是在原子、分子水平上研究物质的组成、结构、性质、变化及其应用的一门基础学科，其特征是从微观层次认识物质，以符号形式描述物质，在不同层面创造物质。化学不仅与经济发展、社会文明关系密切，也是材料科学、生命科学、环境科学、能源科学和信息科学等现代科学技术的重要基础。化学在促进人类文明可持续发展中发挥着日益重要的作用，是揭示元素到生命奥秘的核心力量。普通高中化学课程是与九年义务教育《化学》或《科学》相衔接的基础教育课程，不仅对科学文化的传承和高素质人才的培养具有不可替代的作用，更重要的是高中化学课程是落实立德树人根本任务、促进学生核心素养形成和发展的重要载体。表2-1-1中分析了高中化学课程对学生发展核心素养的贡献，从中可以清晰地看出：高中化学课程对学生发展核心素养的形成和发展具有不可替代的作用，其中既有与其他学科教育对学生发展核心素养的相同贡献，也有其自身的特殊贡献。

表2-1-1　化学课程对学生发展核心素养的贡献

学生发展核心素养			化学课程的相关贡献
维度	素养	基本要点	
文化基础	人文底蕴	人文积淀	通过化学学科文化和学科共同体的文化价值追求等化学中的人文要素，帮助学生形成人文思想
		人文情怀	通过化学在食品安全、环境保护、材料等方面对生活的贡献，引导学生形成科学价值观
		审美情趣	通过化学对和谐、清晰、简洁、完善等的美学价值追求和化学物质、结构、研究、作用等中的美的元素，对学生进行美的熏陶
	科学精神	理性思维	通过化学核心概念和原理等的学习，让学生形成结构与性质相联系、变化与平衡相统一、基于证据的推理、模型建构与认知的理性思维方式
		批判质疑	通过化学科学发展过程学习，培养学生的批判和质疑品质，在化学学习中学会独立思考
		勇于探究	让学生经历化学探究（特别是实验探究）的过程，掌握探究方法
自主发展	学会学习	乐学善学	通过学习真实有用的化学培养学生的学习兴趣，通过自主探究学习活动培养学生自主学习能力，通过发展的化学历程培养学生终身学习意识和能力
		勤于反思	通过探究、讨论对话等学习活动让学生掌握学习方法
		信息意识	通过化学实验观察、化学相关资料阅读、化学问题解决、化学应用事件等，培养学生的信息素养
	健康生活	珍爱生命	通过化学课程学习，帮助学生形成在食品、环境、化学产品应用等方面的自我保护能力，建立节能、低碳、绿色的文明生活方式
		健全人格	通过化学发展史料等学习，让学生形成坚强的意志品质

学生发展核心素养			化学课程的相关贡献
维度	素养	基本要点	
社会参与	责任担当	社会责任	通过化学课程和研究性学习活动、参与环保等议题讨论和公益事业,让学生形成食品安全、环保、化学产品应用等方面的法治意识,通过 STSE 教育,让学生形成可持续发展理念并参与行动;在学习和活动中培养团队意识和合作互助精神
		国家认同	通过我国人民和化学工作者对化学科学发展的贡献,使学生增强民族自信
		国际理解	通过了解化学科学发展历史,让学生形成科学发展、气候和环境等问题的解决需要全球合作的意识
	实践创新	劳动意识	通过探究活动,让学生掌握实验操作、结构模型制作等技能
		问题解决	通过化学研究性学习、与化学相关社会议题讨论、实验探究等多种学习活动,培养学生的问题意识,提高解决复杂环境中实际问题的能力
		技术应用	在化学实验研究、化学在生活和生产中的应用等实践中,让学生形成化学技术素养,进行与化学相关的科技创作

2. 从科学素养建构高中化学学科核心素养

化学是自然科学领域的一门重要基础学科,化学学科核心素养必然是科学素养的重要组成部分。根据科学素养的内涵确定化学学科核心素养,是化学学科核心素养建构的重要视角之一。通常认为,科学是一种知识体系、研究过程和社会建制。科学是人运用实证、理性等方法,就自然以及社会乃至人本身进行研究所获取的知识的体系化结果[1]。虽然人们对科学素养内涵的认识还没有完全统一(见表 2-1-2),但分析比较不同国际组织和学者对科学素养内涵界定的共同要素,不难发现,化学学科核心素养包含化学知识与观念、化学思维与方法、科学探究与实践、科学态度与价值观。

表 2-1-2 对科学素养内涵的界定

代表	科学素养内涵
国际经济合作与发展组织(OECD)	运用科学知识,确定问题和做出具有证据的结论,以便对自然世界和通过人类活动对自然世界的改变进行理解和做出决定的能力。包括运用科学的基本观点理解自然世界并做出相应决定的能力,确认科学问题、使用证据、做出科学结论并就结论与他人进行交流的能力
美国科学促进会(AAAS)	①熟悉自然世界,尊重自然界的统一性,懂得科学、数学和技术相互依赖的一些重要方法;②了解科学的一些重大概念和原理;③有科学思维能力;④认识到科学、数学和技术是人类的共同事业,认识它们的长处和局限性;⑤能够运用科学知识和思维方法处理个人和社会问题

---

[1] 李醒民. 什么是科学 [J]. 湖南社会科学,2007 (1):1-7.

代表	科学素养内涵
国际学生科学素养测试项目（PISA）	掌握科学知识并能使用这些知识确认问题、获取新知识、解释科学现象以及基于证据得出有关科学议题的结论；理解科学作为人类知识和探究的特征；意识到科学和技术如何影响和形成我们的物质环境、智力环境和文化环境；乐于投入到有关科学的问题中，并拥有科学的观念，能成为反思性公民
米勒（Miller）	①理解基础科学知识体系中重要科学概念术语；②理解科学探究过程或科学本质；③理解科学技术之于个人和社会发展影响

化学科学是实验性较强的学科，使用特定的概念和原理，有自己的一套科学语言，具有较强的经验性，与工业联系比较密切。化学基本观念是指学生通过化学课程的学习，在深入理解化学学科特征的基础上所获得的对化学总观性的认识，具体表现为个体主动运用化学思想方法认识身边事物和处理问题的自觉意识或思维习惯。化学基本观念的形成既不可能是空中楼阁，也不可能通过大量记忆化学知识自发形成，它需要学生在积极主动的探究活动中，深刻理解和掌握有关的化学知识和核心概念，在对知识的理解、应用中不断概括、提炼而成。一方面从形成基本观念所需要的素材来看，必须有合适的、能有效形成化学基本观念的核心概念以及能形成这些核心概念的具体的化学知识。另一方面，从基本观念的形成过程来看，必须充分调动学生思维的积极性，使学生在积极主动的探究活动中，深刻理解有关的知识，并通过具体应用，不断提高知识在头脑中的概括化水平。化学基本观念与核心概念之间的关系见图2-1-1①。化学基本观念不是具体的化学知识，也不是知识的简单积累，它是对具体知识的概括提升，具有超越事实的持久价值和迁移价值。化学基本观念是学生基于自己的认知基础，对化学科学的深刻理解，是学习者深入思考和内心体验的结果，它影响着人们分析和解决实际问题的价值取向和行为方式。化学基本观念是化学观念体系中最本质、最基础的，需要在不断地学习、思考和实践中逐渐丰富、完善和发展。化学基本观念的学习价值是能增进学生对知识的理解、促进学生学习方式的转变、促进学生行为方式的转变、促进知识向能力的转化。

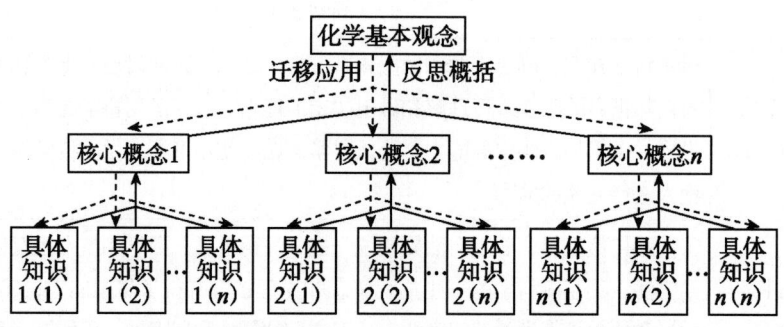

图2-1-1 化学基本观念与核心概念、具体知识间的关系

化学基本观念体系主要由知识类、方法类、情意类的基本观念构成，其中知识类的基本观念包括元素观、微粒观、变化观，方法类的基本观念包括分类观、定量观、实验观，情意类的

---

① 毕华林，卢巍. 化学基本观念的内涵及其教学价值 [J]. 中学化学教学参考，2011 (6)：3-6.

基本观念包含科学价值观和科学本质观。2017版新课标提出的化学学科核心素养中属于化学基本观念范畴的有宏观辨识与微观探析、变化观念与平衡思想。

化学思维方法包括分类比较、类比迁移、推理论证、模型认知方法[①]。其中，分类比较是指能对纷繁复杂的物质及其变化进行分类，能利用分类和比较的方法研究物质的结构和性质。类比迁移是在分类比较的基础上，从两种物质或结构中找出共同属性，依据一种物质或结构推导出另一种物质或结构的属性。推理论证是指具有证据意识，能基于实验现象或数据，通过分析推理物质反应的变化过程，认识研究对象的本质特征、构成要素及其相互关系。模型认知涵盖概念模型、结构模型、过程模型、数学模型以及复杂模型，要求能从具象的性质及其变化中，抽离出具有高度概括性，有类比迁移解决一类问题功能的方法或思路。化学思维方法反映了化学学科解决问题的一般思路与方法，其中宏观辨识与微观探析、变化观念与平衡思想、证据推理与模型认知、科学探究与创新意识属于化学思维方法范畴。

化学探究与实践是人类在认识自然界的过程中，获取证据、建构解释的各种活动和方式，所有化学研究成果都是化学探究与实践活动的结晶，化学探究与实践也是学生学习化学、培养创新精神和实践能力的重要活动方式。通过高中化学课程学习，学生能认识化学探究与实验在化学研究和学习中的作用，能在化学实验与探究中有效地与同伴合作和交流；掌握物质合成、分离和提纯、组成检验和测定、性质和应用等化学实验的方法和技能，能设计和实施简单的实验方案，能对观测的实验现象和数据做出合理的解释；具有将化学研究成果应用于生产和生活实际的意识，能运用科学探究的方法解决或解释生活中与化学相关的简单实际问题。其中，证据推理与模型认知、科学探究与创新意识属于化学探究与实践范畴。

科学态度与价值观是人类在科学发展过程中形成的对自然、科学实践、科学技术与社会关系的整体认识，是人类活动的道德精神和价值取向在科学研究和实践中的体现。通过高中化学课程学习，学生能保持对物质及其变化的好奇和探究欲望，具有积极地探索科学问题的热情；理解化学科学的人文内涵，赞赏化学科学对提高人类生活质量和促进人类社会发展的作用，能用变化和发展的观念看待化学科学；能初步形成对科学、技术、环境与社会的相互关系的正确认识，尊重生命、关爱自然、崇尚科学，具有用科学伦理道德权衡化学技术成果运用于实践的利弊的意识。其中，科学探究与创新意识、科学态度与社会责任属于科学态度与价值观范畴。

3. 从化学科学建构高中化学学科核心素养

化学学科核心素养从属于科学素养，因此从科学素养四个维度类比迁移也可将化学学科素养从"化学基本观念、化学学科思维、化学科学探究实践、化学学科价值"四个维度进行探析。为了落实立德树人教育根本任务，就是要多通过多样化的自主学习、探究、小组合作等方式，形成和发展化学基本观念，归纳化学学科思维方法，形成化学科学探究能力，内化和形成化学科学价值观。

(1) 从学科观念建构高中化学学科核心素养

科学的形成源于人类对自然界的探索活动，而自然界又是一个普遍联系、相互作用的统一整体。因而，科学领域不同的学科之间就必定会存在一些共通、跨越学科界限、具有普适性的

---

① 单旭峰. 对接高中课程改革，深化高考内容改革——2019年高考化学试题剖析[J]. 中学化学教学参考，2019 (7): 68-71.

科学主题。美国加利福尼亚州的"科学框架"（Science Framework for California Public School）中，将"尺度与结构""变化的形式""稳定性""系统与相互作用""能量""演化"提炼为科学主题，上述科学主题在化学学科中以学科观念或核心概念的形式表现出来（表2-1-3）[①]。

表2-1-3 科学主题下的化学学科观念

科学主题	化学学科观念
尺度与结构	物质是由微粒构成的，物质的尺度和结构（微观）与物质的性质（宏观）存在必然的联系
变化的形式	物质是不停运动变化的，运动变化是有条件的，化学变化是一个动态平衡过程
稳定性	物质及其变化都有向能量最低和平衡状态变化的趋势
系统与相互作用	物质及其构成微粒间存在着相互作用，其作用存在着动态平衡，外界条件也会作用于化学变化的过程与结果
能量	通过化学变化可贮存或释放能量，物质及其变化总能量守恒

人们通过观察（特别是通过实验观察）、辨识并表征物质在一定条件下的存在状态和变化现象，如物质的形态改变、新物质的生成、能量的转化等，这种直接观察或通过一定的仪器或技术间接观察所得到的物质存在状态和变化现象往往是宏观的，可用文字或化学符号对其进行描述，即"宏观辨识"。但人类对客观世界的认识并不仅仅满足于对物质的存在状态和变化现象的观察、辨识和表征，还必须探析其运动变化的本质原因。化学学科中主要从两个视角进行探析，一方面从物质的结构和性质相联系的视角分析，即"微观探析"，另一方面从变化和平衡相统一的视角分析，即"变化观念与平衡思想"。因为马克思主义哲学认为，物质是不停运动变化的，平衡和运动是不可分的，客观世界是不断地沿着由不平衡到平衡、再由平衡到不平衡的轨迹运动着。而内因是事物变化发展的内在根据，是事物运动的源泉和动力。"宏观辨识与微观探析""变化观念与平衡思想"是具有高度概括性、统领性和迁移性的化学学科观念。理解"宏观辨识与微观探析""变化观念与平衡思想"的内涵，我们不能只看到"宏观、微观、变化、平衡"几个简单的词，不能仅从化学一般概念或原理层面进行理解，"宏观辨识与微观探析""变化观念与平衡思想"的内涵是十分丰富的。它涉及化学变化的条件、方向、限度、能量转变，涉及物质及其构成微粒的作用力和作用力平衡，涉及对物质及其变化的辨识、探析和表征等。理解"宏观辨识与微观探析""变化观念与平衡思想"的内涵，不能把其中的"与"简单理解成两者加和，它们是相互联系的统一体。"宏观辨识与微观探析""变化观念与平衡思想"是指以"物质结构与性质相联系、宏观与微观相结合、变化与平衡相统一"的视角认识和分析解决相关的化学问题。

(2) 从学科思维建构高中化学学科核心素养

人类在运用化学方法探索物质世界及其相互关系的过程中，积累了丰富的知识和经验，其中极其重要的是具有化学特质的思维方法。辩证唯物主义坚信有一个客观世界存在，而人类认识世界就是不断地通过实证研究去接近这个客观世界。

作为科学领域的一门学科，化学十分重视实证研究，坚持科学结论需要通过多次反复的证

[①] The California State Board of Education. Science Framework [M]. USA：California Department of Education，2000：86-88.

实或证伪。事实上化学科学中许多理论的建立和原理的发现，特别是中学化学课程中所涉及的化学理论和原理，都是建立在对大量实验事实进行比较分析、归纳概括的基础上的，是根据大量的实验事实（证据）进行逻辑推理形成科学结论的，这就是"证据推理"。由于化学研究的对象是分子、原子层次的物质，且存在物质的多样性、不同物质结构的独特性和环境对物质及其变化影响的复杂性等特点，人类运用化学方法探索物质世界时，常常对大量实验事实进行比较分析、归纳概括后，还需要通过抽象和简化的方法建构模型，再现物质及其变化的基本规律，这就是"模型认知"。因此"证据推理与模型认知"是化学特质的思维方法。证据推理与模型认知既有区别又相互联系，证据推理主要是指根据观察和实验等方法获取的物质及其变化的信息（证据），通过基于证据推理的方法形成科学结论；模型认知是指对研究的物质及其变化等方面的问题提出假设，根据观察和实验得到的信息，通过抽象和模型思维，用简化的、形象化的模型再现物质及其变化的本质、内在特性和一般规律，并通过实验验证和完善模型。证据推理所形成的科学结论是简单的模型认知，模型认知离不开证据推理，证据推理是建构模型的前提。

（3）从学科实践建构高中化学学科核心素养

化学科学发展至今，化学实验仍然是探索物质奥秘的重要研究方法，也是学生化学学习中进行科学探究的重要途径，是培养学生创新精神和实践能力的重要活动。从化学实验研究的对象看，有物质的合成（转化）与分离、物质组成和结构的表征、物质的性能和应用等；从化学实验研究的过程看，化学实验通过一定的实验技术和方法获取物质及其变化的信息，再从结构与性质相联系、变化与平衡相统一的视角，运用比较分析、归纳概括、证据推理、模型建构等方法对实验现象和事实做出合理的解释，揭示化学变化的规律，形成科学的结论；从化学实验结果看，化学实验获取新的化学知识，揭示未知的化学反应原理和规律，发展新的技术和方法，将新的实验研究成果应用于生产、生活和科学研究实践。因此，从化学实验研究的对象、过程和结果分析可以发现，创新是化学科学探究最重要的特征，化学科学探究最能体现和发展人的创新精神和实践能力、团队协作和合作能力，最能培养人的科学态度和社会责任，"科学探究和创新意识"是化学学科实践的核心要素。

（4）从学科价值建构高中化学学科核心素养

科学价值作为一个总的价值体系，由诸多价值要素构成，诸多价值要素聚焦于最终目标——为人的全面发展服务。化学科学的发展起源于人的生存和发展的需要，化学对人的发展的作用是以认识世界、改造世界和保护世界的活动为前提的，化学科学技术不断推动经济的发展，给人类提供了丰富的物质财富，这是实现人的自由发展的根本条件。但是片面追求化学科学技术的应用性价值，就会带来诸如对生态环境、人类健康的影响，产生科学不利于人发展的异化现象，无法实现科学的最终价值。实现化学科学的价值既要充分发挥化学科学技术为人类提供物质财富的作用，又要充分分析化学科学技术应用对人类社会发展可能带来的负面影响，即充分承担起化学科学对促进人类社会发展的"社会责任"。化学科学探索是一个艰难的创造过程，需要化学学术共同体成员付出艰辛的代价，执着不懈地永恒探索和不断创新；化学学术共同体成员在科学探究实践活动中遵循着科学研究行为规范，体现着理性、客观、公正、平等、奉献、求实、严谨、民主、宽容、自由的科学精神，成为现代人类社会道德进步的推动力量和现代人类文化体系与精神生活的核心。"科学态度与社会责任"是对化学学科价值很好的诠释。

二、高中化学学科核心素养的结构和内涵

1. 化学学科核心素养的内涵及关系

如果说 2003 版课标的魂是"科学素养"的话，那么 2017 版新课标的魂无疑就是"化学学科核心素养"。理解化学学科核心素养，首先要认识化学学科核心素养的具体内涵及精神实质；其次要理解其与科学素养之间的关系；再次，要理解化学学科核心素养中各个素养之间的关系；第四，要从哲学本体认识论的视角认识化学学科核心素养；第五，要从多维度、多视角来看待化学学科核心素养内部之间的关系，不能形成僵化的认识，更不能迷信权威，形成错误的认识。

(1) 化学学科核心素养的内涵

之所以提出发展学生核心素养这一命题，其中的一个重要原因就是要解决由于应试教育导致的"有知识，无素养"的问题。为了应试，学生通过记忆而不是建构来习得知识，头脑中的知识，多是浅表性的而不是本原性的，多是散点式的而不是结构化的。这样的知识只具有考试答题价值，而不具有迁移应用价值，在真实问题解决中难以发挥作用。因此，本次课程改革着力解决的关键问题是：如何将知识转化为素养。所谓素养是指一个人在完成一件工作或解决一个问题时所表现出来的能力和品格。具备素养的人，在社会中可以产生"正能量"，也有可能带来"负能量"。这也就是说，素养是有价值取向的。课标中所提出的化学学科核心素养，反映的是"社会主义核心价值观下化学学科育人的基本要求"。所谓化学学科核心素养是指学生通过化学学科学习而逐步形成的正确价值观念、必备品格和关键能力。"关键能力"属于智力因素，"必备品格"主要属于非智力因素，"正确价值观念"属于价值取向。三者的关系如图 2-1-2 所示。

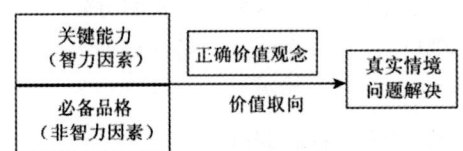

图 2-1-2　学科核心素养内涵

普通高中化学课程标准（2017 年版）[①] 以发展化学学科核心素养为主旨，设置满足学生多元发展需求的高中化学课程，选择体现基础性和时代性的化学课程内容，倡导基于化学学科核心素养的评价（见表 2-1-4）。

表 2-1-4　化学学科核心素养及内涵

核心素养	核心素养内涵
宏观辨识与微观探析	能从不同层次认识物质的多样性，并对物质进行分类；能从元素和原子、分子水平认识物质的组成、结构、性质和变化，形成"结构决定性质"的观念。能从宏观和微观相结合的视角分析与解决实际问题。

---

① 中华人民共和国教育部. 普通高中化学课程标准（2017 年版）[M]. 北京：人民教育出版社. 2018 (1)：2-4.

核心素养	核心素养内涵
变化观念与平衡思想	能认识物质是运动和变化的,知道化学变化需要一定的条件,并遵循一定规律;认识化学变化的本质特征是有新物质生成,并伴有能量转化;认识化学变化有一定限度、速率,是可以调控的。能多角度、动态地分析化学变化,运用化学反应原理解决简单的实际问题。
证据推理与模型认知	具有证据意识,能基于证据对物质组成、结构及其变化提出可能的假设,通过分析推理加以证实或证伪;建立观点、结论和证据之间的逻辑关系。知道可以通过分析、推理等方法认识研究对象的本质特征、构成要素及其相互关系,建立认知模型,并能运用模型解释化学现象,揭示现象的本质和规律。
科学探究与创新意识	认识科学探究是进行科学解释和发现、创造和应用的科学实践活动;能发现和提出有探究价值的问题;能从问题和假设出发,依据探究目的,设计探究方案,运用化学实验、调查等方法进行实验探究;勤于实践,善于合作,敢于质疑,勇于创新。
科学态度与社会责任	具有安全意识和严谨求实的科学态度,具有探索未知、崇尚真理的意识;深刻认识化学对创造更多物质财富和精神财富、满足人民日益增长的美好生活需要的重大贡献;具有节约资源、保护环境的可持续发展意识,从自身做起,形成简约适度、绿色低碳的生活方式;能对与化学有关的社会热点问题作出正确的价值判断,能参与有关化学问题的社会实践活动。

(2) 化学学科核心素养与科学素养的关系

前文已经阐述,物理、生物学科均根据科学素养的四个维度适时地提出本学科的二级科学素养,为什么化学学科要提出 5 个学科核心素养? 5 个化学学科核心素养与科学素养之间的关系是怎样的? 这是学习新课标,使化学学科核心素养落地必须从理论上首先要解决的重要问题。

①化学课堂教学的圈层结构。

在实际的化学教学中,可以发现,当一个化学知识进入课堂时,我们实际上给这个知识穿了两层"衣服",一层是"认识层",一层是"教学层"。例如,"通过这些实验事实,你能得出什么结论? 大家讨论一下。"实验事实和结论,是化学知识,属于"知识层";"你能得出什么结论",启发学生运用归纳推理的方法得出结论,属于"认识层";"大家讨论一下",运用了"讨论法",属于"教学层"。我们将化学课堂教学中知识层、认识层和教学层普遍存在的这种圈层关系,称

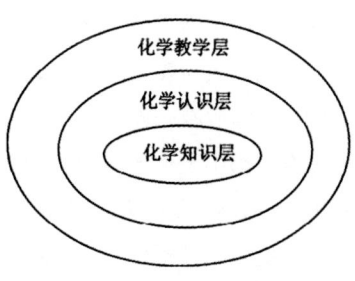

图 2-1-3 化学课堂教学圈层结构

之为化学课堂教学的圈层结构,如图 2-1-3 所示。化学认识层回答的是,如何认识化学科学知识,即认识方式方法问题;化学教学层回答的是,如何有效地认识化学科学知识,即教学方式方法问题。在化学课堂教学中,只有认识层和教学层的有机融合,才有可能保证教学的有效性。圈层结构模型给我们的一个重要启示是,要重视化学认识层的深入研究,化学认识层更具有化学学科特质。

②认识的层级结构及其与教育、素养之间的对应关系。

从认识论来看,认识具有不同的层级。站在化学教育的立场上,按照认识的抽象概括程度,可分为3个层级,即哲学认识、科学认识和化学认识。它们与教育、科学教育和化学教育,核心素养、科学素养和化学学科核心素养具有对应关系,如图2-1-4所示。

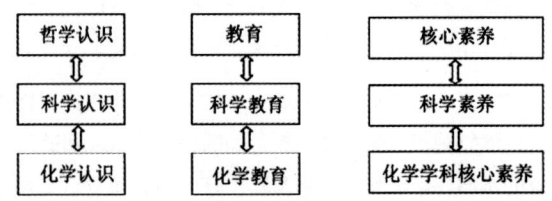

图 2-1-4　认识的层级结构及其与教育、素养之间对应关系

③化学学科核心素养是对科学素养的深化和具体化。

化学学科核心素养是具有化学学科特质的科学素养,"是学生必备的科学素养"。化学学科核心素养是在化学学科层面来落实科学素养,因而,它是科学素养的深化和发展;同时,它又要反映和体现化学学科特质,因而,它是科学素养的具体化和化学学科化。正是在这个意义上,化学学科核心素养理论是科学素养理论的重大发展和深化。这也是2017版课标先进性和创新性的重要标志。

2. 化学学科核心素养的结构

化学学科核心素养主要包括宏观辨识与微观探析、变化观念与平衡思想、证据推理与模型认知、科学探究与创新意识、科学态度与社会责任,这5条素养之间的相互关系是怎样的呢?对这5条素养,有人提出质疑,证据推理与模型认知、科学探究与创新意识、科学态度与社会责任,不仅仅只适用于化学学科,物理、生物等其他学科也适用。东北师大郑长龙教授对这个问题的实质从哲学方法论角度进行分析①。

看待特殊性的哲学方法论主要有两种,一种是还原论,主要看的是"局部";另一种是整体论,主要看的是"整体"。以往看待特殊性,往往看的是局部,也就是逐一去看;当代看待特殊性,往往看的是整体,也就是系统地看。例如,我国《化学教育》杂志的特殊性,国家化学会刊物、教育类杂志、中国杂志、主要研究化学教育,这四条特征都不是《化学教育》杂志所独有,但放在一起,指的一定就是《化学教育》杂志。化学学科核心素养也一样,基于还原论来看,都不是化学学科所独有,但基于整体论来看,指的就是化学学科。"宏观辨识与微观探析",阐述的是"宏微结合";化学是变化之学,"变化观念与平衡思想",阐述的是化学变化中的"变"与"不变"问题,化学变化中的"不变",是相对不变,存在动态平衡。因此,这两条素养反映的是化学学科思维方式和化学学科思想。"证据推理与模型认知",反映的是化学学科思维方法,化学科学思维方式和方法,属于化学科学认识范畴。"科学探究与创新意识",属于化学科学实践范畴;"科学态度与社会责任",重点强调化学科学的绿色应用和社会责任担当,属于化学科学价值范畴或化学科学应用范畴。基于此,可对化学学科核心素养的5条素养进行结构化,如图2-1-5所示。

---

① 郑长龙. 2017 年版普通高中化学课程标准的重大变化及解析[J]. 化学教育,2018(9):41-47.

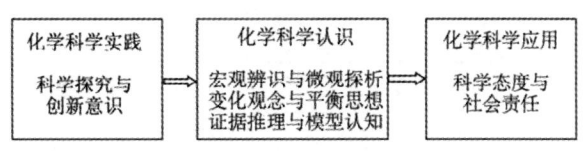

图 2-1-5　化学学科核心素养结构

实践—认识—再实践（应用），是哲学认识论的一般过程。因此，这5条素养的提出是有哲学依据的，这个依据就是马克思主义哲学认识论。那么，科学素养的三个构成要素与化学学科核心素养的五个构成要素有什么不同？在系统科学中，从考察系统方式来划分，可将系统分为静态系统和动态系统。因而，构成系统的要素，也可分为静态要素和动态要素。静态要素只表明系统的成分，动态要素不仅表明系统的成分，而且还表示系统的运行过程（动态）。科学素养的三个要素，属于静态要素，只表明科学素养是由知识与技能、过程与方法、情感态度与价值观构成的；化学学科核心素养的五个要素，属于动态要素，不仅表明构成成分，而且还表明从化学科学实践到化学科学认识再到化学科学应用的素养形成与发展及其表现的过程。

对于高中化学学科核心素养的5个要素，扬州大学吴星教授则提出"1+4"的四面体关系（如图2-1-6所示）①。其中，"科学探究和创新意识"处于化学核心素养的中心位置。"宏观辨识与微观探析""变化观念与平衡思想"既以化学科学探究为载体，又是化学科学探究的研究内容和思维视角，"证据推理与模型认知"是化学科学探究形成结论的思维方法，"科学态度与社会责任"是化学科学探究在态度情感和价值观维度的重要成果。

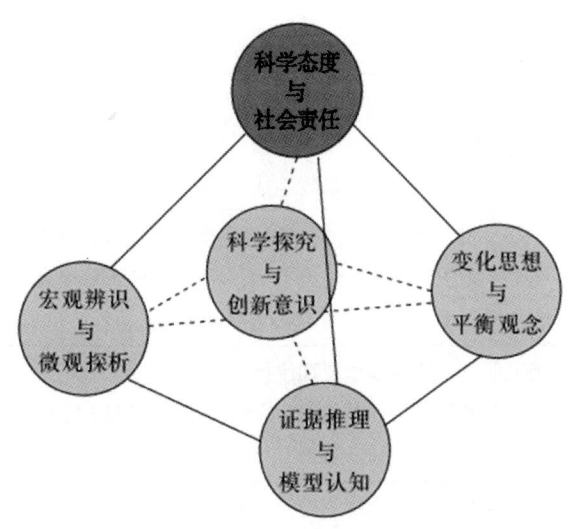

图 2-1-6　高中化学学科核心素养的"1+4"四面体关系

华中师大王后雄教授则立足于高中学生的化学学习过程，提出"3+1+1"② 模型。宏观辨识与微观探析反映了化学学科专属特性，变化观念与平衡思想表征了化学学科主要思想方法，证据推理与模型认知凸显了化学学科理性思维特征，三者从思维层面集中体现了具有化学学科特质的思想和方法，科学探究与创新意识从实践层面激励创新与实践，科学态度与社会责任从

---

① 吴星. 对高中化学核心素养的认识 [J]. 化学教学，2017 (5)：3-7.
② 王后雄. 基于"素养为本"的高中化学学业水平考试命题研究 [J]. 中国考试，2018 (1)：27-38.

价值（品格）层面进一步揭示了化学学习更高层次的价值追求。它们的关系如图 2-1-7 所示。

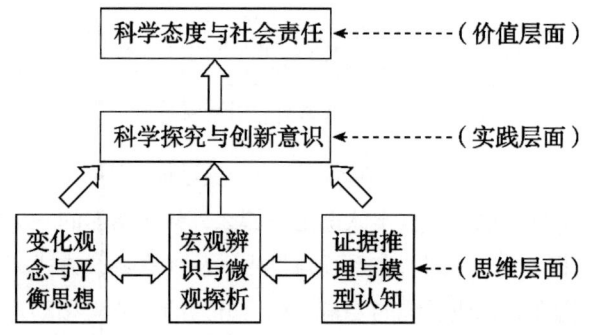

图 2-1-7　化学核心素养五个维度之间的关系

在图 2-1-7 中，科学探究与创新意识是化学核心素养对化学科学实践的表征和支柱，高阶目标形成离不开化学学科特征的思想和方法，理性思维和科学探究互为倚重，理性思维是科学探究与创新意识的重要内容，科学探究与创新意识是理性思维的实证过程；在形成创新意识、进行理性思维和科学探究的过程中，最终形成一定的科学态度和社会责任意识。上述各项素养将化学知识与技能的学习、化学思想观念的建构、科学探究与解决问题能力的发展、创新意识和社会责任感的形成等方面的要求融为一体，形成完整的化学学科核心素养体系。为了将学科核心素养具象化，可根据核心素养的内涵将其与化学重点知识、重点主题、核心观念对应起来（见表 2-1-5）。

表 2-1-5　化学学科核心素养及其对应的知识、主题及观念

素养类别	对应知识、主题及观念
素养 1：宏观辨识与微观探析	物质组成、性质及分类，化学用语，离子方程式，原子结构，化学键，元素周期律和周期表，化学计量，有机物组成、结构及命名，同分异构体等。
素养 2：变化观念与平衡思想	氧化还原反应，化学反应能量变化，化学反应速率与化学平衡，化学平衡常数的计算，化学平衡图像分析，电离平衡，水的电离平衡和溶液 pH，盐类水解，沉淀溶解平衡，电化学，金属的腐蚀和防护，元素化合物，有机化合物等。
素养 3：证据推理与模型认知	化学反应理论，结构模型及理论模型，化学科学方法，原子结构与元素的性质，微粒间的相互作用与物质的性质，测定物质分子结构的方法及证据获取，物质的推断，离子的推断，化学计算等。
素养 4：科学探究与创新意识	化学实验基本操作，物质的检验、分离、提纯与制备，基于实验现象和数据分析并得出结论，实验方案的设计与评价，科学探究过程，对实验"异常现象"及已有结论的质疑。
素养 5：科学态度与社会责任	化学资源合理利用，化学与生活，化学与技术，科学态度与安全意识，化工生产节约成本，循环利用，保护环境观念，绿色化学思想，科学伦理，化学工艺决策与评价。

北京师范大学王磊教授团队则从学科思维本质的角度构建"4+1"圆形（见图2-1-8）模型①。其中，证据推理与模型认知是化学学科核心素养的思维本质；科学探究与创新意识是化学学科核心素养的实践基础；宏微结合与变化平衡是科学探究与创新的化学视角；宏微结合与变化平衡是证据推理和模型认知的化学特质；科学态度与社会责任是化学学科核心素养的价值追求和价值立场。

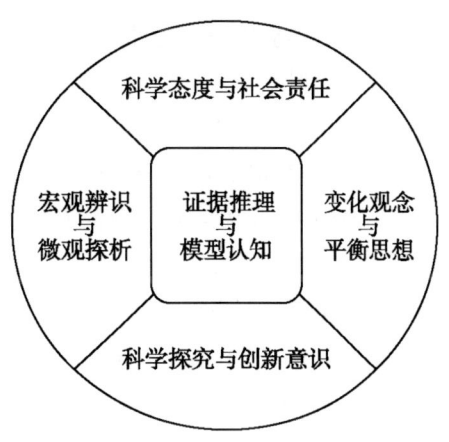

图2-1-8 高中化学学科核心素养的"4+1"模型

其实，不管进行怎样的观察与分析，同一学科的核心素养要素之间总是呈互补关系，反映学科教学在核心素养目标、功能与价值等方面的全貌。正如2017版化学课程标准所描述的，"宏观辨识与微观探析""变化观念与平衡思想""证据推理与模型认知"要求学生形成化学学科的思想和方法；"科学探究与创新意识"从实践层面激励学生勇于创新；"科学态度与社会责任"进一步揭示了化学学习更高层次的价值追求。化学学科核心素养将化学知识与技能的学习、化学思想观念的建构、科学探究与问题解决能力的发展、创新意识和社会责任感的形成等多方面的要求融为一体，体现了化学课程在帮助学生形成未来发展需要的正确价值观念、必备品格和关键能力中所发挥的重要作用。

三、化学学科核心素养培养与建构的有效路径

高中化学学科核心素养是通过高中阶段的化学课程学习所获得的，在必备知识的输入、关键能力的习得、正确价值观念的形成过程中逐步内化为个体自身的化学学科核心素养。高中学生化学学科核心素养的形成与发展离不开化学课程的具体实施，离不开化学基础知识的学习，离不开真实经历的化学问题解决过程的化学实践活动。

1. 在自主探究学习中发展学生化学学科核心素养

核心素养的后天习得性，决定了高中生化学学科核心素养的发展离不开化学课程学习。但必须指出的是高中化学学科核心素养的习得不能是"被动接受"，不能以"灌输"的教学方法培养学生的化学学科核心素养，更不能把化学学科核心素养简单地转化成"宏观、微观、变化、平衡、模型、推理、实验"等知识内容进行讲授，离开了科学、正确的化学学习过程和学习方式就无法形成化学学科核心素养。在化学课程实施中发展学生的化学学科核心素养，就必须引导和组织学生积极主动参与多样化的学习活动，如实验探究、交流讨论、辩论、问题解决、社会实践等，让学生在学习活动中形成自主、合作、探究等多样化的学习方式，在学习过程中自主获取化学学科知识、形成化学学科观念、体验化学实验探究的过程、运用化学特征的思维方式分析和解决实际问题、认同和践行化学学科价值追求。

---

① 王磊，魏锐. 学科核心素养发展导向的高中化学课程内容和学业要求——《普通高中化学课程标准（2017年版）》解读[J]. 化学教育，2018（9）：48-53.

2. 在化学知识学习中发展学生化学学科核心素养

化学学科核心素养的形成离不开化学知识，没有化学知识，化学学科核心素养就是无源之水、无本之木。在"知识爆炸"的时代，任何人没有必要也不可能掌握繁琐却无法穷尽的"化学知识"，唯有将化学知识提升为可迁移应用的化学学科观念，才能发展学生的化学学科核心素养。高中化学课程具有自身的内容逻辑主线，包含了许多事实性化学知识和基本概念，如何在课堂教学中将事实性化学知识和化学一般概念上升为化学学科观念，考验着化学教师的学科素养和教学智慧。高中化学课程实施中，需要认真理解高中化学学科核心素养中"宏观辨识与微观探析"和"变化观念与平衡思想"所包含的化学学科观念的内涵，需要建立化学学科观念与化学一般概念之间的关系，有效地帮助学生建构化学学科观念体系。高中化学课堂教学是围绕一定的化学课程内容、通过多样的化学学习活动展开的。虽然不同的化学课程内容、不一样的学习活动对学生化学学科核心素养的不同维度发展的贡献可能存在差异，但一定都能促进学生化学学科核心素养各维度的发展。化学课程实施中一定要防止的是：将化学学科核心素养各维度分解开来培养，将化学课程内容与化学学科核心素养的某维度进行对应，并贴上"标签"。

3. 在化学问题解决中发展学生化学学科核心素养

高中生化学学科核心素养必须而且只能在化学问题解决中形成和发展。这是因为化学问题解决过程包括发现、分析和解决问题，其最终目标在于克服障碍并发现问题的答案。化学问题解决学习通过在真实而复杂的情境中提出问题、开展探究活动，训练和运用化学特征的思维方式，最终获得问题解决的方案和结果。

化学课程实施中的化学问题解决学习，其问题具有情境性、体验性、过程性和开放性。在人类生活、生产活动和科学研究中，在生命科学、材料科学、能源科学等领域应用中，在解决人类所面临的粮食生产、资源利用、环境保护等社会热点问题中，化学科学的广泛应用性，决定了化学问题具有真实的情境性，在解决真实情境问题中能培养科学态度和社会责任感，形成和发展正确的价值观。化学问题解决学习是一种体验性的学习过程，需要学生通过自身的体验去领悟和感受，需要学生独立或与同伴合作，通过阅读、查阅资料、观察实验现象等方法获取、表征、领悟有关信息；需要学生寻找推理得到结论的证据，并对证据进行评价应用；需要学生基于化学学科观念和思维方式不断地寻求解决问题的方法。学生未来生活中所需要解决的问题往往是复杂的、综合的，甚至是不可预测的，综合复杂的问题具有体系开放、环境复杂、方案多样、结果不确定等特点，开放性化学问题解决需要学生对信息、证据的选择和评价，独立地对问题情境中的众多因素进行多视角的分析和探索，对问题解决过程和结果的质疑，与同伴交流讨论众多解决问题的方案并做出选择和决策。化学问题解决学习是培养学生化学学科核心素养的最有效途径。

综上所述，发展学生的化学学科核心素养离不开具体知识的学习，但是在知识的习得过程中，如何遴选知识，如何组织加工知识，如何让知识结构化，如何发展和形成新的知识，比知识输入本身更加重要。同样，活动的设计也至关重要，教学活动要摒弃以往仅仅是教师讲学生听的模式，将课堂的主动权交还给学生，多设计质疑型、讨论型、探究型的活动，让学生在真实的问题解决过程获得解决问题的体验，获得解决问题的方法及程序，获得形成解决问题的思路及角度，形成和发展学生的化学学科核心素养。

第二节 化学学科核心素养的特点及变化

一、《普通高中化学课程标准（2017年版）》解读

化学学科核心素养是指学生经过高中阶段化学课程的学习所形成和发展的正确价值观、关键能力和必备品格，因此化学课程学习的内容、学习活动的设计、真实情境的选择是形成和发展化学学科核心素养不可替代的关键环节。此次高中化学课程标准修订，是如何基于学科核心素养导向来遴选和制订课程内容并设计相应学业水平质量标准的？

1. 课程内容修订的原则和思路[①]

（1）学科核心素养导向，精选课程内容主题

核心素养和化学学科核心素养是高中化学课程的重要育人目标，因此应该依据素养发展要求精选高中化学课程内容。只有结构化和功能化的知识才会有素养价值，知识内容主题化，有利于反映学科本质和大概念，设置真实背景和挑战性问题任务，促使知识结构化、功能化、素养化，利于学生构建认识模型和经验图式，建构理解、提高能力、发展素养，使核心素养具体化、整合化，避免素养泛化，形成特定图式，具有可迁移性，更具有认识功能[②]。良好的学习主题应是稳定的认识领域和研究对象，有真实的客观存在和应用，有明确和独立的本原性问题，需要独特的认识角度、认识路径、推理判据，具有大概念和结构化的知识内容，与其他主题（领域）具有实质性联系。

（2）聚焦学科大概念，彰显知识的素养发展功能

在必修阶段，促进"宏观辨识与微观探析"素养发展的核心知识内容包括价类二维元素观、基于电离和离子的微粒观、基于化学键的微粒作用观。"变化观念与平衡思想"素养的核心知识内容包括氧化还原反应、离子反应、化学反应与能量转化、化学反应限度和速率等。无机元素化合物的性质、变化和应用对于"证据推理与模型认知"素养的要求很高，元素周期律（表）模型及其应用、化学键模型及其应用非常有利于培养学生的"证据推理与模型认知"素养。

在选择性必修阶段，尽量融入学科思想和研究方法，帮助学生认识学科思想和研究方法的形成与发展过程。"化学反应原理"模块帮助学生建立体系与能量、化学反应的方向、限度、速率和调控等大概念；"物质结构与性质"模块强调认识物质结构的不同尺度、基本角度和基本思路；"有机化学基础"模块从分子结构、官能团、化学键三个层次建立对有机化合物分子的认识，引入合成有机化合物的基本思路等。这些观念性认识的建立，能够帮助学生发展和深化认识物质及化学变化的角度与方法。

（3）以主题为单位，明确学习内容和学业要求

[①] 王磊，魏锐. 学科核心素养发展导向的高中化学课程内容和学业要求——《普通高中化学课程标准（2017年版）》解读[J]. 化学教育，2018（9）：48-53.

[②] 王磊. 基于学生核心素养的化学学科能力研究[M]. 北京：北京师范大学出版社，2018.

借鉴国际科学课程标准，此次课标修订，基于主题规定学习内容，明确表现性学业要求。其中每个主题的学习内容标准的第一条是本主题的大概念，突出具有统摄性的核心观念；中间若干条是本主题的重要概念及核心知识；然后是该主题的 STSE 的应用内容；最后则是该主题的学生必做实验。主题的学业要求则是明确该主题的素养能力表现要求。首先是用动词表达学生应该能做什么，即完成哪些学科能力活动任务，例如回忆、辨识、比较、概括、说明、分析、预测、设计、探究等。其次是说明素养的水平要求，例如能够"从物质类别、元素价态的角度，依据复分解反应和氧化还原反应原理，预测物质的化学性质和变化，设计实验进行初步验证，并能分析、解释有关实验现象"，"能利用典型代表物的性质和反应，设计常见物质制备、分离、提纯、检验等简单任务的方案，能从物质类别和元素价态变化的视角说明物质的转化路径"。每个主题的学业要求是核心素养和质量标准在课程内容主题层面的具体化，对于考试命题评价和教学设计都具有重要和具体的指导意义。

（4）删减调整部分内容，明确规定学生必做实验

现行必修化学分为"化学 1"和"化学 2" 2 个模块，实施中出现"化学 1"内容偏多，课时偏紧，"化学 2"内容偏少，课时偏少的情况。此次修订中必修化学打通模块边界，以方便合理统筹课时。考虑到必修课程总学时没有增加，而学科核心素养的发展要求比以前提高了，又规定了学生必做实验，加之借鉴国际比较研究的结果，此次课标修订决定适当删减和调整具体无机元素化合物知识内容，适当增加必修课程的有机化学知识。选择性必修降低对焓变、熵变、金属晶体的堆积模型、原子轨道等学科内容的要求，适当加强利用平衡常数线索分析反应的方向和限度，适当加强从电负性、键的极性、分子的极性等角度认识物质性质，适当加强体现化学对认识生命现象的支持，适当引入传感器实验、燃料电池等新的实验技术或者化学应用技术，适当体现原子光谱、分子光谱、X 射线衍射等现代化的研究方法和手段。这些改变一方面弱化了那些技能性强、学习或考试难度高的概念，降低学生学习负担；一方面注重帮助学生形成认识物质和化学变化的核心观念，提高学生的学习效果，同时有效增强课程内容的时代性。

为了改变目前教学实践忽视学生动手做实验的突出问题，为了真正落实"科学探究与创新意识"核心素养的培养，此次课标修订在必修课程和选择性必修课程中分别明确规定了 9 个学生必做实验，共计 18 个学生必做实验，突出对学生实验探究能力的培养。

（5）基于主题进行教学指导，提供教学策略、学习活动和情境素材

知识的功能价值只有在基于真实学习情境的丰富多样的学科能力活动中才可能转化为学生自觉主动的、合理的认识方式（认识角度、认识思路和思维方式），形成核心素养。为了提高课程标准的实践可操作性，使课程标准好用管用，此次课标修订，针对每个主题的特点、学生核心素养发展的需要，特别提供了教学策略建议、学习活动建议和学习情境素材建议。这些教学建议都是基于大量新课程教学实践研究，针对每个内容主题，总结提炼核心教学策略，精心挑选学习活动建议和学习情境素材建议，使得教师可以最大程度地利用他们新课程的教学经验。

2. 必修课程内容的修订重点

根据上述修订原则和思路，针对不同内容主题的不同特点，确定修订的重点。下面以必修

化学课程的重点主题"常见的无机物及其应用"为例进行说明。

(1) 核心观念统领，聚焦学科大概念

高中化学必修阶段相比初中化学阶段，学生对于元素化合物的认识方式的发展进阶如下：①基于具体物质的具体性质和反应的类比思维；②基于一类物质的一般性质的概括思维；③基于离子的性质和反应的微观概括思维；④基于化合价升降的氧化还原思维；⑤综合类别通性的酸碱盐离子反应和价态升降的氧化还原反应的多角度思维。

促进学生元素化合物认识方式发展的核心概念包括：物质分类、各类物质的一般性质、电离和离子反应、氧化还原反应。本主题要求学生对这些核心概念形成基本理解："认识元素可以组成不同种类的物质，根据物质的组成和性质可以对物质进行分类；认识同类物质具有相似的性质，一定条件下各类物质可以相互转化；认识有化合价变化的反应是氧化还原反应，了解氧化还原反应的本质是电子的转移，知道常见的氧化剂和还原剂。认识酸、碱、盐等电解质在水溶液中或熔融状态下能发生电离。通过实验事实认识离子反应及其发生的条件，了解常见离子的检验方法。"在上述基本理解的基础之上建立新的认识角度，优化和发展原有的认识方式。

基于这些核心概念的认识，学习下列重要的元素化合物知识："结合真实情境中的应用实例或通过实验探究，了解钠、铁及其重要化合物的主要性质，了解它们在生产、生活中的应用。结合真实情境中的应用实例或通过实验探究，了解氯、氮、硫及其重要化合物的主要性质，认识其在生产中的应用和对生态环境的影响。"在学习上述具体的元素化合物知识过程中，要求学生建构科学合理的认识思路，使认识方式稳定化和内化。进而促使学生"结合实例认识金属、非金属及其化合物的多样性，了解通过化学反应可以探索物质性质、实现物质转化，认识物质及其转化在自然资源综合利用和环境保护中的重要价值"。体会物质性质及物质转化的价值，将知识和认识转化成问题解决的能力和科学态度与社会责任，形成基于无机元素化合物知识和经验的学科核心素养。

(2) 删减调整具体元素化合物知识内容

从知识的角度说，具体的元素化合物知识一直以来都是高中化学知识内容的重要组成部分，其与概念原理知识的占比一直以来都是化学课程内容设置的落脚点。决定元素化合物知识在整个课程内容占比的主要因素有：感性认识与理性认识的平衡；学习兴趣与学习困难的矛盾。比较糟糕的是，教师在实际教学中花在元素化合物知识上的时间恐怕要占到必修课程的60%～80%，而且教与学的方式主要是灌输和背记。

从认识发展的角度说，具体元素化合物是我们的认识对象，我们需要认识物质的存在、物理和化学性质、制备和获取、转化和应用。认识的具体结果就是上面所说的具体元素化合物知识。如何获得这些认识，既需要基于科学探究的活动过程，更需要科学认识的角度、思路（路径）以及推理判据等。概念理论性知识具有统摄性认识功能，提供认识的角度、思路（路径）和普适性判据，而元素化合物的具体性质和反应等知识的认识功能是相对较弱的，提供的是类比参照和具体事实性证据。当然，具体元素化合物的知识对于认识和学习概念理论知识具有提供感性认识基础和具体变式等认识功能。

综上，我们认为，元素化合物知识在高中化学课程中的认识发展价值应该有三个方面：①作为认识对象，促进学生迁移应用所学的概念原理知识；②作为感性认识素材，帮助学生建立和发展概念理论；③作为认识结果，成为知识（认知）结构的一部分，为后续的认识活动提供参照和依据。根据元素化合物知识的不同认识功能价值，此次课标修订中，选择 Na、Fe、N、S、Cl 等 5 种核心元素承载上述三种认识功能，学生在高中化学必修课程中需要系统学习全面掌握。将 Al 和 Si 这 2 种元素调整为只承担前 2 种认识功能。将 Cu 调整为仅作为认识素材的定位。这样一来，一方面，需要系统学习的具体元素化合物知识总量减少了；另一方面，5 种核心元素化合物知识的认识要求和能力要求提高了，对于相关的概念理论的能力素养迁移应用的要求提高了。

（3）注重元素化合物知识与 STSE 知识的融合，体现科学态度与社会责任的内涵实质

新课标关于元素化合物部分提出如下学习要求："结合真实情境中的应用实例或通过实验探究，了解钠、铁及其重要化合物的主要性质，了解它们在生产、生活中的应用。结合真实情境中的应用实例或通过实验探究，了解氯、氮、硫及其重要化合物的主要性质，认识其在生产中的应用和对生态环境的影响。结合实例认识金属、非金属及其化合物的多样性，了解通过化学反应可以探索物质性质、实现物质转化，认识物质性质及转化在自然资源综合利用和环境保护中的重要价值。要求学生能根据物质的性质分析实验室、生产、生活以及环境中的某些常见问题，说明妥善保存、合理使用化学品的常见方法。能说明常见元素及其化合物的应用（如金属冶炼、合成氨等）对社会发展的价值、对环境的影响。能有意识运用所学的知识或寻求相关证据参与社会性科学议题的讨论（如酸雨和雾霾防治、水体保护、食品安全等）。"上述学业要求一方面突出每种元素化合物特有的 STSE 教育价值，另一方面引导学生认识到科学态度与社会责任之间的关系：讨论社会问题时要尊重科学，在使用科学时必须要有社会责任。只有学好和用好元素化合物知识才能更好地尽到社会责任。

（4）明确核心素养导向的学业要求

无机物的性质和应用主题提出的学业要求可以从几个方面来解读。

①学习完该主题后能够做什么事情，完成什么类型的能力活动任务。既包括"列举、说明、分析、解释、预测、设计、证明"等多种认知性任务，也包括丰富的科学实践类任务。例如，预测和证明物质的化学性质和变化；设计方案进行常见物质制备、分离、提纯、检验；分析、解释有关实验室、自然界和生活生产中的实际现象和问题；妥善保存、合理使用化学品；参与社会性科学议题的讨论等。这些都是体现该主题的核心认识功能价值的典型能力活动任务。

②学习完该主题后做事情的时候应该具有怎样的素养水平。例如，该主题对宏观辨识与微观探析素养的发展主要在于建立基于价类二维的元素观，具体表现为"能依据物质类别和元素价态列举某种元素的典型代表物；能从物质类别、元素价态的角度，依据复分解反应和氧化还原反应原理，预测物质的化学性质和变化，设计实验进行初步验证，并能分析、解释有关实验现象。能从物质类别和元素价态变化的视角说明物质的转化路径"。

③越是后面的活动任务对于素养的能力水平要求越高，对于素养的综合要求越高。不同的学生能够顺利完成的事情和任务可能是不一样的，在做同样的事情时可能会表现出不同的素养水平，例如我们可以根据学生能否做什么事情以及如何做事，来判断其该主题学习前后知识的学习和应用水平以及学科核心素养的发展水平。

(5) 明确教学实践中的突出问题，提出主题的核心教学策略

无机元素化合物知识主题的教学实践中普遍存在以下突出问题：①以听和记教师讲述的实验现象和结论代替学生亲自的观察思考和实验探究；②以反复背记化学方程式代替基于化学反应的原理和规律进行分析理解和证据推理；③以题海训练代替真实的问题解决；④以单一的具体代表物的性质学习代替基于元素观的物质性质和转化的认识；⑤以去情境化和碎片化的教学代替真实学习背景和整体性学习。

修订后的课标提出了如下核心教学策略：①发挥核心概念对元素化合物学习的指导作用。②重视开展高水平的实验探究活动。充分运用实验观察和启迪思维的教学策略，切实组织和开展学生分组实验活动，注重引导学生进行性质预测、方案设计、概括解释等高水平的探究活动。③紧密联系生产和生活实际，创设丰富多样的真实问题情境。④鼓励使用多样化的教学方式和学习途径。

3. 选择性必修课程内容的修订重点

选择性必修课程内容的修订既遵循与必修课程相同的修订原则和思路，同时根据其在整个化学课程结构中的定位、三个模块的不同特点，确定修订的重点。下面以"物质结构与性质"模块为例进行说明。

(1) 整合内容主题，精选课程内容，注重形成统摄性认识

不管是认识宏观物体的结构还是认识微观物质的结构，都有相似的视角。认识宏观物体，需要认识物体的构成部件、部件之间的连接关系、部件的空间位置；认识微观物质，需要认识物质的构成微粒、微粒之间的相互作用、微粒的空间排布。修订前课标的"物质结构与性质"模块设置了"原子结构与元素的性质""化学键与物质的性质""分子间作用力与物质的性质"和"研究物质结构的价值"4个主题；本次修订对内容进行整合，将"化学键与物质的性质"和"分子间作用力与物质的性质"统整为"微粒间的相互作用与物质的性质"。为此，修订后的该模块设置三个主题，分别为：主题1 原子结构与元素的性质、主题2 微粒间的相互作用与物质的性质、主题3 研究物质结构的方法与价值，与上述认识物质结构的三个视角相一致，注重帮助学生形成统摄性认识。

为了突出核心概念的认识功能，在每个主题下都提炼出若干核心概念，它们是具有统摄性的概念，反映了认识物质结构及其性质的次级角度。各主题的核心概念见表2-2-1。

表2-2-1 "物质结构与性质"模块各主题的核心概念

主题1：原子结构与元素的性质	主题2：微粒间的相互作用与物质的性质	主题3：研究物质结构的方法与价值
1.1 原子核外电子的运动状态 1.2 核外电子排布规律 1.3 核外电子排布与元素周期律（表）	2.1 微粒间的相互作用 2.2 共价键的本质和特征 2.3 分子的空间结构 2.4 晶体和聚集状态	3.1 物质结构的探究是无止境的 3.2 研究物质结构的方法 3.3 研究物质结构的价值

在具体课程内容层面，对技能要求高、认识功能相对较弱的内容做了精简。例如，删掉等电子原理，也就是说对于结构简单的常见分子用路易斯结构式和价电子对互斥规则就可以判

断,对于结构相对复杂、学生比较陌生、需要使用等电子原理分析的分子或离子,不要求学生掌握。再如,金属晶体的等径圆球密堆积模型是最简单的球堆积模型,无法代表真实世界中晶体结构的丰富性和复杂性,同时该内容对学生问题解决技能有较高要求,故在修订中降低对金属晶体的堆积模型的要求。在本次修订中,还考虑课程内容的时代性,从现代化学认识的角度对内容的权重进行调整。例如,考虑金属键、离子键、共价键、配位键等只是化学键的典型模型,真实的化学键往往是介于典型模型之间的过渡状态,真实晶体多数是居于4种晶体类型之间的过渡型晶体,或者是含有多种键型的混合键型晶体。本次修订将"认识4种晶体类型"调整为"通过4种晶体类型(简单的模型)来认识晶体具有周期性等结构特点",弱化了4种晶体类型的分类。

本轮课标修订整体上都强调教给学生"有用的"知识,从强化更具认识功能内容的角度,一些内容得到加强。例如,电负性表达的是原子在分子中吸引电子的能力,与电离能、电子亲和能这些反映自由原子性质的参数相比,能够更好地反映和预测物质的性质,因此具有更为普遍的应用。修订后的课标要求说出电负性的含义、描述电负性的周期性变化,还要能利用电负性判断元素的金属性与非金属性的强弱,推测化学键的极性。与电负性的重视程度加强相呼应,对键的极性和分子的极性的要求也更为明确:"知道共价键可分为极性和非极性共价键"和"知道分子可以分为极性分子和非极性分子,知道分子极性与分子中键的极性、分子的空间结构密切相关"。这样,依据电负性分析分子中电荷分布的结构特点,为进而分析分子性质打下基础。

(2) 发展学生对研究物质的不同尺度的认识

"人类认识物质的不同尺度"对于物质结构学习而言是一个观念性的认识,可以帮助学生体会人类物质结构研究的层次与面貌,丰富看待物质及其性质的视角和思路。作为中学课程而言,需要把当前化学研究的新思路、新视角融入进来,将这种观念性的认识外显出来。化学是研究从原子、分子片、分子、超分子、生物大分子到分子的各种不同尺度和不同复杂程度的聚集态的合成和反应,分离和分析,结构和形态,物理性能和生物活性及其规律和应用的科学。由此,中学教育所应认识的微粒种类也应随之丰富,修订后的课标对此有一定的体现,例如"了解从原子、分子、超分子等不同尺度认识物质结构的意义","能举例说明物质在原子、分子、超分子、聚集态等不同尺度上的结构特点对物质性质的影响",可见超分子、聚集状态等这些在课标实验版中未体现的结构尺度已经被吸纳进来。

物质结构尺度的丰富,必然会带动相应基础概念的重要性、内涵理解和应用范围的变化。例如,分子间作用力不再是一个单纯的经典概念,而是成为嫁接分子与超分子的桥梁。超分子是2个或2个以上分子通过非共价键的分子间作用力结合起来的物质微粒。这些分子间作用力包括范德华力、各种不同类型的氢键、疏水—疏水基团相互作用、疏水—亲水基团相互作用、亲水—亲水基团相互作用等。相对于共价键而言,分子间作用力研究得很不够,是今后化学研究的一个重要方向。再如,随着生命科学的发展,作为中心学科的化学对于生命科学的支持作用日益突显,由此带来与生命科学有关的基础化学概念(如配位键、氢键)在化学课程中的权重也会增强。对于配合物,还增设了学生必做实验"简单配合物的制备"。

(3) 注重结构模型的发展过程和研究方法

学生不但要掌握关于物质微观结构的具体知识（如构成物质的微粒、微粒间的作用、微粒的空间排布特点等），还要认识到这些具体知识是怎么来的，基于哪些证据、经过怎样的推理过程、如何建立结构模型，形成对物质结构及性质的理论解释等。随着"证据推理与模型认知"作为化学学科核心素养被提炼出来，要求我们不断反思在课程与教学的设计中如何将这一学科核心素养外显，"物质结构与性质"模块对于承载这一素养的培养功能的作用非常突出。该模块保留原版课标中"研究物质结构的价值"主题，并在此基础上修订为"研究物质结构的方法与价值"，把研究过程、思路与方法更为外显出来，尤其是现代化学基于仪器技术手段对物质结构研究所做的重要推动。研究物质结构的基本方法和实验手段，尽管在原版课标中已经予以体现，但是在现行教学中重视得还不够，关于结构的模型、理论、结论的探讨居多，而得出这些理论的途径、方法和工具却讨论甚少，故在修订中进一步加强，并明确列出"原子光谱、分子光谱、X 射线衍射等"实验手段。在原子结构层面，可借助焰色实验、简易的自制分光镜或者光纤光谱仪等方式帮助学生感受原子光谱为认识原子结构、建立相关模型的重要支持作用。在分子层面，红外光谱、紫外—可见光谱等分子光谱提供了判断分子中官能团的证据；光电子能谱提供表征分子内能量量子化的证据。在晶体层面，X 射线衍射技术对于认识分子或晶体中微粒的空间排布提供了重要支持，使人们可以依据被测晶体中原子的坐标勾勒出分子的空间结构，推测成键类型，成为物质结构研究不可或缺的工具。对于这些仪器手段，并不需要学生认识其工作的原理，侧重于帮助学生体会物质结构研究借助工具探测物质，基于反馈的信息推测微观结构或结构特点，从证据推理、模型建构的角度认识研究物质结构的过程，建立观念性的认识。

综上所述，此次高中化学新课标的修订，突出了化学学科核心素养导向，突出"三维目标"向"核心素养"的统摄性转变，突出了利用学科大概念或者学科大观念统摄具体知识内容的学习，凸显了学科必备知识对学科核心素养形成和发展的功能和价值，从学科整体逻辑科学设计教学内容，首次提出情境素材遴选建议，首次提出教学评一体化，具体课堂观察角度和课后教学评价维度，有利于实现知识向素养的转化，有利于教学的具体实施，有利于解决核心素养落地过程中课标与教材脱节、教材与教学脱节、教学与评价脱节的突出问题。

二、《普通高中化学课程标准（2017 年版）》的特点[①]

2017 版新课标在继承和发展 2003 版课标优秀传统和经验基础上，结合核心素养对新时代人才培养的具体要求，在课程理念、课程内容组织形式、学业质量要求、选修课程内容等方面亮点频出，值得细细品味。

1. 课程理念直击"以发展化学学科核心素养为主旨"

本次课程修订提出了"以发展化学学科核心素养为主旨"的课程理念，提出了化学学科核心素养包括"宏观辨识与微观探析""变化观念与平衡思想""证据推理与模型认知""科学探究与创新意识""科学态度与社会责任"五个方面。化学学科核心素养是在"知识与技能""过程与方法"和"情感态度与价值观"三维目标的基础上进行了整合与提升，使素养内涵更加具

[①] 李俊. 谈《普通高中化学课程标准（2017 年版）》的特点 [J]. 中学化学教学参考，2018 (5)：6-8.

体明确，更有学科性，更具功能性，能更好地体现学生核心素养的发展需要。两者的整合关系如图 2-2-1 所示。

图 2-2-1　化学学科核心素养与三维目标的整合关系

在课程标准中，根据发展学生化学学科核心素养的具体要求提出了课程目标，按条目式阐述，每个条目分别陈述了核心素养的一个方面。另外，还给出了化学学科核心素养的水平。每个核心素养的水平设计，基本遵循由易到难、由低水平到高水平的原则，进行了整体设计；每个核心素养水平间的联系是连续的，各级水平间的梯度是递进的。化学学科核心素养的水平划分是课程标准中制定学业质量水平的重要依据。

2. 课程内容的组织形式高度结构化

为了落实发展学生化学学科核心素养的课程目标，这次课程标准修订在课程内容的选取和组织上强调了学科大概念的统摄作用。在必修课程中确定了 5 个主题（大概念），在选择性必修课程的 3 个模块中，每个模块都确定了 3 个主题。然后在每个主题的统摄下，提炼了若干个核心概念，这是本次课程标准修订新增加的内容，核心概念架起了主题与具体化学知识间的桥梁。基于核心概念，采取认识性的描述方式对核心概念所包含的重点内容进行陈述，形

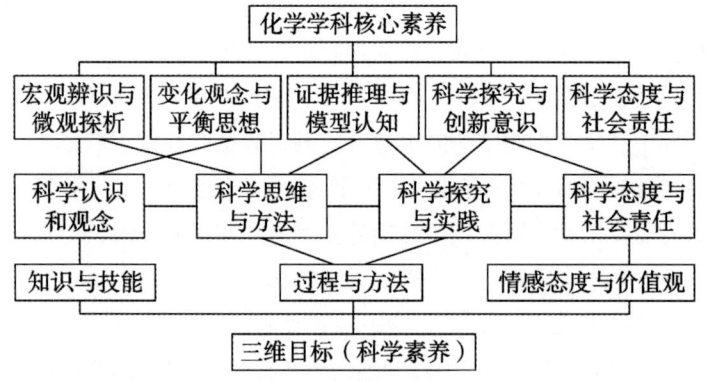

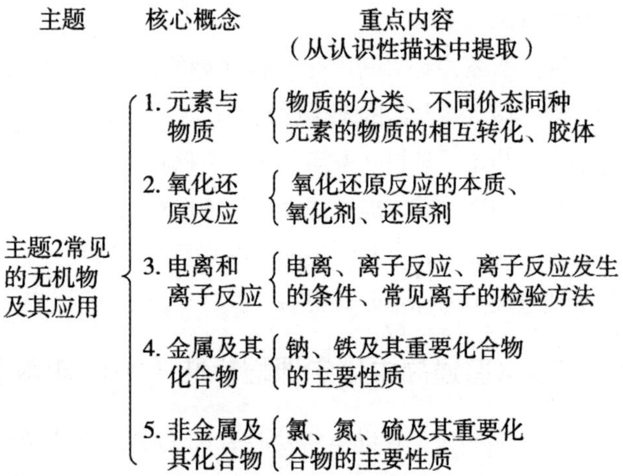

图 2-2-2　课程内容的组织形式

成"主题—核心概念—重点内容"的课程内容组织方式，并可以从核心概念的认识性描述中找到若干个重要的知识点。这种层层细化的组织方式，有利于使化学知识结构化、网络化，有利于发展学生的化学学科核心素养。以必修课程中的主题 2 为例，分析了该主题的内容组织形式，如图 2-2-2 所示。

3. 首次提出输出性"学业要求"

在 2017 版课程标准中，在课程内容的每个主题下除设立了"内容要求"板块外，还专门新设立了独立的"学业要求"板块描述学习目标水平。"内容要求"板块是要向学生"输入"的

课程内容，但不作为评价学生学习该主题的学习目标。而"学业要求"是通过学习该主题内容后要"输出"的能力表现，是学生学习该主题内容后对学习目标进行评价的依据。

"学业要求"描述学习目标水平有以下特点：①学业要求是对内容要求进行了整合和提升，不像内容要求那样对化学知识点进行描述。②以任务类型的方式来描述学生能干什么，是一种真实的学习结果表现，其描述的学习结果很具体。通过学生完成不同任务类型的难易程度来体现学习目标水平的高低。③在"学业要求"的若干条目中，按排列顺序，从前到后，其描述的学习目标水平一般是由低到高的，而最后一条是品格表现要求的描述。

4. 选修课程更加聚焦校本实施及开发能力

选修课程，由学校根据实际情况统筹规划开设，学生自主选择修习。其中，部分是国家在必修和选择性必修的基础上设计的拓展、提高及整合性课程；部分是学校根据学生的多样化需求，当地社会、经济、文化发展的需要，以及学校办学特色等设计的校本课程。在必修课程或者选择性必修课程的基础上，设置了"实验化学""化学与社会""发展中的化学科学"3个系列作为国家设计的选修课程。

选修课程在课程内容上，仅提供内容建议，在学业要求方面，没有提供学业质量水平作为评价依据，国家也没计划出版相应的教科书。因此选修课程的开放度很大，可以根据实际情况自主选择课程内容和教学形式，并根据学生的学习时间和效果进行学业评定。选修课程是学而不考或学而备考，为学生就业和高校招生录取提供参考。

5. 首次新增了"学业质量"

修订后的课程标准，新增了"学业质量"部分，确立了新的质量观，改变了过去单纯注重知识与技能的质量观。学业质量标准把学业质量划分为4级水平，不仅可以帮助教师更好地把握教学要求，因材施教，同时也为阶段性评价、学业水平合格性考试和学业水平等级性考试的命题提供重要依据，促进教、学、考有机衔接。

学业质量标准是以化学学科核心素养及其表现水平为主要维度，结合课程内容，对学生学业成就表现的总体刻画。因此，学业质量水平是以化学学科核心素养的水平划分为依据，即化学学科核心素养的等级水平对应于学业质量水平的等级水平；再结合课程内容，即以课程标准中"课程内容"的每个主题下的"内容要求"和"学业要求"为基础，将课程内容中的具体知识点、思想方法和探究模式等进行结构化提升；最后把化学学科核心素养的水平要求和结构化的课程内容进行整合形成学业质量水平的质量描述。

学业质量水平中的质量描述不是化学学科核心素养的简单拼凑，素养水平的描述侧重于观念性的描述，而学业质量水平的描述更侧重于学科知识的结构化描述。如表2-2-2所示，左栏是化学学科核心素养的水平描述，使用了"化学变化的内因和变化的本质""化学反应中量变和质变""动态平衡的观点"等描述方式，出现了"内因""量变和质变""平衡的观点"等词汇，高度概括了化学变化的特征，突出了素养方面的描述。而右栏是根据左栏的素养水平，把有关化学变化的内容更加学科化和具体化，如出现了"化学变化中能量吸收或释放""化学反应速率的主要影响因素""化学符号表征物质的转化"等具体化学知识点，是学科知识的结构化描述。另外，学业质量水平描述的是学习结果的具体表现，是一种能力表现，常采用"能……"或"能（条件）……解释、预测等动词……"等句式。

表 2-2-2　化学学科核心素养与学业质量水平的对应

化学学科核心素养		学业质量水平	
素养水平	素养2：变化观念与平衡思想	水平	质量描述
水平2	能从原子、分子水平分析化学变化的内因和变化的本质，能理解化学反应中量变和质变的关系；能从质量守恒，并运用动态平衡的观点看待和分析化学变化；能运用化学计量单位定量分析化学变化及其伴随的能量变化。	2	2-2 能分析化学变化中能量吸收或释放的原因；认识化学变化的多样性和复杂性，能分析化学反应速率的主要影响因素；能设计物质转化的方案，能运用化学符号表征物质的转化，能说明化学变化的本质特征和变化规律；能应用质量守恒定律分析物质转化对资源利用的影响。

学业质量水平是考试和评价的重要依据，但学业质量水平本身不具有评判作用，需在此基础上研制更加具体的考纲。

6. 首次提出了"学业水平"考试命题建议

课程标准中制定了化学学科核心素养水平和学业质量水平，而学业水平考试是依据化学学科核心素养水平和学业质量水平，评价学生化学学科核心素养的发展状况和学业质量标准的达成程度。课程标准中给出了以化学学科核心素养为导向的学业水平考试命题建议。

化学学业水平考试命题必须坚持以化学学科核心素养为导向，准确把握"素养""情境""问题""知识"四个要素在命题中的定位及相互联系，构建以化学学科核心素养为导向的命题框架。由于核心素养应通过学生在应对复杂真实情境时的外在表现加以推断和评价，因此，真实情境是试题考查和评价学生化学学科核心素养的重要构成要素。真实情境可以是联系学生日常生活的情境或化学与生产联系的情境，或科学、技术、社会和环境发展的成果，或化学学术情境等等。

命制试题时要根据真实情境素材的特点，把试题的测试任务融入真实、有意义的情境中，并通过情境素材承载信息的复杂性、情境的不同陌生度、情境的不确定程度和开放程度等，形成具有不同复杂程度和结构合理的测试任务。学生在解答试题时由于完成测试任务所运用的化学知识与方法有一定的区别，从而达到测试不同素养水平的评价目标。只有灵活运用结构化的化学知识与方法，才能较好地解答融于真实情境中的测试任务，从而表现出其化学学科核心素养的水平。

7. 倡导"素养为本"的教学策略

在课程标准的实施建议中，建议教师在化学教学中应紧紧围绕"发展学生化学学科核心素养"这一主旨开展教学，优化教学过程；要明确知识、技能教学与核心素养培养的关系，强调从"知识"到"素养"；积极开展"素养为本"的课堂教学实践，主动探索"素养为本"的有效课堂教学模式和策略。

在"素养为本"的教学实践中，无论哪种教学思路和教学方式，都要强调学生化学学习方式的转变，鼓励学生独立思考和相互探讨，发现并提出问题，引导学生学会认知与思考。要积极开展"真实情境——问题"教学，开展借助信息技术的教学，开展具有学科特质的实践活动等多样化的教学实践。

三、《普通高中化学课程标准（2017年版）》的变化[①]

2017版新课标总结自2003版课标实施以来好的经验，基于学科专家及广大一线教师的大量实践，借鉴和学习国际先进的科学教育理论，立足于创新，彰显中国特色，从主要基于经验的研究转向基于实证的研究，从教学向教学评一体化迈进。

同2003版课标相比，2017版课标发生了非常显著的变化，主要有以下10个方面[②]：①对化学学科的本体特征进行了提炼；②从化学课程目标、结构、内容、教学和评价等5个方面，概括了基于化学学科核心素养的课程理念；③构建了化学学科核心素养的内容体系及其发展水平体系；④构建了由必修课程、选择性必修课程和选修课程组成的"三层次"课程结构；⑤构建了基于主题的课程内容体系，并对课程内容进行了增减；⑥明确了必修课程和选择性必修课程的必做实验；⑦构建了学业质量水平体系；⑧注重"教、学、评"一体化，提供了化学学科核心素养在课堂教学中"落地"的基本途径和策略；⑨注重教、学、考一致性，提供了基于化学学科核心素养发展的学业水平考试命题的原则和策略；⑩提供了体现"教、学、评"一体化的素养为本的化学课堂教学设计案例。此外，2017版课标在呈现形式上也有了较大的变化。

1. 课程框架及理念的变化[③]

（1）质的优化

质的优化，体现在2017版课标高举中国特色的"核心素养"大旗，强调高中化学课程"是落实'立德树人'根本任务、发展素质教育、弘扬科学精神、提升学生核心素养的重要载体"。首次提出了化学学科核心素养，强调"以发展化学学科核心素养为主旨"的基本理念和"基于化学学科特点和核心素养内涵"的内容建构，凸显了化学学科核心素养在课程中的主旨作用，力求达到"着力发展学生的核心素养"的目的。在标准文本中对课程要素进行了重新设计和整合，将原在第一部分"前言"中呈现的"课程性质""基本理念"与"课程结构"，单独列为一级标题，与"课程内容""实施建议"并列；新设一级标题"学业质量"，建构了以化学学科核心素养及其表现水平为主要维度的学业质量标准体系。

（2）量的优化

量的优化，体现在对原有化学课程要素的优化和拓展上。如2017版课标的"学科核心素养与课程目标"是对2003版课标中"课程目标"的扩展；对课程模块中内容主题的解析，除"内容要求"外，增加了"教学提示""学业要求"等栏目，对内容要求及其实施的阐述更为细致；对必修课程、选择性必修课程中的必做实验做了具体规定等。2017版课标在"实施建议"中将"评价建议"分为两部分，将日常学习评价纳入"教学与评价建议"中，考试评价单列为"学业水平考试命题建议"，有助于"评价学生化学学科核心素养的发展状况和学业质量标准的达成程度"。显然，从高中化学课程标准的构成看，两个版本形式上有共同之处，但也存在明显

[①] 李俊. 普通高中化学课程标准的变化 [J]. 课程·教材·教法, 2018 (6)：71-77.
[②] 郑长龙. 2017年版普通高中化学课程标准的重大变化及解析 [J]. 化学教育, 2018 (9)：41-47.
[③] 王祖浩. 我国21世纪两版高中化学课程标准比较研究 [J]. 化学教学, 2018 (9)：3-11.

差异（见表 2-2-3）。

表 2-2-3　2017 版课标与 2003 版课标框架结构的对比

2003 版课标	2017 版课标
（1）前言（特指化学）：含课程性质、课程基本理念、课程设计思路（课程结构、模块内容简介和模块选择建议）、关于目标要求的说明。 （2）课程目标：依据科学素养内涵，从知识与技能、过程与方法、情感态度与价值观三方面确定化学课程的目标。 （3）内容标准：按必修课程、选修课程介绍模块目标，分主题阐述内容标准、活动与探究建议。 （4）实施建议：含教学建议、评价建议、教科书编写建议、课程资源的开发与利用建议等。	（1）前言（不分学科）：高中课程标准修订背景概述。 （2）课程性质与基本理念（单列）：强调"以发展化学学科核心素养为主旨"。 （3）学科核心素养与课程目标（新设）：将化学学科核心素养和课程目标两部分整合，从 5 个方面阐述化学学科核心素养，提出 5 条化学课程目标。 （4）课程结构（单列）：设计依据、结构、学分与选课，突出"基于化学学科特点的核心素养内涵"。 （5）课程内容：含必修、选择性必修、选修三类课程。在课程的主题下列出"内容要求""教学提示""学业要求"等。 （6）学业质量（新设）：以化学学科核心素养及其表现水平为主要维度的学业质量水平划分。 （7）实施建议：教学与评价建议、学业水平考试命题建议（新设）、教材编写建议、地方和学校实施课程的建议。 （8）附录：化学学科核心素养的水平划分、教学与评价案例、学生必做实验索引。

对两版课标的框架结构进行比较，可以得出如下结论：

（1）2003 版课标与 2017 版课标均包含课程性质、课程理念、设计思路、课程结构、课程内容等核心要素，在课程理念的表述上均吸取了当代国际科学教育发展的成果，课程目标均有各自的理论体系支撑（科学素养/学科核心素养），课程结构均反映了不同层次的课程（必修、选修）及相互关系，课程内容、实施建议都围绕"学什么""怎么教""怎么评"等问题展开讨论。

（2）2003 版课标将高中化学课程性质、课程理念、课程结构等重大问题集中在"前言"中表述，阐述的力度较弱；而 2017 版课标将这些要素单列，反复强调与"化学学科核心素养"的关系，阐述的力度较大，为课程标准的修订奠定了较为扎实的理论基础。

（3）2017 版课标首次提出化学学科核心素养，从 5 个方面建构学科核心素养体系，并与课程目标整合，相应制定 5 条化学课程目标。新增"学业质量"和"学业水平考试命题建议"，为化学学科核心素养的评价提供框架和指向。2017 版课标的化学学科特点更加突出，分析思路更加清晰，实践的指向性也更强。

2. 课程目标的变化

课程理念的继承和发展使两版课标所定的目标体系既有共性，也有差异。从宏观上考察，化学课程目标在上位均与知识、能力、方法、态度、价值观有关，但在维度分类和体系建构上两版课标有明显的不同（见表 2-2-4）。

表 2-2-4　两版课标的化学课程目标比较

项目	2003 版课标	2017 版课标
依据	科学素养	化学学科核心素养
维度分类	知识与技能、过程与方法、情感态度与价值观	宏观辨识与微观探析、变化观念与平衡思想、证据推理与模型认知、科学探究与创新意识、科学态度与社会责任
目标内容	1. 知识与技能：理解基本的化学概念和原理，认识化学现象的本质，理解化学变化的基本规律；学习实验研究的方法；重视化学与其他学科之间的联系，能综合运用有关的知识、技能与方法分析和解决一些化学问题。 2. 过程与方法：经历科学探究的过程，提高科学探究能力；发现和提出问题，敢于质疑，勤于思索，逐步形成独立思考的能力；学会运用观察、实验、查阅资料等多种手段获取信息，并运用多种方法对信息进行加工。 3. 情感态度与价值观：发展学生学习化学的兴趣，有参与化学科技活动的热情，对化学有关的社会和生活问题做出合理的判断。树立辩证唯物主义的世界观，养成务实求真、勇于创新、积极实践的科学态度，崇尚科学，反对迷信。	目标按学科核心素养从 5 方面展开： 1. 能从不同层次认识物质的多样性，并对物质进行分类；能从元素和原子、分子水平认识物质的组成、结构、性质和变化，形成"结构决定性质"的观念。能从宏观和微观相结合的视角分析与解决实际问题。 2. 能认识物质是运动和变化的，知道化学变化需要一定的条件，并遵循一定规律；认识化学变化的本质特征是有新物质生成，并伴有能量转化；认识化学变化有一定限度、速率，是可以调控的。能多角度、动态地分析化学变化，运用化学反应原理解决简单的实际问题。 3. 具有证据意识，能基于证据对物质组成、结构及其变化提出可能的假设，通过分析推理加以证实或证伪；建立观点、结论和证据之间的逻辑关系。建立认知模型，并能运用于解释化学现象，揭示现象的本质和规律。 4. 认识科学探究是进行科学解释和发现、创造和应用的科学实践活动；能发现和提出有探究价值的问题；能从问题和假设出发，依据探究目的，设计探究方案，运用化学实验、调查等方法进行实验探究；勤于实践，善于合作，敢于质疑，勇于创新。 5. 具有安全意识和严谨求实的科学态度，具有探索未知、崇尚真理的意识；深刻认识化学对创造更多物质财富和精神财富、满足人民日益增长的美好生活需要的重大贡献；具有节约资源、保护环境的可持续发展意识，从自身做起，形成简约适度、绿色低碳的生活方式；能对与化学有关的社会热点问题做出正确的价值判断，能参与有关化学问题的社会实践活动。
目标水平	1. 认知性目标划分为四级水平。 2. 技能性目标划分为三级水平。 3. 体验性目标划分为三级水平。	内容的化学学科指向性更强，各素养均被划分为四级水平。

3. 课程结构的变化

2003 版课标的课程结构仅含有必修与选修两类课程，其中必修 2 个模块（化学 1、化学

2），选修6个模块（化学与生活、化学与技术、物质结构与性质、化学反应原理、有机化学基础、实验化学）（见图2-2-3）。必修与选修每模块均为2学分，36学时。学生在高中阶段修满6学分，即在学完化学1、化学2之后，再从6个选修模块中任选一个，共获得6学分（也称"4＋2"课程结构），即可达到高中化学课程学习的毕业要求。有理工类专业发展倾向的学生，可修至8个学分；有志于向化学及其相关专业方向发展的学生，可修至12个学分。

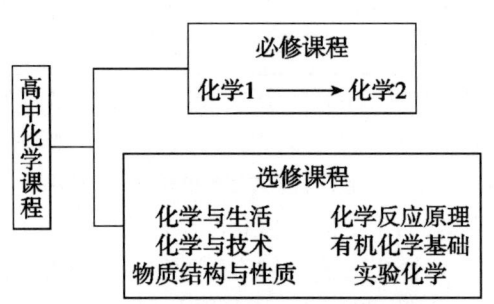

图2-2-3 2003版课标课程结构示意图

2017版课标将化学课程从原来的必修课程和选修课程调整为必修课程、选择性必修和选修课程（相关比较见图2-2-4）①。必修课程是培育全体学生化学学科核心素养的基本载体，是全体学生必须修习的课程，是普通高中学生发展的共同基础，必修课程努力体现化学基本观念与发展趋势、促进全体学生化学学科核心素养的发展，以适应未来社会发展需求。选择性必修课程是学生根据学生个人需求与升学考试要求选择修习的课程，培养学生深入学习与探索化学的志向，引导学生更深入地认识化学科学，了解化学研究的内容与方法，提升学生化学学科核心素养的水平。选修课程是学生自主选择修习的课程，面向对化学学科有不同兴趣和不同需要的学生，拓展化学视野，深化对化学科学及其价值的认识。三类课程不仅适应学生不同层次和不同取向的多元发展需求，而且赋予学生和学校更大的选择权和自主权。

普通高中课程标准（实验）	普通高中化学课程标准（2017年版）		
选修课程（模块） 化学与生活 化学与技术 物质结构与性质 化学反应原理 有机化学基础 实验化学	必修课程（主题） 化学科学与实验探究 常见的无机物及其应用 物质结构基础与化学反应规律 简单的有机化合物及其应用 化学与社会发展	选择性必修课程（模块） 化学反应原理 物质结构与性质 有机化学基础	选修课程（系列） 实验化学 化学与社会 发展中的化学科学

图2-2-4 实验版与修订版课标课程结构示意图

2017版课标中基于不同课程功能定位不同的理念和反映课程实施现实需要的角度优化设计课程组织形式，不再以单一的模块设置，而是综合采用了主题、模块和系列三种课程组织形式。基于全体学生共同学习的特点，必修课程依据主题组织课程内容，突出化学大概念的统领作用，选取"化学科学与实验探究""常见的无机物及其应用""物质结构基础与化学反应规律""简单的有机化合物及其应用""化学与社会发展"5个主题，提高课程实施的整体性。基

---

① 朱鹏飞，徐惠. 普通高中化学课程结构的调整和优化：从理想到务实[J]. 化学教学，2018（12）：3-8.

于课程的定位和学生的升学需求，选择性必修课程采用模块结构，以体现化学学习领域的特点以及与大学化学课程的关联性，且为保持课程的连续性和一贯性，设置"化学反应原理""物质结构与性质""有机化学基础"3个模块。选修课程采用系列结构，以提高课程的兼容性和灵活性，更利于学生的自主选修和学校的自主开发，共设置"实验化学""化学与社会""发展中的化学科学"3个系列。

2017版课标继续沿用学分管理方式，突出的变化在于将必修学分由6分减少为4分，减轻学生学习负担，为多样性发展提供保障。选修化学的学生必须修满选择性必修3个模块共6个学分，而选修课程的学分设置更为灵活，每修习完成9学时即可获得0.5学分，最高可获得4学分。此外不选修化学的学生也可选择修习选择性必修课程的部分模块获得相应学分。

4. 课程内容的变化

(1) 内容主题

从内容主题上看，2003版课标包括25个一级主题，其中必修模块6个一级主题，选修模块19个一级主题。每一模块的一级主题下又分为"内容标准"和"活动与探究建议"，"内容标准"共计135条，"活动与探究建议"共计162条（见表2-2-5）。

表2-2-5　2003版课标的课程内容

项目	一级主题	内容标准	活动与探究建议
必修课程	6	34	40
选修课程	19	101	122
合计	25	135	162

两版课标必修部分的内容主题对比见表2-2-6。其中，2017版课标对必修内容主题进行了一定程度的整合。如2003版课标中"认识化学科学""化学实验基础"两个主题在2017版课标中合并为"化学科学与实验探究"一个主题，"化学反应与能量"与"物质结构基础"两个主题合并为"物质结构基础与化学反应规律"一个主题。

表2-2-6　两版课程标准必修课程主题比较

2003版课标	2017版课标
主题1 认识化学科学	主题1 化学科学与实验探究
主题2 化学实验基础	主题2 常见的无机物及其应用
主题3 常见的无机物及其应用	主题3 物质结构基础与化学反应规律
主题4 物质结构基础	主题4 简单的有机化合物及其应用
主题5 化学反应与能量	主题5 化学与社会发展
主题6 化学与可持续发展	

对2003版课标中三个选修模块与2017版课标的选择性必修课程的同名模块进行比较，内容主题基本一致（见表2-2-7）。

表 2-2-7　两版课程标准三个选修模块的主题比较

	2003 版课标	2017 版课标
化学反应原理	主题 1 化学反应与能量 主题 2 化学反应速率和化学平衡 主题 3 溶液中的离子平衡	主题 1 化学反应与能量 主题 2 化学反应的方向、限度和速率 主题 3 水溶液中的离子反应与平衡
物质结构与性质	主题 1 原子结构与元素的性质 主题 2 化学键与物质的性质 主题 3 分子间作用力与物质的性质 主题 4 研究物质结构的价值	主题 1 原子结构与元素的性质 主题 2 微粒间的相互作用与物质的性质 主题 3 研究物质结构的方法与价值
有机化学基础	主题 1 有机化合物的组成 主题 2 烃及其衍生物的性质与应用 主题 3 糖类、氨基酸和蛋白质 主题 4 合成高分子化合物	主题 1 有机化合物的组成与结构 主题 2 烃及其衍生物的性质与应用 主题 3 生物大分子及合成高分子

具体内容要求的增减或调整，与 2003 版课标相比，表 2-2-8 列出了 2017 版课标的必修课程和选择性必修课程的具体变化。

表 2-2-8　必修课程和选择性必修课程的内容变化

必修课程		
内容	增加	调整
课程结构		打通化学 1 和化学 2 的边界隔阂，不设模块，只设主题，主题名称有所调整
元素化合物		减少对铝、铜、硅及其化合物的系统认识
有机化合物	有机化合物的空间结构；根据有机化合物的官能团分类	认识有机化合物的性质限定了 3 种物质：乙烯、乙醇、乙酸；弱化了对苯、糖类、油脂、蛋白质的组成和主要性质的认识
学生实验	9 个必做实验	
选择性必修课程		
模块	删去	增加
化学反应原理		内能、浓度商、化学反应历程、基元反应、活化能；5 个学生必做实验
物质结构与性质	晶格能、等电子原理、金属晶体的基本堆积模型	过渡晶体、混合型晶体、聚集状态、超分子、原子光谱、分子光谱、晶体 X 射线衍射；1 个学生必做实验
有机化学基础		醚、酮、胺和酰胺的结构特点及其应用；3 个学生必做实验

必修课程结构及内容主要有以下变化：①对化学 1 和化学 2 中的主题进行整合，实验探究出现在主题中；确定了"简单的有机化合物及其应用"主题；把"化学与可持续发展"主题改

为"化学与社会发展"。②降低了金属元素铝、铜及其化合物,以及非金属元素硅及其化合物的要求。③强调从有机化合物的结构特点和官能团的视角来认识有机化合物,减少了典型代表物主要性质的介绍。④增加了 9 个学生必做实验。

在选择性必修课程中,除"物质结构与性质"模块删去了部分内容外,3 个模块都新增加了部分内容和学生实验。

(2) 内容要求的组织方式变化

与 2003 版课标不同,在 2017 版课标中,采取"主题—核心概念—内容要求"的方式组织课程内容,在主题与内容要求之间增加了核心概念。这种组织方式使课程内容层层细化,有利于知识结构化、网络化。也就是说,基于化学学科核心素养确定课程内容,先确定若干个主题,在每个主题的统摄下提炼若干个核心概念,然后对核心概念进行认识性描述,而具体的知识点就蕴含在认识性描述中。例如,表 2-2-9 是对必修课程中的"主题 3:物质结构基础与化学反应规律"的内容要求分析。

表 2-2-9 必修课程主题 3 中的核心概念和内容要求

	核心概念和内容要求	
主题 3:物质结构基础与化学反应规律	核心概念	内容要求(知识点蕴含在认识性描述中)
	1. 原子结构与元素周期律	原子结构、元素周期表、核素、元素周期律
	2. 化学键	化学键、离子键、共价键、分子的空间构型
	3. 化学反应的限度和快慢	可逆反应、化学反应速率、化学平衡
	4. 化学反应与能量转化	吸热反应与放热反应、原电池

(3) 学习目标描述的变化

①具体描述素养表现。不是与内容要求相对应的知识点的描述,而是对内容要求的整合和提升,是素养表现的具体化描述。

②以任务类型体现学生真实学习结果。以完成任务的方式来描述学生能干什么,是一种真实的学习结果表现。例如,"能画出 1—20 号元素的原子结构示意图,能用原子结构解释元素性质及其递变规律",要求学生能画出原子结构示意图和解释元素性质递变规律,其描述的学习结果很具体,也便于命题测试和评价。

③通过学生完成不同任务类型的难易程度来体现学习目标水平的高低。在学业要求的陈述中通过化学科学思维活动的行为动词及条件指向来描述任务类型的难易。行为动词包括列举、举例说明、说明、辨识、表示、画出、写出、描述、认识、比较、分类、说明、分析、解释、推理、预测、假设、设计、评价、选择等。上述行为动词大致可分为三个水平,像列举、举例说明、画出等是属于较易完成的任务;像说明、分析、解释等属于中等难度的任务;像推理、预测、设计等属于难度较大的任务。

④由简到难排序。在"学业要求"的若干条目中,按排列顺序,其描述的学习目标水平是由简到难的,最后一条是品格表现要求的描述。

(4) 内容表述形式

2003 版课标在课程模块的一级主题下通过"内容标准"对内容进行规定,即利用不同水平的行为动词链接具体知识来限定所要达到的最基本的、"刚性"的学习要求（如"认识摩尔是物质的量的基本单位，能用于进行简单的化学计算，体会定量研究的方法对研究和学习化学的重要作用"），以"活动与探究建议"说明实现相关内容标准时可参考的学习活动（如"实验探究：配制一定浓度的溶液，比较不同浓度溶液的某些性质差异"）。2017版课标在必修、选择性必修课程的一级主题下描述课程内容的视角更为丰富。在"内容要求"下划分出若干二级主题，在二级主题下阐述具体内容"刚性"的学习要求，其表述方式与原内容标准一致。此外，在每一内容主题下，还设置了"教学提示"和"学业要求"（见图2-2-5）。

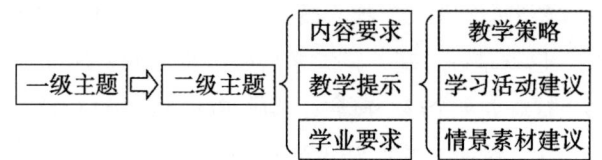

图 2-2-5　2017 版课标课程内容的表述

"教学提示"可以视为2003版课标中"活动与探究建议"的升级版，不仅包含"学习活动建议"（强化多样化的学习方式），还涉及"教学策略"（建议怎么教）和"情景素材建议"（提供与主题相关的化学学科发展、社会生活应用的素材信息），从而使具体内容的教学功能定位更为准确。

（5）内容变化

对2017版课标的三类课程内容的构成要素进行了初步的统计，结果见表2-2-10。从数量上看，2017版课标的课程内容部分包含24个一级主题，其中必修5个，选择性必修9个，选修10个，与2003版课标的25个一级主题相当。在一级主题下划分出二级主题63个，可视为高中化学课程的核心概念。

表 2-2-10　2017 版课标的课程内容要素统计

内容要素	一级主题	二级主题	内容要求	教学提示			学业要求
				教学策略	学习活动建议	情景素材建议	
必修	5	26	40	17	10	19	28
选择性必修	9	37	44	27	18	29	42
选修	10	0	24		10		12
合计	24	63	108	……			82

与2003版课标的"内容标准"相比，2017版课标中"内容要求"总数出现较大幅度的下降。考察三类课程不难发现：必修课程修订后"内容要求"有小幅增加，这与9个"学生必做实验"纳入必修内容有关。选择性必修3个模块的"内容要求"有44条，少于2003版课标同名模块的"内容标准"58条，究其原因是2017版课标对内容进行了整合，相同的二级主题下涵盖的内容更多（如"化学反应原理"主题1下"化学反应与电能"只有1条"内容要求"，却包含了2003版课标的3条"内容标准"）。2017版课标中选修课程系列以描述内容线索为主，未对知识给出具体要求，因此选修课程"内容要求"的数量最少。

2017版课标的内容变化不仅表现在数目增减上，对"内容要求"的描述也发生了一系列的变化，主要体现在对"内容标准"的删减、增补、修改和强化等方面。这些变动，不应简单地归结为文字修改，而应从不同的角度进行综合考察，揭示其原因。

①降低化学学业要求。如删去"铝、铜、硅单质及其重要化合物的性质"（化学1）、"能用焓变和熵变说明化学反应的方向"（化学反应原理）等；将"认识摩尔是物质的量的基本单位，能用于进行简单的化学计算，体会定量研究的方法对研究和学习化学的重要作用"（化学1）改为"了解物质的量及其相关物理量的含义和应用，体会定量研究对化学科学的重要作用"（必修），降低了有关内容的学习要求。

②注重概念过渡和衔接。如增加"知道化学反应是有历程的，认识基元反应活化能对化学反应速率的影响"（化学反应原理）、"知道有机化合物分子是有空间结构的，以甲烷、乙烯、乙炔、苯为例认识碳原子的成键特点，以乙烯、乙醇、乙酸、乙酸乙酯为例认识有机化合物中的官能团。知道有机化合物存在同分异构现象"（必修）。2017版课标提出"基元反应""空间结构""官能团""同分异构现象"等概念，有助于学生更准确地理解知识。

③强化基于实验的探究。如增加"学习研究物质性质，探究反应规律，进行物质分离、检验和制备等不同类型化学实验及探究活动的核心思路与基本方法。体会实验条件控制对完成科学实验及探究活动的作用"（必修）、"学生必做实验：简单的电镀实验，制作简单的燃料电池"（化学反应原理）等条目。

④重视安全与规则意识。如增加"树立安全意识和环保意识。熟悉化学品安全使用标识，知道常见废弃物的处理方法，知道实验室突发事件的应对措施，形成良好的实验工作习惯"（必修）、"认识经济发展与环境保护等的关系。树立自觉遵守国家关于化学品应用、化工生产、环境保护、食品与药品安全等方面法律法规的意识"（必修）等条目。

⑤弘扬化学学科价值。如增加"发展对化学实验探究活动的好奇和兴趣，养成注重实证、严谨求实的科学态度，增强合作探究意识，形成独立思考、敢于质疑和勇于创新的精神"（必修）、"认识到化学科学与技术对我国走生产发展、生活富裕、生态良好的文明发展道路将发挥重要作用，树立建设美好中国、为全球生态安全作出贡献的信念"（必修）、"结合实例认识化学原理、化工技术对于节能环保、清洁生产、清洁能源等产业发展的重要性"（必修）等条目。

对某些重要的学习内容，2017版课标依据逻辑关系和认知特点，对其作进一步的规定，有利于学生学习和知识结构化。如在2003版课标中，有关"元素周期律""元素周期表"的要求仅有2条："能结合有关数据和实验事实认识元素周期律，了解原子结构与元素性质的关系"和"能描述元素周期表的结构，知道金属、非金属在元素周期表中的位置及其性质的递变规律"（化学2）。而在2017版课标中将其"拆分"为4条："认识原子结构、元素性质以及元素在元素周期表中位置的关系""结合有关数据和实验事实认识原子结构、元素性质呈周期性变化的规律，建构元素周期律""知道元素周期表的结构，以第三周期的钠、镁、铝、硅、硫、氯，以及碱金属和卤族元素为例，了解同周期和主族元素性质的递变规律"以及"体会元素周期律（表）在学习元素及其化合物知识及科学研究中的重要作用"。显然，有关元素周期律、元素周期表修改后的内容要求，阐述的层次更清晰，目标指向更明确，例证更丰富。

5. 新增"学业质量"

(1) 学业质量水平的作用和等级含义

第一,以"化学学科核心素养及其表现水平"作为刻画化学学业质量水平的主要维度,这是为了体现"以发展化学学科核心素养为主旨"的基本理念,这个维度中包含正确价值观念、必备品格和关键能力。2017版课标中明确提出以"化学学科核心素养及其表现水平"作为主要维度来划分化学学业质量水平,是一种创新,为高中化学学科教学指明了方向。

第二,"化学课程内容"是学业质量标准的另一个维度,我们认为这个维度可从"问题情境复杂程度""知识和经验的结构化程度""活动类型(包括认识活动和问题解决活动)"三个方面来刻画化学学业质量水平(见图2-2-6)[①]。

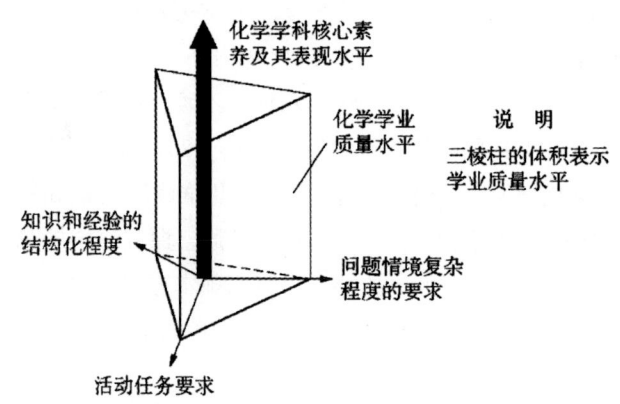

图 2-2-6　化学学业质量标准及其水平划分示意图

其中的"问题情境复杂程度"可分为简单的结构良好的情境、复杂的结构良好的情境、简单的结构不良的情境、复杂的结构不良的情境。关于"知识和经验的结构化程度"主要可以从课程知识内容层面提出要求,若是相关的知识、技能和方法只限于必修课程范围,对知识的结构化要求相对会比较低,若是相关的知识、技能和方法包含必修课程和选择性必修课程,对结构化要求会比较高。一般说来,知识内容越多,对其进行结构化的难度越高。

化学学科的认识活动和问题解决活动可以概括为:①知识和经验的输入——学习理解活动,关键心理操作要素有:观察、记忆、提取信息;概括、关联、整合;说明、论证、推导等。②知识和经验的输出——应用实践活动,关键心理操作要素有:分析、解释;推论、预测;设计、证明等。③知识和经验的高级输出——创新迁移活动,关键心理操作要素有:复杂推理、系统探究、建立模型;创造性思维等。据此"活动任务",可以分为学习理解、应用实践和迁移创新三大类。

"内容要求"和"学业要求"之间的关系可用图2-2-7表示。要注意,每个主题中"内容要求""学业要求"与整个高中化学课程的"学业质量标准"相比较,相关的学习内容的结构化程度和化学学科核心素养的综合化程度是不相同的。

---

① 陈进前. 关于学业质量标准的研究——基于2017年版普通高中化学课程标准[J]. 化学教学,2018(12):8-12.

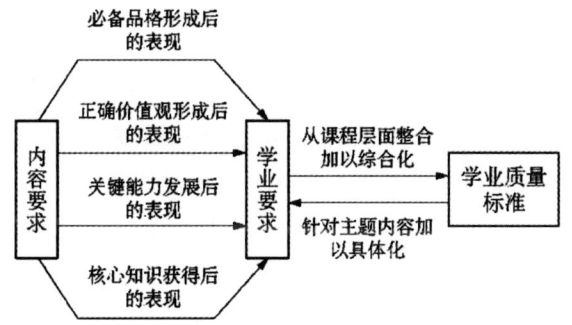

图 2-2-7　内容要求、学业要求与学业质量标准之间的关系

学业质量水平是考试与评价的重要依据。学业质量水平 2 是高中毕业生在本学科应该达到的合格要求，是化学学业水平合格性考试的命题依据；学业质量水平 4 则是化学学业水平等级性考试的命题依据。学业质量水平 2 的标准，可以理解为全体学生参加必修课程的学业水平合格性考试时，绝大多数学生都能通过的那个水平。而学业质量水平 4 的标准，可以理解为全体学生参加选择性必修课程（含必修课程）的学业水平等级性考试时，处于正态分布高点处的那个水平。如图 2-2-8 所示，示意了学业质量水平 2 和水平 4 的含义（注：图中竖放了正态分布图，左边的正态分布表示绝大多数学生的学业质量水平都超过了水平 2，也有学生未达到水平 2 的要求）。

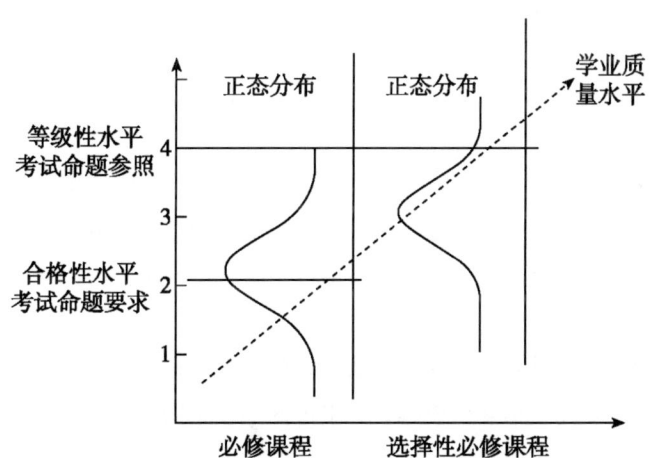

图 2-2-8　学业质量水平等级含义示意

(2) 学业质量水平的研制思路

学业质量水平是以化学学科核心素养及其表现水平为主要维度，结合课程内容，对学生学业成就表现的总体刻画。根据上述表述，可知学业质量水平的研制思路如图 2-2-9 所示。

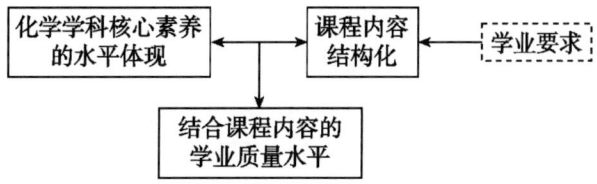

图 2-2-9　学业质量水平的研制思路

从图 2-2-9 可以看出，学业质量水平与化学学科核心素养的水平、结构化的课程内容紧密相关，下面就其研制思路作进一步解释。

①学业质量水平与化学学科核心素养的水平。

学业质量水平的划分是依据课程标准附录1中的"化学学科核心素养的水平划分"，其水平等级的对应关系如表 2-2-11 所示。根据化学学科核心素养的 4 级水平，将化学学业质量水平也分为 4 级。学业质量水平 1 的"质量描述"中均包含化学学科核心素养的 5 个方面，且都是 5 个方面的水平 1 的重新整合。以此类推，学业质量的其他等级水平的描述，也均由化学学科核心素养的 5 个方面按上述思路整合而成。

表 2-2-11 素养水平与学业质量水平的对应关系

化学学科核心素养的水平		学业质量水平	
化学学科核心素养	素养水平	水平	"质量描述"对应的素养水平
素养1 宏观辨识与微观探析	1，2，3，4	1	集各个素养的水平 1，并形成"1-1""1-2""1-3""1-4"等描述
素养3 证据推理与模型认知	1，2，3，4		
素养2 变化观念与平衡思想	1，2，3，4	2	集各个素养的水平 2，并形成"2-1""2-2"……
素养4 科学探究与创新意识	1，2，3，4	3	集各个素养的水平 3，并形成"3-1""3-2"……
素养5 科学态度与社会责任	1，2，3，4	4	集各个素养的水平 4，并形成"4-1""4-2"……

②课程内容的结构化。

按照图 2-2-7 所示的思路，需以课程内容中每个主题下的"学业要求"为基础，将其中的知识和技能、思想方法和探究模式等进行结构化和提升，使课程内容结构化，形成比较综合性的课程内容结构化的描述，以便于提炼学业质量水平的质量描述。

③提炼学业质量水平的质量描述。

依据化学学科核心素养及其表现水平，结合结构化的课程内容，将两者融合进而提炼学业质量水平中的质量描述。与化学学科核心素养水平的描述不同，学业质量水平的描述更侧重学科知识的结构化描述，从质量描述中可以找到具体的化学知识，而素养水平的描述则侧重观念性的描述。

6. 实施建议的变化

（1）教学建议的变化

2003 版课标提倡在教学中引导学生进行自主学习、探究学习和合作学习。2017 版课标在继承和发扬学生自主学习、探究学习和合作学习的基础上，倡导"素养为本"的化学教学，要求教师主动探索"素养为本"的有效课堂教学模式和策略。"素养为本"的化学教学，要明确知识、技能教学与核心素养培养的关系，强调从"知识"到"素养"。在"素养为本"的教学实践中，要积极开展"真实情境——问题"教学，开展借助信息技术的教学，开展具有学科特质的实践活动等多样化的教学实践。无论哪种教学思路和教学方式，都要鼓励学生独立思考和相互探讨，发现并提出问题，引导学生学会认知与思考，强调学生学习方式的转变。

(2) 评价建议的变化

2003版课标提倡纸笔测验、学习档案评价和活动表现评价等多样化的评价方式。2017版课标在继承和发扬多样化评价方式的基础上，又提出了"教、学、评"一体化，提倡有效开展化学日常学习评价，教师应充分认识化学日常学习评价对于促进学生化学学科核心素养发展的重要性。提问与点评、练习与作业、复习与考试等是有效开展化学日常学习评价的基本途径和方法。

另外，2017版课标新增加了学业水平考试命题建议，探索以化学学科核心素养为导向的命题框架，即以核心素养为测试宗旨，以真实情境为测试载体，以实际问题为测试任务，以化学知识为解决问题的工具，以化学学科核心素养为导向的命题框架，重视真实情境在考试命题改革中的重要作用。

①在真实情境中考核学生的化学学科核心素养。以化学学科核心素养为导向的命题评价，强调真实情境的创设，通过学生在应对复杂真实情境时的外在表现能较好地推断和评价学生的核心素养。情境越真实越能反映学生的核心素养水平，在真实情境中考核学生的化学学科核心素养，应该成为学业水平考试命题的重要方向。因此，真实情境的选择与设计是试题考查和评价学生化学学科核心素养的重要构成要素。

②题干中真实情境的要求。情境中的事件应该是真实发生或者能够发生的，基于该情境的设问也能够在现实生活中找到，题干中提供的信息或数据应该能够实现。真实情境可以是以下各种情境：联系日常生活的情境，化学与生产联系的情境，科学、技术、社会和环境发展的成果，科技论文成果的化学学术情境，科学思维素材，化工流程，事件故事，尚未发表的实验室研究数据等等。例如课标例题以屠呦呦成功提取青蒿素获得2015年诺贝尔生理学或医学奖为情境素材，该真实情境属于化学学术情境。

③基于真实情境的命题策略。真实情境是试题的素材载体，试题的测试任务要融入真实、有意义的真实情境中。试题的难度可以通过设计情境的不同陌生度、材料和数据的不同类型、素材承载信息的复杂性、情境的不确定程度和开放程度等来体现。试题让学生所运用的化学知识与方法也要有一定区别。因此，学生在解答试题时，只有灵活运用结构化的知识，才能较好地解答融于真实情境中的实际问题，表现出其化学学科核心素养的水平，从而达到测试不同素养水平的评价目标。

2017版课标在课程框架及理念变化、课程目标、课程结构、课程内容、学业质量标准、实施建议等方面都有很大的跨越及改进，因此我们的教学行为也必须进行相应的调整，以期适应化学学科核心素养的落地。

第三节 化学学科核心素养目标达成

一、如何根据化学学科核心素养制定教学目标[①]

1. 教学目标是教学过程的灵魂

制订教学目标时要注意以下几点。

第一，应定位于学生学的层面来考虑，即要清晰描述出"学生学会了什么""学生的哪些素养得到了发展"，不能只关注"教什么、怎么教、有没有教"等。

第二，要从知识、能力、态度层面区分不同类型的教学目标，因为达成不同类型教学目标的教学和评价方式不相同。知识目标主要用讲解或讨论方式，力求使学生用意义学习的方式达到深度理解；能力目标必须让学生自主操作或自主活动，因为讲解不能实现能力目标；态度目标需要在知识与能力的获得性学习中达到心理和行为的变化[②]。

第三，教学目标要清晰明了，能直接用于指导教、学、评。教学目标的清晰化不仅需要目标具体化的技术，而且还充满着教师的专业判断[③]。在教学目标制订上，关注能否深刻领会课程标准，考察其科学性；在学习评价方面，关注是否实施教、学、评一体化教学，考察其有效性[④]。

2. 深入理解化学学科核心素养是科学制订教学目标的前提

化学学科核心素养的内核与价值可归纳为：①化学学科核心素养的内核是立德树人；②化学学科核心素养是学生发展核心素养的一部分；③化学学科核心素养是科学素养的一部分；④化学学科核心素养包括 5 个方面。学生发展核心素养、科学素养、化学学科核心素养之间的关系如图 2-3-1 所示。

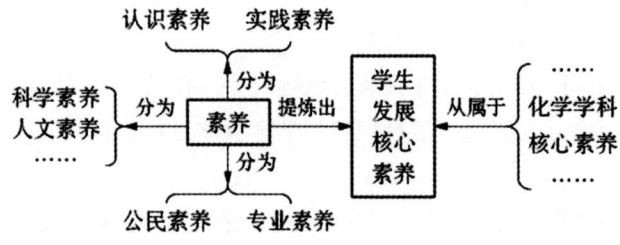

图 2-3-1 化学学科核心素养与学生发展核心素养、科学素养等概念的关系

3. 制订教学目标要统筹协调上位、本位、基础三个层面

教师将教学目标具体化、精细化，需要从上位、本位、基础三个层面切入进行思考，来制订各主题单元教学目标、课时教学目标（如图 2-3-2）。

[①] 陈进前. 基于化学学科核心素养发展制订教学目标 [J]. 化学教学, 2018 (7)：8-12.
[②] 曹宝龙. 教育目标、课程教学与学生素养发展 [J]. 中国德育, 2017 (11)：49-51.
[③] 崔允漷. 追问"学生学会了什么"[J]. 教育研究, 2013 (7)：98-104.
[④] 任学宝. 以教研促进课改政策的转化和落实 [J]. 人民教育, 2017 (20)：26.

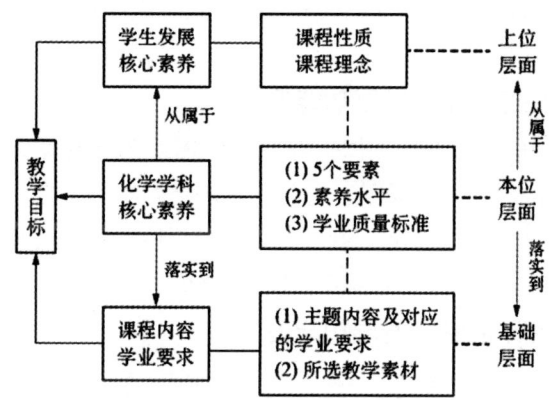

图 2-3-2 基于化学学科核心素养制订教学目标的基本思路

(1) 从学生发展核心素养整体宏观把控

学科教学的终极目标是帮助学生形成本学科特有的文化。学科文化比学科思维更进一步，相比于学科思维，学科文化已不局限在解决问题或者思考问题方面，而是将学科特质融入学生日常的生活或活动中，形成学生为人处世的基本态度和必要手段，这就是学生的必备品格和关键能力[①]。

(2) 从化学学科核心素养发展的重点来调控

2017 版课标中对化学必修和选择性必修课程提出了明确的素养发展目标，具体要求用以下三个方面来表述：①化学学科核心素养与课程目标（分 5 个主要方面，每个方面划分了四级水平）；②学业质量标准（对学生学习化学课程后所表现出化学学科核心素养水平的描述，根据学生在复杂程度不同的情境中解决问题的难易将学业质量标准分为四个水平等级，结合高中化学核心知识将化学学科核心素养具体化）；③学业要求（每个主题有对应的学业要求，是针对其中核心知识提出的具体要求，是该单元教学中化学学科核心素养发展应该达到的具体目标）。这为今后高中化学教、学、评的具体操作给出了参照依据，是一线教师教学设计、编制试题和诊断评价的重要依据。

(3) 从教学内容、课时单元教学目标抓好落实

在教学内容的选择和组织上，关注是否准确把握学业水平层次，观察其合理性；在活动设计上，要关注是否精心设计实验探究活动，从实验价值上观察其独特性；在问题解决的过程中，关注能否促进学生思维能力的提升和学习方式的转变，观察其真实问题设计的情境性。

二、发展学生化学学科核心素养为本的课堂教学设计

1. 明确教学主题的素养发展价值

对于所教授的课时教学主题，首要的是明确教学主题的素养发展价值和功能定位，即教学主题能发展学生什么素养。

2. 明确"板块"的素养发展功能

"板块"（Plate，缩写为 P）是化学课堂教学板块的简称，指的是构成化学教学系统的一级

---

① 任学宝. 核心素养培育要落实到学科教学的四个层次 [J]. 人民教育，2017 (3-4)：58.

子系统。教师在备课时，首先思考的就是这节课要讲几个大问题，这个"大问题"就是板块，每一个大问题就是一个板块。

3. 注重化学学习任务的素养发展功能设计

所谓化学学习任务是指在化学教学中为实现一定的化学教学目标、落实一定的化学教学内容，由教师和学生共同完成的学习课题[①]。它是化学课堂教学系统的二级子系统，是化学课堂教学板块系统的一级子系统。也就是说，化学课堂教学板块的素养发展功能，是通过一个个具体的化学学习任务实现的。因此，化学学习任务的素养发展功能设计尤为重要。

4. 注重化学学习活动的素养发展功能设计

化学学习活动是完成化学学习任务的基本途径，它对于学生化学核心概念、化学学科思想与观念和化学科学思维方式的建构，对于学生化学核心素养的发展具有非常重要的作用。为此，应特别重视化学学习活动的素养发展功能设计。

5. 注重真实化学学习情境的设计

2017版课程标准明确指出："真实、具体的问题情境是学生化学核心素养形成和发展的重要平台，为学生化学学科核心素养提供了真实的表现机会。"这是基于素养发展角度，对化学学习情境功能的新的概括。也就是说，化学学习情境，除了激趣、激疑、激思功能外，还是化学学科核心素养形成和发展的平台和素养表现的机会。依据化学学习情境的新功能，可将其划分为两类：一类是建构性化学学习情境，其主要功能是通过化学知识和化学方法的建构，促进化学学科核心素养的形成和发展。另一类是迁移性化学学习情境，其主要功能是通过真实情境下化学问题的解决，为化学学科核心素养的表现提供机会。

6. 注重化学教学目标的素养化设计

如何设计素养为本的化学课堂教学目标，这是新课标教学实践遇到的新问题。基于核心素养发展的课时教学目标的设计，应树立"整合观"，既要注意与教学设计的其他环节整合，在板块设计、任务设计、活动设计和情境设计基础上，提炼和概括化学教学目标；又要注意知识目标与素养目标的整合。依据素养发展功能，可以将化学教学目标划分为建构性化学教学目标和迁移性化学教学目标。建构性化学教学目标，重在通过化学知识的建构过程，形成和发展学生的化学学科核心素养。

7. 注重"教、学、评"的一体化设计

(1) 化学教学目标与评价目标的一致性

日常化学学习评价，一定要围绕化学核心概念、化学学科思想与观念和化学科学思维方式的建构来设计评价目标，并使其与化学教学目标有高度的契合性。

(2) 化学学习任务与评价任务的一致性

学习任务是落实化学教学目标的重要载体，同样，评价任务也是落实评价目标的重要载体。学习任务与评价任务的一致性，是教学目标与评价目标一致性的具体体现和必然要求。评价任务的设计应以评价目标的全面达成为原则，并与学习任务保持高度的契合。

---

① 郑长龙. 化学新课程教学法·初中化学 [M]. 长春：东北师范大学出版社，2004：182.

第三章
宏观辨识与微观探析

第一节 宏观辨识与微观探析的内涵及体现

一、宏观辨识与微观探析的内涵[①]

宏观辨识与微观探析是化学学科认识世界的独特方式,反映化学学科的本质特征。表现在:化学是在原子、分子等微观水平上研究物质组成、结构、性质及其变化规律和应用的学科;宏微结合是化学学科最特征的思维方式,是"宏观—微观—符号"三重表征的基础与重点;体现了化学是一门在分子、原子的水平上开展研究的科学;体现了"结构决定性质,性质决定用途"的化学基本思想;体现了化学学科的学科性、时代性、创新性。宏观辨识与微观探析素养的形成包含着三个层次,即孤立地从宏观进行辨识,孤立地从微观进行探析以及从宏观辨识与微观探析综合分析问题。下面分别从以下三个认识层阶来解构。

1. 宏观辨识

宏观辨识是宏观辨识与微观探析学科核心素养认识的第一层级,"辨识"较易理解,意为辨认、识别,那么到底何为"宏观"?《辞海》中对"宏观"的解释是"指自然学科中不考虑分子、原子、电子等物质内部结构或机制的"。这是对自然学科中宏观一词的整体把握,结合化学学科而言,宏观主要是指物质的存在状态比如状态、颜色、气味、溶解性等可以直接表征出来的以及在化学变化中产生的具体现象比如颜色的变化、沉淀的产生、气体的产生、相的变化等,而有些宏观表征的具体呈现需要借助一定的实验手段。因此,从学科与概念上整体把握得出宏观辨识应是指能够通过观察、辨识一定条件下物质的形态及其变化的宏观现象,初步掌握物质及其变化的分类方法,并能运用符号表征物质及其变化。具体来说,如对 SO_2 的辨识,从宏观的形态表征可以得出 SO_2 是一种有刺激性气味的气体,再将 SO_2 气体通入石蕊溶液和品红溶液中,通过正确的实验操作可以观察到石蕊溶液由紫色变为红色,品红溶液逐渐褪色等一系列的现象,因此既可以从具体的化学现象推断出该物质为 SO_2,也可以依据该物质为 SO_2 从而推断出该物质在特定的实验中能够产生的具体现象,即为宏观辨识。

[①] 赵欣宇. 高中生"宏观辨识与微观探析"维度核心素养的培养 [D]. 哈尔滨师范大学硕士学位论文,2018 (6):11-19.

2. 微观探析

微观探析是宏观辨识与微观探析学科核心素养认识的第二层级，"微观"一词在《辞海》中的解释为"深入到分子、原子、电子等极微小的基本粒子领域的"，"探析"则可理解为探讨、分析，其中探讨是探索和研究，分析是由部分知整体，从局部推及全面，其意义在于找到问题的主要矛盾，从而解决问题。将"微观探析"融入到化学中，将这个具有科学性及严谨性的词语增添了趣味性和层次感，从粒子的微观角度探索、研究物质结构，再从微观的物质结构类推到其与物质性质之间的联系。将微观探析界定为能从物质的微观层面理解其组成、结构和性质的联系，形成"结构决定性质，性质决定用途"的观念。

在碱金属部分知识的学习中，往往需要从核外电子排布及原子半径角度去理解掌握金属元素间的共性及差异性。从电子角度分析，由于碱金属最外层电子数为1，为达到稳定结构，极易失去1个电子，因此碱金属元素都具有强还原性；从原子半径角度分析，同一主族自上到下，由于原子半径逐渐增大导致原子核对最外层电子束缚能力逐渐减弱，电负性逐渐减小，因此碱金属元素从上到下呈现还原性逐渐增强的趋势。所以，在学习此部分知识时应注重由此及彼，不要局限在单一物质的学习中。由此可见，微观探析的理论性很强，要求洞悉微观结构与性质之间的联系。

3. 宏观辨识与微观探析

宏观辨识与微观探析作为一个整体而言，重点在于一个"与"字，"与"不是将宏观辨识与微观探析简单地连接在一起，而是内涵与外延上的交叠，是连接宏观辨识与微观探析意义的桥梁，强调注重宏观辨识与微观探析的联系，不可切断二者的联系。作为化学核心素养中的要点，对其内涵的研究十分必要，2017版课程标准对宏观辨识与微观探析这一维度进行了详细的阐述，总结如下三点要素：①能够不同角度、不同层次认识物质并对物质进行分类；②注重宏观物质与构成宏观物质的微观粒子间的联系，从微观出发，形成见微知著的学习理念；③运用宏微结合的思维分析问题、解决问题。其核心就是体现从宏观分类到微观认知，以及宏、微观结合的方式认知世界解决问题的不同水平要求，相关学习层次与学习目标水平描述见图3-1-1[①]。

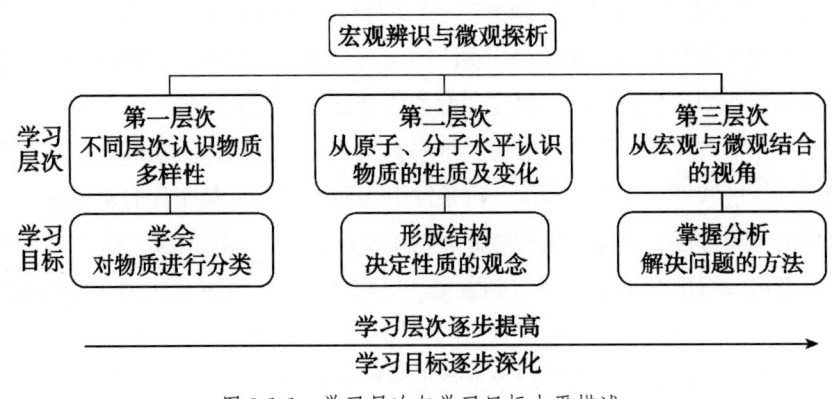

图 3-1-1　学习层次与学习目标水平描述

---

① 顾建辛. 关于化学核心素养培育的微观思考——"宏观辨识与微观探析"素养培育中的目标与行为分析[J]. 化学教学, 2019 (1)：1-7.

对体现"宏观辨识与微观探析"素养的"学习活动"赋予实践意义的程序图式,形成相对稳定的"学习活动"结构形式,其模型见图 3-1-2。

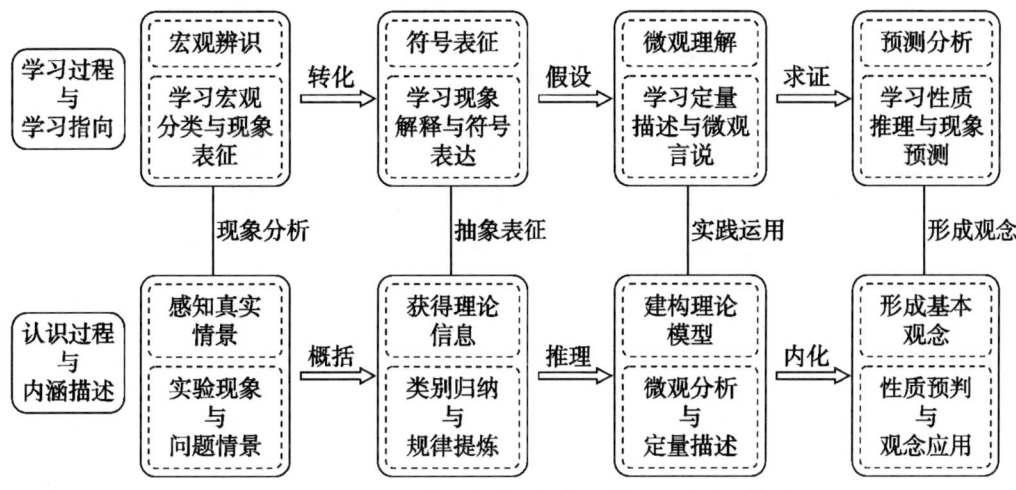

图 3-1-2 "宏观辨识与微观探析"学习活动过程模型

二、宏观辨识与微观探析的解读

宏观辨识与微观探析素养体现了化学学科与其他学科不同的思维方式,学会用这种特殊的思维方式学习化学,能够增进学生对化学学科的理解,对知识的掌握和对问题的分析。初中阶段,学生通过必修"主题 3 物质构成的奥秘"和"主题 4 自然界的水"的学习,建立宏观辨识与微观探析的基本意识;高中阶段,在"物质结构与物质"选修模块的学习中,提升宏观辨识与微观探析的发展水平;在"有机化学基础"选修模块对官能团的认识中,应用宏观辨识与微观探析解决实际问题。

在 2017 版课程标准中,将高中化学课程分为以下三类:一类为面向大众的基础教育课程,明确要求高中阶段所有学生必须掌握的化学内容,即必修模块(全修全考);第二类是为适应高中生个性发展和升学考试的选择性必修内容(选修选考);第三类为迎合具有不同兴趣、不同需要学生的选修内容(选修备考或学而不考)。结合课程分类与学生对化学知识的具体需求,2017 版课程标准中将"宏观辨识与微观探析"维度核心素养的学业质量水平要求又划分为四个层次。具体要求见表 3-1-1。

表 3-1-1 宏观辨识与微观探析维度素养的水平划分

	主要内容
水平 1	能根据实验现象辨识物质及其反应,能运用化学符号描述常见简单物质及其变化,能从物质的宏观特征入手对物质及其反应进行分类和表征,能联系物质的组成和结构解释宏观现象。
水平 2	能根据实验现象归纳物质及其反应的类型,能运用微粒结构图式描述物质及其变化的过程,能从物质的微观结构说明同类物质的共性和不同类物质性质差异及其原因,解释同类的不同物质性质变化的规律。

	主要内容
水平3	能从原子、分子水平分析常见物质及其反应的微观特征,能运用化学符号和定量计算等手段说明物质的组成及其变化,能分析物质化学变化和伴随发生的能量转化与物质微观结构之间的关系。
水平4	能依据物质的微观结构描述或预测物质的性质和在一定条件下可能发生的化学变化,能评估某种解释或预测的合理性;能从宏观与微观结合的视角对物质及其变化进行分类和表征。

化学学科核心素养维度的划分规定了学业知识的广度,每个维度划分的四个水平则规定了知识的深度。2017版课程标准中将"宏观辨识与微观探析"(以下简称为素养1)分为了四个水平,从水平1到水平4难度逐渐增加,对化学知识、化学素养应达到的学业标准做出了具体的要求,也就是说,每个水平是对应着不同培养方向的学生应达到的学业标准。

1956年,布卢姆将认知领域的教学目标分为知识、理解、应用、分析、综合和评价六个层次,六个层次逐级递增。素养1的四个水平的划分与布卢姆的认知分类标准一一对应。具体来说,水平1要求学生能依据具体的化学实验现象知道物质的类别及其反应,并能从微观角度联系宏观现象,借助符号对其进行简单的表征,注重对宏微关联意识的培养,主要表现为教学目标的知识。水平2要求学生能够通过化学反应现象的共性和差异性进行归纳,总结物质及其反应的类别关联,强调对宏微结合的化学思维的培养,主要表现为教学目标的理解。除此之外,在学业质量测评上规定了水平2是毕业生应达到的学科标准。水平3则是在以上两种水平的基础上,要求学生能够从微观角度分析宏观物质及其反应,对化学内容从部分到全面的有层次性的认知,并能对物质组成及其变化进行符号表征和定量计算。难度相对于前两个水平增加幅度较大,更加注重分析微观结构与宏观表征间的联系,主要表现为教学目标的应用、分析。水平4是四个水平中等级最高的标准,要求学生在掌握结构决定性质的宏微观念的前提下,能够从微观结构预测物质所应该具备的性质及其反应,并能从宏微结合的视角对物质及其变化进行表征,主要表现为教学目标的分析、综合,并且水平4在学业质量测评中也是作为学业水平等级性考试的命题依据。其中教学目标分类与素养1四个水平间的对应关系见图3-1-3。

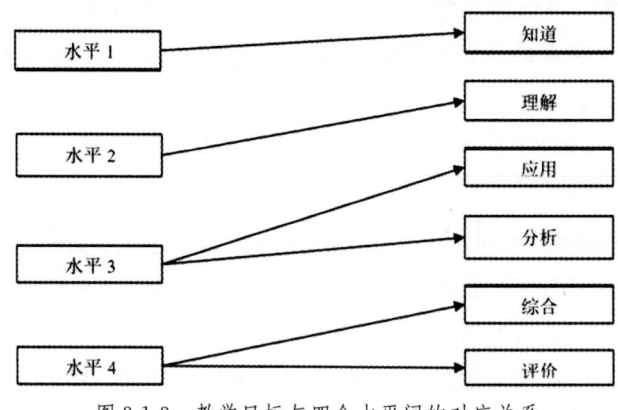

图3-1-3 教学目标与四个水平间的对应关系

三、宏观辨识与微观探析的表征

宏微结合的化学思维是学习化学的核心，培养"宏观辨识与微观探析"维度的核心素养就显得更为重要，培养学科核心素养依托于学科知识的渗透，所以"宏观辨识与微观探析"素养的培养需要对化学学科知识进行表征，2017版课程标准在必修课程中将学科知识分为化学科学与实验探究、常见的无机物及其应用、物质结构基础及反应规律、简单的有机化合物及其应用和化学与社会发展五个主题。根据知识内容的一一对应，从学科知识入手，将2017版课程标准中对各个模块的教学目标及之前的课程标准中的三维目标中关于宏微结合的表征进行整合，重新审视知识中宏观辨识与微观探析的表征，具体内容见表3-1-2。

表3-1-2 必修课程中宏观辨识与微观探析的表征

主题	宏观辨识与微观探析的表征
主题1：化学科学与实验探究	1.1化学科学的主要特征：注重宏观与微观的联系。
主题2：常见的无机物及其应用	2.1元素与物质：认识元素可以组成不同种类的物质，根据物质的组成和性质可以对物质进行分类；同类物质具有相似的性质，一定条件下各类物质可以相互转化；认识元素在物质中可以具有不同价态，可通过氧化还原反应实现含有不同价态同种元素的物质的相互转化。
	2.2氧化还原反应：认识有化合价变化的反应是氧化还原反应，了解氧化还原反应的本质是电子的转移，知道常见的氧化剂和还原剂。
主题3：物质结构基础与化学反应规律	3.1原子结构与元素周期律：认识原子结构、元素性质以及元素在元素周期表中位置的关系。以第三周期的钠、镁、铝、硅、硫、氯，以及碱金属和卤族元素为例，了解主族元素性质的递变规律。
主题4：简单的有机化合物及其应用	4.1有机化合物的结构特点：知道有机化合物分子是有立体结构的，以甲烷、乙烯、乙炔、苯为例认识碳原子的成键特点，以乙醇、乙醛、乙酸、乙酸乙酯为例认识有机化合物中的官能团。
	4.2典型有机化合物的性质：认识乙烯、乙醇、乙酸的结构及其主要性质与应用；结合典型实例认识官能团与性质的关系。
主题5：化学与社会发展	5.2化学科学在材料科学、人类健康等方面的重要作用：知道金属材料、无机非金属材料、高分子材料等常见材料类型，结合实例认识材料组成、性能与应用的联系。

根据在必修阶段的以上5个主题中"宏观辨识与微观探析"的表征与初中化学比较而言，在进一步学习了化学反应类型与化学反应原理的基础上，更是引入了有机化合物部分的知识，不仅难度增加很多，而且在深广度以及层次上都有所拓展。从表征上来看，必修阶段主要培养学生对宏观物质进行微观和符号表征，具体表现为对常见元素及其化合物的性质与宏观特征上的辨识，能够从电子、原子、离子的微观角度辨识、说明与宏观物质的性质及其反应类型之间的联系。但比较于选修课程内容而言，整体还是呈现广而浅的知识水平。

在必修课程的基础上，面对选择化学作为高考科目的学生，设置了选择性必修课程，选择性必修分为三个模块，每个模块又划分为3个主题。模块1：化学反应原理（主题1：化学反应与能量；主题2：化学反应的方向、限度和速率；主题3：水溶液中的离子反应与平衡）；模块2：物质结构与性质（主题1：原子结构与元素的性质；主题2：微粒间的相互作用与物质的性质；主题3：研究物质结构的方法与价值）；模块3：有机化学基础（主题1：有机化合物的组成与结构；主题2：烃及其衍生物的性质与应用；主题3：生物大分子及合成高分子）。各个主题的"宏观辨识与微观探析"表征见表3-1-3。

表3-1-3　选择性必修课程中宏观辨识与微观探析的表征

模块	主题	宏观辨识与微观探析的表征
模块1：化学反应原理	主题1：化学反应与能量	能辨识化学反应中的能量转化形式，能解释化学变化中的能量变化的本质。
	主题2：化学反应的方向、限度和速率	能运用温度、浓度、压强和催化剂对化学反应速率的影响规律解释生产、生活、实验室中的实际问题，能讨论化学反应条件的选择和优化。
	主题3：水溶液中的离子反应与平衡	通过让学生画微观图示、解释宏观现象等具体任务探察学生对水溶液体系认识的障碍点，以进一步明确教学重点和难点。在组织学生开展实验探究活动时，注意实验前的分析预测和对实验现象的分析解释，对假设预测、实验方案、实验结论进行完整论证，发展学生"宏观辨识与微观探析"的素养，培养系统思维能力。
模块2：物质结构与性质	主题1：原子结构与元素的性质	1.1 原子核外电子的运动状态：知道电子运动的能量状态具有量子化的特征（能量不连续），电子可以处于不同的能级，在一定条件下会发生激发与跃迁。知道电子的运动状态（空间分布及能量）可通过原子轨道和电子云模型来描述。 1.3 核外电子排布与元素周期律（表）：知道原子核外电子排布呈现周期性变化是导致元素性质周期性变化的原因。
	主题2：微粒间的相互作用与物质的性质	2.1 微粒间的相互作用：认识物质是由原子、离子、分子等微粒构成的，微粒之间存在不同类型的相互作用。根据微粒的种类及微粒之间的相互作用，认识物质的性质与微观结构的关系。 2.4 晶体和聚集状态：知道在一定条件下，物质的聚集状态随构成物质的微粒种类、微粒间相互作用、微粒的聚集程度的不同而有所不同。知道物质的聚集状态会影响物质的性质，通过改变物质的聚集状态可能获得特殊的材料。
	主题3：研究物质结构的方法与价值	3.2 研究物质结构的方法：了解原子光谱、分子光谱、X-射线衍射等表征物质结构的基本方法和实验手段。结合案例了解设计、合成和改造物质结构的一般思路和方法。

续表

模块	主题	宏观辨识与微观探析的表征
模块3：有机化学基础	主题1：有机化合物的组成与结构	1.2 官能团和有机化合物的类别：认识官能团的种类（碳碳双键、碳碳三键、羟基、氨基、碳卤键、醛基、酮羰基、羧基、酯基和酰胺基），从官能团的视角认识有机化合物的分类，知道简单有机化合物的命名。认识官能团与有机化合物特征性质的关系，认识同一分子中官能团之间存在相互影响，认识在一定条件下官能团可以相互转化。
	主题2：烃及其衍生物的性质与应用	2.1 烃的性质与应用：认识烷、烯、炔和芳香烃的组成和结构特点，比较它们组成、结构和性质的差异。 2.3 有机反应类型与有机合成：认识加成、取代、消去反应以及氧化还原反应的特点和规律，了解有机反应类型和有机化合物组成结构特点的关系。
	主题3：生物大分子及合成高分子	3.1 聚合物的结构特点：了解聚合物的组成与结构特点，认识单体和单体单元（链节）及其与聚合物结构的关系。了解加聚反应和缩聚反应的特点。 3.2 生物大分子：认识糖类和蛋白质的组成和性质特点。了解淀粉和纤维素及其与葡萄糖的关系，了解葡萄糖的结构特点、主要性质与应用。认识氨基酸的组成、结构特点和主要化学性质，知道氨基酸和蛋白质的关系。了解脱氧核糖核酸、核糖核酸的结构特点和生物功能。 3.3 合成高分子：认识塑料、合成橡胶、合成纤维的组成和结构特点。

宏观辨识与微观探析是中学化学核心素养中最基本的内容构成，中学化学几乎所有板块知识的学习，如基本概念、基本理论、常见无机物、常见有机物和化学实验等都隐含着这种思维特点，因此都能成为培养学生此项素养的素材。以"物质的组成与结构、化学变化"知识为例，这部分知识有一些显著的特点："物质的组成"从宏观和微观层面反映了物质中化学元素的质与量的特征，是人们认识物质化学结构和化学反应的出发点；"物质的结构"则从微观上揭示了物质性质的根本原因所在；"物质的化学变化"则是化学研究的主要内容和任务，需要从宏观与微观、定性与定量等多个角度进行研究。若以"元素观"的建构为线索，以"物质的组成和结构、物质的化学变化"的知识层次发展为素材，培养学生"宏观辨识与微观探析"化学素养的知识结构则可概括为如图3-1-4[①]所示。

---

① 姜佳荣，蒋小钢. 以观念建构为线索培养学生的化学核心素养——以"宏观辨识与微观探析"素养为例 [J]. 当代教育理论与实践，2017（9）：24-27.

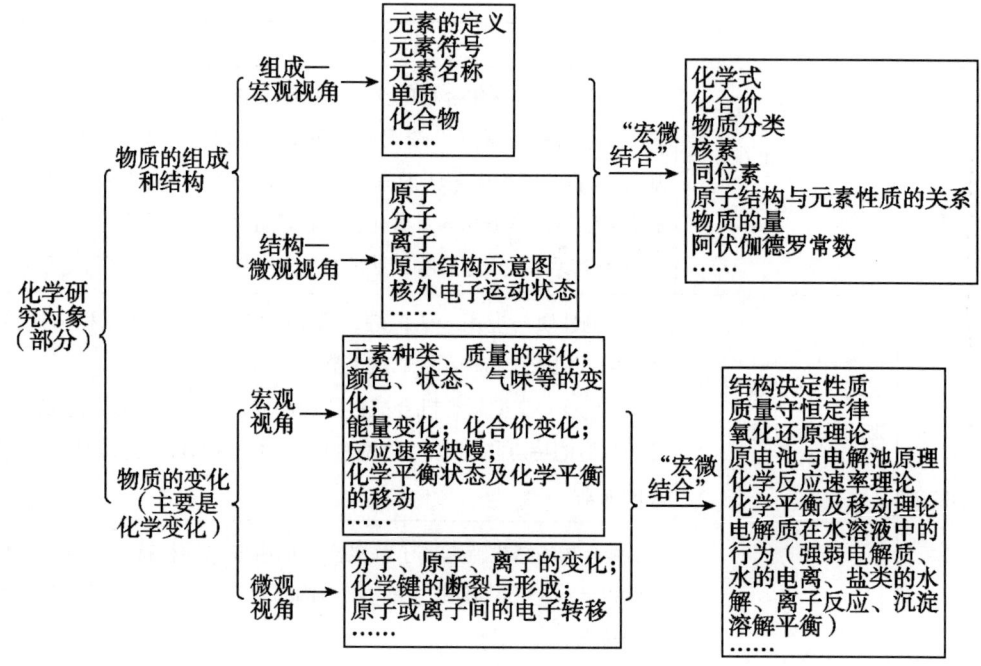

图 3-1-4 宏观与微观视角下"物质的组成和结构、物质的变化"的知识结构

第二节 发展宏观辨识与微观探析素养的教学策略

"宏观辨识与微观探析"体现了具有化学学科特质的思想和方法,在新课标中相关模块与主题中的教学策略建议如下。

表 3-2-1 必修课程中宏观辨识与微观探析的教学策略

主题	宏观辨识与微观探析的教学策略
主题1:化学科学与实验探究	
主题2:常见的无机物及其应用	
主题3:物质结构基础与化学反应规律	
主题4:简单的有机化合物及其应用	以典型简单有机化合物为例,引导学生建立官能团及有机物分类的初步认识。
主题5:化学与社会发展	加强物质组成、结构、性质等化学视角与真实情境素材之间的联系,引导学生从化学的视角看待和解决实际问题。

表 3-2-2　选择性必修课程中宏观辨识与微观探析的教学策略

模块	主题	宏观辨识与微观探析的教学策略
模块 1：化学反应原理	主题1：化学反应与能量	本主题的教学应结合具体实例（如氢气、氧气反应生成气态水和液态水释放能量不同）激发学生认知冲突，发展学生基于内能及内能的变化认识物质所具有的能量和化学反应中能量变化的本质，体会引入焓变概念的价值，理解热化学方程式书写规则。
	主题2：化学反应的方向、限度和速率	结合具体实例，使学生认识到化学反应是有历程的；结合具体数据，使学生认识到活化能对化学反应速率的影响。
	主题3：水溶液中的离子反应与平衡	(1) 水溶液中的离子反应与平衡主题是在水溶液体系中对化学平衡理论的应用。在教学中，一方面，应通过对电离平衡、水解平衡、沉淀溶解平衡等存在的证明及平衡移动的分析，形成并发展学生的微粒观、平衡观和守恒观。 (2) 在教学中，通过让学生画微观图示、解释宏观现象等具体任务探查学生对水溶液体系认识的障碍点，以进一步明确教学重点和难点。
模块 2：物质结构与性质	主题1：原子结构与元素的性质	借助事物模型、计算机软件模拟、视频等多种直观手段，充分发挥学生动手搭建分子结构、晶体结构模型等活动的作用，降低教学内容的抽象性，促进学生建立对相关内容的理解和认识。
	主题2：微粒间的相互作用与物质的性质	
	主题3：研究物质结构的方法与价值	
模块 3：有机化学基础	主题1：有机化合物的组成与结构	通过模型拼插或动画模拟建立对有机物分子结构的直观认识，利用物质结构的有关理论帮助学生理解有机物分子结构的特点，体会碳原子结构特征对其成键特征和分子空间构型的决定作用。
	主题2：烃及其衍生物的性质与应用	提供反应事实，使学生通过探究过程学习一类有机物的性质。
	主题3：生物大分子及合成高分子	注重联系生活生产实际，从实际情境中引入生物大分子及有机高分子，并提出与真实情境相关的问题，使学生通过自然现象、生活生产事实的解释或实际问题的解决等活动，认识生物大分子及有机高分子的结构、性质及应用。

在实际的教学过程中，不同学者提出的教学策略也不尽相同。

房海旭老师在《指导宏观辨识和微观探析，培养化学核心素养》[①] 一文中提出可以通过强化对"结构决定性质"的理解来培育宏观辨识与微观探析学科核心素养。具体主要通过以下三个途径：一是通过观察模型，建立表征联系。在微观上，化学是一门从原子和分子的角度认识物质的学科，在宏观上，化学是一门研究物质的性质和表现的学科。因此，教师在教学过程中

---

① 房海旭. 指导宏观辨识和微观探析，培养化学核心素养 [J]. 当代家庭教育，2019（12）：111.

可以通过借助模型的方法来建立这二者之间的联系，使学生们深刻理解物质的"结构决定性质"这一特性，促进学生将物质的微观原子和分子结构与宏观的性质表现联系起来的能力的提升。二是通过绘制图示，把握分类本质。在化学这门学科中，学生们会接触到很多化学概念，这些概念性知识相比其他化学知识来说可能更加抽象，不易理解和应用，这时候教师可以借助图示这个工具，从微观层面上对其进行深入分析，深入辨别这些概念性问题的本质区别，使学生能够准确将其归类，全面提升其对相应知识的认知水平，不断优化其知识网络结构。三是通过在学习化学的过程中，学生不可避免地要接触到诸多的化学反应，教师应当从本质上去引导学生正确认知反应的整个过程，通过对反应过程的展示使学生在微观层面深刻感受到各种变化发生前后的区别，以此全面提升学生从微观辨析的角度来深化宏观辨识的能力，建立更加完整和优化的化学观，为之后的深入学习奠定坚实的基础。房老师通过具体案例的阐释分析得出结论，教师在引导学生培养和提升宏观辨识和微观探析素养时，应从学生当前认知水平入手，再结合实际教学内容，真正从根源上挖掘学生的知识短板，全面加强学生对物质的微观结构和宏观性质的认识，这样学生的化学基础才会更加扎实，在之后接触深层次的知识时也能够灵活应用，为其下一阶段更高水平的学习奠定坚实的基础。

吴桂英老师在《宏观辨识与微观探析核心素养的培养策略——以氮及其化合物复习课为例》[1]一文中提出了发展宏观辨识与微观探析的具体培养策略。一是从物质的分类观建构知识框架，形成知识系统。物质的分类观是认识物质的前提。物质的分类观是指依据不同的分类标准，从不同的角度满足学习和研究的需要，得到不同体系的分类结果。对物质进行分类是化学学科培养学生宏微辨析核心素养的基础通道和重要途径。二是从物质的结构观认识物质的性质，从物质的转化观辨析物质的变化，形成物质反应的历程合理而系统的表征。物质的微观结构决定物质的宏观性质，反之，宏观性质反映微观结构。在教学过程中，要有计划、有目的地采取措施，提高宏微辨析的核心素养。

结合具体的教学实践，吴老师提出了教学应注意以下几点问题：首先，要结合学情特点，调动学生的学习积极性。设计具有实际应用的分类和转化的活动任务，促使学生掌握"单质及其化合物"之间的转化关系等等，这种活动任务在促进学生自主建构时具有非常重要的作用。教师要依据学科素养的基本内容，恰当运用教学策略，有的放矢地进行系统设计，既要符合本校学生的实际情况，如知识水平、智力水平等，又要尽可能涵盖该元素的单质及其重要化合物的主要性质，还要考虑活动任务在今后的生产、生活中具有一定的实用价值。教学手段上做到启发与引导相结合、思考与交流讨论相结合等，帮助学生顺利构建类价二维图。其次，类价二维图有一定的适用性。元素化合物之间的转化从化合价角度通常分为两类：一类非氧化还原反应，即同一价态不同物质间的相互转化，比如酸性氧化物、酸、盐之间的相互转化；另一类是氧化还原反应，即同一元素不同价态之间的相互转化，如氮元素的−3、0、+1、+2、+3、+5等不同价态物质之间的转化。对于这两种转化都比较多的元素及其化合物，通常可以采用类价二维图的方法，如氯、硫、氮、铁及其化合物。再次，元素化合物的复习通常不是一步到位的，可通过课堂实践、实际应用等多方位、多角度提升学生的学科素养。结合化学基本理论、

---

[1] 吴桂英. 宏观辨识与微观探析核心素养的培养策略——以氮及其化合物复习课为例[J]. 文理导航，2019（5）：55-56.

基本原理、探究实验等，促进学生自主构建类价二维图，培养宏观辨识与微观探析这一学科核心素养。最后分析得出结论：宏观辨识利于得出结论，掌握知识；微观探析利于究其根本，便于理解记忆。教学中注意引导学生在学习化学基础知识的进程中注重宏观辨识和微观探析的结合，发展其多视角、多层次分析和解决实际问题的能力，加深对知识的运用和掌握。既要知其然，还要知其所以然，在实验探究的过程中，能用"宏观辨识和微观探析"的观念认识事物，帮助他们提高独立解决问题的能力，培养宏观辨识与微观探析这一学科核心素养，构建高效的化学课堂。

莫蕙伊老师在《基于"宏观辨识与微观探析"的高中化学教学实践》[①] 一文中以《盐类的水解》的教学实践为例，探讨如何实现基于"宏观辨识与微观探析"这一化学核心素养的教学，阐述了通过真实情境提出问题，整合教材，呈现实验的宏观认知价值，从微观的角度寻找本质原因，完成概念的构建，帮助学生从具体知识的学习到实现"宏观—微观—符号—本质"化学核心观念的构建。其中，在"基于真实情境提出问题，凸显化学的社会价值"环节谈到学生的核心素养的形成程度会影响问题解决的能力，问题的解决过程也是学生形成化学核心素养的重要途径。要重视教学实践过程中问题的设计以及问题的解决对学生化学核心素养形成过程发挥的作用。化学是一门与社会生产、生活有着广泛而密切联系的学科，在教学实践中，倡导创设真实的问题情境，选取学生生活中常见的生产生活的例子作为创设问题情境的素材，有利于激发学生的学习兴趣和认知冲突，调动学生学习的积极性和主动性。在"整合教材，呈现化学实验的宏观认知价值"环节谈到化学的科学认知即"宏观辨识"，是从研究物质及其变化规律开始的，根据对宏观现象的观察、宏观性质的推测与验证，推理出物质的组成、内在联系和规律。化学实验不仅可以给学生提供宏观感受和体验，也是开启学生微观推理的源泉。教师在教学实践中要利用好课本的实验素材，与核心知识整合，创设有利于学生思维发展和核心知识建构的实验探究活动，让学生从宏观的现象和性质的学习，转入对物质组成、概念本质的探讨，让课堂教学充满魅力，促进学生核心素养的形成和发展。在"从微观的角度寻找本质原因，完成概念的构建"环节谈到在这部分的教学实践中，不仅是让学生体验作为一个知识探索者去探索知识的构建过程，还要让学生学到"根据物质的分类→预测性质→设计实验探究→解决问题→寻找内因→归纳推理得出定义或概念"的探究物质本质的科学模型。在这一环节的教学实践中，教师可以借助电离方程式和离子方程式等"符号表征"，引导学生寻找盐溶液酸碱性的本质原因，归纳盐类水解的定义，理解化学微粒观和本质观的内涵，提升化学的学科素养，增强他们解决问题的能力和技巧。

俞桂飞老师在《基于"宏观辨识与微观探析"观念的教学设计——以"构成物质的基本微粒"为例》[②] 一文中通过对设计理念和学习目标的分析、教学流程和思路的阐释、呈现课堂主要教学过程，得出如下4点结论：一是联系生活实际，激发微观思考。初三学生刚学化学不到两个月，还没有形成微粒观，为突破这个难点，教学时要联系学生日常生活中能接触到的宏观现象，引导学生从宏观现象中思考其背后的微观原因，这样的教学策略既符合学生已有的认知

---

① 莫蕙伊. 基于"宏观辨识与微观探析"的高中化学教学实践 [J]. 课程教育研究, 2019 (7)：144-145.
② 俞桂飞. 基于"宏观辨识与微观探析"观念的教学设计——以"构成物质的基本微粒"为例 [J]. 化学教与学, 2018 (8)：76-79.

规律，又有利于学生微粒观的形成。二是设计实验活动，探究微粒性质。化学是一门以实验为基础的学科，各种形式的实验对激发学生学习化学的兴趣起到了积极的作用，实验、兴趣、自主学习，三者之间好比是链式反应，它们是层层递进的关系，可通过发挥实验教学的优势来培养和提高学生的自主学习能力。教师可通过设计真实的实验活动帮助学生构建微粒观。教师在课堂上可通过演示、分组实验活动，引导学生得出微粒的性质，激发学生对物质的微观世界的探究欲，培养学生的实验观、变化观、微粒观。这样基于实验活动的教学更有利于学生对微粒性质的理解。三是借助三维动画，形成模型认知。微粒很小，在课堂教学中不可直观呈现给学生，需要学生在抽象中形成认识。但是对于初三的孩子来讲，还不能很快形成对微粒的认知，需要通过建立模型，进一步深化初三学生对物理变化的微观实质的理解，可通过三维模拟动画演示物质固液气三态变化时微粒的变化，促使学生深度理解物质在发生物理变化时，微粒本身不变，而改变的是微粒间的间隙。四是通过宏微结合，正确认识物质。本节课为沪教版第三章中第一节"构成物质的基本微粒"中的第 1 课时内容，教学中要渗透"宏观辨识与微观探析"的观点。"宏观辨识与微观探析"是指以"物质结构与性质相联系、宏观与微观相结合、变化与平衡相统一"的视角认识和分析解决相关的化学问题。这一节的难点就是使学生能够构建微粒观，培养学生学会用微粒的观点分析宏观的现象，增进学生对物质及其变化的理解，进而能用宏微结合思想正确认识物质。

姜洪阔在《基于宏观辨识与微观探析的高三有机化学复习 —以"从官能团的角度研究有机物性质"为例》[①] 一文中以生活中的常见物质——金银花为例引入课题，以金银花中的药用有效成分绿原酸为研究对象，发展了学生对"有机物结构决定性质"的有机化学学科核心思想的认识。从促进学生对有机物性质认识能力角度设计并实施了凸显"结构分析—性质预测"的探究活动。在探究活动中体现了宏观辨识与微观探析以及证据推理与模型认知的化学学科核心素养。在教学策略反思环节的主要观点如下：第一，复习课也需要创设情境。高三复习不能仅仅停留在知识层面上，更要通过具有一定思维难度的情境素材唤醒学生对知识的探究欲望。第二，在高三有机复习教学中，既要注重有机知识的重现，还要注重发展学生对有机物结构和性质的认识。通过精心设计探究情境，让学生动起来，形成以学生为主导，教师为指导的师生合作的高三复习常态。第三，本节课建立了从有机物的饱和性、官能团的极性、基团间的相互影响三个维度研究有机物结构的思维模型。通过教学活动的设计使学生初步形成了从官能团角度研究有机物性质的一般思路，实现了从复习知识向培养学生化学核心素养教学的转变，在复习巩固有机反应的知识的同时，提升了学生宏观辨识与微观探析以及证据推理与模型认知的素养水平。

梳理课标中发展学生宏观辨识与微观探析学科核心素养可以得知，在具体的教学过程中，可以尝试以下教学策略。

一是改变观念，强化结构与性质之间的联系。化学的学习是需要理解与想象的，宏观与微观的联系是化学学科最显著的特征。加强结构与性质的联系是指加强宏观世界与微观世界的联

---

① 姜洪阔. 基于宏观辨识与微观探析的高三有机化学复习——以"从官能团的角度研究有机物性质"为例 [J]. 化学教与学，2018（5）：38-40.

系，符号作为联系宏观与微观的桥梁也是必须要掌握的。例如，从结构看，氨分子含有孤对电子，所以氨气可以与酸反应，这是宏观性质，可以用对应的符号来表示。

二是强化认识，凸显宏微结合的意义。当学生具有将宏观思维与微观思维相结合的主观意识时，才能在化学学习过程中自觉主动地将这两种思维结合。教师要指导学生清楚地认识到宏观思维与微观思维相结合的重要意义。例如，在面对具体的学习情境时，学生可以有意识地运用两种思维相结合的方法去解决问题，回顾反思自己是否合理运用了宏微结合的思想去分析该问题反映的知识，知识间有何内在联系，微观本质是什么。以此来培养宏微结合的思维。

三是转变思维，积极培养学生的微观想象力。培养学生的微观想象力可以从以下几方面入手：第一，想象分子、原子、离子等微观粒子的运动状态，掌握它们的动态特征与规律。例如，在学习离子键时，可以设计动画来模拟钠原子和氯原子化合的过程，加深对离子键形成过程的理解（如图3-2-1所示）。第二，想象化学微观粒子的组成和结构，以便确定物质的性质和应用。例如，对有机物进行学习时，可以通过把握有机物化学键的特征，确定结构与性质的关系。第三，想象化学反应过程中微观粒子的运动变化，来解释相应的现象与规律。例如，在学习离子共存这一知识点时，先通过微观想象分析离子行为，再确定离子之间的反应与宏观现象。

图 3-2-1　氯化钠离子键的形成过程微观示意图

四是选择适宜方法，重视三重表征之间的转化。对于高中化学的学习，学生普遍存在的问题是知识经验与空间想象力匮乏，理解问题表面化、片面化、表征问题不明确，三重表征相互脱离而不能自由转化（图3-2-2）。可选择合适的教学方法，如文本描述法、游戏演绎法、微观表征图法、模型法、动画法等。

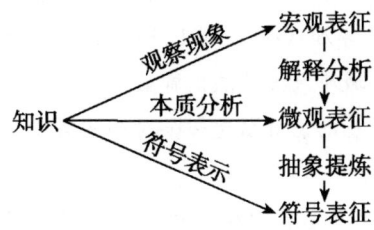

图 3-2-2　三重表征之间的转化关系

在教学过程中，教师应采用相应的合理的教学策略帮助学生形成思维，培养学生的化学学科核心素养。

第三节　发展宏观辨识与微观探析素养的教学设计研究

宏观辨识与微观探析是化学学科最特征的思维方式，需要学生能够清晰认识宏观与微观之间的关系，然后形成宏观思维与微观思维，最后进阶到宏微结合系统思考问题的方式。下面以4个具体教学案例探讨如何培育学生的宏观辨识与微观探析学科核心素养。《神奇的分子马达》以前沿科学问题利用宏观辨识与微观探析认识的角度进行解构，突出宏观证据与微观推理相结合，运用有机化学综合分析视角来解决问题。《氧化还原反应》则是突出宏观辨识与微观探析的思维特质，将其分析解决问题的思维模型化。《盐类的水解》则从"宏观实验现象→分析微观粒子种类→分析相互作用→分析作用结果"，将宏观辨识与微观探析思维方式外显化。《化学反应中的能量变化》则聚焦中国发展航天史，运用翻转课堂教学模式，利用实验实证与理论分析相结合，将智慧课堂与传统课堂优秀特质相结合，突出学生主体地位，让学生在思维外显提升过程中创生宏观辨识与微观探析核心素养的价值与意义。

【案例1】神奇的分子马达[①]

一、学习主题的确立

新课程改革倡导以建构"核心素养"为目标，强调在真实的情境中深度学习，并设计相应的驱动问题提升学生的关键能力，建立学科观念，并内化为学生的核心素养。同时高考命题也借鉴国外诸如PISA、TIMMS等大型测试的经验，试题命制"以公开发表的科研文献等为素材，采用数据表格、结构模型图和装置示意图等丰富的形式展现真实化学问题，全面考查学生的综合实践能力、科学探究能力和创新素养"。

1. 学习内容对学生核心素养发展的价值

瑞典皇家科学院宣布将2016年度诺贝尔化学奖授予法国路易斯巴斯特大学的让-皮埃尔·索瓦日（Jean-Pierre Sauvage）、美国西北大学的弗雷泽·斯托达特（Sir J. Fraser Stoddart）和荷兰格罗宁根大学的伯纳德·费林加（Bernard L. Feringa）三位科学家（见图3-3-1），肯定他们在"设计和合成分子机器"领域所做出的杰出贡献。正如英国科学家David Leigh所说："这是一个授予了原始科学创新和灵感的诺贝尔奖……对那些勇于接受挑战的科学家来说，这个诺贝尔化学奖是一个使命的召唤。"

《有机化学基础》模块对进一步发展学生的"宏观辨识与微观探析""证据推理与模型认知""科学态度与社会责任""科学探究与创新意识"素养具有重要作用。学生通过学习一些典型有机物的结构和性质，有了认识有机化合物的基本视角，且形成了研究一般有机化合物的思路和方法。认识真实情境下的复杂有机化合物，可以提高学生的学科分析能力、创新迁移能力，培育学生的关键能力。

2. 化学学科核心知识对学生认识科技发展的价值

[①] 吴凌荔，江合佩. 高中化学项目教学实践研究——以"神奇的分子马达"为例[J]. 中小学教学研究，2020（3）：24-29.

图 3-3-1　2016 年诺贝尔化学奖获得者

测定有机化合物的结构是化学家们的重要工作，有机物的结构决定其性质，人们只有确定了该分子的微观结构，才能对其进行进一步的开发和利用。测定有机物结构的核心步骤是确定其分子式、检测其含有的官能团及在碳骨架中的位置。在"探究三蝶烯的结构"这一活动中学生需要对以往所学知识进行深加工，再度升华对有机化合物结构测定的一般程序的认识。

研究有机物的结构特点对于认识有机物的化学性质和有机合成有着重要的意义。由图 3-3-2 可见，在对三蝶烯的一氯代物同分异构体种类的讨论活动中学生充分认识了三蝶烯的对称性。

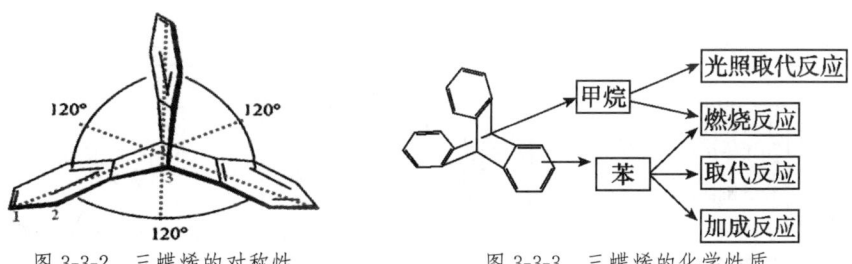

图 3-3-2　三蝶烯的对称性　　　　图 3-3-3　三蝶烯的化学性质

有机合成的前提是熟知各有机物的结构特点和化学性质，根据三蝶烯的结构式学生不难找到典型物质的典型反应（见图 3-3-3）。

通过前面的分析讨论，学生认识到三蝶烯有着丰富的衍生化位点，可以通过有机合成对三蝶烯的结构进行多种修饰以实现更多的功能。学生可以从结构和性质两个核心视角来认识分子马达的各种雏形。最后，学生可以像科学家一样试着研究三蝶烯、三蝶烯-2，3，6，7-四甲酸二酐的合成路线。

3. 学习目标

（1）通过对三蝶烯结构式的探究，形成确定有机化合物结构式的一般思路和方法。在化学史的回顾中调动学习化学的积极性，提升科学态度与社会责任。

（2）通过对三蝶烯及其衍生物的原子共面问题、一氯代物和二氯代物数目的探究，逐步形成研究有机化合物结构特点的一般方法。培养证据推理与模型认知、宏观辨识与微观探析的核心素养。

（3）通过对三蝶烯及其衍生物性质的探究，激发学生探秘神奇有机物世界的学习兴趣的同时，培养类比、创新迁移的能力。

(4) 在从宏观世界的电动机到微观世界的分子马达的系列联想探究过程中，体会有机化学的科学创造之美，提升科学探究与创新意识的核心素养。

二、学习规划

1. 学习设计思路

不同于传统以知识建构为中心的学习模式，本课例学习设计以立德树人为育人目标，以2016年诺贝尔化学奖的成果"分子机器"为真实情境载体，梳理其发展历史，精心设计问题链，实现深度学习，促使学生在真实问题情境任务探究活动中改变认知结构，实现知识结构化，建立学科观念，培育核心素养。

本课例通过层层递进的任务驱动活动试图引导学生"像科学家一样思考问题"，亲历科学探究的过程——发现物质→研究结构→研究性质→合成物质，让学生领略从宏观世界的电动机到微观世界的分子马达的一系列联想探究过程，彰显有机化学的科学创造之美！

2. 学习流程

本课例学习包括3个核心任务：探究三蝶烯的结构式，分析三蝶烯的结构特点，分析三蝶烯及其衍生物的合成。为更好地引导学生讨论思考，每个核心任务又细分成几个子任务，在子任务的驱动下学生开展探究活动。具体流程如图3-3-4所示。

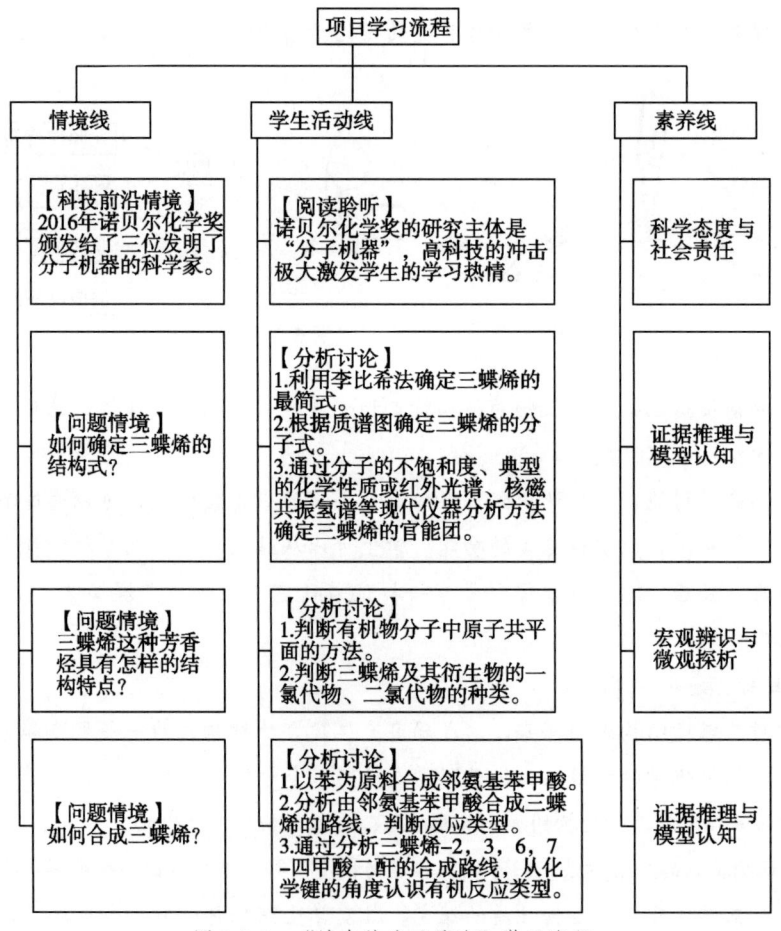

图3-3-4 "神奇的分子马达"学习流程

三、学习实施

1. 寻找实验证据探究三蝶烯的结构式

[教师讲解,提出驱动性问题] 前面我们已经学习了烃及烃的衍生物的结构和性质。通过有机合成反应人们能用最简单的原料制造出丰富多彩的有机化合物,有机合成赋予人类神奇的创造力!2016年诺贝尔化学奖颁给了这三位科学家,因为他们发明了只有头发丝千分之一粗细的分子机器,为化学发展开辟了一个新的领域。今天我想带领大家重走科学家研究的足迹,感悟科学探究的艰辛与喜悦。就让我们先从"分子机器"的雏形"三蝶烯"说起。三蝶烯的结构式是什么?

[问题1] 如何通过实验方法确定三蝶烯的最简式?

[交流研讨] 利用李比希法测定三蝶烯的最简式,实验所用装置如下图 3-3-5 所示。取 25.4 g 样品燃烧,测得无水 $CaCl_2$ 增重 12.6 g,KOH 增重 88.0 g。

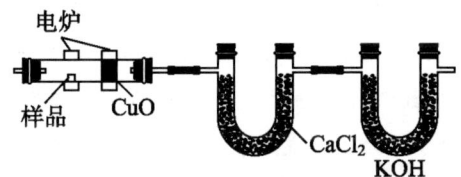

图 3-3-5 李比希法测定三蝶烯的实验装置示意图

[问题2] 如何确定三蝶烯的分子式?

[交流研讨] 根据三蝶烯的质谱图(见图 3-3-6)确定三蝶烯的分子式。

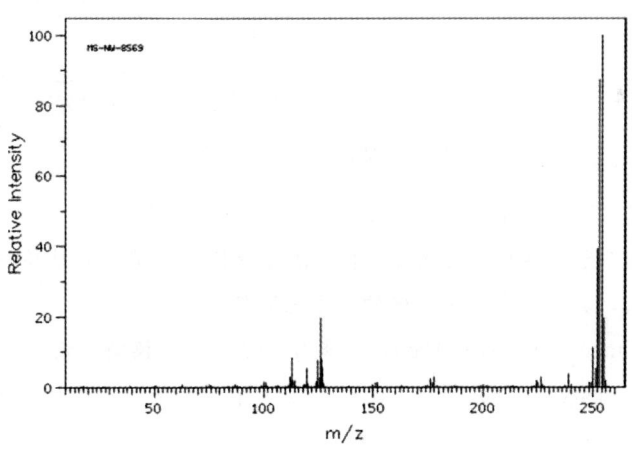

图 3-3-6 三蝶烯的质谱图

[问题3] 如何确定三蝶烯的结构式?你能想到哪些方法?

[设计意图] 在"如何确定三蝶烯的结构式"这个驱动问题抛出后,学生需要调用如下思维路径:确定结构式←确定分子式←确定最简式,在完成这些子任务的过程中,学生需要多方寻找实验证据,有了这些实验证据的支撑,学生顺理成章建构了确定有机化合物分子结构方法的模型(见图 3-3-7)。

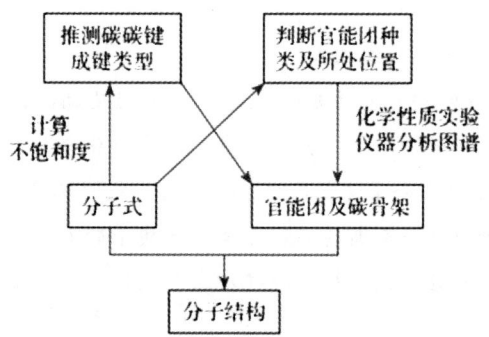

图 3-3-7　确定有机化合物分子结构的方法

2. 构建模型认知分析三蝶烯的结构特点

[问题1] 认真分析三蝶烯的结构特点,说明三蝶烯分子中所有原子是否共平面。

[交流研讨] 结合以前学习过的典型分子(甲烷、乙烯、乙炔、苯)的空间构型进行分析。

[问题2] 从三蝶烯结构的对称性出发,说明三蝶烯的一氯代物、二氯代物分别有几种。

[设计意图] 再复杂的有机物都可以通过逆合成的思路进行推导,我们可以根据目标分子的结构来寻找合适的反应物分子。为了合成三蝶烯,我们首先要研究三蝶烯的结构特点,根据学生的认知规律,设计学生熟悉的共面问题、一氯代物、二氯代物同分异构体种类问题,学生在真实情境的活动探究中解决问题,并完善确定同分异构体的方法的认知模型(见图 3-3-8)。

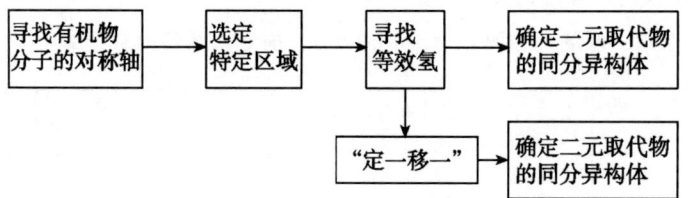

图 3-3-8　确定同分异构体的方法

[迁移应用] (1) 2001 年 Garcia-Garibay 课题研究团队根据宏观陀螺仪设计了分子尺度的模拟结构,并将其称为分子陀螺仪(见图 3-3-9)。请你分析该陀螺仪的结构特点,分析该分子中所有原子是否共平面,其一氯代物有多少种,并说明理由。

(2) 2003 年,Jimenez-Bueno 和 Rapennc 根据宏观手推车模型,设计并合成了"分子手推车"(molecular wheel barrow)(见图 3-3-10)。三蝶烯在这里充当小车的哪个部分?该分子手推车的一氯代物有多少种?

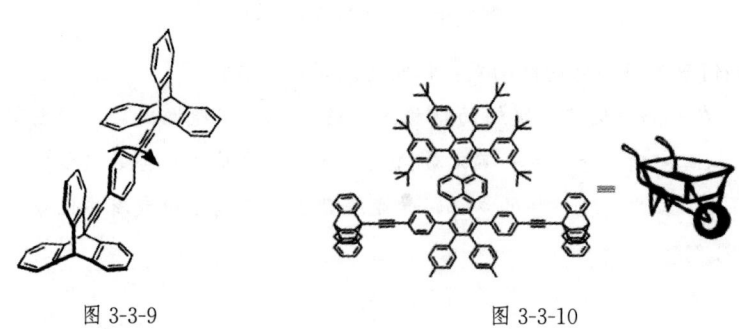

图 3-3-9　　　　　　　　图 3-3-10

[设计意图] 学生在研究分子陀螺仪和分子手推车结构特点的活动中,不仅提高了解决真实复杂情境中化学问题的能力,同时也领略从宏观世界的电动机到微观世界的分子马达的一系列联想探究过程,在这场科技盛宴中再度为有机化学的创造力喝彩!

3. 构建有机合成思维模型分析三蝶烯及其衍生物的合成

[问题1] 以苯为原料如何合成邻氨基苯甲酸?

[交流研讨] 苯环上难以直接引入氨基,需要通过引入硝基还原后得到氨基。苯环上若先引入硝基,则再引入的取代基会进入硝基的间位,不符合要求,所以先在苯环上引入甲基,然后再引入硝基,随后再通过氧化反应氧化甲基、还原反应还原硝基(见图3-3-11)。

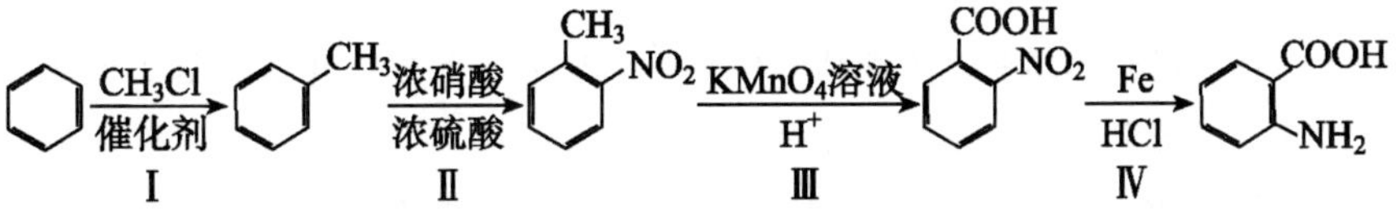

图 3-3-11

[问题2] 邻氨基苯甲酸合成过程中能否先进行反应Ⅳ,再进行反应Ⅲ?

[问题3] 图3-3-12是三蝶烯-2,3,6,7-四甲酸二酐的合成路线,请回答下列问题。

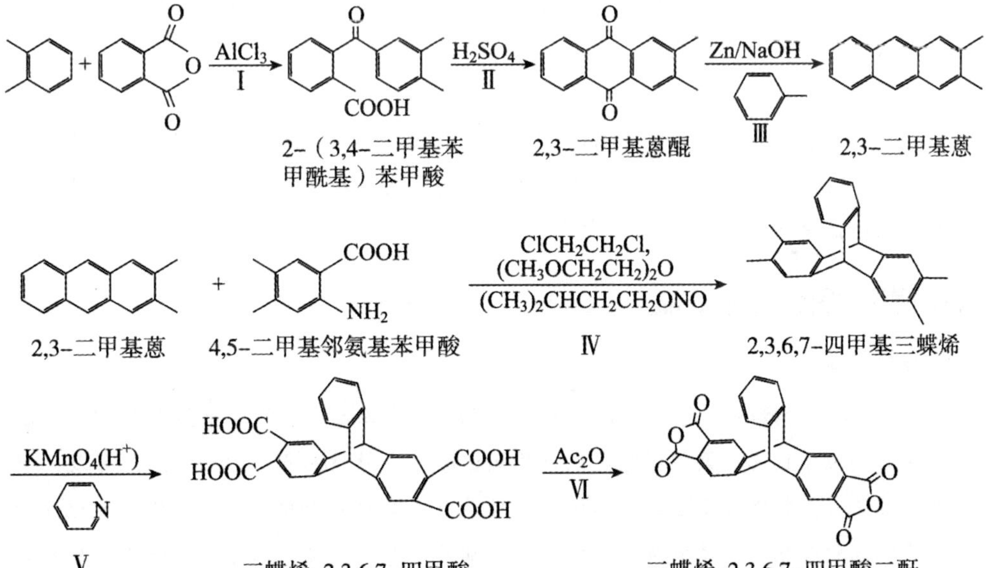

图 3-3-12 三蝶烯-2,3,6,7-四甲酸二酐的合成路线

(1) 反应Ⅰ涉及了哪些键的断裂与形成?

(2) 三蝶烯骨架是在哪一步反应构建的?

(3) 反应Ⅴ、Ⅵ分别属于什么反应类型?

(4) 三蝶烯-2,3,6,7-四甲酸二酐的合成为什么不选择先合成三蝶烯,再引入羧基,最后由反应Ⅵ得到最终产物?

(5) 通过对该合成的分析,你认为有机合成有哪些关键点?

[设计意图] 在三蝶烯及三蝶烯-2,3,6,7-四甲酸二酐的合成路线分析活动中,构建有机

合成一般思路的思维模型，如图 3-3-13 所示。构建模型之后，可以将解决问题的方法和思路提炼出来，将模型应用到方法中。

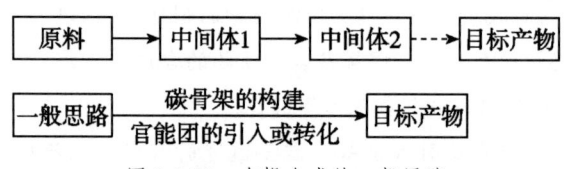

图 3-3-13　有机合成的一般思路

【教学点评】

本课例采取问题链的形式激发学生主动思考，综观整个教学实施过程，学生主要有三大收获：第一，在"寻找实验证据确定三蝶烯的结构"的探究活动中，建立了基于微观结构分析解决实际问题的视角，形成了认识有机物结构的基本角度。第二，在"基于三蝶烯的结构特点大胆提出合成分子机器的构想并能对其衍生物应该具有的性能提出猜想"的探究活动中，建立"结构—性质—性能"三者关系的思维模型，建构有机化学的学科观念。第三，在"像科学家一样合成三蝶烯和三蝶烯-2，3，6，7-四甲酸二酐"的探究活动中，学生在获得必备知识之外还能获得不一般的美的享受，由此激发学习化学和未来投身化学事业的热情。在这场前沿科技的探究盛宴中，教师通过精心设计的真实问题链活动带领学生体验微观世界之美、有机物分子结构之美和有机化学的创造之美。

同时也发现学生在有机合成的认识角度方面暴露出了一些问题。首先学生熟悉官能团转化的认识角度，对于官能团保护及定位基的使用缺乏认识；其次，学生对于碳骨架构建的认识角度比较模糊；再次，当学生面对海量陌生信息，多种合成路径选择时，缺乏甄别能力，缺乏分析有机合成的一般思路。

【案例2】氧化还原反应[①]

一、教材分析

"氧化还原反应的概念"是人教版普通高中实验教科书必修1第二章第三节"氧化还原反应"第一课时的教学内容。氧化还原反应相关知识渗透在教材的各个方面，凡是涉及元素化合价变化的反应都是氧化还原反应，在高中化学教学中占有极其重要的地位。研究氧化还原反应本质对元素以及化合物、金属冶炼和化学电源等都具有基础意义。结合高一学生的年龄特征和化学学科特征，从"宏观辨识与微观探析"方面对氧化还原反应概念进行教学分析，逐步形成正确的氧化还原反应概念，发展学生的化学学科核心素养。

二、学情分析

已有知识：在初中，学生已经从得失氧角度学习了氧化反应、还原反应等的基本概念。

已有能力：通过前两章的学习，学生已逐步习惯高中化学教材的学习方法和思路，具备从大量事实的基础上进行归纳总结的能力，初步具备对某个疑问提出问题、分析问题、解决问题的能力。

---

① 韩银凤，李苗苗，王慧，张凡. 氧化还原反应的概念教学设计 [J]. 中学化学教学参考，2018（6）：43-44.

发展能力：学生对知识的整合和迁移能力有待进一步提高。

三、教学目标

1. 知识与技能

回顾初中氧化反应和还原反应的概念，通过实例分析，认识到氧化反应和还原反应必然同时存在，密不可分；学会从宏观角度——元素化合价升降——辨识氧化还原反应；能够从微观角度——电子转移——探析氧化还原反应的本质，理解宏观现象与微观本质之间的联系。

2. 过程与方法

通过"温故而知新"，学习发现问题、分析问题、归纳和总结的一般探究性学习的方法；从宏观—微观相结合的视角对氧化还原反应概念进行分析，学习由表象到本质的抽象思维方法，培养"宏观辨识与微观探析"素养。

3. 情感态度与价值观

学习氧化和还原的关系，引导学生体会对立统一的规律在认识化学世界中的重要意义；从"宏观—微观"角度对氧化还原反应概念进行分析，培养学生"宏观辨识与微观探析"素养。

四、教学重难点

重点：从宏观角度辨识氧化还原反应，从微观角度理解氧化还原反应的本质。

难点：从微观角度理解氧化还原反应的本质。

五、教学过程

投影：金属冶炼、化学电池、厨房中的铁锅出现红棕色的斑迹、被氧化苹果的图片。

[教师] 这些图片都涉及了一类新的化学反应——氧化还原反应。

[学生] 观看并认真听教师讲解，认识到氧化还原反应知识的普遍性和重要性。

[板书] 第三节　氧化还原反应

一、氧化还原反应概念

[教师] 对下面12个化学方程式按四种基本反应类型分类。

(1) $2CuO + C \xrightarrow{高温} 2Cu + CO_2$

(2) $H_2O(g) + C \xrightarrow{高温} H_2 + CO$

(3) $CuO + H_2 \xrightarrow{\triangle} Cu + H_2O$

(4) $Fe + CuSO_4 = FeSO_4 + Cu$

(5) $2Na + Cl_2 \xrightarrow{点燃} 2NaCl$

(6) $H_2 + Cl_2 \xrightarrow{点燃} 2HCl$

(7) $Na_2O + H_2O = 2NaOH$

(8) $2KClO_3 \xrightarrow{\triangle} 2KCl + 3O_2 \uparrow$

(9) $CaCO_3 \xrightarrow{高温} CaO + CO_2 \uparrow$

(10) $CaCO_3 + 2HCl = CaCl_2 + CO_2 \uparrow + H_2O$

(11) $Na_2CO_2 + CaCl_2 = CaCO_3 \downarrow + 2NaCl$

(12) $Fe_2O_3 + 3CO \xrightarrow{\text{高温}} 2Fe + 3CO_2$

[学生] 分类，发现反应（12）不属于四种基本反应类型中的任何一种。

[教师] 四种基本反应类型对化学反应分类有局限性，因此，换个角度对化学反应进行分类，根据反应中是否有电子转移将化学反应分为氧化还原反应和非氧化还原反应，反应（12）属于氧化还原反应。首先回顾氧化反应和还原反应概念，从物质得失氧角度分析。

宏观辨识：通过具体实例分析，学生从宏观上辨识物质得氧还是失氧，进而对氧化反应、还原反应做出正确判断，初步培养"宏观辨识"素养。

[板书] 1. 物质得失氧的角度

[教师] 从物质得失氧的角度分析反应（1）至（3），并总结氧化还原反应概念。

[学生] 略。

[教师] 通过分析化学反应，认识到氧化反应和还原反应必须是同时发生，密不可分，氧化还原反应概念是反应中既有得氧，又有失氧。

[板书] 氧化反应：物质得到氧的反应。还原反应：物质失去氧的反应。

氧化还原反应：有物质得氧同时有物质失氧的反应。

[教师] 分析反应（4）至（6），发现没有得失氧。从物质的宏观层面辨识。

[板书] 局限性：只限于有氧参加的反应。

[教师] 与学生共同标出各元素化合价，分析反应（1）到（4）。

[板书] 2. 元素化合价变化的角度

[教师] 分析并归纳：在反应中，物质得氧，发生氧化反应，对应元素化合价升高；物质失氧，发生还原反应，对应元素化合价降低。

$2CuO + C \xrightarrow{\text{高温}} 2Cu + CO_2$

$2CuO \xrightarrow{\text{失去氧，发生还原反应}} 2Cu \qquad C \xrightarrow{\text{得到氧，发生氧化反应}} CO_2$

$\overset{+2}{2CuO} \xrightarrow{\text{化合价降低}} \overset{0}{2Cu} \qquad \overset{0}{C} \xrightarrow{\text{化合价升高}} \overset{+4}{CO_2}$

[学生训练] 分析反应（5）至（12），从宏观辨识层面总结氧化反应、还原反应以及氧化还原反应概念。

宏观辨识：根据物质各元素化合价代数和为零得出元素化合价，辨识到元素化合价有升降即为氧化还原反应，由得失氧到化合价升降，一环扣一环，符合学生认知逻辑思维，有效发展"宏观辨识"素养。

[教师] 归纳：元素化合价升高总数目与元素化合价降低总数目相等。

[板书] 氧化反应：元素化合价升高的反应。

还原反应：元素化合价降低的反应。

氧化还原反应：有元素化合价升降的反应。

[教师] 为什么元素化合价发生升降呢？从微观角度探析氧化还原反应本质。以反应（5）和（6）为例（见图3-3-14和图3-3-15）。

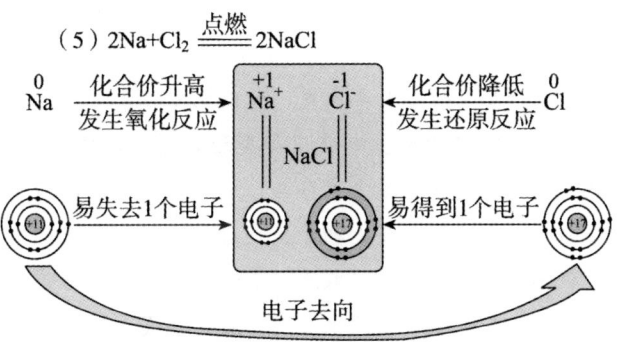

图 3-3-14 微观分析

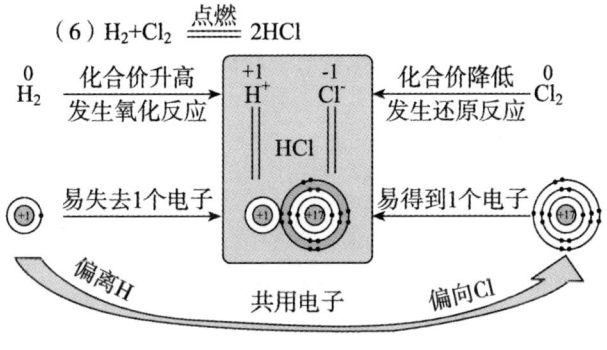

图 3-3-15 微观分析

[教师]氧化还原反应的特征是元素化合价升降,发生升降的本质是电子转移。

微观探析:从微观粒子——原子入手,学会从原子的结构分析预测物质性质,引导学生正确形成"结构决定性质"的观念,发展"微观探析"素养。

[板书] 3. 电子转移的角度

氧化反应:元素失去电子或者共用电子对偏离的反应。

还原反应:元素得到电子或者共用电子对偏向的反应。

氧化还原反应:有电子得失或者偏移的反应。

[学生训练]从微观角度分析 12 个化学方程式。

如:$2CuO+C \xrightarrow{\text{高温}} 2Cu+CO_2$

$\overset{0}{C} \xrightarrow[\text{微观探析}]{\text{得到氧}} \xrightarrow[\text{宏观辨识}]{\text{化合价升高}} \xrightarrow{\text{失去 4 个电子}} \overset{+4}{C}O_2$

$2\overset{+2}{C}uO \xrightarrow[\text{微观探析}]{\text{失去氧}} \xrightarrow[\text{宏观辨识}]{\text{化合价降低}} \xrightarrow{\text{得到 4 个电子}} 2\overset{0}{C}u$

[教师]归纳:元素化合价升高总数目与原子失电子总数目相等;元素化合价降低总数目与原子得电子总数目相等。

[板书]口诀:升失氧,降得还。

[课堂小结]通过这节课的学习,从"宏观—微观"视角对氧化还原反应进行分析,从宏

观辨识角度学会判断氧化还原反应,从微观探析角度理解氧化还原反应的本质。

【教学点评】

本节课从生活中的金属冶炼、化学电池出发,引出氧化还原反应概念的学习。教师给出12个初中学过的典型反应,先从初中四大基本反应类型进行分类,然后将视角转向得氧、失氧,因为很多反应并没有氧气参与或者没有氧元素参与,引出认知矛盾,顺理成章地从化合价升降的角度进行分析,宏观分析后再从微观得失电子角度进行分析,形成认知模型,最后让学生利用认知模型解决剩下的化学方程式的分析。本节课在培育宏观辨识与微观探析核心素养有如下特点:一是基于学生已有的认知基础,从学生最近发展区出发,不断激发学生的认知冲突,不断激发学生学习探究的欲望;二是将宏观辨识与微观探析的分析思路外显,运用思维建模的方式将宏观层面的化合价升降与微观层面的电子得失转移梳理得井井有条,让学生真切感受到了什么是宏观辨识,如何进行微观探析;三是充分发挥模型的类比迁移功能,让学生在思维建模过程中主动运用模型建构宏观辨识与微观探析的一般认知思路。

【案例3】盐类的水解①

一、教学理念与设计

1. 教学思想

融合建构主义理论指导思想和宏微结合、探究推理的核心素养,渗透整个过程,将化学学科核心观念微粒动态观融入教学。用实验呈现宏观现象,给学生以感官刺激;将学生已有知识进行整合,结合flash展示宏观现象背后对应的微观变化过程,让学生有直观感受;同时,从微观粒子之间的相互作用的动态平衡角度解释盐类水解的本质(如图3-3-16所示)。尤其在新知识的应用即精致阶段,加入实验验证环节,使得理论知识更有说服力,学生印象深刻。

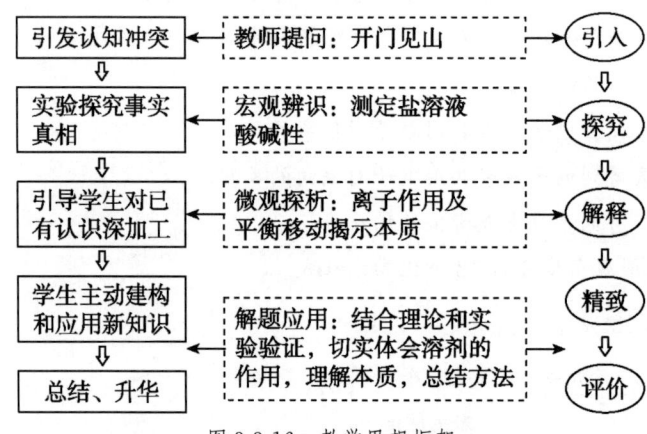

图3-3-16 教学思想框架

2. 教学目标

(1) 通过实验测定从宏观上辨识盐溶液的酸碱性。

(2) 能用微粒观从化学平衡原理角度解释盐类水解的微观本质。

---

① 宋靳红. 渗透核心素养的概念转变教学——以"盐类的水解"为例 [J]. 中学化学教学参考, 2019 (4): 47-49.

（3）能够书写简单的盐类水解的离子方程式。

3. 教学流程

具体的教学流程如图 3-3-17 所示。

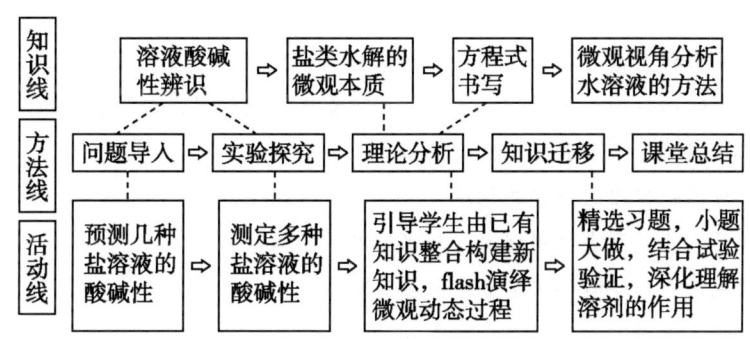

图 3-3-17　教学流程

二、教学过程

1. 宏观辨识——实验探究多种盐溶液的酸碱性

化学是一门以实验为基础的学科，最讲究用事实说话。在引入阶段引发学生认知冲突，激发探究兴趣的前提下，学生带着问题和好奇心，亲自动手测定多种盐溶液的酸碱性。通过实验探究直观感受盐溶液的酸碱性。

实验现象打破了由部分经验推测的固有看法，进一步激发学生继续探究的好奇心。为什么有的呈中性，有的呈酸性，有的呈碱性？有什么规律？还是有什么内在控制因素？符合学生认知水平，思路顺利过渡到下一环节，去探究内在原因。

2. 微观探析——旧知重构引出新知，推理演绎微观本质

这个环节以醋酸钠溶液为例，教师引导学生通过已有知识的梳理重组（离子与水的作用，以及水电离平衡的移动相结合），自己推理建构新知识。引导过程如图 3-3-18 所示。

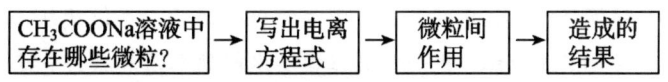

图 3-3-18　盐类水解微观探析过程

在学生书写、互评中，会指出有人遗漏了水的电离，教师借机引导学生思考这些离子之间的作用对水的电离平衡造成什么影响，进而对溶液的酸碱性造成什么结果，从而突破学生容易忽视的溶剂作用的难点。

教学环节：旧知重构引新知。

教学过程：以 CH_3COONa 溶液为例来分析溶液中的微观变化。

[思考] 溶液中有哪些微粒？使溶液呈现酸碱性的 H^+、OH^- 来源何处？

[学生] 写出盐溶液中电离方程式（学生板演）。

[思考] 这些粒子能否大量共存？为什么？

[个别学生] 不能，会生成弱电解质醋酸。

[教师] 很好，其实不能共存就意味着要发生离子反应，反应会造成什么结果呢？这也正是盐类水解的关键环节。

设计意图：注重从学生已有知识出发，整合理解新的知识，有利于树立信心。

由于离子反应消耗了 H^+，导致水的电离平衡发生移动（评价电离方程式的基础上，顺势将离子间相互作用表示出来，演绎推理溶液呈酸碱性的原因）。配合 flash 动画演绎微观动态变化。

设计意图：从微观角度，在已有电离知识基础上，整合离子反应的作用，演绎推理，帮助学生理解溶液呈现酸碱性的微观过程和原因，并培养建构微粒观促进深层思维。

［任务］仿写 NH_4Cl 溶液水解方程式。

设计意图：巩固、强化思维建构训练。

通过师生合作，基本形成微观视角分析水溶液的思路：

(1) 明确研究对象，醋酸钠水溶液中粒子有哪些？

(2) 这些粒子有没有相互作用？

(3) 作用结果会改变什么？

(4) 溶液呈现酸碱性的本质原因是 H^+ 和 OH^- 浓度的相对大小。

培养学生从微粒观的角度重新认识溶液体系，尤其是溶质和溶剂的相互作用和影响。尤其是在关键点帮助学生构建弱电解质电离平衡和盐类水解平衡之间的潜在联系。

3. 迁移应用新概念——分析验证实现概念转变

引导学生拓宽和加深对知识的理解，用新构建的知识来解释新的问题或灵活应用到真实情境中。本节课这一环节采用精选习题来巩固和检测学生对新知识的理解和应用，同时结合设计实验验证来解决问题。

实验设计题目：针对 Na_2CO_3 溶液显碱性的原因有以下几种猜测：

(1) 水电离出 OH^- 使溶液呈现碱性？

(2) Na^+ 与水作用导致溶液显碱性？

(3) CO_3^{2-} 与水作用导致溶液显碱性？设计实验进行验证。

首次在习题应用环节引入实验探究活动，学生积极性很高，思维活跃，通过小组讨论制定实验方案，通过对比实验完成验证，进一步验证盐类水解的本质和条件。这一环节不仅对知识的应用进行了拓展，同时还对上述微观分析进行了印证，取得了较好的教学效果。

教学环节：解释和应用新概念。

例1. 下列物质的水溶液由于水解而呈碱性的是（　　）。

A. $NaHSO_4$　　　B. Na_2SO_4　　　C. $NaHCO_3$　　　D. NH_3

设计意图：盐类水解只是造成溶液呈现酸碱性的一种原因。

例2. 针对 Na_2CO_3 溶液显碱性的原因有以下几种猜测：

(1) 水电离出 OH^- 使溶液呈现碱性？

(2) Na^+ 与水作用导致溶液显碱性？

(3) CO_3^{2-} 与水作用导致溶液显碱性？

设计实验进行验证。具体见表3-3-1。

表 3-3-1　实验方案

序号	1	2	3	4
溶液	2 mL 水＋2 滴酚酞	Na_2CO_3＋2 mL 水＋2 滴酚酞	Na_2CO_3＋2 mL 乙醇＋2 滴酚酞	Na_2CO_3＋2 mL 水＋2 滴酚酞，滴加 $BaCl_2$ 至沉淀完全
酸碱性				

设计意图：通过设计实验验证盐类水解中溶剂的作用，深化理解盐类水解的本质。

【教学点评】

本节课从宏观现象出发，探析出微粒之间可能的行为，再通过微观粒子之间行为的理论探析，辅佐以现代信息技术 flash，增强微观之间的可视性，帮助学生主动建构分析水溶液中粒子微观行为的一般思路与方法，即"分析微粒种类→分析其相互作用→分析其作用结果"。本节课还有个很大的特点就是很善于利用实验手段来帮助学生建构宏微结合分析的思想，利用实验实证与理论逻辑推理相互印证，形成较为完整的分析框架和思路。

【案例4】化学变化中的能量变化[①]

一、教学设计思路

1. 知识层级分析

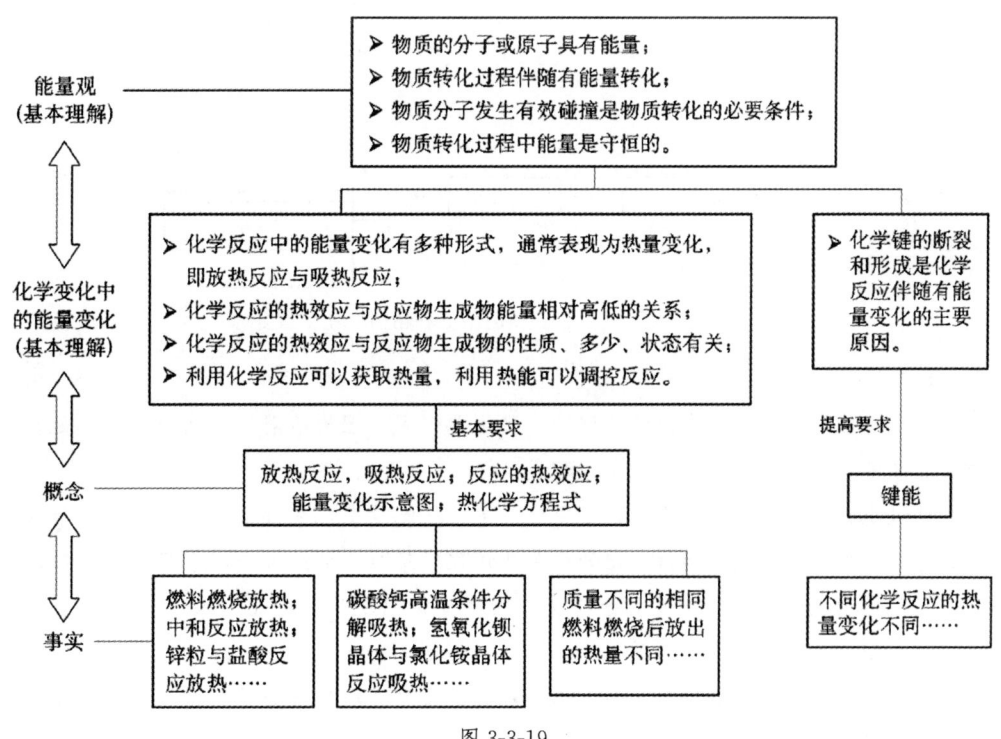

图 3-3-19

[①] 陈晶君. 基于化学核心观念建构的教学设计——以"化学变化中的能量变化"为例 [J]. 化学教学, 2018 (4)：45-49.

2. 教学分析

"化学变化中的能量变化"是高中化学（沪科版）一年级第一学期第四章的第二节，本课为第一课时，根据《上海市高中化学学科教学基本要求》，知识内容为"放热反应和吸热反应（学习水平：B级）""热化学方程式（学习水平：C级）"。从核心观念建构的角度来看，基于在实验事实中感受到的化学反应中的能量变化，学生依据释放或吸收热量对化学反应进行分类（放热反应和吸热反应），从化学反应伴随着能量变化的宏观现象深入到分析其微观原因，并尝试从符号表征和定量的角度认识化学反应释放或吸收的热量，最终加以应用。由此梳理出"实验感知—理论探析—问题表征—实际应用"的核心观念建构路径，见图3-3-20。

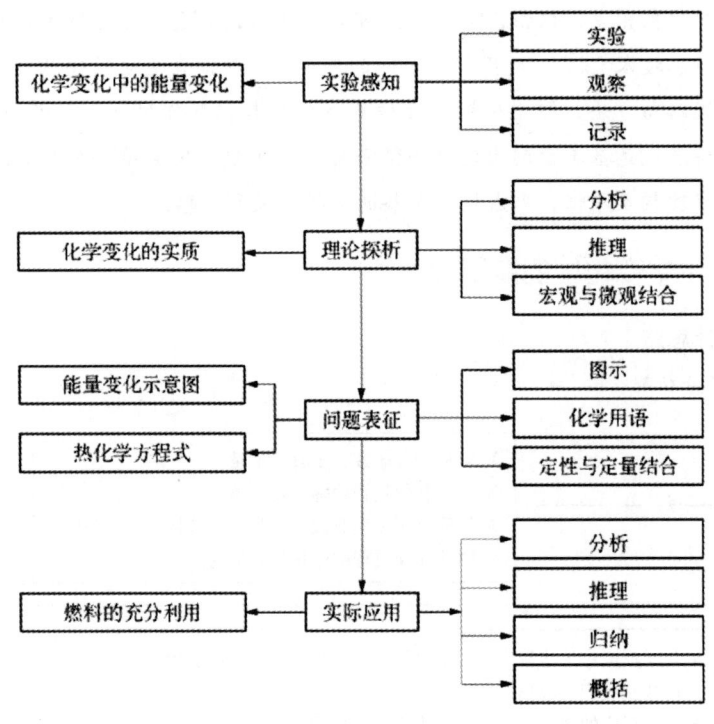

图3-3-20 教学流程图

3. 教学目标

（1）知道热能是化学变化中能量变化的一种主要形式，理解不同化学反应中的热效应。理解化学变化中能量变化示意图和热化学方程式。

（2）通过感知典型化学变化中的能量变化，学会从能量变化和微粒变化等多个视角探究化学反应；通过从能量转化到化学键变化的视角认识化学反应中的热效应，学习从宏观辨识到微观探析研究化学变化的方法；通过实验感受、理论分析以及用化学语言表达化学反应的热效应，认识科学研究中透过现象看本质，由定性判断到定量分析的方法。

（3）了解化学变化中的能量变化与人类、社会的关系，增强社会责任意识。进一步体会能量守恒定律在自然科学中的应用，体验化学中变化与守恒的对立统一关系。

二、教学过程

1. 课前预学部分

(1) 观看《化学变化中的能量变化》微课，回顾能量守恒定律、物质三态变化中的能量变化；知道化学变化中的能量变化的多种形式，主要为热能；知道放热反应、吸热反应。

(2) 走进实验室：感受典型化学变化中的能量变化。

(3) 完成课前测试，上传平台。

问题1："$2H_2+O_2 \rightarrow 2H_2O$"表示哪些含义？

问题2：请以水为例，描述1 mol物质处在三种聚集状态时，所具有的能量高低，并说说三态变化中的能量变化，用简洁的方法表示出来。

问题3：什么是放热反应？什么是吸热反应？请举例，并说明判断依据。

问题4：你在学习中还有哪些问题？

设计意图：现代教学认为，学生在学习某一知识前，头脑里并不是一片空白，他们通过日常生活的各种渠道，在无意中形成了对某些事物特定的看法和思维方式，并在头脑中沉淀下来成为自己的知识经验。在学生已有的知识经验中有一类是正确的，能够为新知识的获得提供有力的支撑点，对学生的学习起积极作用。预学部分所设计的微课学习、实验活动以及概念前测中的问题1和问题2都旨在帮助学生唤起这些已有经验，把它们作为学生吸收和整合新知识的"固着点"，从而引导学生顺利地使原有的认知结构得到"量"的扩充。而另一类模糊的知识经验，甚至与公认的科学概念相悖，会影响或阻碍新知识的获得，不利于学生的学习，称为前科学概念。概念前测卷中的问题3与问题4就是为了找到这些模糊的知识经验，帮助学生纠正它们，从而更有效地建构核心观念。

2. 课堂教学部分

环节一："飞天梦"引发对能量的思考

[配乐朗诵、同步图片展示]"天何所沓？十二焉分？日月安属？列星安陈？"诗人屈原一首《天问》，寄予了一个民族对天的丰富想象。从嫦娥奔月到敦煌飞天，从墨子三年制木鸢到杨利伟成为"中国航天第一人"；从1999年"神舟一号"无载人飞船实验到2016年"神舟十一号"带着宇航员们遨游太空33天；从古至今，人类为了飞天的梦想付出了巨大的代价。如今我们站在巨人的肩膀上，回首这段飞天的历史，心中同样充满了好奇。帮助人类实现遨游太空梦想的火箭，它的能量来自于哪里呢？

设计意图：在富有意境的配乐朗诵和图片展示中，带领学生回顾人类实现飞天梦，特别是中华儿女梦圆航天的简要历程，凸显本节课的学习价值，激发学生作为中华儿女强烈的自豪感和无可推卸的责任，增强教育的感染力。

环节二：理解反应的热效应——如何判断一个化学反应是放热反应还是吸热反应

[展示] 部分学生的前测卷问题3答案。

[教师] 如何来判断一个反应究竟是放热反应还是吸热反应呢？同学们做过实验的可以根据温度变化情况来判断放热还是吸热。但未做过实验的呢？（展示）学生前测卷问题3答案"反应条件为加热或燃烧的反应"。

[学生讨论1] 吸热反应是否就是需要加热的反应呢？

教师演示实验：Fe与S的反应（同频器同步放大展示），学生观察现象，讨论交流。

[教师] 这是一个需要加热的放热反应……所以，仅以反应的条件来判断吸热或放热反应

是不科学的。我们应该先要从本质上来了解为什么有些反应放热,有些反应吸热。

设计意图:回顾熟悉的吸热反应与放热反应,列举核心观念建构的基础——事实性知识。指出学生概念中的一些模糊点,如三态的变化不属于化学变化,故不能称为放热反应或吸热反应,明确燃烧是放热反应。捕捉学生的错误观点"需要加热的反应就是吸热反应",通过典型的化学反应铁粉与硫粉加热后所呈现的现象,让学生在实验中感受化学变化中的能量变化,切实体会到需要加热的反应不一定是吸热反应,实现概念转变,为核心观念的构建做好铺垫。

[学生讨论2] 为什么有些反应放热,有些反应吸热?

[展示] 概念前测问题2的部分解答(以H_2O为例的物质三态变化中的能量变化,有的学生用文字表述,有的用图示的方法)。

[教师] 三态变化中,物质将吸收的热量转化为自身的内能,所以吸热过程中物质的内能升高,而放热使得内能降低。化学反应中的能量变化,应该和什么有关系呢?

设计意图:通过概念前测问题2,学生将已有的知识经验"物质三态变化中的能量变化"迁移到"化学变化中的能量变化",同时通过不同答案的比较突出图示法的优点,为后续核心观念建构中的符号表征环节作铺垫。

[学生活动1] 以铁和硫的反应为例,通过移动终端的智慧课堂平台,用涂鸦的方式在坐标系中画出反应过程中物质所含能量高低的变化(以横坐标为反应时间进程,纵坐标为物质能量的变化),见图3-3-21。

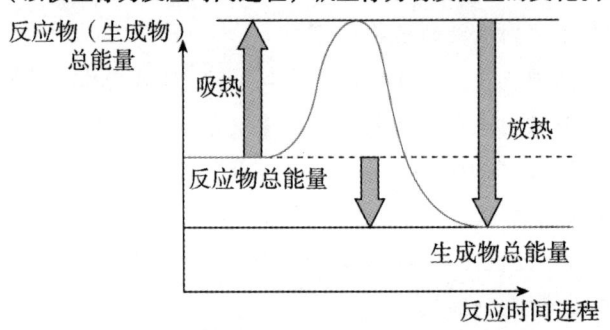

图3-3-21 铁粉与硫粉反应过程中物质所含能量高低的变化

[归纳] 放热反应:反应物总能量>生成物总能量;吸热反应:反应物总能量<生成物总能量。

[教师] 在化学科学研究中,判断一个反应是放热反应还是吸热反应,我们可以通过实验现象来进行定性判断或定量测定,但是某些反应由于种种原因是不能直接测得的,我们就可以通过反应物和生成物的能量高低来进行判断。

设计意图:通过图示的方法对铁与硫反应过程中的能量变化进行剖析,明确化学反应过程中能量变化的规律,引领学生从能量这个新的角度去认识我们所熟悉的化学反应。运用移动终端的智慧课堂系统能够提高每一个学生在讨论交流中的参与度,也帮助教师更好地关注每个学生对问题的看法,找到典型案例进行讲解评析,提高课堂效率。

［学生活动2］自主学习：从宏观到微观，感受氢气和氯气生成氯化氢过程中的能量变化。在移动终端上自主选择教师提供的微视频以及图片资料进行学习。

设计意图：根据课标要求，化学变化中的能量变化在微观层面上的解释仅在等级考中有要求，但就核心观念的建构而言，微观解释是帮助学生理解能量变化的实质不可或缺的一部分。基于以上考虑，此部分内容设计为学生在移动终端上的自主学习，认识科学活动中的一种研究方法，但不作具体要求。

环节三：理解能量变化示意图和热化学方程式——如何用简洁的语言来表示化学反应的热效应

［学生讨论3］能否用简洁的方式来表示化学变化中的能量变化？

借助铁粉与硫粉反应过程中的能量变化的图示，理解吸热反应与放热反应的能量变化示意图。

［展示］前测卷问题1的解答，回顾化学方程式的意义；氢气与氧气生成水的不同写法的热化学方程式，比较得出热化学方程式的特点和意义。

［学生活动4］推动火箭升空的能量，它产生于这样的一个化学反应：$2N_2H_4 + N_2O_4 \rightarrow 3N_2 + 4H_2O$，这是放热反应还是吸热反应？经测定，1 g气体燃料N_2H_4与气体助燃剂N_2O_4反应，燃烧生成氮气和水蒸气，同时放出16.4 kJ的热量。你能用几种简洁的语言来表示该反应中的热效应？（在任务单上完成后平板拍照上传，有的学生用图示法，有的学生用热化学方程式。）

设计意图：从图示法表示H_2O的三态变化中的能量变化，到作图反映Fe与S反应过程中物质能量的变化，能量变化示意图的表征方法应该是在学生脑海中自然浮现出来的，只需明确要关注化学变化的始态与终态；热化学反应方程式的表征方法是这节课的一个教学重点，通过概念前测问题1，既帮助学生理解热化学方程式的特点和意义，也进一步明确本节课的学习内容是从一个新的角度——能量的角度去认识化学变化中的规律。应用部分既呼应了本课引入部分的"飞天梦"，也体现了从宏观现象到微观本质理解，再到符号表征，完整建构化学核心观念的一个过程。

3. 课后作业部分

(1) 在移动终端平台上完成巩固测试题。

(2) 根据巩固测试题的完成情况，自主选择微课再学习：

a. 化学变化中的能量变化（学习水平：合格考）

b. 键能与反应热（学习水平：等级考）

c. 化学变化中的活化能（学习水平：化学竞赛）

d. 能量利用与新能源（学习水平：拓展视野）

设计意图：学生在平台上完成巩固测试题后会立即获得相应的评价与指导，同时学生可以根据自己的课堂学习情况及自身的兴趣爱好，选择相应的微课进行再学习，拓展了学习的时间和空间，真正关注到每个学生的学习需求，也是对课堂上核心素养建构的一种补充。

【教学点评】

本节课以学生熟悉的生活经验出发，通过问题链的形式，让学生在宏观辨识与微观探析中培育学科核心素养，梳理下来有如下特点：一是利用翻转课堂教学模式将知识的学习前移，课堂上主要解决的是知识的应用及前移问题，提高了课堂效率，使得课堂的教学能力层阶更高，符合深度学习的特征。二是教学中渗透爱国主义和中华优秀传统文化，让学生在真实的情境体验中感悟中华文化的博大精深，通过学科核心知识和核心问题的解决让学生觉得化学就在身边，化学对我国航天事业的重大贡献，激发学生主动投身化学基础研究的信心和决心。三是善于利用概念纠偏策略，不断发展学生新的认知，该教师特别善于抓住学生的前认知，抓住认知过程中关键节点的理解问题，在学生的最近发展区展开教学，取得了较好的教学效果。四是利用实验让学生感受能量变化，让宏观辨识真正能够做到能感知、能体味，使得宏观辨识变得有抓手，很好地培养了学生实证与理论相互印证的科学思维与品质。五是特别善于利用信息技术与学科教学相互融合，利用智慧课堂中的涂鸦、微视频等功能，将学生的思维过程外显，针对学生思维推演的问题分析、评价，展开精准教学，使得课堂充满了智慧。本节课，很好地将宏观生活现象和经验提炼为宏观化学问题，利用各种手段对宏观现象进行微观探析，很好地培育了学生宏观辨识与微观探析的学科核心素养。

第四章
变化观念与平衡思想

第一节　变化观念与平衡思想的内涵及体现

一、变化观念与平衡思想的内涵[①]

2017版课标中对变化观念与平衡思想内涵是这样阐述的：能认识物质在不断运动，物质的变化有条件；能从内因和外因、量变与质变等方面较全面地分析物质的化学变化，关注化学变化中的能量转化；能从不同视角对复杂的化学变化进行分类研究，逐步揭示各类变化的特征和规律；能用对立统一、联系发展和动态平衡的观点考察、分析化学反应，预测在一定条件下某种物质可能发生的化学变化。

化学变化的本质是旧键的断裂和新键的生成。化学变化观是指人们从动态的角度对化学物质变化本质的总观性的认识，包括守恒观、过程观、平衡观。守恒观具体包括原子守恒观念、元素守恒观念、质量守恒观念、能量守恒观念、电荷守恒观念；过程观从宏观上来看，化学变化的过程可以理解为包括始态、过渡态、终态。过程思想是对化学变化中的时间概念的一种反映，引导学生从速率的角度思考化学反应中的变化；平衡观认为化学反应是一个复杂的系统，通过离子竞争（如酸碱中和反应）或者电子竞争（如氧化还原反应）断裂旧键形成新键，从而形成新的物质，最终整个系统形成平衡状态。化学平衡存在于任何化学反应中，只是表现程度不同。

变化观念与平衡思想素养指向物质转化层面，含物理变化、化学变化、化学变化过程中的平衡问题以及变化的规律和变化的守恒、能量等问题，属于物质的动态层面，是学生对物质变化的基本认识的综合。解决物质是否会变化、物质会怎样变化、物质为什么变化的基本问题[②]。

梁永平教授认为，化学科学的基本问题是"物质及其转化"。这与变化观念与平衡思想素养的内涵不谋而合。据此分析，变化观念与平衡思想素养指向化学反应原理知识体系。归根结底，讨论的便是对化学变化的认识问题。另外，核心素养教育体系强调关注学生的综合表现，

[①] 施琦. 高中生"变化观念与平衡思想"维度核心素养的培养 [D]. 哈尔滨师范大学硕士学位论文, 2018 (6): 9-19.
[②] 周艳伟. 高中生"变化观念与平衡思想"素养内涵研究 [J]. 教育, 2018 (1): 25.

不再分开强调知识、能力、价值观等部分。因此，将变化观念与平衡思想这一整体鉴定成几个相互联系的要素：化学变化本质、化学变化的表征、化学变化是定量的、化学变化是守恒的、化学反应伴随能量变化、化学反应速率、化学平衡理论、化学反应进行的方向等。

这8个要素从多个层面多个角度认识化学变化。集中起来就是解决"反应是怎么发生的""如何描述化学变化""化学变化的量变关系""化学变化是守恒的""化学反应为什么伴随能量变化""化学反应有多快""化学反应能进行到什么程度""怎样的化学反应能够发生"。彼此之间相互联系、相互影响、逐步深化。核心要素背后折射出的学科知识，在义务教育化学课程、高中必修模块和选择性必修模块中均有安排，便于根据中学生身心发展规律及认知特点由浅入深循序渐进。这样安排既反映了学习的阶段性，又体现了内容上的相关性和层次性，体现了一定的科学性。

变化观念与平衡思想素养依托于具体的知识作为载体，接下来对8个要素进行具体解构。

化学变化本质：变化是化学永恒的主题。化学变化实质是由于微粒间相互作用的改变。要求学生能够从宏观物质及微观分子、原子、化学键等角度进行说明、解释、表征化学变化过程。

化学变化是守恒的：守恒是物质世界运动的一大特点，是自然界最重要的基本定律。化学学科中同样存在着守恒现象，满足守恒定律。

化学变化的表征：该要素讨论的是化学变化的表现形式。要求学生能从宏观、微观、符号三个方面表征具体学科知识，从而深入对化学用语的学习。

化学变化是定量的：大部分教师发展学生化学反应定量认识的起点是质量守恒定律。这部分内容要求学生形成对化学变化的定量认识，加深对化学变化过程中各定量关系的理解，应用定量关系解决化学计算问题。

化学反应伴随能量变化：要求学生掌握化学变化过程中伴随能量变化的本质原因，并根据能量守恒定律进行相关转化。

化学反应速率：用来考量化学反应进行的快慢程度。要求学生能够定性解释，定量计算化学反应的快慢问题。

化学平衡理论：讨论化学反应限度的问题。能基于化学平衡理论，指导化工生产，为化学可持续发展问题提供理论指导。

化学反应方向：化学变化的"原动力"。揭示化学反应的反应历程。

因此，明确变化观念与平衡思想素养核心要素的内涵界定，不仅有利于教师把握关于化学反应原理知识体系的教学定位，而且有利于循序渐进地培养和发展学生化学学科中变化观念与平衡思想的素养。

二、变化观念与平衡思想的解读

1. 变化观念与平衡思想素养的课程目标

"变化观念与平衡思想"的具体课程目标包含变化的本质及条件、变化中的能量问题、变化的特征与规律及动态平衡观点四个主要方面，如图4-1-1[①]所示。

物质是在不断运动的，物质之间是相互作用、相互影响的，物质变化是有条件且相互联系的。物质的转化有内因和外因的差异，有量变与质变的过程。化学变化中既有物质的变化，也有能量的转化。学习和研究化学，就必然要研究纷繁复杂却又有着特征和规律的物质转化和化学变化。而"变化"中又必然存在着"平衡"，这既是化学的基本内容、基本内涵之一，也是一种辩证思维，分析化学变化也需要用对立统一、联系发展和动态平衡的哲学思维去考察和分析。高中化学课程内容中，运用变化和平衡的思想来进行学习化学和解决化学问题

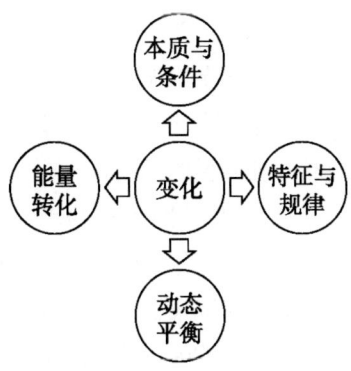

图4-1-1 "变化观念与平衡思想"课程目标

是一种重要的、常用的化学思维方法。为此，培育学生"变化观念与平衡思想"，以引导学生用变化和发展的观点去观察我们的物质世界，指导学生运用抽象与具体、分析和综合、归纳和演绎、变化与守恒等辩证思维方法去认识和理解物质的变化规律，能用对立和统一、量变和质变、联系和发展、变化与平衡的哲学观念去深入认识物质及其变化，从而帮助学生在学习掌握化学知识的同时，更全面、更深刻地认识物质及其变化的本质和规律，更科学地认识化学科学的内涵，主动建构化学科学体系。

2. 变化观念与平衡思想的水平划分

（1）变化观念与平衡思想维度水平的划分

在2017版课程标准中，化学学科核心素养不仅通过内涵和目标来描述，而且对5个维度的素养进一步划分出4级水平，便于在教学和评价中具体实施。如素养2"变化观念与平衡思想"的4级水平分类如下表4-1-1。

表4-1-1 变化观念与平衡思想维度素养的水平划分

	主要内容
水平1	能认识到物质运动和变化是永恒的，能归纳物质及其变化的共性和特征，能认识化学变化伴随着能量变化；能根据观察和实验获得的现象和数据概括化学变化发生的条件、特征与规律。
水平2	能从原子、分子水平分析化学变化的内因和变化的本质，能理解化学反应中量变和质变的关系；能从质量守恒，并用动态平衡的观点看待和分析化学变化；能运用化学计量单位定量分析化学变化及其伴随发生的能量转化。
水平3	形成化学变化是有条件的观念，认识反应条件对化学反应速率和化学平衡的影响，能运用化学反应原理分析影响化学变化的因素，初步学会运用变量控制的方法研究化学反应。
水平4	能从不同视角认识化学变化的多样性，能运用对立统一思想和定性定量结合的方式揭示化学变化的本质特征；能对具体物质的性质和化学变化做出解释或预测，能运用化学变化的规律分析说明生产、生活实际中的化学变化。

化学学科核心素养维度的划分决定了学业知识的广度，每个维度划分的四个水平则决定了

---

① 施琦. 高中生"变化观念与平衡思想"维度核心素养的培养［D］. 哈尔滨师范大学硕士学位论文，2018（6）：9-19.

知识的深度。2017版课程标准将"变化观念与平衡思想"分成4级水平，从水平1到水平4难度和深度逐渐增加，对化学知识、技能的学业标准做出了分级的具体要求。水平级别的划分，明确了学生完成学习的任务与化学学科核心素养应该达到的水平，各水平的关键表现也构成了评价学业质量的标准。

（2）课程目标与各级水平间的联系

课程目标作为课程实施中的准则，在表述上属于高度概括，而在实际课程实施中仍需细化成不同具体要求，并实现指导教学与评价的作用。因此，在2017版课程标准中，结合变化观念与平衡思想的内涵，依据课程目标的要求，该维度素养被具体划分成4个水平。在内容上，4个水平并不是并列的，而是将课程目标的要求按照难度、深度和认知水平由低到高综合性地分配到每个水平中去。

对于课程目标的4个主要方面的细化要求，在4级水平中都有不同表述。例如，对于课程目标中关于变化的本质与条件，4级水平的要求分别如下：水平1期望学生能认识到物质变化的永恒性；水平2为从原子、分子水平分析化学变化的内因和变化的本质；水平3要求学生形成化学变化是有条件的观念；水平4则要求从不同视角认识化学变化的多样性。同时在不同水平的要求中，同样包括一些方式方法的运用，课程目标4个主要方面以及学习方法对应4级水平的具体划分如图4-1-2所示。

变化的本质与条件
- 水平1：认识到物质变化的永恒性
- 水平2：从原子、分子的水平分析化学变化的内因和变化的本质
- 水平3：形成化学变化是有条件的观念
- 水平4：从不同视角认识化学变化的多样性

变化的特征与规律
- 水平1：归纳物质及其变化的共性和特征
- 水平2：理解化学反应中质变与量变的关系
- 水平3：运用化学反应原理分析影响化学变化的因素
- 水平4：运动对立统一和定性定量结合的方式解释化学变化的本质特征

能量转化
- 水平1：认识化学反应伴随能量变化
- 水平2：运用化学计量单位定量分析化学变化及其伴随发生的能量转化
- 水平3：运用化学反应原理分析化学变化
- 水平4：无具体说明

动态平衡
- 水平1：根据观察和实验获得现象、数据
- 水平2：运用动态平衡的观点看待和分析化学变化
- 水平3：运用化学反应原理分析化学变化
- 水平4：无具体说明

方式方法
- 水平1：观察实验现象和数据
- 水平2：运用化学计量单位定量分析
- 水平3：控制变量法
- 水平4：定性与定量结合法

图 4-1-2 课程目标的 4 级水平细分

其中，某些要求虽没有出现关键词具体说明，但其实也有以上不同方面蕴含在水平的划分内的，例如水平3要求"能运用化学反应原理分析影响化学变化的因素，初步学会运用控制变量的方法研究化学反应"，这里的影响因素和研究的问题包含了化学变化中的能量问题和动态平衡问题。故而，未具体说明的方面，实际上也划分在了不同水平中。

结合以上分析可以看出，核心素养4级水平的划分，是课程目标在教学中的具体化，同时也是评价的标准和衡量准则。"变化观念与平衡思想"维度核心素养，在变化的本质与条件、变化特征及规律、变化中伴随的能量变化、化学变化中的动态平衡问题以及研究问题的方式方法上，进行了4级水平的划分，为培养学生该维度素养提供了准则，也为衡量学生对于该维度素养的掌握程度提供依据和标准。在围绕"变化"为核心的不同层面问题上，4级水平逐级提升，难度和综合性也逐级增强。

三、变化观念与平衡思想的表征

结合现行高中化学教材，并分析2017版课程标准对课程内容的重新整合与修订，依据"变化观念与平衡思想"素养的内涵和课程目标整理出高中化学核心知识层面的表征。

1. 必修部分知识的表征

将必修部分的知识内容按照主题归类整理了知识表征，如表4-1-2。

表4-1-2 必修课程中变化观念与平衡思想的表征

主题	变化观念与平衡思想的表征
主题1：化学科学与实验探究	1.1 化学科学的主要特征：认识化学是在原子、分子水平上研究物质的组成、结构、性质、变化及其应用的一门基础学科，其特征是认识物质和创造物质。 1.3 化学实验：认识化学实验是科学探究的一种重要形式，是研究物质及其变化的基本方法。
主题2：常见的无机物及其应用	2.1 元素与物质：认识元素在物质中可以具有不同价态，可通过氧化还原反应实现含有不同价态同种元素的物质的相互转化。 2.3 电离与离子反应：认识酸、碱、盐等电解质在水溶液中或熔融状态下能发生电离。通过实验事实认识离子反应及其发生的条件，了解常见离子的检验方法。 2.6 物质性质及物质转化的价值：结合实例认识金属、非金属及其化合物的多样性，了解通过化学反应可以探索物质性质、实现物质转化。
主题3：物质结构基础与化学反应规律	3.1 原子结构与元素周期律：知道元素周期表的结构，以第三周期的钠、镁、铝、硅、硫、氯，以及碱金属和卤族元素为例，了解同周期和主族元素性质的递变规律。 3.2 化学键：认识化学键的断裂和形成是化学反应中物质变化的实质及能量变化的主要原因。 3.3 化学反应的限度和快慢：体会从限度和快慢两个方面去认识和调控化学反应的重要性。了解可逆反应的含义，知道可逆反应在一定条件下能达到化学平衡。知道化学反应速率的表示方法，通过实验探究影响化学反应速率的因素。认识化学变化是有条件的，学习运用变量控制方法研究化学反应。

续表

主题	变化观念与平衡思想的表征
	3.4 化学反应与能量转化：认识物质具有能量，认识吸热反应与放热反应，了解化学反应体系能量改变与化学键的断裂和形成有关。知道化学反应可以实现化学能与其他能量形式的转化，以原电池为例认识化学能可以转化为电能。
主题4：简单的有机化合物及其应用	4.2 典型有机化合物的性质：知道氧化、加成、取代、聚合等有机反应类型。知道有机化合物之间在一定条件下是可以转化的。
主题5：化学与社会发展	5.3 化学在自然资源和能源综合利用方面的重要价值：以海水、金属矿物、煤、石油等的开发利用为例，了解依据物质性质及其变化综合利用资源和能源的方法。

根据素养的内涵，依据课程目标可以将其按照课程目标的五个方面进行重新划分。

(1) 变化的本质与条件

这部分主要包括以下的知识内容：包括对于化学变化的基本认识，其特色是在微观水平上的研究；包含了对变化本质的探索，在高中化学必修部分，主要依托于氧化还原反应和离子反应本质的研究；认识化学变化的条件，了解反应条件对于实际生产应用的价值。

(2) 变化的特征与规律

这部分包含的知识范围较大，如氧化还原反应、离子反应的特征及变化规律；吸热反应和放热反应的特征，能量转化的规律；化学反应速率的意义和表示方法，以及影响化学反应速率的因素等规律。因为任何变化过程都有其特征和规律，因而此部分涉及知识较广。

(3) 能量转化

这部分知识主要是从化学变化的微观和宏观两个角度出发。在微观上，认识到产生能量变化的原因是化学键的断裂和形成；在宏观上，认识物质具有能量，认识吸热反应与放热反应，并能将宏观能量的变化与微观实质相联系；知道在化学变化中化学能可转化为其他形式的能量，在此重点举例原电池，通过原电池认识化学能与电能的转化。

(4) 动态平衡

在必修部分涉及了化学反应的限度问题，包含可逆反应的学习，了解可逆反应的含义，知道可逆反应在一定条件下能达到化学平衡。在必修的知识中只涉及此部分，范围较小，研究的深度较浅。

(5) 研究方法

在具体水平要求中需要运用化学计量单位进行定量分析，故而需了解物质的量及其相关物理量的含义和应用，通过此知识的学习，便于定量分析方法的应用。

2. 选择性必修部分知识的表征

选择性必修部分知识的表征如表 4-1-3 所示。

表 4-1-3　选择性必修课程中变化观念与平衡思想的表征

模块	主题	变化观念与平衡思想的表征
模块 1：化学反应原理	主题1：化学反应与能量	1.1 体系与能量：认识化学能可以与热能、电能等其他形式能量之间相互转化，能量的转化遵循能量守恒定律。知道内能是体系内物质的各种能量的总和，受温度、压强、物质的聚集状态的影响。 1.2 化学反应与热能：认识化学能与热能的相互转化。 1.3 化学反应与电能：认识化学能与电能相互转化的实际意义及其重要应用。
	主题2：化学反应的方向、限度和速率	2.1 化学反应的方向与限度：知道化学反应是有方向的，知道化学反应的方向与反应的焓变和熵变有关。 2.2 化学反应速率：知道化学反应速率的表示方法，了解测定化学反应速率的简单方法。 2.3 化学反应的调控：认识化学反应速率和化学平衡的综合调控在生产、生活和科学研究中的重要作用。
	主题3：水溶液中的离子反应与平衡	3.1 电解质在水溶液中的行为：从电离、离子反应、化学平衡的角度认识电解质水溶液的组成、性质和反应。 3.2 电离平衡：认识弱电解质在水溶液中存在电离平衡，了解电离平衡常数的含义。 3.3 水解平衡：认识盐类水解的原理和影响盐类水解的主要因素。 3.4 沉淀溶解平衡：认识难溶电解质在水溶液中存在沉淀溶解平衡，了解沉淀的生成、溶解与转化。 3.5 离子反应与平衡的应用：了解水溶液中的离子反应与平衡在物质检测、化学反应规律研究、物质转化中的应用。
模块 2：物质结构与性质	主题1：原子结构与元素的性质	1.3 核外电子排布与元素周期律（表）：认识元素的原子半径、第一电离能、电负性等元素性质的周期性变化，知道原子核外电子排布呈现周期性变化是导致元素性质周期性变化的原因。
	主题2：微粒间的相互作用与物质的性质	2.1 微粒间的相互作用：认识物质是由原子、离子、分子等微粒构成的，微粒之间存在不同类型的相互作用。 2.2 共价键的本质和特征：认识原子间通过原子轨道重叠形成共价键，了解共价键具有饱和性和方向性。
	主题3：研究物质结构的方法与价值	3.3 研究物质结构的价值：知道物质结构的研究有助于发现具有预期性质的新物质，以及为设计与合成这些新物质提供理论基础。

模块	主题	变化观念与平衡思想的表征
模块3：有机化学基础	主题1：有机化合物的组成与结构	1.1 有机化合物的分子结构：认识有机化合物的分子结构决定于原子间的连接顺序、成键方式和空间排布，认识有机化合物存在构造异构和立体异构等同分异构现象。 1.2 有机化合物中的官能团：认识同一分子中官能团之间存在相互影响，认识在一定条件下官能团可以相互转化。知道常见官能团的鉴别方法。 1.3 有机化合物中的化学键：知道有机化合物分子中基团之间的相互影响会导致键的极性发生改变，从化学键的角度认识官能团及有机化合物之间是如何相互转化的。
	主题2：烃及其衍生物的性质与应用	2.2 烃的衍生物的性质与应用：认识卤代烃、醇、醛、羧酸、酯、酚的组成和结构特点、性质、转化关系。 2.3 有机反应类型与有机合成：认识有机合成的关键是碳骨架的构建和官能团的转化，了解设计有机合成路线的一般方法。
	主题3：生物大分子及合成高分子	3.2 生物大分子：认识人工合成多肽、蛋白质、核酸等的意义，体会化学科学在生命科学发展中所起的重要作用。

依据课程目标可以将以上知识内容按几个主要方面重新划分。

(1) 变化的本质与条件

此方面内容在选择性必修部分直接呈现的知识内容较少，在此不做阐释。

(2) 变化的特征与规律

对于化学反应速率的相关规律方面，选择性必修对于该部分知识的要求比必修部分加深，需要了解温度、浓度、压强和催化剂等因素对化学反应速率的影响；知道化学反应是有历程的，能认识基元反应活化能对化学反应速率的影响。相较于必修，知识的广度和深度都有所增加。

(3) 能量转化

在2017版课程标准选择性必修课程中，化学反应与能量作为一个单独的主题，对化学变化中的能量转化相关知识要求较为细致。具体内容包括能量守恒定律；内能的概念及其影响因素；化学能与热能的相互转化，应用盖斯定律解答问题；化学能与电能相互转化及实际意义，了解原电池及常见化学电源的工作原理，了解电解池的工作原理。概括起来，有关能量转化的知识是以体系与能量为基础，遵循能量守恒定律，探讨化学能与热能、电能等能量形式的转化问题。可以看出，在选择性必修中，有关能量的知识较为系统和全面，基本涵盖了高中化学能量变化问题的理论基础。

(4) 动态平衡

同样，选择性必修中有关动态平衡观点的知识内容也较为系统，环环相扣、相互联系共同成为高中化学"平衡"知识的系统。具体知识内容包括：化学平衡常数及其含义；化学平衡视角下的电解质在溶液中的行为；电离平衡；盐类的水解平衡；沉淀溶解平衡等。这些知识以必修中可逆反应的化学平衡移动为基础，进一步探究各类平衡问题，从而形成整个平衡知识体系。这些知识作为动态平衡方面课程目标的主要载体，在教学过程中发挥重要作用。

第二节 发展变化观念与平衡思想素养的教学策略

变化观念与平衡思想体现了具有化学学科特质的思想和方法，新课标中相关教学策略建议如下。

表 4-2-1 必修课程中变化观念与平衡思想的教学策略

主题	变化观念与平衡思想的教学策略
主题1：化学科学与实验探究	
主题2：常见的无机物及其应用	发挥核心概念对元素化合物学习的指导作用。
主题3：物质结构基础与化学反应规律	
主题4：简单的有机化合物及其应用	
主题5：化学与社会发展	

表 4-2-2 选择性必修课程中变化观念与平衡思想的教学策略

模块	主题	变化观念与平衡思想的教学策略
模块1：化学反应原理	主题1：化学反应与能量	
	主题2：化学反应的方向、限度和速率	通过交流讨论活动，帮助学生形成基于浓度商和化学平衡常数的比较分析等温条件下平衡移动问题的基本思路。
	主题3：水溶液中的离子反应与平衡	应通过对电离平衡、水解平衡、沉淀溶解平衡等存在的证明及平衡移动的分析，形成并发展学生的微粒观、平衡观和守恒观。
模块2：物质结构与性质	主题1：原子结构与元素的性质	
	主题2：微粒间的相互作用与物质的性质	
	主题3：研究物质结构的方法与价值	

续表

模块	主题	变化观念与平衡思想的教学策略
模块3：有机化学基础	主题1：有机化合物的组成与结构	
	主题2：烃及其衍生物的性质与应用	进行烃及其衍生物性质教学时，除了以典型代表物的具体反应为载体，通过类比迁移学习一类有机物的性质，还可以分析有机化合物分子中的官能团和化学键、预测可能的断键部位与相应的反应。
	主题3：生物大分子及合成高分子	

在教学过程中，教师应采用相应的适宜的教学策略帮助学生突破认知障碍，培养学生的变化观念与平衡思想学科核心素养。在实际的教学过程中，不同学者提出了不同的教学策略。

赵亚楠等在《基于变化观念与平衡思想的"元素"教学—以必修1金属的化学性质教学为例》[①] 一文中谈到变化观念与平衡思想化学学科核心素养贯穿整个化学的学习，元素和化合物的学习是中学化学的基本内容，是学习元素周期律的基础。在元素相关教学过程中，物质的性质主要通过物质的变化体现，基于变化观念与平衡思想的元素内容教学是必要的。教学设计是基于高中化学核心素养目标，在授课过程中采用连续性学习，以问题式引导的教学方式让学生思维不断地深入，这对于金属化学性质的理解及应用会更加深刻。在这个过程中充分发挥学生的主观意识，让学生自己解释，主动分析，得出结论，以学生为主。其次，在教学中要以问题式教学，启发式引导，让学生思维逐步深入。在教学过程中建立"发现问题、分析问题、提出猜想、实验验证、得出结论"的研究思路，让学生在化学变化中找到研究的思路。

陈花在《在化学平衡教学中构建变化观念与平衡思想》[②] 一文中谈到在化学平衡教学实践中，从理解平衡概念、强化平衡概念、养成变化观念与平衡思想三个方面分析如何让学生逐步有效构建变化观念与平衡思想，提出化学平衡教学中如何实现核心素养的有效培养及如何适应高考改革，重视概念渗透，解决教学难点，落实此核心素养的教育功能。在勒夏特列原理讲解环节，陈花老师设计动画演示三种情况：某人在跑步机跑步，第一种人加速，机器不加速，人匀加速前进；第二种人不加速，机器加速，人匀减速后退；第三种控制机器与人的速度相同，人再次定点跑步。学生通过动画马上能领悟到，不管改变哪一种因素，归根结底，都是不同程度地改变速度，一旦速度改变，平衡就被破坏，当速度重新相等时，则达新平衡。学生在哈哈大笑的同时，就会理解减弱改变这个核心术语，容易理解并判断平衡移动方向。为什么加入正催化剂，速率变，但平衡不移动呢？这是学生在理解概念时的思维瓶颈。同理动画演示，人与跑步机同时加速，加快的倍数相等，人在原地跑步，平衡不移动，仍处于平衡状态。但与原平衡比，反应速率加快，反应时间缩短。在专练平衡题环节，陈花老师设计分步骤进行训练。第1步利用难度较小的习题，直观分析平衡概念题，巩固概念。第2步利用较难题对所学内容进行迁移，通过典型实例分析，引导学生概括学习内容，总结相关的规律，让学生学会绘制课内

---

① 赵亚楠，方杰，吕纯志. 基于变化观念与平衡思想的"元素"教学——以必修1金属的化学性质教学为例 [J]. 中国现代教育装备，2019（4）：57-59.

② 陈花. 在化学平衡教学中构建变化观念与平衡思想 [J]. 当代教育理论与实践，2019（3）第11卷：23-26.

要求的传统的化学平衡图像，并对图像题进行分类突破，同时迁移到陌生图像题并力求突破。在学习过程中及时反馈学生学习存在的问题，鼓励学生多问多思多讨论，教师解惑并配合一定量的小测，提高学习效率。第3步掌握平衡内容复杂的化学平衡曲线问题、恒温恒压或者恒温恒容充无关气体或者充相关气体的变化量问题，较为复杂的平衡问题，可以统筹安排，分散难点于新课、高三一轮和二轮复习过程中。陈花老师在分析高考化学平衡题时，让学生经历分析条件变化、演绎推理计算再综合作答，运用抽象、分析、比较和系统思考等高级思维；在提取信息和计算论证、获得结论过程中，学生逐步培养抽象思维和逻辑推理能力，从而建构变化观念与平衡思想这种高级思维。

刘红林在《核心素养下"变化观念与平衡思想"的培养》[①] 一文中通过问题和实验引导学生进行化学知识的发现与生成，可以增强学生的分析能力、思维能力，培养学生的创新能力。结合高中化学教学内容，通过实验探究，帮助学生形成化学变化中的能量转化守恒和元素守恒观念，从变化与平衡相协调的角度进行化学反应的分析与实际问题的解决。刘老师提出两条教学策略：一是通过情境教学，激发学生学习兴趣。结合教学内容，给学生创设相应情境，激发学生兴趣，让学生在情境中进行思考和探讨，更有利于学生将化学变化的本质和表征统一起来，加深学生对化学本质的理解。二是提出问题，探究化学平衡原理。通过提出问题引导学生进行思考和实验探究，可以让学生直观、形象地观察到化学变化和平衡的动态过程，通过改变浓度、温度、压强等条件来分析其对化学变化和平衡的影响，构建平衡模型，提高学生的实验能力和创新意识，培养学生变化观念与平衡思想的意识。

谢朝杰在《培养变化观念与平衡思想以提升化学核心素养》[②] 一文中谈到通过创设情境、细化主题、类比迁移、深度探究、搭建平台向学生渗透变化观念与平衡思想的策略，以培养学生变化观念与平衡思想，使学生的学科核心素养得到提高与升华，提高课堂教学质量。在"创设情境，搭建生活桥梁"部分谈到，建构主义理论强调，情境是学习环境的基本要素之一。化学是一门引导学生认识世界的学科，由此可见，为了有效培养学生的变化观念与平衡思想，教师应当注重学习情境的创设。通过密切联系现实生活，为学生搭建知识与生活间的桥梁，提高他们的学习效率。在"细化主题，建构认知体系"部分谈到，变化观念与平衡思想其核心是"变化"，围绕"变化"展开几个方面的讨论，这些方面都是相互关联的。为了提高教学的效率，谢老师认为，教师应当善于对课程目标进行分解，细化主题，从而对学生进行有针对性的培养与训练，帮助他们建构完整的认知体系。在"类比迁移，触及知识核心"部分谈到，核心知识与能力的培养，是核心素养培育的重要组成部分和载体。很多学生做题的正确率不高，主要原因在于对核心知识的把握不牢固、模棱两可，解题时不关注细节。为了强化学生的核心素养，提高其学习能力与解题能力，教师要善于运用类比迁移的策略，促进学生高效率地打牢基础知识和掌握核心概念。在"深度探究，打破思维定式"部分谈到，在教学实践中谢老师发现，很多学生在运用平衡思想求解化学问题时，容易产生思维定式，常常会受到之前学过的例题或者过往经验影响，对问题自己"添加"条件。为了帮助他们打破思维定式，教师应当注重引导

---

① 刘红林. 核心素养下"变化观念与平衡思想"的培养 [J]. 试题研究，2018（24）：137.
② 谢朝杰. 培养变化观念与平衡思想以提升化学核心素养 [J]. 广西教育，2019（2）：89-90.

学生对问题加以深度探究，强调细节之处，从而使之灵活理解并运用化学平衡思想，提高学习效率。在"搭建平台，组织交流分享"部分谈到"教、学、评"一体化的教学流程是当前教育的整体发展趋势，为了更好地深化学生的核心素养，教师要注重完善评价机制，将反馈评价融入教学过程当中，为学生搭建交流分享的平台，从而全面深化他们的变化观念与平衡思想，提高课堂教学的质量。

杜艳艳在《基于化学应用的学科核心素养培养教学探索—以"氨"为例》① 一文中谈到在学科教学中充分挖掘与化学应用相关的社会问题，可以让学生深刻理解科学、技术对社会发展的重大贡献，并能透过现象看本质，掌握化学研究的基本方法、基本理念，培养创新意识，赞赏科学精神，承担社会责任。本文以人教版必修1第四章"氨"为例，以化学应用为线索，学生自主探究和教师讲授相结合，通过收集证据、证据推理、模型建构、实验探究、科学态度和社会责任等多方面体现了化学核心素养的基本内涵；也从侧面让学生感受科学研究的艰辛，赞赏化学对社会发展的重大贡献；同时，了解科学技术的两面性，能够权衡利弊。

俞赛红在《核心素养下高中化学教学"任务化"设计与实践》② 一文中谈到将核心素养培育与化学学科知识的教学有机地结合起来最有力的抓手就是在具体的化学学习任务中实现。所谓教学内容的任务化设计，是指基于化学教学中核心素养的培育目标，以某一内容为教学设计的载体，通过具体学习任务的设计，来促进学生完成知识建构并在其中实现核心素养培育的教学设计。任务化教学设计与曾经的任务驱动教学有一定的相似之处，但其又不局限于基础知识与基本技能的获得，而是将目标更多地指向核心素养。因此，任务化教学设计可以在传统的知识教学需要与现代的核心素养培育需要之间搭建一座桥梁，从而实现基于已有的教学基础走向核心素养培育的道路。

钱卫军在《核心素养视角下基于主题的整体教学设计》③ 一文中谈到学科主题驱动化学学科核心素养的实现，整体设计保证化学学科核心素养的实施，进阶发展保障化学学科核心素养的落地。钱老师指出常见的教学设计有两种思路：一是面向某个具体知识的；二是面向某一个主题的。应试教育的背景下，前一个思路有着更广泛的体现，毕竟基于知识构建与应用的教学，能够满足应试的需要。而核心素养是指向必备品格与关键能力的，化学学科核心素养是要满足上述五个要素的，这就不是面向某一个知识的教学设计所能够满足的了。如果在教学设计中能够形成学科主题的思路，那核心素养实现的可能性就可以得到保证。在这样的教学中，不同的知识点不再是分离状态而是在确定的主题作用之下形成了有机的联系，且这种联系在学生的每一节内容的学习中都会或隐或现地存在，其最大的价值就在于保证学生在学习中对化学知识的认识不是分离的，而是有联系的。这种联系性实际与核心素养所提倡的融合性是一致的，也是有利于学生更好地进行宏观辨识与微观探析的，是有利于学生就某一个具体的化学实例进行证据推理并建立模型以达至高效认知的。

综上所述，发展学生的变化观念与平衡思想学科核心素养关键要抓住该素养的特点、特质，精选教学素材，设计驱动性问题，形成具有结构化认识的思路，具体的教学策略梳理

---

① 杜艳艳. 基于化学应用的学科核心素养培养教学探索——以"氨"为例 [J]. 中学化学教学参考，2019 (5)：37-38.
② 俞赛红. 核心素养下高中化学教学"任务化"设计与实践 [J]. 中学化学教学参考，2019 (4)：6-7.
③ 钱卫军. 核心素养视角下基于主题的整体教学设计 [J]. 中学化学教学参考，2019 (1)：12-13.

如下。

一是创设适宜的教学情境，让知识与素养在情境中得以外显，可选择与学生生活经验比较接近的情境，也可选择与知识关联度较大的情境，还可选择社会热点问题作为情境，让学生在真实情境中体味变化观念与平衡思想的实质。

二是设计适宜的实验探究活动。学贵有疑，让学生在问题中形成对问题的一般理解，进而通过实验探究的一般流程形成对问题解决的科学化设计，让理性与感性相结合，让理论推演与实验实证相互印证，形成对变化观念与平衡思想的科学化论证。

三是利用主题化教学聚焦核心问题，学习核心知识，发展核心素养。让教学从聚焦具体的知识转向聚焦主题，从大主题蕴含的大问题、大视角成为设计活动任务的驱动器，让大主题的层次结构自动生成解决问题的一般程序与思路，发展学生的变化观念与平衡思想。

四是利用任务驱动式教学策略。让学生真正成为学习的主体，让学生在具体可感知、可体会、可操作、可思考、可分析的学习过程中主动积极建构其解决问题的思路与方法，发展变化观念与平衡思想学科核心素养。

五是信息技术与学科本体知识融合策略。在学生不容易想象、不容易感知的微观世界，可以积极运用现代信息技术，让学生将微观模型具象化，让学生通过宏观辨识与微观探析，感知物质及其转化过程中的变化实质与平衡思想。

第三节　发展变化观念与平衡思想素养的教学设计研究

"变化观念与平衡思想"素养的培育必须根植于具体的教学环节当中，精选真实复杂情境，利用价类二维变化观念解构物质及其转化、利用热力学动力学综合分析问题的平衡思想来解构生产中条件的选择与优化。下面将以4个教学案例来具体阐释基于发展"变化观念与平衡思想"核心素养的教学设计。其中，《硫及其化合物》从身边的含硫物质出发，通过生活线与实验线，建构其认识元素化合物的认知模型，然后再利用模型解决新的问题，发展学生高度结构化的变化观念与平衡思想学科核心素养；《铜及其化合物复习》通过学生自主建构与发展"元素观""分类观""转化观""化学价值观""平衡观""微粒观""实验观"，在建构模型、转化任务中不断发展学生变化观念与平衡思想；《铁及其化合物的应用》则创设真实问题境脉，在问题解决中形成对铁及其化合物的转化的一般思路；《丙烯腈下游产品合成及工业生产条件选择》聚焦于真实问题情境解决，注重模块知识的融合，注重思维过程的结构化和显性化，使得变化观念与平衡思想学科核心素养外显，成为解构分析问题的视角与角度，使得素养真正变得功能化。

【案例1】硫及其化合物[①]

一、创设情境，预测性质，揭示原有认识，建立物质性质研究思路

[①] 唐云波. 从"知识本位"走向"素养为重"的元素化合物教学设计——以"硫及其化合物"教学为例[J]. 化学教学，2017(10): 35-40.

教师课前布置"任务一""任务二",组织学生课上观看"火山喷发"录像后集体交流"任务一""任务二"。

[任务一] 寻找身边的含硫物质。

1. 我们周围哪些地方含有含硫物质?有哪些用途?

(1) _____ 处存在单质硫;

(2) _____ 处存在 SO_2。

[任务二] 预测硫、SO_2 性质。

2. 猜想单质硫、SO_2 的性质。

通过观察或已有知识经验,请猜想硫、SO_2 具有哪些性质,并说明猜想理由。

(1) 硫的性质

①硫的物理性质_____;

②硫的化学性质_____,理由是_____。

(2) 二氧化硫的性质

①SO_2 的物理性质_____,理由是_____;

②SO_2 的化学性质_____,理由是_____。

[交流汇总]

1. (1) 含有单质硫:煤、硫磺香皂、火山口、温泉、火药制品(烟花爆竹、火柴头等)。

(2) 含有二氧化硫:空气中、汽车尾气、煤燃烧时放出、燃放烟花爆竹时产生二氧化硫等等。

2. 硫、SO_2 化学性质的猜想及理由。

(1) 硫能跟氧气反应、跟金属单质反应、跟氢气反应。理由:燃放鞭炮可闻到的刺激性气味等生活经验、跟铁反应的已有事例、属于非金属单质这一物质类别的通性,化合价为 0 价处于中间价态体现出氧化性和还原性。

(2) SO_2 能跟水、氢氧化钠(钙)溶液等物质反应。理由:二氧化碳的性质类比等已有经验推测,属于酸性氧化物所具有的通性。还能跟氧气等物质反应。理由:产生酸雨等已有经验推测化合价为+4价处于中间价态,既有氧化性也具有还原性。

[设计意图] 通过任务一激活学生相关知识经验(硫及其化合物的存在、用途),为任务二做准备。任务二属于基于已有知识经验的物质性质猜想,该环节意图有二:一是诊断学情,诊断的目的不再仅是关注学生有关含硫物质的已有知识经验,更是想诊断出学生认识物质性质的已有认识(认识角度、认识思路)及其发展水平,从而确定学生认识发展的起点(基于类别通性和化合价态两个维度来认识物质)和障碍点(多角度认识物质性质的自主性不够);二是培养学生的证据意识,初步学会收集各种证据,对物质的性质提出可能的假设。

二、设计方案,深度探究,建立物质性质研究模型

[任务三] 二氧化硫化学性质探究。

1. 探究 SO_2 化学性质。

实验目的	SO₂ 具有_____性，能跟_____反应。
仪器药品	①石蕊试液；②酚酞试液；③pH 试纸；④澄清石灰水；⑤NaOH 溶液；⑥稀盐酸；⑦若干收集有 SO₂ 气体的试管和大针筒；⑧品红溶液；⑨二氧化硫的水溶液（可代替二氧化硫气体）；⑩硫化氢的水溶液；⑪酸性高锰酸钾溶液；⑫氯化钡溶液；⑬过氧化氢溶液；⑭溴水等。常见仪器自选。
实验方案	
实验证据	
实验结论	

2. 列表比较 CO_2、SO_2 化学性质的异同，思考造成这种异同的原因可能是什么？

3. 反思建模：研究物质化学性质的一般思路是什么？

[探究过程]

1. 探究 SO_2 化学性质。

探究 1：SO_2 具有酸性氧化物的通性，能跟水和碱溶液发生反应。

方案①：用 pH 试纸测定二氧化硫水溶液的 pH，pH 小于 7；

方案②：在二氧化硫的水溶液中滴入紫色石蕊溶液，石蕊试液变红；

方案③：将少量二氧化硫的水溶液滴入澄清石灰水中，有白色沉淀生成；

方案④：将 SO_2 气体通入氢氧化钠溶液，然后滴加稀盐酸，有气泡产生。

师：以上某一种方案是否就可以说明 SO_2 的某一条通性呢？

生：方案①或②通过酸碱性的变化可以说明与水发生了反应，而方案③和④联合起来才能说明 SO_2 跟碱这类物质发生反应。

探究 2：SO_2 具有氧化性，能跟硫化氢溶液（-2 价的硫）发生反应，产生淡黄色沉淀。

方案：（略）。

探究 3：SO_2 具有还原性，能跟常见的氧化剂发生反应。

方案①：将二氧化硫的水溶液滴入酸性高锰酸钾溶液，观察溶液是否褪色。

方案②：将二氧化硫的水溶液滴入溴水中，观察溶液是否褪色。

方案③：将二氧化硫的水溶液滴入氯化钡溶液中，观察是否有白色沉淀，再加入过氧化氢溶液后观察是否有白色沉淀。

2. 反思建模。

研究物质化学性质的一般思路（如图 4-3-1 所示）。

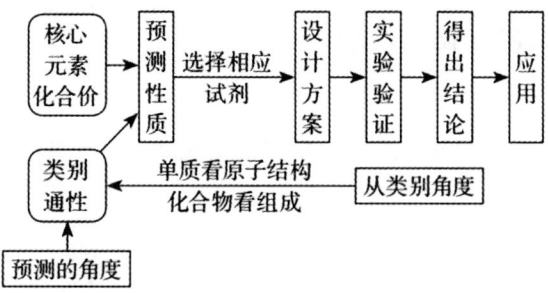

图 4-3-1　研究元素化合物性质一般思路

[设计意图] 对于 SO_2 实验的设计，意在突出证据推理。由实验观察再思考得出结论式的教材设计，改为基于猜想后的证据探寻型的实验探究，意在突出证据推理这一化学核心素养。而且把 SO_2 类别通性与氧化性还原性整合在同一探究任务中，增强了其开放性，在开放性的环境中让学生经历通过设计实验收集各种证据，并基于证据进行分析推理，得出科学结论，解释证据与结论之间的关系，从而确定形成科学结论所需要的证据和寻找证据的途径。

对于列表比较和反思建模部分设计，意在突出模型认知，形成学科思想。通过 CO_2、SO_2 性质异同的比较及溯因，以及上一环节 S、SO_2 性质的猜想及其理由陈述，然后反思建构模型，形成研究元素化合物化学性质的一般思路，逐渐形成"组成（结构）决定性质，性质决定用途、存在"化学观念，从而建立起元素化合物的研究模型（如图 4-3-1 所示）。

三、拓展迁移，运用模型，预测陌生物质性质

[思考] 请预测氢硫酸、硫酸的化学性质，并设计实验方案进行验证。

生：氢硫酸属于酸，具有酸的通性，能跟指示剂、金属单质、碱性氧化物、碱及盐发生反应；氢硫酸中硫元素显 -2 价，处于最低，故只具有还原性，能跟氧化剂发生反应。同理，通过基于物质类别和硫元素所呈现的化合价（$+6$ 价）处于最高价，硫酸具有酸的通性和氧化性。

[设计意图] 发展学生运用"研究元素化合物性质一般思路"模型，能基于物质类别通性和中心元素化合价自主系统地预测陌生物质性质的能力。

【教学反思】

元素化合物部分知识纷繁芜杂，传统的该部分知识教学中，教师很容易陷入机械记忆和训练为主的课堂教学。如何使得教学从记忆知识为本到以发展学生素养为本，是新时代基于核心素养发展的教学给予我们的命题。本节课通过三个学习任务环环相扣，不断发展学生的认识。其中"任务一 寻找身边的含硫物质"，从学生已有的生活经验出发，唤醒学生已有对含硫物质的认识，运用已有的认识元素化合物的知识解构分析；"任务二 预测硫、二氧化硫性质"则通过知识的分析、解构形成从价（氧化还原反应）、类（物质的类属通性），通过实验设计实证的元素化合物认知模型；"任务三 二氧化硫化学性质深度探究"则应用认知模型不断发展新的认知。梳理起来本节课有如下特点：一是重视理论预测与实验实证相结合，培育学生科学地认识物质、研究物质及其转化的思路；二是重视思维建模，使得元素化合物及其转化变得高度结构化，使得学生思考、分析有章可循，使得学生在学习和分析陌生物质时有了认知思路和角度；三是重视学生的参与与体验，教师通过学习任务，不断发展学生新的认知，让学生在"思维课堂"中提升对认识模型的感悟，真正落实和发展变化观念与平衡思想学科核心素养。

【案例2】铜及其化合物复习[①]

一、教学目标

1. 构建铜及其化合物的"价类二维关系图"，自主建构与发展"元素观""分类观""转化观"。

---

① 曾国琼. 基于"观念建构"的中学化学教与学策略研究——以"铜及其化合物"复习为例 [J]. 中学化学教学参考，2018（1-2）：18-21.

2. 运用铜及其化合物的"价类二维关系图"完成"转化任务":以铜粉为原料制备胆矾,自主建构与发展"转化观""化学价值观"。

3. 运用"三重表征"教学策略,分析外界条件对氢氧化铜的沉淀溶解平衡的影响,自主建构与发展"平衡观""微粒观"。

4. 设计实验方案,自主建构与发展"实验观"。

二、教学过程

1. 构建"价类二维关系图",促进学生自主建构与发展"元素观""分类观""转化观"。

[活动1] 请对 Cu、CuO、Cu_2O、$Cu(OH)_2$、$CuSO_4$、$CuCl_2$、$Cu(NO_3)_2$ 等物质从不同的角度分类,构建铜及其化合物的"价类二维关系图",并用箭头将上述物质所能发生的化学反应在图中标出来,写出相关反应的方程式。

设计意图:由于铜及其化合物在中学化学没有集中学习,让学生在对铜及常见含铜化合物分类的基础上构建"价类二维关系图",标出相互转化关系,目的是"先放后收",既有助于学生全面复习这些物质的重要性质,又能促使学生在"价类二维关系图"上分析物质之间的转化。

课堂上交流、展示学生所画的"价类二维关系图"。大部分学生画出的铜及其化合物的"价类二维关系图",如图4-3-2所示。

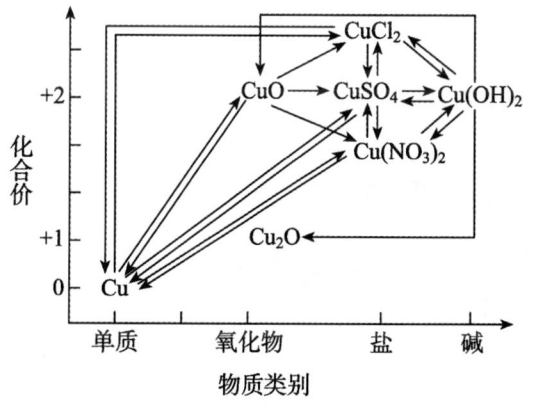

图4-3-2 铜及其化合物的价类二维关系图

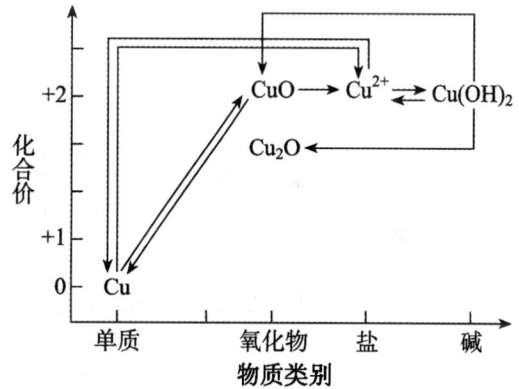

图4-3-3 铜及其化合物的价类二维关系图

也有一部分学生用 Cu^{2+} 表示 $CuSO_4$、$CuCl_2$、$Cu(NO_3)_2$ 等铜盐,画出的"价类二维关系图"如图4-3-3所示。

从学生交流、展示的"价类二维关系图"可以看出:学生虽然没有系统学习铜及其化合物,但基于各类物质的通性以及元素的化合价,他们对铜及其重要化合物的主要性质还是有比较全面的认识,而学生建构"价类二维关系图"的过程不仅有利于学生自主构建铜及其化合物同一价态不同类别之间的转化、不同价态铜元素之间的转化,构建知识立体网络,还有利于促进学生自主建构"元素观""分类观""转化观"。

从课堂情况来看,学生对于 $Cu(OH)_2 \rightarrow Cu_2O$ 反应的遗忘率比较高,只有少数学生知道醛类可以将新制的氢氧化铜还原为砖红色氧化亚铜,能够正确写出化学方程式的更是寥寥无几,极少数学生能够推广到含有醛基的物质,如甲酸、甲酸酯、甲酸盐、葡萄糖、麦芽糖等都能被新制的氢氧化铜氧化。可见,如何让学生主动将中学化学知识结构化,有待进一步探索。

2. 完成"转化任务",促进学生自主建构与发展"转化观""实验观""化学价值观"。

[活动2] 波尔多液为保护性杀菌剂,有效成分化学组成是 $CuSO_4 \cdot xCu(OH)_2 \cdot yCa(OH)_2 \cdot zH_2O$,它是由质量比约1:1:100的硫酸铜、熟石灰和水配制而成的天蓝色胶状悬浊液。请运用"价类二维关系图",以铜粉为原料,其他试剂任选,用尽可能多的方法制取胆矾,画出实验室制备胆矾的流程图,写出有关反应的方程式,并评价这些制备方案的优缺点。

设计意图:让学生运用自己画出的"价类二维关系图",根据复分解反应及氧化还原反应原理,找出由铜制备胆矾的路线,促进学生体会"转化观"。

学生很容易在自己画出的"价类二维关系图"中找出以铜为原料制备硫酸铜溶液的转化关系,如图4-3-4所示。

再根据上述"价类二维关系图",画出实验室以铜为原料制备胆矾的流程图(见图4-3-5、4-3-6、4-3-7),多数学生是根据与铜反应的物质的类别对反应进行分类的,思路清晰。

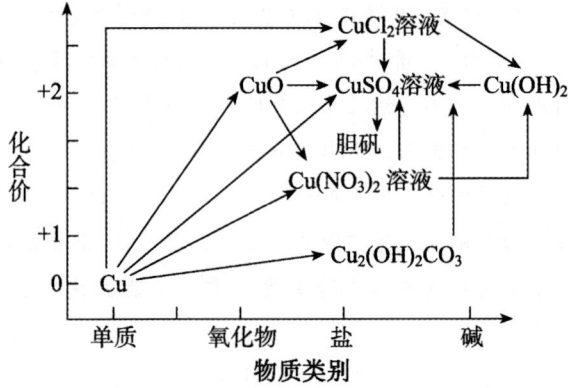

图4-3-4 以铜为原料制备硫酸铜的价类二维图

(1) 铜与氧气、氯气等反应先得到氧化铜或铜盐,再制备胆矾(见图4-3-5)。

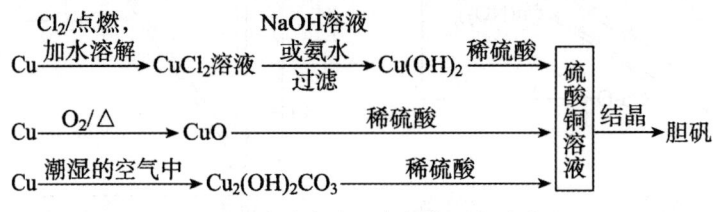

图4-3-5 铜与氧气、氯气等反应关系图

(2) 铜与酸溶液反应制备胆矾(见图4-3-6)。

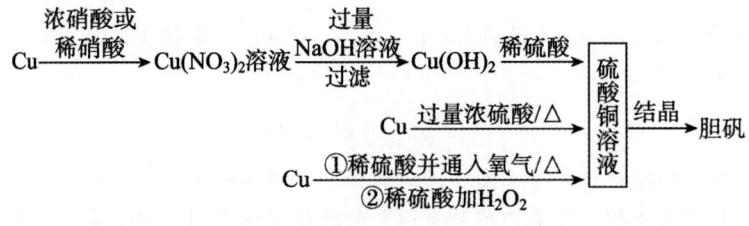

图4-3-6 铜与酸溶液反应关系图

(3) 铜与盐溶液反应制备胆矾(见图4-3-7)。

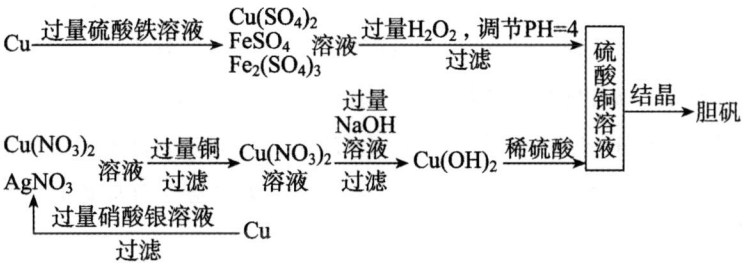

图 4-3-7 铜与盐溶液反应关系图

(4) 利用电化学装置制备硫酸铜溶液。

①以铜为阳极、石墨为阴极、稀硫酸为电解质溶液进行电解。

阳极：$Cu-2e^-=\!=\!=Cu^{2+}$

阴极：$2H^++2e^-=\!=\!=H_2\uparrow$

总反应：$Cu+H_2SO_4\xrightarrow{\text{电解}}CuSO_4+H_2\uparrow$

②以铜为负极、石墨为正极、稀硫酸为电解质溶液并向石墨附近通入空气（或氧气）构成原电池。

负极：$2Cu-4e^-=\!=\!=2Cu^{2+}$

正极：$4H^++O_2+4e^-=\!=\!=2H_2O$

总反应：$2Cu+O_2+2H_2SO_4=\!=\!=2CuSO_4+2H_2O$

在讨论、交流的过程中，部分学生认为加热铜与浓硫酸制备硫酸铜这一方法虽然简便，但硫酸的利用率太低，且生成的 SO_2 污染环境，可以改为在已投入铜的稀硫酸中加入其他的氧化剂，如通入氧气并加热，反应的方程式：$2Cu+O_2+2H_2SO_4\xrightarrow{\triangle}2CuSO_4+2H_2O$，或者是向已投入铜的稀硫酸中加入 H_2O_2 等。

因为还没有复习基本理论，少数学生想到以铜为阳极，电解稀硫酸制取硫酸铜溶液。由于学生把构成原电池的条件之一：要有自发的氧化还原反应理解为负极必须与电解质溶液发生氧化还原反应，因此，几乎没有学生想到以铜为负极，稀硫酸为电解质溶液，向正极通入氧气构成原电池制备硫酸铜溶液。

学生完成活动 2 的转化任务时，因转化任务的完成需要运用"价类二维关系图"，因此，学生的认识过程是有序的，认识思路是有逻辑的，这种教学不仅容易帮助学生对铜及其化合物的主要性质形成系统化、结构化的认识，还突出了转化思想，加深了学生对转化观的理解。当学生评价上述方案的优缺点时，不仅要运用物质的性质实现物质转化，还能更深地体会物质及其化合物在自然资源综合利用和环境保护中的重要价值，进而发展转化观、化学价值观等化学基本观念。

3. 运用"三重表征"教学策略，促进学生自主建构与发展"平衡观""微粒观"。

[活动 3] 氢氧化铜悬浊液中存在如下平衡：$Cu(OH)_2(s)\rightleftharpoons Cu^{2+}(aq)+2OH^-(aq)$，请从微观的角度分析、理解外界条件对 $Cu(OH)_2$ 沉淀溶解平衡的影响，回答下列问题。

已知：常温下 $K_{sp}[Cu(OH)_2]=2\times10^{-20}$，$K_{sp}(CuS)=1.3\times10^{-36}$，$K_{sp}(FeS)=6.3$

$\times 10^{-18}$。

(1) 向 0.02 mol/L 硫酸铜溶液中加 NaOH 固体，则 Cu^{2+} 完全沉淀时溶液 pH 为_____。

(2) 向 0.02 mol/L 硫酸铜溶液中加 NaOH 固体，开始生成 $Cu(OH)_2$ 沉淀的 pH 为_____。

(3) 对于平衡 $Cu(OH)_2(s) \rightleftharpoons Cu^{2+}(aq) + 2OH^-(aq)$，请运用溶度积或勒夏特列原理从微观的角度分析、理解条件改变时 $Cu(OH)_2$ 沉淀的溶解平衡移动方向及离子浓度的变化（见表 4-3-1）。

表 4-3-1　外界条件对 $Cu(OH)_2(s)$ 溶解平衡的影响

改变条件	平衡移动方向及实验现象	质量变化	$c(Cu^{2+})$ 和 $c(OH^-)$	方程式及解释
升温				
加少量 $CuCl_2(s)$				
加少量 $NaOH(s)$				
加少量 $Na_2S(s)$				
加少量 6 mol/L 硫酸溶液				
加水				

(4) 以 H_2S、Na_2S、FeS 作沉淀剂，可以除去工业废水中的 Cu^{2+}，请利用沉淀溶解平衡原理进行分析。

设计意图：让学生在计算 0.02 mol/L 硫酸铜溶液中 Cu^{2+} 开始沉淀和完全沉淀时溶液 pH 的基础上，讨论外界条件对 $Cu(OH)_2$ 沉淀的溶解平衡的影响时，学生不仅要运用勒夏特列原理分析溶解平衡的移动方向，更认识到还可利用溶度积的变化判断平衡的移动方向、宏观实验现象、体系中离子浓度的变化以及方程式的书写。

由于还没有复习沉淀溶解平衡，学生对于有关溶解平衡的计算遗忘率较高。根据以往高三复习的情况来看，即使复习了沉淀的溶解平衡，学生对于有关溶度积的计算还是掌握不好，但沉淀的溶解平衡的应用及相关计算是新课程高考常常考查的内容，将其融入元素化合物知识复习中，有助于学生加深理解和应用。

影响溶解平衡 $Cu(OH)_2(s) \rightleftharpoons Cu^{2+}(aq) + 2OH^-(aq)$ 的因素有温度、悬浊液中 Cu^{2+} 和 OH^- 的浓度。当加入少量 Na_2S 固体时，不少学生不知如何下手，可见，沉淀的转化是沉淀溶解平衡应用中的难点。尤其是使用人教版的学生已经习惯了用勒夏特列原理去判断平衡的移动方向，但勒夏特列原理的使用有一定的局限性，因此，从定量的角度应用离子积与溶度积的相对大小判断外界条件对平衡的影响更趋于理性。

通常在复习元素化合物知识时，大部分学生都是从类别、价态、特性三个角度归纳物质的化学性质，很少应用化学平衡移动原理去理解物质的化学性质和用途，而在其后（或之前）复习基本理论时，又不能以元素化合物知识为载体，加深对平衡移动原理的认识，致使基本理论与元素化合物知识始终是两张皮。但如果能够在高三复习元素化合物知识时，通过任务驱动引导学生利用化学平衡常数，从微观的角度深入分析化学反应发生的原理、解释相关的实验现象，既可利用化学原理帮助学生认识元素化合物发生化学反应的实质，又可加深学生对原理性知识的理解、应用，有利于促使学生在原有知识的基础上进一步发展平衡观、微粒观。

4. 设计实验方案，促进学生自主建构与发展"实验观""化学价值观"。

[活动4] 在进行研究性学习的过程中学生发现，等质量的铜片分别与等体积均过量的浓硝酸和稀硝酸反应，所得到溶液（体积均相同）前者呈绿色，后者呈蓝色，为了探究溶液颜色不同的原因，学生进行了如下假设。

假设1：两种溶液中的 Cu^{2+} 浓度不同。

假设2：溶液呈绿色是硝酸分解生成的 NO_2 溶解于硝酸铜溶液中引起的。

请设计实验方案验证假设2，并对实验方案进行评价。

设计意图：通过实验设计培养学生控制变量的能力，通过评价实验方案使学生掌握如何判断一个方案的优缺点，以促进学生自主建构与发展"实验观""化学价值观"。

溶液呈绿色是硝酸分解产生的红棕色的 NO_2 溶解在蓝色硝酸铜溶液中引起的，如果这一假设成立，当我们将 NO_2 从溶液中除去以后溶液应该恢复成蓝色，所以方案的设计就是如何除去绿色溶液中的 NO_2，并观察溶液是否变为蓝色。

学生设计的方案有：加水稀释绿色溶液，观察溶液颜色变化；加热该绿色溶液，观察颜色变化；向该绿色溶液中通入氮气，观察溶液颜色变化；向饱和硝酸铜溶液中通入浓硝酸与铜反应产生的气体，观察溶液颜色变化等。

在设计、评价实验方案的过程中，学生不仅体会到化学实验需要控制变量，对于多因素（多变量）的问题，每一次只能改变其中的一个因素，所以加水稀释绿色溶液不可行，因为加水稀释时，既有 NO_2 与水的反应，又有溶液中溶质浓度的减小。

在评价学生所提出的实验方案的过程中，不仅要指出这些方案的优缺点，还要总结归纳评价实验方案一般需要从哪几个方面考虑：实验步骤多少、成本高低、能耗多少、原子利用率高低、实验过程有无污染等。

【教学点评】

本节课关注将琐碎的元素化合物知识结构化、网络化，开始时给定学生铜及其化合物的代表物质，利用价类二维思维模型自主建构出"铜及其化合物"的价类二维图，教师针对学生的构图情况进行点评、调整、完善，形成解决铜及其化合物物质转化的一般思路。接着老师让学生利用价类二维思维模型自主设计以铜粉为原料制取胆矾的转化关系图，使得价类二维思维模型有了功能与价值。应用理想转化模型"价类二维"后，教师进一步挖掘氢氧化铜沉淀溶解平衡中涉及的平衡问题，构建出外界条件对氢氧化铜溶解平衡影响的思维模型，再以真实利用沉淀转化除工业废水情境来应用模型。整节课下来有如下特点：一是突出利用价类思维模型来设计物质转化，强调有序认识物质的变化，帮助学生形成变化观、微粒观；二是突出思维建模，突出模型的认知功能，突出理论模型在真实生活、工业问题中的应用；三是突出平衡思想的渗透，帮助学生从理想转化向真实转化进阶，形成解决一般物质及其转化的真实思路。整堂课下来，教师以学生为主体，通过创设设计、评价、分析型的学习任务，很好地培育了学生变化观念与平衡思想学科核心素养。

【案例3】铁及其化合物的应用[①]

一、教学设计思路

基于核心素养的教学设计程序应把握以下几个方面。

1. 解构核心素养目标。

在此次深化课程改革中，各学科核心素养作为统领课程标准研制与修订的灵魂，教学目标的确定理应依据学科核心素养。相对于三维目标，核心素养的超越更多体现在"操作性"上，因为素养是可测的、有阶段性的、有水平层次差异的。因此，在确定教学目标时，需将对学生总体的素养期望具体化为课时教学目标，并以此来确定教学内容，选择教学活动方式。据此，"铁及其化合物的应用"教学目标定位如图4-3-8所示。

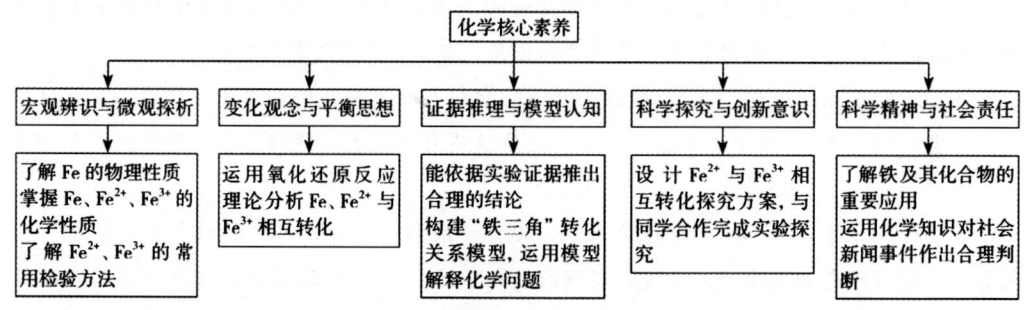

图4-3-8 核心素养目标转化为课时教学目标

2. 创设真实问题境脉。

张华认为，素养是人在特定情境中综合运用知识、技能和态度解决问题的高级能力与人性能力[②]。离开情境谈素养，素养就成为了无源之水、无本之木。因此，基于核心素养的教学要求教师为学生创设"未知"的、"原始"的、"实际"的问题情境，并以此为主线，将整个教学内容融合其中，从而统领整个教学过程，这就是"问题境脉"。它的核心内涵在于情境中蕴含的真实问题是学生知识建构的载体，在整个学习过程中都能激发、推动、维持、强化和调整学

---

① 王星乔，滕瑛巧，汪纪苗，包朝龙. 基于化学核心素养的教学设计——以"铁及其化合物的应用"为例[J]. 化学教学，2017(5)：51-55.

② 张华. 论核心素养的内涵[J]. 全球教育展望，2016(4)：18-22.

生的认知活动、情感活动和实践活动等，让学生的思维不断地走向深入，建构有意义的知识体系[①]。

据此，"铁及其化合物的应用"以燕麦片含有铁粉引起大众惊慌这一新闻事件作为教学情境主体，以是否含有铁—为何添加铁—如何促吸收—能做质检员作为教学主线，将铁的物理性质、化学性质、相互转化、实际应用等内容融合其中。

3. 诊断素养达成情况。

基于核心素养的教学要求将评价融入到平时的教学中，设计与目标相匹配的评价任务（提问、实验探究、练习等活动），为学生提供解决真实情境下不同复杂程度化学问题的素养表现机会，获取与目标达成相关的学习信息，基于这些证据诊断学生的发展水平并做出反馈或进行指导。"铁及其化合物的应用"教学诊断任务如下。

(1) 通过对"燕麦片中是否含有铁粉"的实验探究和还原铁粉作用的判断与分析，诊断并发展学生对铁的性质认识水平。

(2) 通过对"Fe^{2+}与Fe^{3+}相互转化"条件探讨和实验方案设计，诊断并发展学生氧化还原反应认识结构化水平及科学探究水平。

(3) 通过对"补铁剂是否变质"的实验方案设计与操作，综合评价并巩固提升学生的化学核心素养。

表 4-3-2 "铁及其化合物的应用"的问题境脉和蕴含的素养目标

环节	问题境脉	素养目标
环节一	如何设计简单实验判断麦片是否真的添加了还原铁粉？	铁的物理性质；能依据实验证据推出合理的结论。
环节二	麦片中为何要添加还原铁？	铁的化学性质；铁的重要应用。
环节三	还原铁粉易被氧化为$Fe(Ⅲ)$，能否被人体直接吸收利用？从+3价转化为+2的铁化合价是降低的，需要加入哪类物质才能实现转化？为什么一些补铁剂不能与浓茶同服？	Fe^{2+}和Fe^{3+}的鉴别；氧化还原理论分析Fe^{2+}和Fe^{3+}的相互转化；设计Fe^{2+}和Fe^{3+}的相互转化探究方案；构建"铁三角"转化关系模型。
环节四	你能设计实验方案来研究补铁剂中是否真的含有二价铁吗？现有一瓶补铁剂露置空气中一段时间，你如何设计实验证明它被部分氧化？如果仅有蒸馏水、氯水、KSCN能完成上述实验吗？	综合应用与巩固。

二、教学过程

1. 是否含有铁？

[PPT] 麦片中添加还原铁粉引起公众惊慌的新闻事件。

[教师] 今年早些时候，有这样一则新闻引起公众惊慌：一些麦片中添加了还原铁粉。是否真的如此呢？

[①] 杨玉琴，王祖浩. 教学情境的本真意蕴——基于化学课堂教学案例的分析与思考[J]. 化学教育，2011（10）：30-33.

[实物展示] 雀巢牌麦脆片配料表。

[教师] 我从超市买了雀巢牌麦脆片，配料表显示添加了还原铁粉，请你根据已学知识设计简单实验判断麦脆片是否真的添加了还原铁粉。

[学生] 利用铁具有铁磁性这一性质，如果有黑色粉末能被磁石吸引，可判断含有铁粉，我曾在网上看到过这一实验。

[教师] 现场打磨麦脆片并装入保鲜袋。

[学生] 上台做实验。

[教师] 有没有观察到被磁铁吸引的黑色粉末？

[学生] 有。

[教师] 说明配料表中标注有还原铁粉没有问题。刚才实验我们是利用铁具有铁磁性这一特殊的物理性质，铁是生活中应用最广泛、用量最大的一种金属元素，具有典型的金属通性，那它还具有哪些物理性质呢？

[学生] 银白色金属光泽、导电性、导热性、延展性。

设计意图：基于核心素养的教学一个显著的特征是问题来源于真实情境，是原生态的。本节课以麦片中添加还原铁粉引起公众惊慌的新闻事件作为引入，一下子吸引了学生的兴趣，让学生明白本节课在社会生活中的价值。此外，这一环节让学生设计简单的实验方案判断"燕麦片是否真的含有铁"，目的在于诊断学生对铁的物理性质认识发展水平以及提升以下化学核心素养：素养3，依据证据推出合理的结论；素养4，设计简单的实验方案，根据现象作出解释；素养5，运用所学知识解决生活中简单的化学问题。

2. 为何添加铁？

[教师] 很好，接下来我们要思考的一个问题是麦片中为何要添加还原铁？

[学生] 补铁，血红蛋白中含有二价铁，还原铁粉吃下去后能和胃酸中的盐酸反应，生成二价铁。

[教师] 还有其他作用吗？（提示：铁露置在空气中最终会生成什么？形成铁锈的条件是什么？从另一个角度说明铁还具有哪些作用。）

[学生] 吸收空气中的氧气和水。

[教师] 正因为如此，还原铁粉又被称为"双吸收剂"，糕点中通常会放一小包黑色粉末，其实就是还原铁粉。通过刚才的问题我们发现，铁可被盐酸氧化到+2价，被氧气氧化到+3价，还有哪些物质分别可将铁氧化到+2价、+3价？请举例。

[学生] 铁与稀硫酸、硫酸铜、硝酸银等反应生成二价铁，被氯气、溴、双氧水等物质氧化为三价铁。

[教师] 下面请同学们概括，铁单质在什么条件下转化为+2价，什么条件下转化为+3价？

[学生] 与弱氧化剂反应生成+2价铁，与强氧化剂反应生成+3价的铁。

[教师] 这位同学的回答一针见血。

设计意图：铁的化学性质是学生较为熟悉的内容，本节课在此内容的处理上并不是简单罗列，而是创设真实的问题情境——麦片中为何要添加还原铁，目的在于诊断学生对铁的化学性质认知是处于识记水平还是应用水平。此外，"铁单质在什么条件下转化为+2价，什么条件下转化为+3价"这一评价任务的设计，目的在于使学生氧化还原反应理论达到"结构化"水平，实现知识向素养转化。

3. 如何促吸收？

[过渡]还原铁粉易被氧化为Fe(Ⅲ)，能否被人体直接吸收利用？

[学生]不能。

[追问]那怎么办？

[学生]将其转化。

[追问]从氧化还原的角度来看，从+3价转化为+2的铁化合价是降低的，需要加入哪类物质才能实现转化？

[学生]还原剂。

[教师]相反，从+2到+3则需要加入（停顿）……

[学生]氧化剂。

[教师]同学功底很扎实。

[过渡]当然，在研究相互转化时，你是如何判断+3价的铁已经转化为+2价的铁了呢？（停顿）这就涉及+2价、+3价的铁的鉴别与检验的问题。请同学们根据已有的知识思考如何鉴别。

[学生]1. 颜色；2. 加碱。

[教师]还有其他方法吗？请你们仔细阅读教材第75页的信息提示。

[学生]滴加KSCN。Fe^{3+}为血红色，Fe^{2+}无色。

[学生]动手实验——用KSCN检验Fe^{3+}。

[教师]巡视，并提示轻轻振荡试管，注意观察颜色。有血红色吗？是血红色溶液还是沉淀？

[教师]Fe^{3+}与KSCN反应非常灵敏，我们只需1滴KSCN就出现了血红色溶液，因此可以用来检验Fe^{3+}的存在。

[过渡]已经知道+2价铁与+3价铁的鉴别，让我们把镜头重新切换到转化。除了氧气之外还有哪些物质能够实现它们之间的相互转化？这是我们接下来要着重解决的问题。

[PPT]活动与探究：设计Fe^{2+}和Fe^{3+}相互转化的实验方案。

试剂：$FeSO_4$溶液、$FeCl_3$溶液、KSCN溶液、氯水、双氧水、铁粉（铜粉）、KI溶液、淀粉溶液。

[教师]凡事预则立，不预则废，动手实验之前需要先设计方案，小组展开讨论，请将设计好的方案填在教材第75页的表格中。如果方案设计完成，请将你的方案付诸实践。

[学生]讨论实验方案，动手实验。

[教师]我们先讨论+2价转化到+3价，哪个小组愿意分享你们的成果？请按照取样、操作、现象、结论这一思维程序进行描述。

[学生1]在试管中加入适量$FeSO_4$溶液，滴入1滴KSCN溶液，溶液颜色未明显变化，再加入几滴双氧水或新制氯水，溶液变成血红色，说明双氧水或新制氯水能将Fe^{2+}转化成Fe^{3+}。

[学生2]在试管中加入适量$FeSO_4$溶液，先加入几滴双氧水或新制氯水，再滴入1滴

KSCN 溶液，溶液变成血红色，说明双氧水或新制氯水能将 Fe^{2+} 转化成 Fe^{3+}。

[教师]现在有两套方案，你认为哪一套更佳？

[学生]方案1，先判别试剂中原先是否存在＋3价铁。

[教师]下面我们来看 Fe^{3+} 转化到 Fe^{2+} 的相关方案。哪个小组愿意分享你们的成果？

[学生3]在试管中加入适量 $FeCl_3$ 溶液，滴入 1 滴 KSCN 溶液，溶液变成血红色，再加入铁粉或铜粉，溶液血红色变浅，说明铁粉或铜粉能将 Fe^{3+} 转化成 Fe^{2+}。

[学生4]在试管中加入适量 $FeCl_3$ 溶液，滴入 KI 溶液，溶液颜色加深，再滴入淀粉溶液，溶液颜色变蓝，说明 I^- 能将 Fe^{3+} 转化成 Fe^{2+}。

[练习]书写相关离子方程式。

[过渡]如果是日常补铁，我们可以选择诸如添加铁的麦片进行食补；如果是轻度、中度缺铁性贫血，你会选择……

[学生]保健品、药品。

[教师]实物展示各种各样补铁剂（亮出说明书），说明书注意事项中有一条引起了我的兴趣："本品不应与浓茶同服"。为什么一些补铁剂不能与浓茶同服呢？我们来做一个魔术。

[教师]擦亮你们的双眼，演示茶水—墨水—茶水实验。

[PPT]魔术解密：茶水里含有大量的单宁酸（鞣酸），当单宁酸遇到亚铁离子后立刻生成单宁酸亚铁，它的性质不稳定，很快被氧化生成单宁酸铁的络合物而呈蓝黑色，从而使茶水变成了"墨水"。维 C 具有还原性，将＋3 价的铁离子还原成＋2 价的亚铁离子，因此，溶液的蓝黑色又消失了，重新显现出茶水的颜色。

[教师]维 C 能够把＋3 价铁还原为＋2 价的铁，说明维 C 具有什么性质？

[学生]还原性。

[教师]服用补铁剂时补充维 C 有利于促进铁的吸收利用。

设计意图：Fe(0)、Fe(Ⅱ)易被氧化为 Fe(Ⅲ)，如何促进铁的吸收利用，自然而然过渡到 Fe^{2+} 和 Fe^{3+} 相互转化。通过相关问题的探讨，强化"变化观念"这一核心素养。《普通高中化学课程标准（实验）》强调要充分认识化学实验的独特价值，精心设计实验探究活动来学习化学。据此，本课在教材"活动与探究"栏目基础上，增添了双氧水、铜粉、KI 等试剂，完全由学生自主设计方案、动手操作实验，在教师引导下进行成果分享、小结，增强了探究活动的开放性，体现了探究活动的本质特点，提升了学生的科学探究素养。此外，教师展示茶水—墨水—茶水魔术实验，阐述"补铁剂不能与茶水同服"的缘由，并提供解决方案，凸显了"Fe^{2+} 和 Fe^{3+} 相互转化"的应用价值。

4. 能做质检员。

[过渡]作为质检人员，最关心的是药品是否含有铁以及含铁量是否达标。补铁剂中的铁应该是什么价态？

[学生]＋2 价。

[教师]你能设计实验方案来研究补铁剂中是否真的含有二价铁吗？

[学生]先加 KSCN，再加氧化剂。

[学生]动手实验。

［教师］下面请一位同学汇报看到什么现象，有什么结论？

［学生］滴加 KSCN 溶液的颜色没有明显变化，再滴加酸化的 H_2O_2 后溶液变红色，说明朴雪口服液中含有 Fe(Ⅱ)。

［设问］这瓶补铁剂有没有被氧化变质？

［学生］没有。

［追问］我这有一瓶补铁剂露置空气一段时间，你如何设计实验证明它部分被氧化？

［学生］如果是部分被氧化，则需证明补铁剂既含 Fe^{3+}、又含 Fe^{2+}。取适量补铁剂，加 KSCN 溶液，若显血红色，则说明有 Fe^{3+}；另取部分补铁剂，滴加酸性高锰酸钾溶液，若高锰酸钾溶液褪色，则说明含有 Fe^{2+}。

［追问］如果仅有蒸馏水、氯水、KSCN 能完成上述实验吗？

［学生］加 KSCN，用蒸馏水稀释，再加氯水观察颜色是否加深。

［教师］刚才我们通过实验定性检测到补铁剂中的确含有二价铁，那如何定量检测铁元素的含量呢？请同学们课后阅读讲义上的相关内容，下周活动课有兴趣的同学我们一起去实验室做个检测。

［总结］今天的研究课题来源于生活中的真实社会议题，通过小组讨论、设计方案、动手实验，从而得出结论，再将所学知识应用到生产、生活中，可以归纳为起源于生活、形成于课本、应用于生活，这是完整的科学探究脉络。希望同学们在今后生活中遇到与科学特别是化学相关的社会议题时，能够遵循科学探究脉络，理性思考问题，不要人云亦云，做个有科学素养的公民。

设计意图：本环节运用角色模拟法让学生综合应用 Fe^{2+} 和 Fe^{3+} 相互转化、Fe^{2+} 和 Fe^{3+} 鉴别与检验等内容检测补铁剂商品质量，综合评价并巩固提升学生的化学学科核心素养。最后的结语既呼应了开头，又升华了主题，使学生今后能对与化学有关的社会热点问题进行理性思考，从而做出正确的价值判断，提升了"科学态度与社会责任"这一核心素养。

【教学点评】

本节课通过"是否含有铁→为何添加铁→如何促吸收→能做质检员"四个问题链层层解构补铁剂的相关知识，通过实验实证的形式建构起铁及其化合物转化的一般认知思路，生活线、问题线、情境线三线相互交错，让学生在探究体验中领会变化观念与平衡思想核心素养的真谛。

【案例4】丙烯腈下游产品合成路线及工业生产条件选择[①]

一、学习主题的选取

1. 教学内容对学生学科核心素养发展的价值。

丙烯腈合成下游产品活动中，综合应用"有机化学基础"模块中合成高分子的结构、性质与用途知识。从素养发展的角度看，发展"宏观辨识与微观探析""变化观念与平衡思想""证据推理与模型认知""科学探究与创新意识""科学态度与社会责任"等学科核心素养。从学生

[①] 佘晓敏，江合佩. 高中化学项目式学习——丙烯腈下游产品合成及工业生产条件选择[J]. 教育装备与研究，2020（3）：69-74.

的学科能力发展来看，结合具体事例，引导学生体会有机化合物结构与性质的关系，体验有机化学作为基础学科对相关应用学科发展的重要价值。

工业合成丙烯腈活动中，综合应用“化学反应原理”模块中化学反应的方向、限度和速率等理论知识，探索化学反应的规律及其应用。从素养发展的角度看，发展学生“变化观念与平衡思想”“证据推理与模型认知”“科学探究与创新意识”等学科核心素养。从学生的学科能力发展来看，结合具体事例，促使学生形成从限度、快慢、能耗等多角度综合调控化学反应的基本思路，发展学生“绿色化学”的观念和辩证思维的能力。

2. 学科核心知识在社会发展中的实际应用价值。

丙烯腈是三大合成材料（纤维、橡胶、塑料）的重要化工原料，其下游产品如图 4-3-9。丙烯腈到下游产品的转化过程，综合应用有机化学基础所学的知识，深化对合成纤维的认识。

图 4-3-9　丙烯腈下游产品

丙烯腈的主要合成方法是丙烯氨氧化法（见图 4-3-10），是成熟的化学工艺，有大量的真实数据供学生应用所学的理论，提升问题解决能力。

$$CH_3—CH_2—CH_3 \xrightarrow[Pt/Al_2O_3]{+O_2} CH_2=CH—CH_3 + H_2O$$

$$\xrightarrow[Bi\text{-}Mo\text{-}AlO_x]{+NH_3+O_2} CH_2=CH—CN + H_2O$$

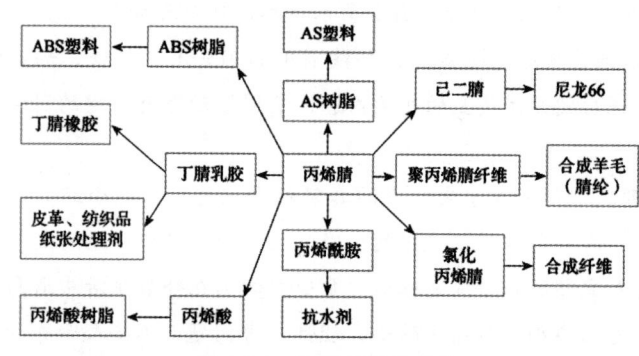

图 4-3-10　丙烯氨氧化法制丙烯腈

二、学习规划

1. 学习设计思路。

本节课以重要的有机合成单体丙烯腈为中心来展开，引导学生体验科学研究的过程。在合成下游产品的过程，体验从官能团角度认识有机物结构与性质，深刻体会高分子合成材料在丰富人类生存资源的创造性魅力。在工业合成丙烯腈的活动中，形成并巩固从热力学和动力学视角分析物质转化的一般思路。

2. 学习流程。

本节课包含 3 个任务，每个任务对应的活动里，通过自主探究、小组合作需要解决的问题及需要达成的素养目标如图 4-3-11。

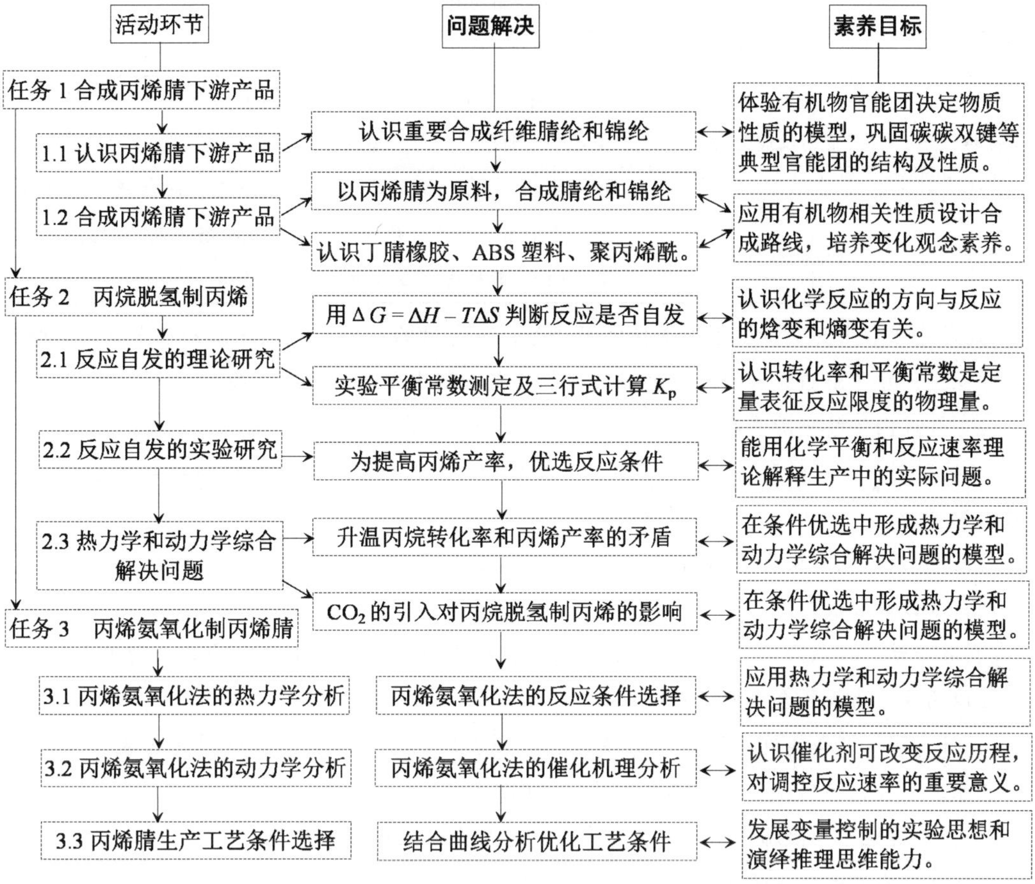
活动环节
问题解决
素养目标
任务 1 合成丙烯腈下游产品
1.1 认识丙烯腈下游产品
1.2 合成丙烯腈下游产品
认识重要合成纤维腈纶和锦纶
以丙烯腈为原料，合成腈纶和锦纶
认识丁腈橡胶、ABS 塑料、聚丙烯酰。
体验有机物官能团决定物质性质的模型，巩固碳碳双键等典型官能团的结构及性质。
应用有机物相关性质设计合成路线，培养变化观念素养。
任务 2　丙烷脱氢制丙烯
2.1 反应自发的理论研究
2.2 反应自发的实验研究
2.3 热力学和动力学综合解决问题
用 $\Delta G = \Delta H - T\Delta S$ 判断反应是否自发
实验平衡常数测定及三行式计算 K_p
为提高丙烯产率，优选反应条件
升温丙烷转化率和丙烯产率的矛盾
CO_2 的引入对丙烷脱氢制丙烯的影响
认识化学反应的方向与反应的焓变和熵变有关。
认识转化率和平衡常数是定量表征反应限度的物理量。
能用化学平衡和反应速率理论解释生产中的实际问题。
在条件优选中形成热力学和动力学综合解决问题的模型。
在条件优选中形成热力学和动力学综合解决问题的模型。
任务 3　丙烯氨氧化制丙烯腈
3.1 丙烯氨氧化法的热力学分析
3.2 丙烯氨氧化法的动力学分析
3.3 丙烯腈生产工艺条件选择
丙烯氨氧化法的反应条件选择
丙烯氨氧化法的催化机理分析
结合曲线分析优化工艺条件
应用热力学和动力学综合解决问题的模型。
认识催化剂可改变反应历程，对调控反应速率的重要意义。
发展变量控制的实验思想和演绎推理思维能力。

图 4-3-11　“丙烯腈生产条件选择”项目式学习流程

三、学习实施

学习的实施是通过问题解决来开展的，问题设置是以化学学科核心素养和学业质量标准为依据的，是选考化学的学生需要达到的水平层次。在以下学习实施介绍中，主要呈现的是问题设置及设计意图，教师在活动过程中需要根据学生的学习基础提供必要的支持。

1. 在合成丙烯腈下游产品中认识化工原料丙烯腈。

(1) 认识丙烯腈下游产品。

[展示] 毛衣、羽绒服的成分说明（见图 4-3-12）

质量等级：合格品
184
成份含量：
面料：100%聚酯纤维
配料：96.5%腈纶　3.3%锦纶
0.2%氨纶
分开洗涤不可浸泡
安全类别：符合GB18401 C类
质量等级：合格品
成份含量：
面料：100%锦纶　里料：100%锦纶
填充物：白鸭绒（含绒量90%）
充绒量：85克
不可浸泡 请按指定方法不同颜色分开洗涤

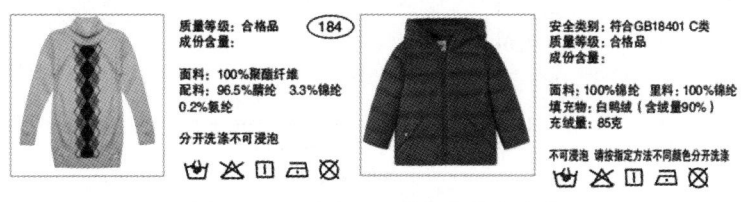

图 4-3-12　毛衣、羽绒服的成分说明

[交流研讨] 毛衣的面料腈纶和羽绒服面料锦纶分别是什么物质？是如何获得的？

[资料] 锦纶纤维和腈纶纤维的纤维性能（见表 4-3-3）。

表 4-3-3 锦纶纤维和腈纶纤维的纤维性能

衣物	化学成分	纤维性能
毛衣面料	腈纶纤维（聚丙烯腈纤维）	外观、手感、弹性、保暖性等方面类似羊毛，所以有"合成羊毛"之称。
羽绒服面料	锦纶纤维（聚酰胺纤维）	锦纶俗称尼龙，是世界上第一种人工合成的纤维。最突出的优点是耐磨性高于其他纤维，比棉花耐磨性高10倍，比羊毛高20倍，能经受上万次折挠而不断裂。

[设计意图] 用真实情境素材支持学习任务，丰富对物质的认识，建立知识与实际的关联。引发学生进一步了解腈纶和锦纶这两种合成纤维是如何由单体合成的兴趣。

（2）合成丙烯腈下游产品。

[交流研讨] 以丙烯腈（$CH_2=CHCN$）为原料，如何合成聚丙烯腈（腈纶）和聚己二酸己二胺（锦纶）？

[设计意图] 从有机化合物的官能团（碳碳双键）认识物质的性质。从反应类型、官能团转变的角度设计合成路线。

[拓展活动] ①以丙烯腈为原料合成丁腈橡胶和 ABS 塑料，请分别写出各自的单体。
②以丙烯腈为原料合成聚丙烯酰胺。

[设计意图] 结合实例认识以丙烯腈为原料合成的高分子材料，认识材料组成、性能及应用的联系。体会化学科学在材料学方面的重要应用。

2. 在丙烷脱氢制丙烯中形成热力学和动力学综合解决问题的模型。

（1）反应自发的理论研究。

[引入] 丙烯腈的主要合成方法是丙烯氨氧化法。

[设计意图] 给出工业合成方法，为后续从限度、速率等角度对化学反应和化工生产条件进行综合分析做好铺垫。

[交流研讨] 从热力学的角度分析丙烷脱氢制丙烯的反应趋势。

丙烷脱氢制丙烯涉及的反应如下，反应热与反应温度的关系如图（见图4-3-13）。

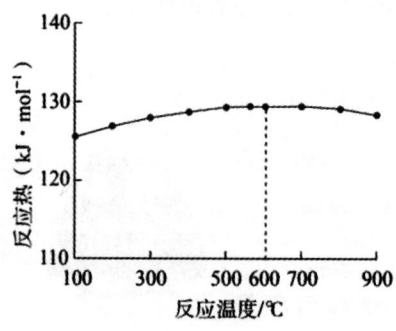

图 4-4-13 丙烷脱氢的反应热与反应温度的关系

主反应：①$C_3H_8(g) \rightleftharpoons C_3H_6(g)+H_2(g)$ $\Delta H=+125 \text{ kJ} \cdot \text{mol}^{-1}$
副反应：②$C_3H_8(g) \rightleftharpoons C_2H_4(g)+CH_4(g)$ $\Delta H=+81 \text{ kJ} \cdot \text{mol}^{-1}$
③$C_2H_4(g)+H_2(g) \rightleftharpoons C_2H_6(g)$ $\Delta H=-137 \text{ kJ} \cdot \text{mol}^{-1}$

④$C_3H_8(g)+H_2(g) \rightleftharpoons C_2H_6(g)+CH_4(g)$ $\Delta H=-56 \text{ kJ} \cdot \text{mol}^{-1}$

[设计意图] 根据"$\Delta G=\Delta H-T\Delta S$"进行理论判断反应能否自发。

(2) 反应自发的实验研究。

[交流研讨] 恒压（设为$p_总$）时，一定温度下，对反应达平衡后的混合气体"冻结"后进行取样，可测出丙烷脱氢转化率为x。计算K_p。

[设计意图] 热力学角度判断反应趋势的一般方法：$\Delta H-T\Delta S$、平衡常数、平衡转化率。$\Delta H-T\Delta S$即理论数据计算，而实验室可测定实验平衡常数。对于气体参与的平衡体系，可以根据物质性质差异，测出各组分的含量，进而计算出实验平衡常数。同时气体参与的体系容易测量的物理量是压强，故气体体系平衡常数常用K_p表示。在转化率与K_p的相互转化过程中，落实重要的"三行式"计算模型。

[交流研讨] 丙烷脱氢主、副反应平衡常数K_p与T的关系如图（见图4-3-14）。从热力学角度分析，为提高丙烯的产率，如何选择条件？工业生产采用恒压条件下，充入高温水蒸气对丙烯的产率有何影响？

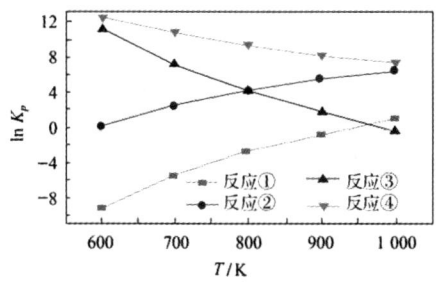

图4-3-14 丙烷脱氢反应平衡常数K_p与T的关系

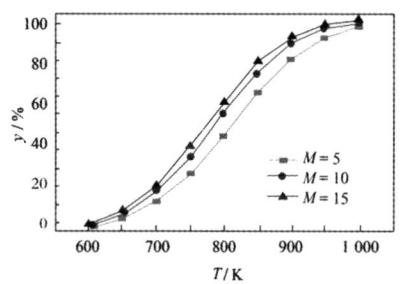

图4-3-15 丙烷脱氢平衡转化率y与温度T、水烃比M的关系

[设计意图] 分析丙烷脱氢主、副反应K_p随温度的变化图，增强图像信息提取能力。能应用温度和压强对化学平衡的影响规律，选择有利于提高丙烯产率的条件；认识条件改变对主、副反应的不同影响，为进一步提高反应选择性做好铺垫。给出工业生产实际采用"恒压条件下，充入高温水蒸气"的操作，在真实情境中体验温度和压强的改变对化学平衡的影响。

[交流研讨] 常压下，丙烷脱氢平衡转化率y与温度T、水烃比M的关系如图（见图4-3-15）。从图中可以得出什么结论？

[设计意图] 结合真实温度、水烃比对转化率的影响图像，体验控制变量法在工业条件优化中的重要应用。根据实验数据，进一步验证理论推测的合理性。

(3) 热力学和动力学综合解决问题。

[交流研讨] 升温丙烷的转化率提高，但丙烯产率降低的原因。如何解决该问题？

[设计意图] 温度升高，不仅会使C—H键断裂，还会使C—C键断裂，这决定了丙烷脱氢的真实反应体系是复杂的，除了主反应，还存在多个副反应。分析和判断主副反应程度对反应产物分布的影响，构建热力学不占优势的反应，可控制动力学占优势的解决问题模型。认识化学反应速率和化学平衡的综合调控在生产、生活和科学研究领域中的重要作用。

[交流研讨] 已知：$C_3H_8(g) \rightleftharpoons C_3H_6(g) + H_2(g)$　$\Delta H = +125\ kJ·mol^{-1}$

$H_2(g) + CO_2(g) \rightleftharpoons CO + H_2O(g)$　$\Delta H = -41\ kJ·mol^{-1}$

反应气中 CO_2/C_3H_8 配比对催化剂活性的影响如下表（见表4-3-4）。

表 4-3-4　反应气中 CO_2/C_3H_8 配比对催化剂活性的影响

C_3H_8/CO_2 (mol)	C_3H_8 转化率 (mol)	选择性（mol%）			C_3H_6 收率 (mol%)
		CH_4	$C_2H_6 + C_2H_4$	C_3H_6	
1/1.3	14.8	14.9	0	85.1	12.6
1/2.4	23.2	17.2	0	82.8	19.2
1/3.6	22.8	16.5	0	83.5	19.1
1/6.8	18.0	39.7	0	60.3	10.9

引入氧化剂 CO_2 对丙烷脱氢制丙烯有何影响？

[设计意图] 引入 CO_2 有利于提高丙烷转化率；逆水蒸气变换能降低能耗；反应消耗积炭，有利于催化剂活性的保持。结合生产实例，组织学生开展关于反应条件的选择与优化的讨论，促使学生形成从限度、快慢、能耗等多角度综合调控化学反应的基本思路，发展学生"绿色化学"的观念和辩证思维的能力。综合应用平衡和速率解决问题的同时，了解催化剂失活的原因及保持活性的方法。

3. 在丙烯氨氧化制丙烯腈中应用热力学和动力学综合解决问题的模型。

(1) 丙烯氨氧化法的热力学分析。

[交流研讨] 以丙烯、氨、氧气为原料，在催化剂存在下生成丙烯腈（$CH_2=CHCN$）和副产物丙烯醛（$CH_2=CHCHO$）的热化学方程式如下：

① $C_3H_6(g) + NH_3(g) + \dfrac{3}{2}O_2(g) = CH_2=CHCN(g) + 3H_2O(g)$　$\Delta H = -515\ kJ·mol^{-1}$

② $C_3H_6(g) + O_2(g) = CH_2=CHCHO(g) + H_2O(g)$　$\Delta H = -353\ kJ·mol^{-1}$

提高丙烯腈平衡产率和反应选择性的关键因素是什么？

[设计意图] 应用活动2中形成热力学不占优势的反应，可控动力学占优势的解决问题模型，认识到工业上研制高性能催化剂的重要性。

(2) 丙烯氨氧化法的动力学分析。

[交流研讨] 从丙烯氨氧化法动力学研究结果及微观反应机理，判断生成丙烯腈的决速步是哪一步？

① 丙烯氨氧化法的动力学示意如图（见图4-3-16）。

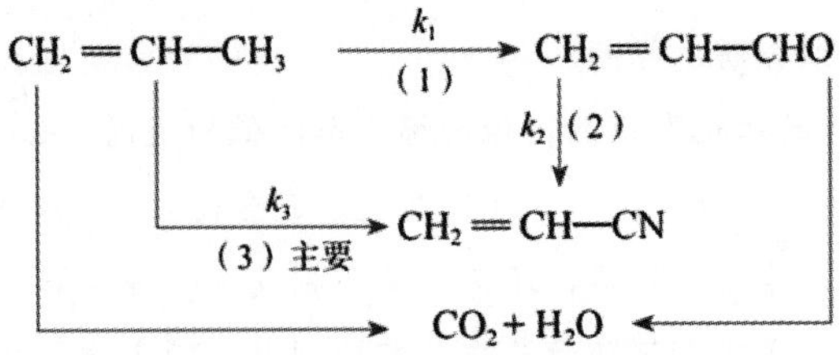

图 4-3-16　丙烯氨氧化法的动力学示意图

在 PBi$_9$Mo$_{12}$O$_{52}$(50%)—SiO$_2$(50%)的催化剂上对丙烯氨氧化合成丙烯腈的动力学进行了研究，从实验数据推算得到在 430 ℃时，$k_1:k_3=1:40$。$v=k·c^a(C_3H_6)·c^b(NH_3)·c^c(O_2)$，动力学研究表明，NH$_3$ 和 O$_2$ 浓度不低于一定浓度时，$a=1$，$b=c=0$。

②在 Mo—Bi—O 系催化剂上，丙烯氨氧化法催化机理如图（见图4-3-17）。

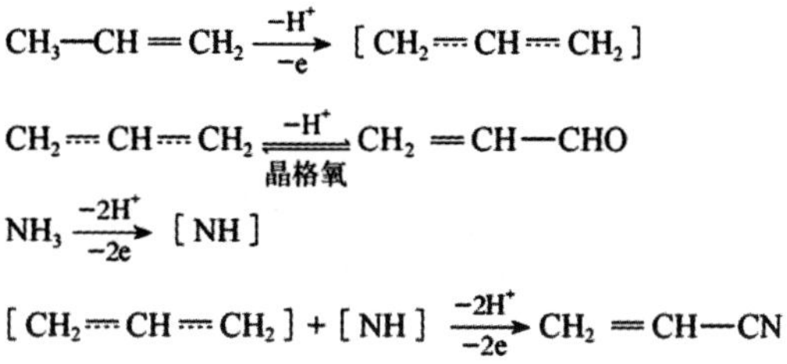

$$CH_3—CH=CH_2 \xrightarrow[-e]{-H^+} [CH_2\cdots CH\cdots CH_2]$$

$$CH_2\cdots CH\cdots CH_2 \xrightarrow{-H^+}_{\text{晶格氧}} CH_2=CH—CHO$$

$$NH_3 \xrightarrow[-2e]{-2H^+} [NH]$$

$$[CH_2\cdots CH\cdots CH_2]+[NH] \xrightarrow[-2e]{-2H^+} CH_2=CH—CN$$

图 4-3-17 丙烯氨氧化法的动力学示意图

[设计意图] 在丙烯氨氧化法的催化机理分析过程中，认识到化学反应是有历程的，认识基元反应活化能对化学反应速率的影响。知道催化剂可以改变反应历程，对调控反应速率具有重要意义。

(3) 丙烯腈生产工艺条件选择。

[交流研讨] 分别在沸腾床反应器和固定床反应器中，获得温度对丙烯转化率和丙烯腈收率及副产物氢氰酸、乙腈收率的影响如图（见图4-3-18）。如何选择合适的反应温度？

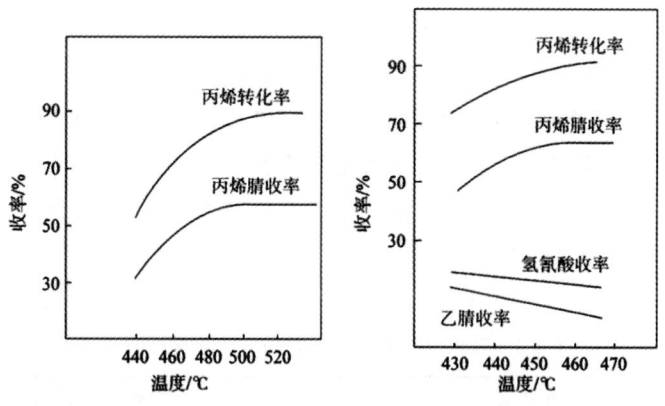

图 4-3-18 温度对丙烯转化率和丙烯腈收率及副产物氢氰酸、乙腈收率的影响

[设计意图] 随着温度升高，催化剂活性增加，但温度太高，积炭增加影响催化剂活性，在真实的问题分析过程中，体验到反应温度不仅影响反应速率，也影响反应选择性。反应温度的选择根据催化剂的性能而定，选在催化剂选择性和活性较高的温度范围之内。

[交流研讨] 原料气中丙烯和 NH$_3$ 的配比对产物收率的影响如图（见图4-3-19），分析出现该趋势的原因。

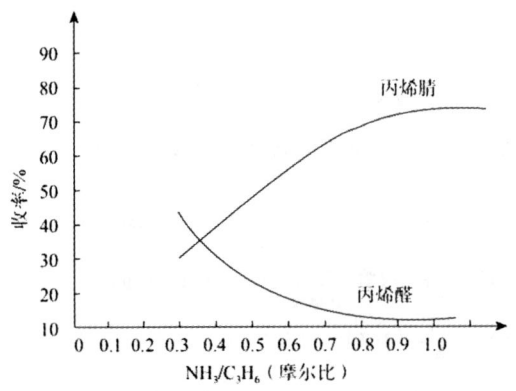

图 4-3-19 原料气中丙烯和 NH_3 的配比对产物收率的影响

[设计意图] 根据反应方程式系数，可以确定原料气的理论配比。但真实工业生产中，丙烯过多易生成丙烯醛影响产品质量，NH_3 过多，会增加酸洗处理时 H_2SO_4 的耗量与中和塔的负担，对催化剂也有害。因此，工业生产中综合考虑进行条件的优选。真实工业生产中，工艺条件的优化，不仅仅只有反应温度和原料气配比的优化，还有反应压力、接触时间、气体流速等方面需要考虑。

【教学点评】

1. 注重真实问题情境的创设。

"毛衣、羽绒服的面料是什么化学成分？""尼龙 66 如何合成？""气体平衡体系如何测量平衡常数？""为提高丙烯的产率，如何选择条件？""引入氧化剂 CO_2 对丙烷脱氢制丙烯有何影响？""丙烯氨氧化合成丙烯腈，工业上应控制反应温度的范围如何确定？原料气氨与丙烯的投料关系如何确定？"这些真实的问题促使学生增强获取信息、整合信息，应用理论解决真实问题的能力，并在这一过程中体会化学科学的社会价值，增强学好化学造福人类的信念。

2. 注重模块知识的融合及综合应用。

任务 1 以丙烯腈为原料合成下游产品的过程中，综合应用有机化学基础知识（见表 4-3-5）。

表 4-3-5 丙烯腈下游产品涉及的有机化学基础知识

核心物质	下游产品	有机化学基础知识
丙烯腈	腈纶纤维、锦纶纤维、丁腈橡胶、ABS 塑料、聚丙烯酰胺	高分子材料、官能团与性质、有机反应类型、有机合成

任务 2 和任务 3 在问题解决的过程中，综合应用平衡和速率的核心知识，并形成热力学、动力学综合解决问题的思维模型（见图 4-3-20）。

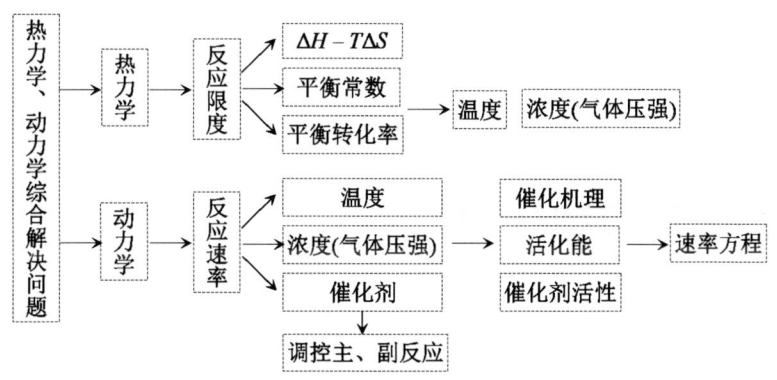

图 4-3-20　热力学、动力学综合解决问题的思维模型

3. 注重思维过程的结构化和显性化。

任务 2、3 中使用大量真实数据绘制而成的图表信息，可使用框图的形式将信息的处理及问题的解决过程显性化。任务 2 中分析丙烷脱氢反应受温度影响平衡常数变化的图像，进行反应条件的选择与优化的思维过程如图（图 4-3-21）。

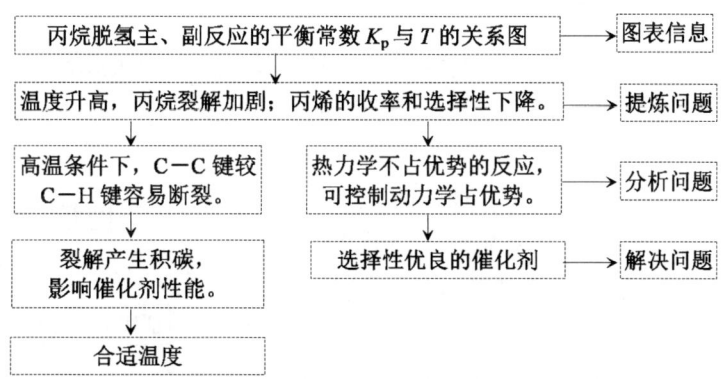

图 4-3-21　反应条件的选择与优化的思维过程

第五章
证据推理与模型认知

第一节 证据推理与模型认知的内涵及体现

一、证据推理与模型认知的内涵

化学是一门以实验为基础的自然科学,其理论体系是在科学家对无数事实材料概括的基础上,进行严密的逻辑推理而形成的。在化学学科背景中理解"证据推理与模型认知",其中的"证据推理"不应该是学界专用名词所对应的"不确定推理理论",而应该是与学科属性相对应的"基于证据的推理";"模型认知"则与有关文献中基于"模型"的"认知"基本一致。这时再看《普通高中化学课程标准(2017年版)》对"证据推理与模型认知"的释义,"具有证据意识,能基于证据对物质组成、结构及其变化提出可能的假设,通过分析推理加以证实或证伪;建立观点、结论和证据之间的逻辑关系。知道可以通过分析、推理等方法认识研究对象的本质特征、构成要素及其相互关系,建立模型,并能运用模型解释化学现象,揭示现象的本质和规律。"证据推理与模型认知的生成模式见图 5-1-1[①]。

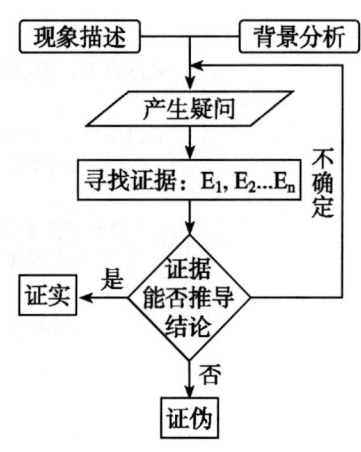

图 5-1-1 证据推理与模型认知的生成模式

1. 证据推理[②]

"证据"在《辞海》中的定义分为两类:一类是从法学专业角度出发,是指侦查、审判机关在办案中搜集的、能够表明案情真相的材料。应是确实存在的客观事实且与案件有关,须经办案人员按法定程序收集和查证属实。另一类是从普适的角度出发,用于判定事实的依据,用来证明的材料。英文文献中"证据"译为 evidence,形容词是 evident (明显的;明白的)。也就是说,证据是使得观点变得明显、让人明白的材料依据。在科学体系中,科学证据是由支持主

---

① 陆军. 化学教学中引领学生模型认知的思考与探索 [J]. 化学教学, 2017 (9): 19-23.
② 方弯弯, 龚正元. 关于化学学科证据推理能力及评价的思考 [J]. 化学教学, 2019 (12): 15-20.

张的调查现象或数据组成，可用于进一步解释自然现象。人们倾向于用最前沿的证据说明科学现象，而随着时间的推移，证据的积累更新，就有可能会被新的证据推翻，这也是科学进步的关键。在科学领域，证据分为经验证据与理论证据。经验证据包括测量与实验得到的结果，可以通过个人操作收集（一手证据），也可以通过外部资源获得（二手证据）。理论证据是指获得权威认可的科学理论。科学证据的质量要考虑其与主张的匹配程度，仅仅因为一个数据是与主张相关的，并不意味它是一个强有力的证据，在推理的过程中，学生需要对证据有判断能力，分清数据是支持主张还是与主张相矛盾。

科学教育中的推理主要涉及逻辑推理与科学推理，逻辑推理注重证据与结论之间的逻辑关系，对于证据和结论本身是不予深究的，一般在进行推理时已默认前提为真。科学教育需要探索自然规律，自然界中事物运动的规律瞬息万变，因此科学推理不仅需要遵循一定的逻辑规则，更要关注证据本身的来源与评价，并且所得到的结论也不是一成不变的。Klahr 和 Dunbar 认为科学推理是问题解决的过程，并建立了双重搜索模型（Scientific Discoveryas Dual Search, SDDS)。该模型主要是对假设空间和实验空间结构的详细阐述，以及阐述这两个空间中的搜索机制。基于 SDDS，方弯弯等建立了证据推理的概念理解图，如图 5-1-2 所示。

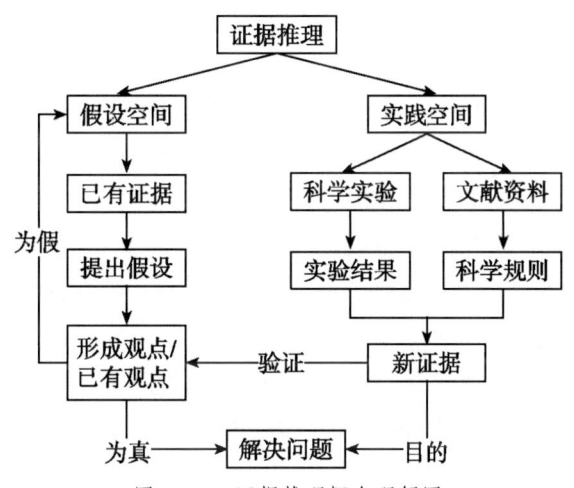

图 5-1-2　证据推理概念理解图

假设空间是由已有证据组成。已有证据包括学生在生活中获得的已有经验和学生已经掌握的相关专业知识。学生可以在假设空间里根据已有证据提出假设，形成观点，或者通过已知的文字材料告诉学生某个观点。在假设空间形成的观点是不成熟的，需要经过实践空间的证明。实践空间是由科学实验和文献资料组成。学生通过科学实验得到的真实现象与数据，或者通过查找资料得到的科学规则，如科学概念、原理和模型等，得到的这些新证据需要进行评估，评估证据后决定在当前假设下进行实践的累积证据是否足以拒绝或接受它。证据检验假设，如果推理结果接受假设，则在实验证据的基础上形成新的概念，而新的概念又可以作为假设空间里的已有知识。如果拒绝假设，则需要回到假设空间重新收集证据进行新一轮假设。总体来看，证据推理就是根据已有证据提出假设，通过科学途径得到新证据对假设或已有观点进行推理验证，从而解决问题，获得新知识的过程。证据推理是个体发展到形式运算阶段后具有的推理类型，是个体知识水平与认知水平的重要体现。

2. 模型认知

"模型"的本意是指规范。《说文解字》中说到"模，法也"，清代段玉裁对此做如下的注释："以木曰模，以金曰熔，以土曰型，以竹曰范，皆法也。"《辞海》对"模型"做如下阐释：根据实物、设计或摄像，按比例、生态或其他特征制成的同实物相似的物体，供展览、观赏、绘画、摄影、试验或观测等用。在英语中，模型（model）一词来源于拉丁文"modulus"，意指尺度、样本、标准。在自然科学研究中，当客观对象并不能直接研究时，在一定的观察、实验并对所获得的科学事实进行初步概括之后，常常要利用想象、抽象、类比等方法，建构一个简化的又能集中反映客体本质关系的模型，并通过对模型的研究揭示原型客体的形态、本质和特征，此即模型方法。科学家的工作目标之一就是理解自然世界如何运作，当研究对象太大或太小，现象出现太快或太复杂时，科学家会借助于模型进行预测、解释及发现科学理论。化学的特殊性在于其研究层次是分子、原子等所构成的微观领域，分子、原子是具有抽象性和不可观测性的原型，因此，需要建构模型来表示，并反映现象的主要特征及相互联系，揭示变化的过程。

现代认知心理学对于"认知"的理解不一，主要有5种：①认知是信息加工；②认知是心理上的符号的运算；③认知是问题解决；④认知是思维；⑤认知是一组相关的活动，如知觉、记忆、思维、判断、推理、问题解决、学习、想象、概念形成、语言使用等。这5种不同的对"认知"的理解无一不指向"思维"，因为无论是"信息加工""心理运算"还是"问题解决"，皆包含比较、分析、抽象、综合、概括等系统和具体的过程，这些都是最基本的思维活动。在认知过程中，思维表现为概念形成、判断、推理、问题解决或决策等，通过思维方能实现从现象到本质、从感性到理性的转化，从而构成了人类认识的高级阶段。皮亚杰把思维看作认知活动，并对作为思维主体的活动的运算赋予极为显著的意义。所以思维是认知的核心，从狭义上，也可把思维看作是认知的同义词。

化学中的"模型认知"可理解为"利用模型进行思维的一种方法"①，即基于一定的感性认识，以理想化的思维方式对看不见的化学原型客体进行近似、简化的摹写，以揭示其本质和规律的一种科学抽象方法。采用模型认知，化学家可以"看到"他们所试图研究的实体或过程，据此进行实验设计和探索活动，有力支持他们的思维推理和知识建构。化学很多基本规律和理论的建立，往往都是以能揭示事物本质特征的某种简化模型为基础的，化学的发展过程从某种程度上可以说是一个不断建立模型、运用模型和修正模型的过程。吴克勇②则认为"模型认知"是人们利用模型认识事物或通过建模解决问题，把"证据推理与模型认知"中的"证据推理"和"模型认知"，分别理解为"基于证据的推理"和"基于模型的认知"。2017版课程标准则对"证据推理与模型认知"具体要求为学生形成化学学科的思想方法，因此可将"模型认知"理解为运用模型思想认识事物和解决问题的思维方法，其思维路径如图5-1-3所示。对学生而言，"模型认知"包括运用科学家们已经建构的科学模型解决问题、像科学家那样运用模型方法、通过建构模型解决问题等③。

---

① 杨玉琴，倪娟. 证据推理与模型认知：内涵解析及实践策略 [J]. 化学教育，2019（23）：23-29.
② 吴克勇，蔡子华. 模型认知释读 [J]. 中学化学教学参考，2017（17）：11-14.
③ 吴星，吕琳等. 化学学科核心素养中"模型认知"的解读 [J]. 化学教学，2020（6）：3-8.

图 5-1-3　模型认知的思维路径

3. 证据推理与模型认知的关联与内涵①

新课标从三个层次对"证据推理与模型认知"进行了阐释。一是设计、推理,即"能基于证据对物质组成、结构及其变化提出可能的假设,通过分析推理加以证实或证伪";二是建立逻辑,即"建立观点、结论和证据之间的逻辑关系";三是建模、应用,即"建立认知模型,并能运用于解释化学现象,揭示现象的本质和规律"。

王磊认为新课标的证据推理与模型认知是化学核心素养的思维核心,前后两者构成互为基础和水平进阶关系,证据推理的高水平是模型认知,模型认知需要基于证据推理论证②。王祖浩则将证据推理与模型认知归入"过程与方法"领域③。吴星认为:证据推理所形成的科学结论是简单的模型认知,模型认知离不开证据推理,证据推理是建构模型的前提④。综上可见,专家们认为:证据推理与模型认知是核心素养的思维核心,其中,证据推理是模型认知的前提和基础,模型认知是证据推理的进阶和高级形式。

关于证据推理与模型认知的层级界定,吴星认为:不能把其中的"与"简单理解成两者加和,它们是相互联系的统一体。"统一体"这个说法应该是调和了"前者和后者"之间的"层级论"。新课标显然是将两者融为一体来进行描述,即证据收集能力、模型认知能力和模型应用能力。比如证据收集能力,新课标是从"宏观证据→宏微证据→定性定量证据→多元证据"4 个层次进行划分的。

当把"证据推理与模型认知"中的"证据推理"和"模型认知",分别理解为"基于证据的推理"和"基于模型的认知"时,这样就有了"证据""推理""模型""认知"4 个独立的词。按照人们的一般理解,"证据"是能够证明某事物真实性的有关事实或材料,"推理"是思维的一种基本形式,是指由一个或几个已知判断(前提)推出新判断(结论)的过程。与"证据推理"或"基于证据的推理"对应的学科素养,就表现为依据有关事实或材料推出新的判断或结论,从而实现问题解决或获得新的知识。如根据钠与水反应时"浮、熔、游、响、红"等实验现象和已有知识进行有关推理,对钠的密度、熔点等物理性质,钠与水反应时的速率、产物以及能量变化形成相应的判断,获得钠的有关知识。"模型"有多重释义,与"原型"相对,是研究对象的替代物;或者是根据实物、设计图或设想,按比例、生态或其他特征制成的与实物相似的物体等等。"认知"是指人类认识客观事物、获得知识的活动,包括知觉、记忆、学习、言语、思维和问题解决等过程。与"模型认知"或"基于模型的认知"对应的学科素养,可以表现为通过观察分子或晶胞等结构模型直观形象地认识有关物质的组成和结构,也可以表现为《普通高中化学课程标准(2017 年版)》所描述的那样,"运用模型解释化学现象,揭示现象的本质和规律"。如用电子云的模型理解原子核外电子的运动规律或解释原子之间的成键

---

① 方弯弯,龚正元. 关于化学学科证据推理能力及评价的思考 [J]. 化学教学,2019 (12):15-20.
② 王磊,于少华. 对高中化学课程标准若干问题的理论阐释及实践解读 [J]. 中学化学教学参考,2018 (7):3-6.
③ 王祖浩. 我国 21 世纪两版高中化学课程标准比较研究 [J]. 化学教学,2018 (9):3-10.
④ 吴星. 对高中化学核心素养的认识 [J]. 化学教学,2017 (5):3~7.

方式，根据有效碰撞与活化分子模型理解影响化学反应速率的因素并能选择适宜的条件控制化学反应发生的速率。

在"基于模型的认知"的语境中，"模型"还可以看作是"认知模型"的简称。也就是说，"模型认知"可以理解为按照某种"认知模型"进行认知。"认知模型"这一术语起源于计算机科学领域，在计算机科学领域是指"人类认知过程的计算机模型"，在认知心理学中则被用来简化描述人的认知过程。自然科学的根本任务是揭示自然界发生的现象以及自然现象发生过程的实质，从而把握这些现象或过程的规律性。显然，在发现自然现象背后规律的过程中，离不开"证据推理"或"基于证据的推理"的认知途径，"证据推理"或"基于证据的推理"属于自然科学的学科属性。从这个角度看，"证据推理"或"基于证据的推理"是一种典型的认知心理学层面的认知模型。所以，化学学习中的"证据推理"可以看作是按照"基于证据的推理"认知模型进行的认知过程。用这样的思路考察"证据推理"与"模型认知"的关系，"证据推理"从属于"模型认知"，"模型认知"包含了"证据推理"[①]。

作为化学学科研究的思维与本质的"证据推理与模型认知"包括以下五个方面的内涵[②]。

①具有证据意识，能基于证据对物质组成、结构及其变化提出可能的假设；

②通过分析推理加以证实或证伪；

③建立观点、结论和证据之间的逻辑关系；

④知道可以通过分析、推理等方法认识研究对象的本质特征、构成要素及其相互关系，建立模型；

⑤能运用模型解释化学现象，揭示现象的本质和规律。

从上述关于"证据推理与模型认知"内涵的描述中，可以感悟到以下两点。

一是化学学习过程应该是以物质组成、结构及其变化的事实作为构建假说论证的基础，并同时对假设进行证实与证伪的分析，在此基础上研究并建立认知物质的基本模型，最后达到认知物质世界的基本方法。

二是上述内涵还分别表达了五种不同的意识，即证据意识、求证意识、逻辑意识、建模意识和问题解决意识，而这五种不同意识培育的目标分别指向学会假设、学会论证、学会分析、学会预测与建模和学会问题解决。

由此，我们可用图 5-1-4 表示"证据推理与模型认知"五个内涵的关联性及其教学目标指向[③]。

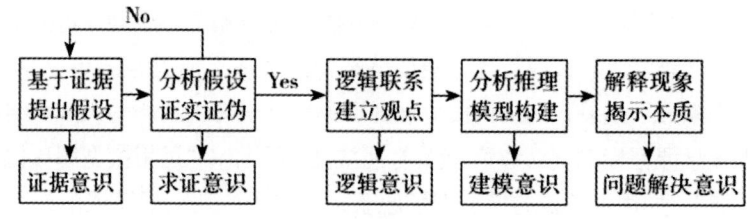

图 5-1-4 "证据推理与模型认知"内涵关联性及教学目标取向

---

① 陆军. 从逻辑关系看高中学科核心素养的构成[J]. 中小学教师培训，2017（2）：1-4.
② 毕华林，亓英丽. 化学教学设计[M]. 北京：北京师范大学出版社，2013：116.
③ 顾建辛. 关于化学核心素养培育的微观思考——原电池教学中的"证据推理与模型认知"[J]. 化学教学，2017（11）：34-38.

在明确"证据推理与模型认知"五个内涵关联性及教学目标指向之后，必须思考的另一个问题就是：作为课堂教学实践者的教师，如何将上述五个方面的内涵付诸于具体的教学行为，这种教学行为在不同的教学内容有极为丰富的结构形式。为此，对"证据推理与模型认知"如何落实于具体的学习过程，又提出了以下五个方面的表现行为[①]。

①初步学会收集各种证据，对物质的性质及其变化提出可能的假设；

②基于证据进行分析推理，证实或证伪假设；

③能解释证据与结论之间的关系，确定形成科学结论所需要的证据和寻找证据的途径；

④能认识化学现象与模型之间的联系，运用多种模型来描述和解释化学现象，预测物质及其变化的可能结果；

⑤能依据物质及其变化的信息建构模型，建立解决复杂化学问题的思维框架。

如果说"证据推理与模型认知"的内涵表达了五种不同意识或培育目标，那么，上述五个方面的表现行为充分体现了培育目标的达成，同时，这五个方面的表现行为也为实际课堂教学提出了可实施的基本思路与操作方向。我们根据内涵的目标指向所延伸的表现形式，对实际教学赋予的各种具体的行为方式归纳形成了如下的关系（见图5-1-5）。

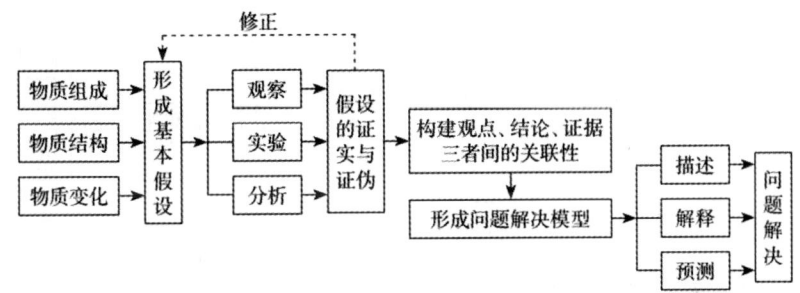

图 5-1-5 "证据推理与模型认知"在教学中的具体表现行为与方式

二、证据推理与模型认知素养的解读

1. 证据推理素养的解读[②]

证据推理素养是学生在某个科学的情境中或面对某个科学问题时所表现出的分析与实证能力。具体表现在收集证据、评估证据、基于证据提出观点、利用证据推理验证等探究性学习活动中需要的思维能力与推理技能。证据推理的关键在于学生根据科学的证据推出合理结论的过程，包括两方面：第一，证据是科学知识的提取。在假设过程中，学生利用已有的科学知识，得到的证据与假设要保证其合理性。在推理过程中，学生利用科学实验结果或查阅的文献资料得到科学知识，这是获得新知的一个过程。第二，通过证据推理过程得到的结论是科学知识的凝练。学生使用新证据推理得出新观点，这里要保证证据与结论的科学性。找到证据与结论的关联度时，也就是学生获得能力的过程，这是一个科学概念与理论的深入理解以及转变的过程。

证据推理应用于课堂实践，就科学性而言，学生需要知道什么是证据，评估什么是合适的

[①] 刘知新. 化学教学论（第二版）[M]. 北京：高等教育出版社，1997：249.
[②] 方弯弯，龚正元. 关于化学学科证据推理能力及评价的思考 [J]. 化学教学，2019（12）：15-20.

证据，知道证据和观点的内在联系，在搜集证据的基础上对证据质量进行评估，选择科学合理的证据作为支持自己观点的理由。学生通常依赖于认知形式较低的理由，比如说个人的经历，还有不恰当的证据类型，如相互矛盾或无关的数据。因此，证据评估成为证据推理能力的一个重要组成部分。推理过程是一个将证据与观点建立科学联系的过程，学生需要对问题进行全面的分析，在推理过程中有三点非常重要。第一，要确定证据与观点之间建立的联系是否可靠。第二，要保证证据数量的充足，排除证据推理的片面性。第三，要反思推理过程的繁琐程度，不同的证据类型，不同的解释都可能导致推理路径的不同，要防止陷入思维定势，寻找最科学有效的途径。元认知是对认知的认知，元认知技能是学生在证据推理过程中调整和优化推理的能力[①]。在证据推理过程中，证据的质量、观点的科学性、证据与结论的联系程度需要学生及时进行评价与反思，这也是学生证据推理能力的核心影响因素。

证据推理能力结构中需要包含能够反映证据推理能力强弱的思维品质，推理的过程是学生高级思维的外显过程，是学生思维活动中推理特征的表现，思维品质是判断证据推理能力水平的主要标志，主要包括思维的逻辑性、灵活性、深刻性、批判性。证据推理过程表现出的思维活动是按一定的逻辑规律进行，而证据推理是归纳推理和演绎推理等的综合运用，是概括、分析、迁移等思维方法的灵活运用。同时，学生在全面分析问题、抓住事物规律与本

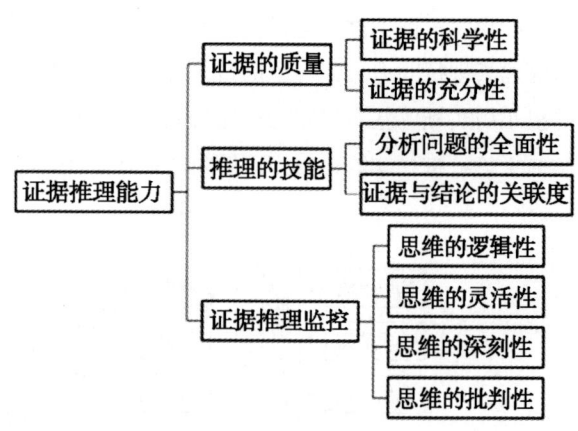

图 5-1-6　证据推理能力结构图

质、思考事物发展方向等方面存在差异。而学生对推理过程思考得越深刻，就越能抓住问题的本质。在证据推理的整个过程中，需要学生具有批判意识、评估和反思等智力品质。

综合以上分析，中学生证据推理能力应该是由证据的质量、推理的技能和证据推理监控三个方面构成的有机整体。具体的结构图如图 5-1-6 所示。

2017 版课程标准对化学学科核心素养的每一条均进行了水平划分，其中有关证据推理的水平划分如表 5-1-1 所示。

表 5-1-1　2017 版课标对证据推理能力各水平要求

水平层级	水平要求
水平 1	能从物质及其变化的事实中提取证据，对有关的化学问题提出假设，能依据证据证明或证伪假设
水平 2	能从宏观和微观结合上收集证据，能依据证据从不同视角分析问题，推出合理的结论
水平 3	能从定性与定量结合上收集证据，能通过定性分析与定量计算推出合理的结论
水平 4	能依据各类物质及其反应的不同特征寻找充分的证据，能解释证据与结论之间的关系

---

① 余昭. 中学化学学困生与学优生元认知技能的差异性研究 [D]. 武汉：华中师范大学硕士学位论文，2016：4-12.

2. 模型认知素养的解读

美国《国家科学教育标准》中对模型的定义为："模型是与真实物体、单一事件或一类事物相对应的而且具有解释力的试探性体系或结构。"化学模型是人们在认识化学问题与解决化学问题的过程中，通过抽象、概括与归纳等科学方法，利用研究对象的关键因素与本质特征建构的各种模型，是科学模型在化学领域的具体体现，常见的化学模型如晶体的空间结构模型、电子云模型等[1]。

根据化学模型的表现方式将化学模型分为三类：物质模型、符号模型和思想模型[2]。物质模型通过对原型在尺寸上进行放大或缩小，在结构上进行简化和抽象，以实现对原型的模拟；符号模型是将化学学科独特的化学符号按照规定的组合方式组合在一起，用于表示物质的组成、结构、性质和变化规律的一种模型；思想模型是针对事物的主要矛盾和主要特性在人脑中建立起一个观念性的、抽象的理想客体，进而对客观事物进行近似、形象的模拟。

单旭峰[3]则从考试测量与评价的角度将物质、符号、思想模型的分类细化，将模型分为概念模型、结构模型、过程模型、数学模型、复杂模型。其中，化学概念模型形式上属于文字或符号描述模型，本质上属于思想模型，其内涵是将化学现象或化学事实抽象归纳，揭示化学学科本质特征的理性知识。例如化学中最常用的元素符号、结构式、方程式、反应类型、燃烧焓、电离能、电负性等。结构模型属于物质模型，属于图形表示模型，是普遍认同的模型，也是传统意义上的模型，在化学科学中应用广泛。该类模型最接近模型的本意——比例模型，即根据对象的外形和结构特征，按比例进行放大或者缩小。其具体内涵是将物质、装置等抽象的、复杂的结构用简单易懂的方式展示出来，便于解释研究对象内部结构的相对关系、功能和工作机制等。主要包括物质结构模型和装置结构模型。在教科书中使用大量的模型来解释原子、分子和晶体结构，阐释不同结构之间的关系及功能。过程模型属于符号模型和思想模型的结合体，其内涵是用图形图像表示反应或生产过程中某个物理量的变化过程或者某元素的存在形式（状态）的转化过程，主要包括反应量化模型、物质转化模型。数学模型属于思想模型，其内涵为用数量关系来表示结构与性质的数量关系、物质反应及变化过程中的规律。例如在某一温度下，反应达到平衡时物质的浓度（或压强）之间存在一个定量关系，即平衡常数；特定反应下，反应物浓度与达到平衡的时间之间的关系模型等等。复杂模型是思想模型、物质模型和符号模型的复合体，如在物质结构模型的基础上建立的某些物理量之间的定量关系。理想气体模型就是属于复杂模型，其是在微观物质结构模型的基础上，抽象表示物质的压强、温度、体积、物质的量之间的数学模型。再如化学中的元素周期表也是基于思维模型和实物基础上的复杂模型，包含了大量的物质结构和性质等信息。

赵铭等[4]认为化学学科的教学和学习领域的模型认知可分为 3 类（见图 5-1-7）：镌刻模型（包括实体微缩、抽象、数学表达式等）、混合模型（为个性化学习理解而建立的、融入心智和

---

[1] 吴庆生. 利用化学模型提升学生解决问题的能力 [J]. 化学教学，2014 (12)：42～45.
[2] National Research Council. A Framework for K12 Science Education: Practices, Crosscutting Concepts And Core Ideas [M]. Washington, DC: The National Academies Press, 2012.
[3] 单旭峰. 对"模型认知"学科核心素养的认识与思考 [J]. 化学教学，2019 (3)：8～12.
[4] 赵铭，赵华. "证据推理与模型认知"的内涵与教学研讨 [J]. 化学教学，2020 (2)：29-33.

科学理解的系统模型)、算法模型(包括计算机模拟在内的、智能、网络系统参与构建的深度学习模型)。

特别需要指出的是,建模就是个体"建立模型过程",是个体在认识自然世界时的一种习惯性的反射,这种反射初期表现为"个性理解",并以模型的方式在心智中表征,这种"个性理解"要被认可,还需要循环的"证据推理"过程,并经过实践检验。因此,在化学教学过程中,建模的整个过程一般表述为5个环节:建

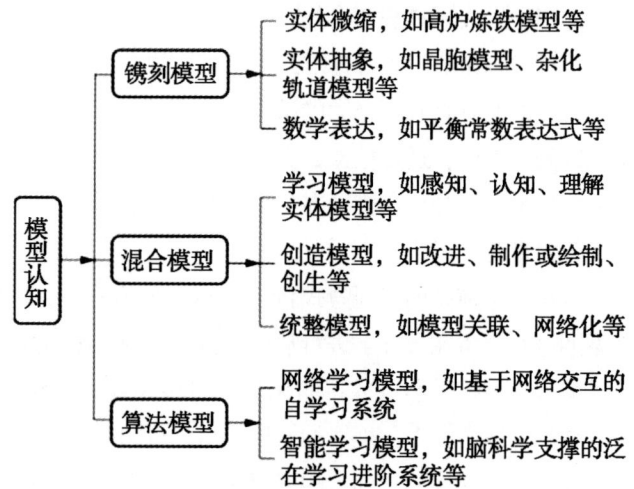

图 5-1-7 模型认知在化学教学中的三种应用分类

模、用模、评模、修模、优模,这5个环节是循环往复的。

在化学学科教学中,我们更多使用的是混合模型。新课标中的学业评价主要依据布卢姆教育目标分类学对认知维度的划分进行设计,即由低到高的4个水平:水平1—认识模型、水平2—理解模型、水平3—运用模型、水平4—建构模型。课堂教学的建模活动中,主要依据概念和原理的认知进阶,设计教学的一般流程:初始模型(元认知)→依据证据,认识初始模型缺陷→设计方案或者实验→获得可靠证据,修改模型→新旧模型对比,升华概念和原理的理解→再产生新的问题→……为螺旋式上升的过程。

化学模型既是人们认识微观客体的工具,又是连接微观与宏观的桥梁。微观物质的本质虽然可以通过现象表现出来,可以借助化学仪器进行实验和观察。对于仪器所不能达到的地方,则需要借助于化学想象、化学洞察和化学假说等建立模型来弥补实验和观察手段的不足。依靠形象思维和逻辑思维的相互作用,比较完整地建立认识物质世界的宏观和微观视角。模型有多种形式,如心智模型是存在于学生头脑中的对模型认知的个人化表征,将心智模型在与他人的互动过程中予以表征和使用即为表达模型,被不同的群体所认同的表达模型即为共识模型(若群体是某个特定领域的科学社群,则可称为"科学模型"),某些随着认识的发展被取代的共识模型称为历史模型(历史模型仍可能被使用,因为它可以作为特定目的的解释,如玻尔的原子模型),将历史或科学模型予以简化后纳入课程则为课程模型,另外,还有用于促进课程模型理解所用的教学模型、混合模型、教育学模型等。这些模型之间的关系可用图5-1-8所示[①]。

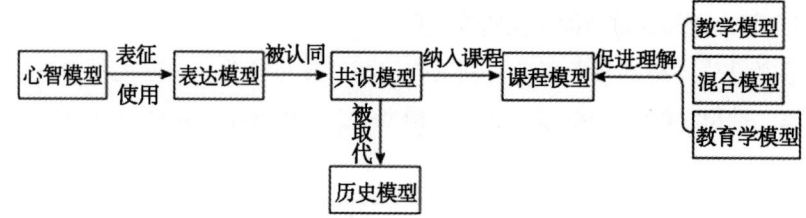

图 5-1-8 不同类型模型之间的关系

---

① 杨玉琴,倪娟. 证据推理与模型认知:内涵解析及实践策略 [J]. 化学教育,2019 (23):23-29.

2017版课程标准对化学学科核心素养的每一条均进行了水平划分，其中有关模型认知的水平划分如表5-1-2所示：

表 5-1-2　2017 版课标对模型认知能力各水平要求

水平层级	水平要求
水平 1	能识别化学中常见的物质模型和化学反应的理论模型，能将化学事实和理论模型之间进行关联和合理匹配
水平 2	能理解、描述和表示化学中常见的认知模型，指出模型表示的具体含义，并运用于理论模型解释或推测物质的组成、结构、性质及变化
水平 3	能认识物质及其变化的理论模型和研究对象之间的异同，能对模型和原型的关系进行评价以改进模型；能说明模型使用的条件和适用范围
水平 4	能对复杂的化学问题情境中的关键要素进行分析以建构相应的模型，能选择不同模型综合解释或解决复杂的化学问题；能指出所建模型的局限性，探寻模型优化需要的证据

3. 证据推理与模型认知素养之间的关联

证据推理与模型认知素养的发展离不开核心知识的学习，通过创设真实复杂的情境，让学生通过已有知识和思维经验，提取有效信息进行加工，利用学科核心能力进行解构，通过逻辑推理、类比迁移等学科关键能力梳理出一般思路，调用学科核心观念诸如变化观、结构观，梳理出分析解决问题的关键证据，进行逻辑推理，抓住关键元素，建构模型，发展证据推理与模型认知素养。证据推理与模型认知素养的形成心理机制如图 5-1-9 所示。

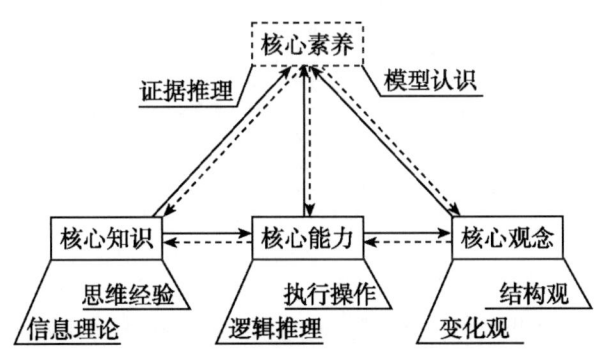

图 5-1-9　证据推理与模型认知素养的形成心理机制

证据推理与模型认知合在一起，成为重要的学科核心素养之一，暗示着二者之间的关联。从科学探究的一般历程来看，无论是学生的学习还是科学家的研究，通常都是从情境中发现问题，再根据原始资料或数据等对问题形成假设，通过观察和实验获得事实性证据，基于证据进行推理并对假设进行修正，最终得到科学结论，如图 5-1-10 所示①。

---

① 杨玉琴，倪娟. 证据推理与模型认知：内涵解析及实践策略［J］. 化学教育，2019（23）：23-29.

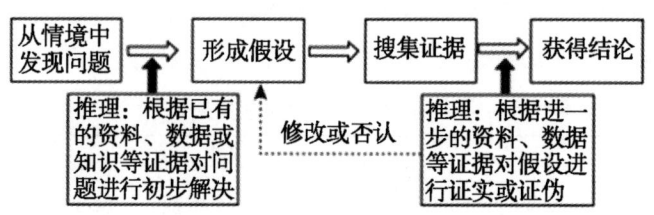

图 5-1-10 科学探究过程及推理

在此过程中，证据推理发挥了重要作用。从问题到假设的角度来看，当问题出现时，往往会利用已有的知识或经验对问题进行初步推理，提出可能的解释，并以某种观点或者模型的形式呈现出来，此时的观点或模型处于"假设"阶段，是否科学需要进一步的证据来证明，即必须经历从假设到结论的过程，此为探究活动中的第 2 次推理。如果观察到的证据与假设吻合，则某种意义上假设便得到了检验；也有可能原先的假设面对新的证据，通过推理会产生一些矛盾，进而要否认或修改假设。

以原子结构模型探究史为例，设计探究历程如图 5-1-11 所示。

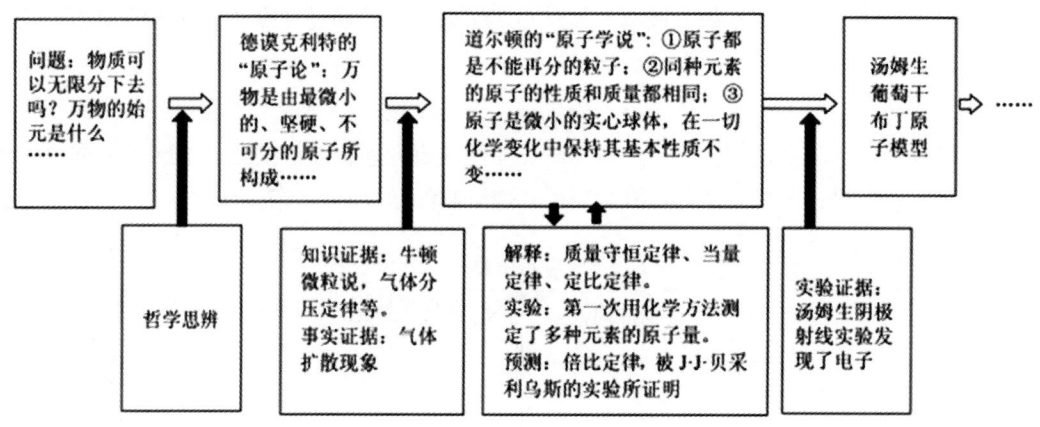

图 5-1-11 原子结构模型探究历程

德谟克利特等的"原子论"源于对"物质是否无限可分"等问题的思考，是一种哲学思辨，因为没有实验证据，并非"科学结论"。而道尔顿的原子学说却被称为"科学的原子论"，正是由于不仅建立在知识证据（古代朴素原子论、牛顿微粒说等）基础上，而且产生于道尔顿对大气物理现象的观察和研究。为了解释气体能均匀混合、气体分压定律等现象及规律，他创造性地提出了原子学说，道尔顿的原子模型不仅解释了许多实验事实、经验定律，且经得起实验证据的进一步检验，如道尔顿根据此模型预测的倍比定律就为 J·J·贝采利乌斯的实验所证实。但此模型不能解释新的实验证据——汤姆生通过阴极射线实验发现了电子，因此，原子模型必须在新的证据之下做出修改……由此可见，化学家利用模型认知方法揭示原型的结构、性能和运动规律等，借助模型对研究对象做出解释和预测，并在实验证据的检验中加以修正和完善，形成有关这类对象的概念与规律的知识体系即科学理论。因此，模型具有假说特性，其提出需要基于已有证据进行推理，当有新的证据出现，而现有模型并不能解释时，则必须改变现有模型，即模型的构建和发展皆必须建立在证据推理的基础上。

不难看出，科学探究的过程必然包含证据推理。当探究中所提出的假设或观点涉及微观领域——以模型的方式出现时,则涵盖模型认知。即证据推理过程不一定包含模型认知,但模型认知过程一定需要证据推理的支持。化学学科从宏观与微观 2 个角度认识物质及其变化的特殊性决定了模型认知是学生学习化学的重要思维方式。

三、证据推理与模型认知的表征

结合现行化学教材,并分析 2017 版课程标准对课程内容的重新整合与修订,依据证据推理与模型认知素养的内涵和课程目标整理出高中化学核心知识层面的表征。

表 5-1-3　必修课程中证据推理与模型认知的表征

主题	证据推理与模型认知的表征
主题 1:化学科学与实验探究	1.1 化学科学的主要特征:认识化学科学研究需要实证与推理,注重宏观与微观的联系;了解实验、假说、模型、比较、分类等方法在化学科学研究中的运用。 1.2 科学探究过程:理解从问题和假设出发确定研究目的、依据研究目的设计方案、基于证据进行分析和推理等对于科学探究的重要性。
主题 2:常见的无机物及其应用	2.2 氧化还原反应:认识有化合价变化的反应是氧化还原反应,了解氧化还原反应的本质是电子的转移,知道常见的氧化剂和还原剂。
主题 3:物质结构基础与化学反应规律	3.1 原子结构与元素周期律:认识原子结构、元素性质与元素在元素周期表中位置的关系。知道元素、核素的含义,了解原子核外电子的排布。结合有关数据和实验事实认识原子结构、元素性质呈周期性变化的规律,建构元素周期律。 3.2 化学键:认识构成物质的微粒之间存在相互作用,结合典型实例认识离子键和共价键的形成,建立化学键概念。
主题 4:简单的有机化合物及其应用	4.1 有机化合物的结构特点:知道有机化合物分子是有空间结构的,以甲烷、乙烯、乙炔、苯为例认识碳原子的成键特点,以乙烯、乙醇、乙酸、乙酸乙酯为例认识有机化合物中的官能团。
主题 5:化学与社会发展	

高中化学课程标准必修阶段的化学模型共 12 个,其中物质模型 3 个,符号模型 6 个,思想模型 3 个;模型类型以符号模型为主(50%),其比例较初中稍有增长;必修阶段"了解"水平(50%)占据主体地位,物质模型出现"应用"水平(见表 5-1-4)。

表 5-1-4　高中化学课程标准必修阶段的化学模型统计表

模型类别	具体模型	学业要求	能力水平
物质模型	元素周期表	认识原子结构、元素性质以及元素在元素周期表中位置的关系;知道元素周期表的结构;能利用元素在元素周期表中的位置和原子结构,分析、预测、比较元素及其化合物的性质。	了解
	原电池	能辨识简单原电池的构成要素,并能分析简单原电池的工作原理。	应用
	有机物的立体模型	能搭建甲烷和乙烷的立体模型。	应用

续表

模型类别	具体模型	学业要求	能力水平
符号模型	电离方程式	能用电离方程式表示某些酸、碱、盐的电离。	了解
	离子方程式	能用离子方程式正确表示典型物质的主要化学性质。	了解
	化学方程式	能用化学方程式正确表示典型物质的主要化学性质。	了解
	核素	知道元素、核素的涵义。	知道
	核外电子排布式	了解原子核外电子的排布。	了解
	原子结构示意图	能画出1~18号元素的原子结构示意图,能用原子结构解释元素性质及其递变规律,并能结合实验及事实进行说明。	理解
思想模型	化合价	认识元素在物质中可以具有不同价态;能依据物质类别和元素价态列举某种元素的典型代表物。	了解
	化学平衡	能描述化学平衡状态,判断化学反应是否达到平衡。	知道
	化学键	能判断简单离子化合物和共价化合物中的化学键类型。	理解

表5-1-5　选择性必修课程中证据推理与模型认知的表征

模块	主题	证据推理与模型认知的表征
模块1:化学反应原理	主题1:化学反应与能量	1.2 化学反应与热能:恒温恒压条件下化学反应的反应热可以用焓变表示,了解盖斯定律及其简单应用。 1.3 化学反应与电能:了解原电池及常见化学电源的工作原理。了解电解池的工作原理。
	主题2:化学反应的方向、限度和速率	2.1 化学反应方向与限度:知道化学反应是有方向的,知道化学反应的方向与反应的焓变和熵变有关。认识化学平衡常数是表征反应限度的物理量,知道化学平衡常数的含义。了解浓度商和化学平衡常数的相对大小与反应方向间的联系。 2.2 化学反应速率:知道化学反应是有历程的,认识基元反应活化能对化学反应速率的影响。
	主题3:水溶液中的离子反应与平衡	3.2 电离平衡:认识弱电解质在水溶液中存在电离平衡,了解电离平衡常数的含义。认识水的电离,了解水的离子积常数,认识溶液的酸碱性及pH。 3.3 水解平衡:认识盐类水解的原理和影响盐类水解程度的主要因素。 3.4 沉淀溶解平衡:认识难溶电解质在水溶液中存在沉淀溶解平衡,了解沉淀的生成、溶解与转化。

续表

模块	主题	证据推理与模型认知的表征
模块2：物质结构与性质	主题1：原子结构与元素的性质	1.1 原子核外电子的运动状态：知道电子运动的能量状态具有量子化的特征（能量不连续），电子可以处于不同的能级，在一定条件下会发生激发与跃迁。知道电子的运动状态（空间分布及能量）可通过原子轨道和电子云模型来描述。 1.2 核外电子排布规律：知道原子核外电子的能级高低顺序，了解原子核外电子排布的构造原理，认识基态原子中核外电子的排布遵循能量最低原则、泡利不相容原理和洪特规则等。知道1~36号元素基态原子核外电子的排布。 1.3 核外电子排布与元素周期律（表）：认识元素的原子半径、第一电离能、电负性等元素性质的周期性变化，知道原子核外电子排布呈现周期性变化是导致元素性质周期性变化的原因。
	主题2：微粒间的相互作用与物质的性质	2.1 微粒间的相互作用：认识物质是由原子、离子、分子等微粒构成的，微粒之间存在不同类型的相互作用。根据微粒的种类及微粒之间的相互作用，认识物质的性质与微观结构的关系。认识离子键、共价键的本质。知道配位键的特点，认识简单的配位化合物的成键特征。认识分子间存在相互作用，知道范德华力和氢键是两种常见的分子间作用力。 2.2 共价键的本质和特征：认识原子间通过原子轨道重叠形成共价键，了解共价键具有饱和性和方向性。知道根据原子轨道的重叠方式，共价键可分为σ键和π键等类型；知道共价键可分为极性和非极性共价键。共价键的键能、键长和键角可以用来描述键的强弱和分子的空间构型。 2.3 分子的空间结构：结合实例了解共价分子具有特定的空间几何结构，并可运用相关理论和模型进行解释和预测。知道分子的结构可以通过波谱、晶体X射线衍射等技术进行测定。知道分子可以分为极性分子和非极性分子。 2.4 晶体和聚集状态：了解晶体中微粒的空间排布存在周期性，认识简单的晶胞。借助分子晶体、共价晶体、离子晶体、金属晶体等模型认识晶体的结构特点。知道介于典型晶体之间的过渡晶体以及混合型晶体是普遍存在的。
	主题3：研究物质结构的方法与价值	3.3 研究物质结构的价值：初步认识物质的结构与性质之间的关系，知道物质结构的研究有助于发现具有预期性质的新物质，以及为设计与合成这些新物质提供理论基础。认识研究物质结构有助于了解材料的结构与性能的关系，对优化物质结构、改善材料性能具有重要意义。

模块	主题	证据推理与模型认知的表征
模块3：有机化学基础	主题1：有机化合物的组成与结构	1.1 有机化合物的分子结构：认识有机化合物的分子结构决定于原子间的连接顺序、成键方式和空间排布，认识有机化合物存在构造异构和立体异构等同分异构现象。 1.2 有机化合物中的官能团：认识官能团的种类（碳碳双键、碳碳三键、羟基、氨基、碳卤键、醛基、酮羰基、羧基、酯基和酰胺基），从官能团的视角认识有机化合物的分类。 1.3 有机化合物中的化学键：认识有机化合物分子中共价键的类型、极性及其与有机反应的关系，知道有机化合物分子中基团之间的相互影响会导致键的极性发生改变。
	主题2：烃及其衍生物的性质与应用	2.1 烃的性质与应用：认识烷烃、烯烃、炔烃和芳香烃的组成和结构特点，比较这些有机化合物的组成、结构和性质的差异。 2.2 烃的衍生物的性质与应用：认识卤代烃、醇、醛、羧酸、酯、酚的组成和结构特点、性质、转化关系及其在生产、生活中的重要作用，知道醚、酮、胺和酰胺的结构特点及其应用。 2.3 有机反应类型与有机合成：认识加成、取代、消去反应及氧化还原反应的特点和规律，了解有机反应类型和有机化合物组成结构特点的关系。
	主题3：生物大分子及合成高分子	3.1 聚合物的结构特点：了解聚合物的组成及结构特点，认识单体和单体单元（链节）及其与聚合物结构的关系。了解加聚反应和缩聚反应的特点。 3.2 生物大分子：认识糖类和蛋白质的组成和性质特点。了解淀粉和纤维素及其与葡萄糖的关系，了解葡萄糖的结构特点、主要性质及应用。 3.3 合成高分子：认识塑料、合成橡胶、合成纤维的组成和结构特点。

高中化学课程标准选择性必修阶段的化学模型共有16个，其中物质模型4个，符号模型3个，思想模型9个；模型类型以思想模型占绝对优势（56%），远远超过初中和必修阶段；选择性必修阶段对模型认知水平要求整体比较高，"了解"水平（44%）占据主体地位，"理解"（25%）和"应用"（12%）水平较必修阶段稍有增长（见表5-1-6）。

表5-1-6 高中化学课程标准选择性必修阶段的化学模型统计表

模型类别	具体模型	学业要求	能力水平
物质模型	原电池	能分析解释原电池的工作原理，能设计简单的原电池。	应用
	电解池	能分析解释电解池的工作原理，能设计简单的电解池。	应用
	有机物的立体模型	能搭建甲烷和乙烷的立体模型。	知道
	晶体结构模型	借助分子晶体、共价晶体、离子晶体、金属晶体等模型认识晶体的结构特点。	了解

续表

模型类别	具体模型	学业要求	能力水平
符号模型	核外电子排布式	知道1~36号元素基态原子核外电子的排布。	了解
	热化学方程式	能用热化学方程式表示反应中的能量变化。	了解
	有机物的结构式、结构简式	能写出烃及其衍生物的类别通式、官能团、简单代表物的结构简式。	了解
思想模型	化学平衡	能利用平衡常数和浓度商的关系判断化学反应是否达到平衡状态以及平衡移动的方向；能运用浓度、压强、温度对化学平衡的影响规律，推测平衡移动方向。	理解
	有效碰撞理论模型	能用一定的理论模型说明外界条件改变对反应速率的影响。	理解
	核外电子运动模型	了解有关核外电子运动模型的历史发展过程。	了解
	原子轨道模型	知道电子的运动状态可通过原子轨道和电子云模型来描述；知道根据原子轨道的重叠方式，共价键可分为σ键和π键等类型。	知道
	电子云模型	知道电子的运动状态可通过原子轨道和电子云模型来描述。	知道
	化学键	能运用离子键、配位键、金属键等模型，解释离子化合物、配合物、金属等物质的某些特征性质。	理解
	氢键理论模型	能说明分子间作用力（含氢键）对物质熔点、沸点等性质的影响，能列举含氢键的物质及其性质特点。	理解知道
	催化化学理论模型	了解支持现代化学发展的最核心、最基础的概念原理的内涵，能从模型的角度认识这些概念和原理。	了解
	表、界面化学理论模型	了解支持现代化学发展的最核心、最基础的概念原理的内涵，能从模型的角度认识这些概念和原理。	了解

第二节 发展证据推理与模型认知素养的教学策略

证据推理与模型认知体现了具有化学学科特质的思想和方法，2017版课标中相关教学策略建议如下。

表5-2-1 必修课程中证据推理与模型认知的教学策略

主题	证据推理与模型认知的教学策略
主题1：化学科学与实验探究	
主题2：常见的无机物及其应用	
主题3：物质结构基础与化学反应规律	教学中应注重利用实验事实、数据等证据素材，帮助学生转变偏差认识。注重组织学生开展概括关联、比较说明、推论预测、设计论证等活动。

主题	证据推理与模型认知的教学策略
主题4：简单的有机化合物及其应用	通过模型拼插等活动引导学生认识有机化合物中碳原子的成键特点、价键类型及简单分子的空间结构。
主题5：化学与社会发展	

表 5-2-2　选择性必修课程中证据推理与模型认知的教学策略

模块	主题	证据推理与模型认知的教学策略
模块1：化学反应原理	主题1：化学反应与能量	转变偏差认识，促使学生认识到电极反应、电极材料、离子导体、电子导体是电化学体系的基本要素，建立对电化学过程的系统分析思路，提高学生对电化学本质的认识。
	主题2：化学反应的方向、限度和速率	引导学生经历化学平衡常数模型建构的过程。 通过组织学生讨论外部条件对反应速率影响的原因，引导学生体会理论模型建构的过程。
	主题3：水溶液中的离子反应与平衡	关注水溶液体系的特点，结合实验现象、数据等证据素材，引导学生形成认识水溶液中离子反应与平衡的基本思路。
模块2：物质结构与性质	主题1：原子结构与元素的性质	关注学生在必修阶段对原子结构、元素性质和元素周期律（表）的已有认识，利用氢原子和多电子原子光谱所产生的复杂现象，引导学生反思已有理论模型的局限，建立新的原子结构模型。 向学生提供原子半径、第一电离能、电负性等数据，引导学生讨论原子序数与核外电子排布的关系，让学生自主发现变化规律，建构元素周期律（表）模型；并利用模型分析和解释一些常见元素的性质。
	主题2：微粒间的相互作用与物质的性质	关注不同类型微粒相互作用概念的形成和发展思路，充分利用建立这些概念所使用的关键证据，通过实验事实和数据的对比，引发学生的认知冲突，引导学生进行解释，促使学生反思原有的概念模型的局限性，深化对微粒间相互作用模型的认识。
	主题3：研究物质结构的方法与价值	
模块3：有机化学基础	主题1：有机化合物的组成与结构	关注结构测定的方法及证据的获取，选择典型有机化合物的图谱信息帮助学生了解现代仪器分析方法在确定有机物分子结构中的作用。
	主题2：烃及其衍生物的性质与应用	活动类型要兼顾正向合成和逆向合成任务，引导学生关注结构对比，官能团转化和碳骨架建构。
	主题3：生物大分子及合成高分子	

在教学过程中，教师应采用相应的合理的教学策略帮助学生形成思维，培养学生的证据推理与模型认知学科核心素养。在实际的教学过程中，不同学者提出了不同的教学策略。

张发新在《利用模型建构促进学生化学学习》①一文中谈到"发展学生的证据推理与模型认知素养关键要帮助学生树立模型意识;指导学生用适合的方式表达模型;通过对话促进化学模型的建构;创设情境促进化学模型的建构;从思维的起点出发逐步构建化学模型。"其中,帮助学生树立模型意识环节,张老师通过对模型分类及其构建途径的分析可以发现,化学学习始终离不开模型,能否熟练地建立或运用模型直接影响着学习的效率,只是有些时候学习者并没有意识到自己在学习中运用了模型而已。所以,化学教学要引领学生进行模型认知,首先要帮助学生树立模型意识。在指导学生用适合的方式表达模型环节,张老师分析对于同一事物可以用不同模型表达的问题,在中学化学教科书编排时已经充分考虑了学生的可接受性。但是在具体的教学实践中,还会遇到同一事物的多种模型都在中学生认知水平范围的情况,考虑到不同个体之间认识水平的可能差异,教师应该指导学生用适合自己的方式进行模型表达,这样才能让学生乐于接受模型,并真正认识到模型的学习价值,从而增强学生建模和用模的意识与能力。在通过"对话"促进化学模型的建构环节,张老师指出"教学对话就是通过老师的发问、鼓励与引导,学生自由思考、自由表达而获得知识技能、发展能力的教学方法"②,对话的重点是教师能有效地设定化学模型的问题认识与解决序列,不断探询学生对物质性质及其变化微观本质的理解程度,引导学生迅速地寻找问题解决的策略。递进式的"对话"重视的不是知识而是思考过程或思考体验,它既促进了学生建构具有逻辑内聚力的化学模型结构,也促进了学生对模型的认识向深处发展。

模型认知从属于科学思维。关于思维教学,邢红军教授采用"学科知识—学科方法—思维方法"的研究路径,建构了由分析、综合、抽象、概括、比较、判断、假设、推理、直觉、想象10个内容,深刻性、独创性、批判性、灵活性、敏捷性5个品质,以及学科知识、学科方法、思维方法3个产品所组成的"思维教学三维模型",提出了"方法理解"的思维教学实践取向,并设计了"思维方法—学科方法—学科知识"的教学路径③。其中的"思维教学三维模型"对各科教学都具有直接的指导作用,化学教学要借鉴"方法理解"的实践取向,把学科知识、学科方法和思维方法融合在一起,让学生在方法的引领下解决问题和获取知识,在习得知识的同时掌握相应的学科方法和思维方法。同时,教师在进行教学设计时要胸中有"模",要为有关的学科方法和思维方法选择适当的模型,引导学生通过建模来解决问题和获取知识,而且要为建模环节预留充足的时间,并用一定的方法显化相应的模型。这样经过一段时间的训练,学生就能体会到模型在学习活动中的应用价值,从而逐渐树立起模型意识,并将模型认知固化为自己学习的一种重要方式。

黄爱民在《关于证据推理与模型认知的一些思考》④一文中谈到"出现非证据情况时科学探究和问题解决就必须作出修正;要重视证据推理中逆向推理的学习;证据推理与模型认知在内涵和实践层面上都不可割裂理解,它们常常融合于探究和问题解决的过程之中。"

在设计凸显证据推理逆向推理发散思维产生多重证据的探究过程中,发展证据推理与模型

---

① 张发新. 利用模型建构促进学生化学学习 [J]. 化学教学, 2017 (5):24-28.
② 佐藤学. 学习的快乐——走向对话 [M]. 钟启泉, 译. 北京:教育科学出版社, 2004:103.
③ 邢红军. 中小学思维教学的深化研究 [J]. 课程·教材·教法, 2016 (7):33～39.
④ 黄爱民. 关于证据推理与模型认知的一些思考 [J]. 教学月刊, 2019 (4):3-8.

认知学科核心素养的教学流程如图 5-2-1 所示。

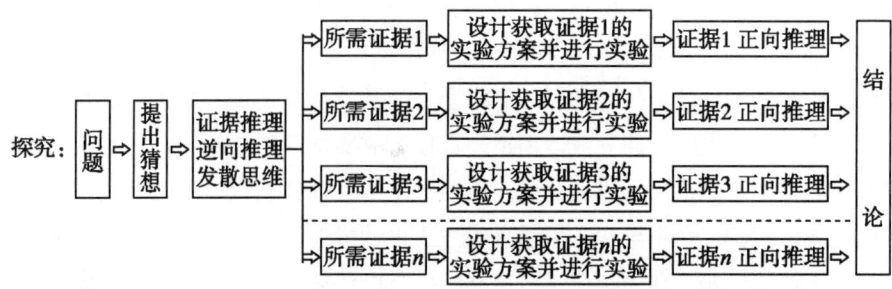

图 5-2-1　凸显证据推理逆向推理发散思维产生多重证据的探究过程

在具体教学实践中,证据推理与模型认知在内涵和实践层面上都不可机械割裂,它们常常融合于探究和问题解决的思维过程之中。第一,基于新证据的推理对模型进行修正,促进模型认知对原型认识的精准。第二,基于新证据的推理对模型进行修正,拓展模型认知的范围,同时加深对原型本质的认识。第三,以证据推理为基础建构模型认知,其教学设计流程见图 5-2-2。第四,以证据推理为基础建构模型认知的探究过程,其教学设计流程见图 5-2-3。

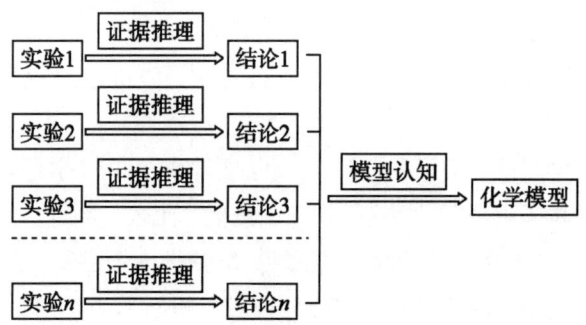

图 5-2-2　以证据推理为基础构建模型认知的过程

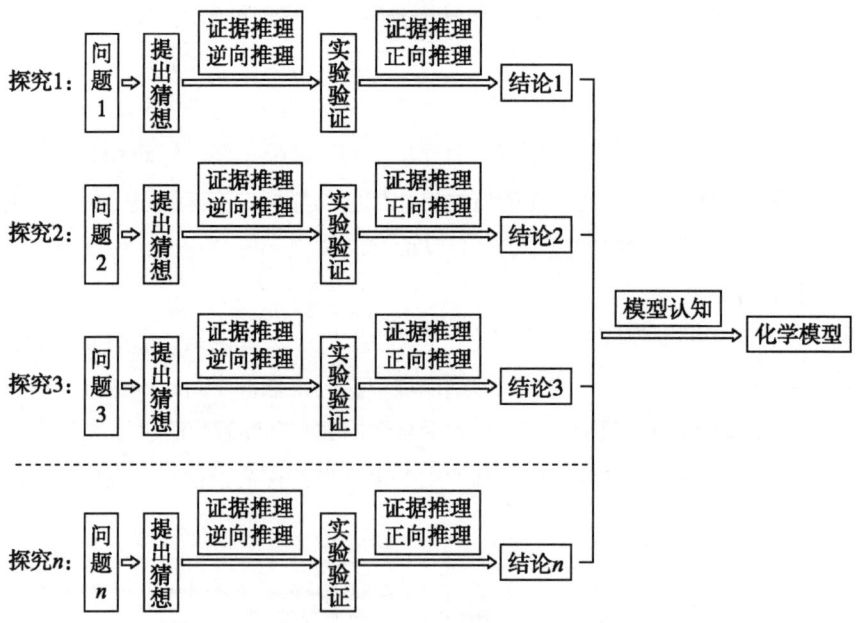

图 5-2-3　以证据推理为基础建构模型认知的探究过程

胡玲燕在《"证据推理与模型认知"素养培养在化学教学中的体现——以"从海水中提取溴和碘"为例》[①] 一文中谈到:"在学习溴碘提取的方法时,在证据推理与模型认知这一核心素养的引领下展开教学设计,在收集分析各种数字证据和信息之后构建理论模型、设计实物模型、总结理论模型的方法来提升学生的思维能力,最后将模型建构与问题解决相结合,达到培养学生的证据推理与模型认知素养的目的。"其主要论点是先根据溴的理化性质再设计溴的提取实验方案,进而抽离建构出理论模型"寻找原料→富集→制取单质→提取单质",然后再应用模型来解决碘的提取问题。通过文章分析可以得出,胡老师发展学生证据推理与模型认知核心素养的教学策略是利用具体教学情境,抽离关键要素,形成逻辑关系,建构模型。

李娜在《基于"证据推理与模型认知"核心素养的高中化学探究性教学实践——以"化学能转化为电能"为例》[②] 一文通过以"化学能转化为电能"为例,探索在化学课堂中实践化学学科核心素养,以证据推理与模型认知为主调打造探究型的化学课堂,层层推进,激发学生兴趣,以促进学生的化学学科核心素养得到全方位发展。李老师将传统的探究性教学与化学核心素养结合,从而打造出基于证据推理与模型认知的探究性化学课堂,既可以发挥探究性教学中问题情境对教学的作用,又可以通过探究活动帮助学生树立独立分析的意识,提高依据目标设计实验的能力以及依据物质变化的内在规律做出模型假设与模型构建的能力,帮助学生形成解决化学问题的基本框架,由此实现"从化学的视角认识事物和解决问题的思想、方法、观点"的化学学科价值,两者相辅相成使探究性教学的真正落实明确了方向,使在着重发展证据推理与模型认知素养的同时,其他核心素养也能得到全面发展。

王利国在《基于"证据推理与模型认知"的高三复习教学——以"洗涤剂的选择"为例》[③] 一文以"洗涤剂的选择"为例的高三复习教学设计,将情境、知识、能力和证据推理与模型认知素养有效地统整。教学以教材为本,以建立"洗涤剂的选择"思路为线索,着眼完善学生的认知结构,着力提高学生的能力意识,立足发展学生的高阶思维。素材的选择以教材中的实验为原型,通过"源于教材""行于教材""高于教材""迁于教材"等四个教学环节,把洗涤操作时洗涤的目的、洗涤剂选择的依据、判断合适的洗涤剂等串联起来,逐步形成解题的基本模型。在解决问题的过程中学生的能力逐渐提升,证据推理与模型认知的水平等级逐步提高,在巩固模型的同时也牢固确立知识的学习要服务于学生思维的发展。本节课的教学设计知识点通透,主线明了。教学流程如图5-2-4所示。

---

① 胡玲燕."证据推理与模型认知"素养培养在化学教学中的体现——以"从海水中提取溴和碘"为例[J]. 中学化学,2019(5):16~18.
② 李娜. 基于"证据推理与模型认知"核心素养的高中化学探究性教学实践——以"化学能转化为电能"为例[J]. 化学教与学,2019(5):57~60.
③ 王利国. 基于"证据推理与模型认知"的高三复习教学——以"洗涤剂的选择"为例[J]. 中学化学教学参考,2019(3):31~34.

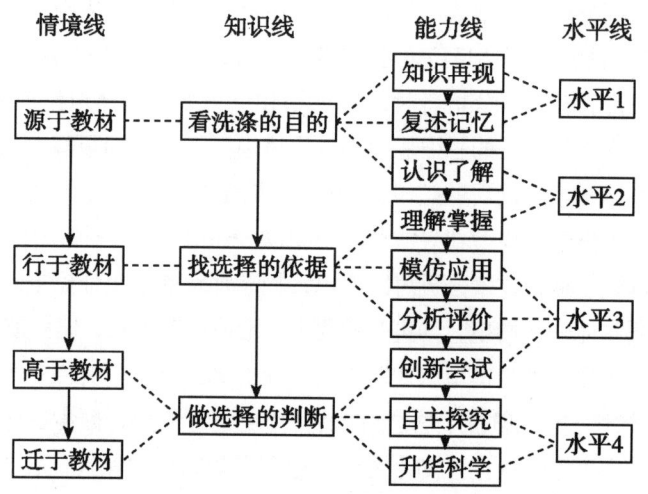

图 5-2-4 "洗涤剂的选择"教学流程

王老师根据人们使用事物的一般规律：发现事物→认识事物→了解性能→生活使用，构建起与证据推理与模型认知素养之间的有效关联，如图 5-2-5 所示。建议复习时教师一定要引导学生跳出教材，站在更高的角度看待问题，追求化学学习更高层次的价值。

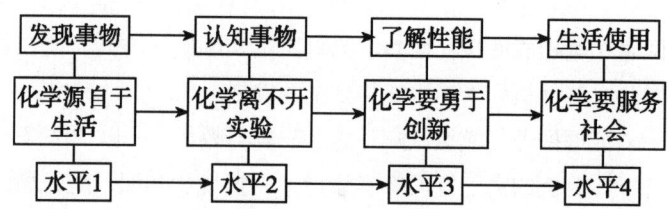

图 5-2-5 事物认识、学科功能和证据推理与模型认知素养的关系

刘春花在《基于证据推理与模型认知的"同课异构"分析—以"质量守恒定律"为例》[1]一文以"质量守恒定律"同课异构为例，阐述了证据推理与模型认知在化学教学中的相互关系。分别从情境导入与实验探究相结合、教学手段与环节设置的契合以及知识永恒性和探索持续性之体验等方面，对学生的证据推理与模型认知做分析。在教学过程中，证据推理与模型认知总是相互渗透、相互影响的。因此，教师需要在证据推理中完善学生的模型认知，在学生的模型认知中促进证据推理的过程。教师可以通过设置情境、探究活动和情感教学等策略帮助学生树立独立解释物质的意识，提高学生依据物质变化的内在规律做出模型假设与模型构建的能力，帮助学生建立解决化学问题的基本框架。

卫佳在《应用滴定曲线培养"证据推理与模型认知"素养》[2] 一文通过分析滴定曲线，用平衡常数论证中和滴定实验中选择某种酸碱指示剂的可行性，应用数形结合的方法构建滴定曲线与平衡常数间"表征"与"决定"关系的认知模型，并将此模型应用于解决分析混合溶液中微粒浓度大小关系。把学生的抽象思维与形象思维结合起来培养，重视数据推理素养的培养，

---

[1] 刘春花，汪秋英，刘晓玲. 基于证据推理与模型认知的"同课异构"分析——以"质量守恒定律"为例 [J]. 化学教与学，2019（1）：16～18.

[2] 卫佳. 应用滴定曲线培养"证据推理与模型认知"素养 [J]. 中学化学教学参考，2018（10）：9～13.

建立平衡常数的认知模型。将化学平衡常数与图像、表格有机地结合起来，并建构图像表征平衡常数的认知模型，让抽象变得具体，为问题的解决创造更直观的证据，通过这样的严谨思维的训练体验，提高学生分析问题的能力、提炼信息的能力，最终将这些知识和思维内化为自身的素养。

王兆允在《高中化学学科核心素养"证据推理与模型认知"的培养》[①]一文建议老师用智慧从"证据推理"出发，构建"模型认知"的教学结构，立足教材，有针对性地设计探究活动，尽可能带领学生进入实验室亲自动手进行实验，训练学生用正确的思维、规范的语言进行表达，帮助学生更好地领悟化学学科的魅力所在。

周书雨在《化学核心素养培育的思考—证据推理与模型认知》[②]一文指出"证据推理与模型认知"作为化学核心素养要素之一，通过对其内涵进行关联性分析，结合实际教学中各内涵的表现形式及目标指向，从建构学科知识体系，帮助学生把握学科思想，建立模型认知。让学生体验跨学科的研究，联系生活实际，创设真实的问题情境，提升学生思维能力，培养学生科学探究的能力，使化学核心素养的培养具有可操作的实际意义。

综上所述，发展学生证据推理与模型认知学科核心素养教学策略有如下几点。

一是创设真实情境策略。让学生在真实情境中发现化学问题，从真实模型到化学模型，然后再根据问题的关键要素分析解决问题，建构完善模型，再反过来解决真实复杂情境问题。

二是生活化策略。从生活中的化学问题出发，让学生利用学科核心知识解构问题，梳理核心要素，寻找关键证据，建构思维模型，解决生活问题。

三是关注情境、知识、能力统整策略，让学生在整体观念的指导下系统思考问题，系统地寻找证据，分析证据，有效建模。

四是重视发展逆向推理，提升学科核心素养。教学中要重视从结论出发，逆向推理，找出关键核心要素，再根据核心知识来寻找关键证据，形成模型建构到证据寻找之间的逆向推理逻辑闭环。

五是探究性教学融合策略。证据推理与模型认知是探究性教学过程与结果的关系，探究的过程重视证据的收集、分析，探究的结果是建构解决一般问题的思路与方法，形成思维模型。

六是"对话"教学策略。让教学在教师与学生、学生与学生、学生与实验现象之间进行有效对话，从对话中发现提取证据，进行逻辑推理，建构模型。

七是利用化学史策略。精选化学史上著名假说模型的发展建构过程，基于事实的证据推理建构模型与认知水平、历史条件限制之间的关系，形成对证据推理与模型认知素养客观的认识。

八是问题解决策略。设置核心问题，寻找关键证据，利用问题链串联教学，利用证据链有效推理，形成证据与模型之间的有效关联，培育学生证据推理与模型认知学科核心素养。

---

① 王兆允. 高中化学学科核心素养"证据推理与模型认知"的培养[J]. 课程教育研究，2018（15）：104～105.
② 周书雨. 化学核心素养培育的思考——证据推理与模型认知[J]. 高考，2018（3）：106.

第三节　发展证据推理与模型认知素养的教学设计研究

"证据推理与模型认知"作为化学学科核心素养独特的思维方法，在中学教学中有着广泛的应用。在教学设计中可积极引导学生观察梳理宏观的证据，如实验现象、物质的理化性质、分离提纯的各种方法，也可以引导学生分析微观粒子之间的相互行为，更可以通过数据图表来归纳证据的指向。基于证据，展开逻辑推理，分析其中关键的因素，将关键因素抽象形成关系网络，抽离成有类比迁移功能的认知模型，形成解决问题的一般思路。下面分别以3个案例试做说明，其中《一水硫酸四氨合铜的制备与含量分析》发展学生对物质制备、分离、提纯的方法模型的认识，《原子结构模型的演变》发展对假说模型的认识，《原电池的工作原理》发展对模型认知进阶的认识。

【案例1】一水硫酸四氨合铜的制备与含量分析[①]

【环节一：硫酸铜晶体的制备】

[情境引入]一水硫酸四氨合铜（Ⅱ）——$[Cu(NH_3)_4]SO_4·H_2O(M=246g·mol^{-1})$是一种深蓝色晶体，通常由硫酸铜溶液与氨水混合制得，常温下在空气中易与水和二氧化碳反应生成铜的碱式盐。常用作杀虫剂、媒染剂，在碱性镀铜中也常用作电镀液的主要成分，是高效、安全的广谱杀菌剂，还是植物生长激素，能促进作物生长，明显提高作物产量。

[信息提示]信息1：Fe^{3+}、Cu^{2+}、Fe^{2+}三种离子在水溶液中形成氢氧化物沉淀的pH范围如图5-3-1所示。

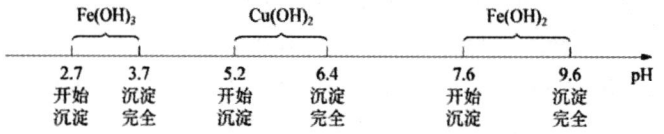

图5-3-1　Fe^{3+}、Cu^{2+}、Fe^{2+}三种离子在水溶液中形成氢氧化物沉淀的pH范围

信息2：见表5-3-1。

表5-3-1　相关物质溶解度

温度	0 ℃	20 ℃	40 ℃	60 ℃	80 ℃
$CuSO_4·5H_2O$	23.1	32.0	46.4	61.8	83.8
$Cu(NO_3)_2·6H_2O$	81.8	125.1	—	—	—
$Cu(NO_3)_2·3H_2O$	—	—	160	178.5	208

[思考]要制备一水硫酸四氨合铜，首先须制得硫酸铜晶体。工业上以废铜屑（含有少量铁、油污及不溶性杂质）为原料制备硫酸铜晶体，设计实验方案制备硫酸铜晶体，请画出实验

---

① 滕瑛巧，王星乔，于淑儿，包朝龙．"主题链接，模型建构"促进浙江选考化学实验有效复习——以"一水硫酸四氨合铜的制备与含量分析"为例［J］．化学教学，2018（6）：48-54．

流程图。

[学生] 分小组讨论，共同设计实验方案，典型方案进行板演。

[师生讨论] 教师引导学生从"科学、可行、安全、简约、经济、绿色"等实验方案设计原则出发，结合小组设计方案，共同修改完善板演方案，获得较优实验方案，如图 5-3-2 所示。

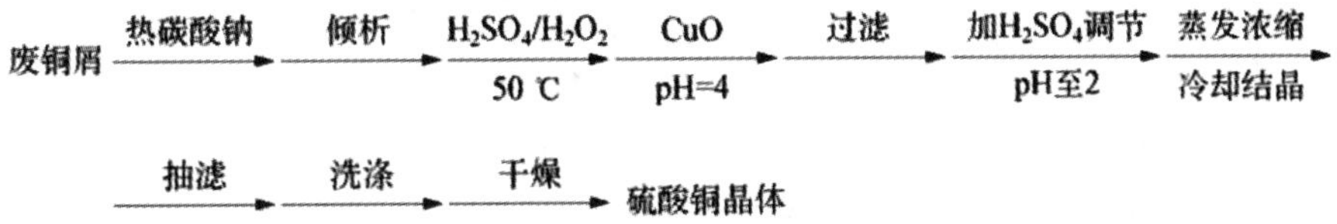

废铜屑 →热碳酸钠→ 倾析 →H_2SO_4/H_2O_2 50 ℃→ CuO pH=4 → 过滤 →加H_2SO_4调节 pH至2→ 蒸发浓缩 冷却结晶

→抽滤→洗涤→干燥→硫酸铜晶体

图 5-3-2　废铜屑制备硫酸铜晶体的实验方案

在师生讨论过程中，辅以下述问题组细化实验相关内容。

(1) 倾析法的适用对象是什么？

(2) 为什么温度控制在 50 ℃，如何控制？

(3) 如何判断是否氧化完全？

(4) pH 调节到多少？用什么物质调节？

(5) 趁热过滤之后是否要洗涤？

(6) 蒸发浓缩、冷却结晶之前为何需加稀硫酸调节 pH 至 2？

(7) 工业上也用硝酸氧化铜屑，则可能含有的杂质是什么？如何进行提纯？已知硫酸铜晶体在 A、B、C 三种溶剂中溶解度随温度变化如图 5-3-3 所示，重结晶时选择哪种溶剂？

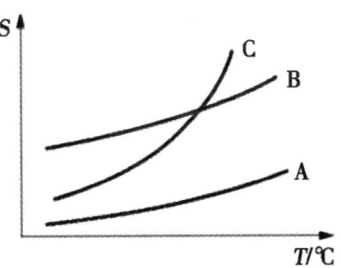

图 5-3-3　硫酸铜晶体在 A、B、C 三种溶剂中溶解度随温度变化

设计意图：余文森教授认为，基于核心素养的教学一个显著的特征是问题来源于真实情境、是原生态的。本节课以一水硫酸四氨合铜（Ⅱ）的用途作为引入，激发了学生的兴趣，让学生明白本节课的价值。这一环节的核心是让学生设计由废铜屑制备硫酸铜晶体的实验方案，并辅以问题组细化实验操作过程中的相关问题，有以下目的：一是考查、训练学生的思维迁移能力和严密性，这与《实验化学》教材"硫酸亚铁铵的制备"中由废铁屑制备硫酸亚铁非常相似；二是温习、落实化学实验的重难点——原料预处理、反应条件控制、分离提纯（冷却结晶、重结晶）、实验方案设计与优化；三是培养学生获取信息、应用信息的能力。

【环节二：一水硫酸四氨合铜的制备】

[信息提示] 信息 3：①$[Cu(NH_3)_4]SO_4·H_2O$ 在溶液中存在以下电离（解离）过程。

$[Cu(NH_3)_4]SO_4·H_2O \rightleftharpoons [Cu(NH_3)_4]^{2+} + SO_4^{2-} + H_2O$

$[Cu(NH_3)_4]^{2+} \rightleftharpoons Cu^{2+} + 4NH_3$

②$CuSO_4$、$(NH_4)_2SO_4$ 在水中可溶，在乙醇中难溶。

③$[Cu(NH_3)_4]SO_4·H_2O$ 在乙醇—水混合溶剂中的溶解度随乙醇体积分数的变化如图 5-3-4 所示。

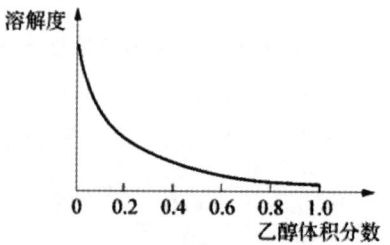

图 5-3-4　[Cu(NH$_3$)$_4$]SO$_4$·H$_2$O 在乙醇—水混合溶剂中的溶解度随乙醇体积分数的变化

[教师] 演示实验：往硫酸铜溶液中逐滴滴加氨水。

[问题] 反应何时结束？

[学生] 蓝色沉淀恰好溶解。

[问题] 如何从硫酸四氨合铜溶液中获得晶体？

[学生] 蒸发浓缩、冷却结晶。

[教师] 可行吗？

[学生] 不行，该方案存在明显缺陷，加热蒸发过程中 NH$_3$ 挥发，使反应 [Cu(NH$_3$)$_4$]$^{2+}$ ⇌ Cu^{2+} + 4NH$_3$ 平衡往右移动，且 Cu^{2+} 发生水解，产物晶体中往往含有 Cu(OH)$_2$ 或 Cu$_2$(OH)$_2$SO$_4$ 杂质。可结合资料信息，加入乙醇使其析出。

[教师] 演示实验：将无水乙醇加入到硫酸四氨合铜溶液中，晶体析出后转移至抽滤装置的布氏漏斗中。

[问题] 瓶壁残留晶体怎么办？

[学生] 用滤液将其冲洗下来，转移至布氏漏斗中，以提高产率。

[问题] 如果要洗涤布氏漏斗中的晶体，选择什么作洗涤剂？它的优点是什么？

[学生] 酒精，它的优点有：可以降低晶体因溶解而造成的损失；可以除去表面的可溶性杂质和水分；酒精易挥发，晶体易干燥。

[问题] 采用何种干燥方法，能否晾干或者加热烘干？

[学生] 不能晾干，因为晶体常温下在空气中易与水和二氧化碳反应生成铜的碱式盐；也不能加热烘干，易使 [Cu(NH$_3$)$_4$]SO$_4$·H$_2$O 分解（失去水或失去氨气），可以用酒精洗干。

设计意图：这一环节通过演示实验、问题驱动等教学方式，让学生学会从化学反应原理角度分析核心反应及核心物质的化学性质，优化实验条件与方案，解释或解决实验中的相关问题。晶体的分离提纯（析出、洗涤、干燥）一直是浙江选考化学实验加试题的热点与难点，本环节模拟实验加试题，通过提供晶体的相关性质信息，让学生自主提供晶体的析出、洗涤、干燥方案，考查学生对信息的摄取、加工和应用能力，以及综合运用所学知识分析和解决实际问题的能力。

【环节三：一水硫酸四氨合铜的成分测定】

[过渡] 制得晶体之后，需要对晶体的成分进行定量测定，以确定是否是目标晶体，常用的定量分析方法有沉淀法、滴定法、测定气体体积法等。

[投影]（1）SO$_4^{2-}$ 含量测定（沉淀法）。

称取 0.6566 g 上述备用的一水硫酸四氨合铜样品，置于 400 mL 烧杯中，加 25.00 mL 蒸馏水使其溶解，稀释至 200.00 mL。加稀 HCl(6.000 mol/L)2.00 mL，盖上表面皿，加热至近沸。

取 $BaCl_2$（0.1000 mol/L）溶液 32.00 mL 于小烧杯中，加热至近沸，然后用滴管将热 $BaCl_2$ 溶液逐滴加入样品溶液中，同时不断搅拌溶液。静置，检验沉淀是否已完全。置于电炉（或水浴）上加热，陈化约半小时后，冷却至室温。过滤和洗涤，干燥和灼烧，冷却称量，_____。重复上述实验三次，$BaSO_4$ 平均质量为 0.6132 g。

[问题] 如何判断是否沉淀完全？是否洗涤干净？

[问题] 补充横线空格中的操作。

[投影]（2）NH_3 含量测定（滴定法），NH_3 吸收装置见图 5-3-5。

称取 0.2200 g 上述备用的一水硫酸四氨合铜样品，放入 250 mL 锥形瓶中，加 80.00 mL 水溶解，再加入 10.00 mL 10% 的 NaOH 溶液。在另一锥形瓶中，准确加入 30.00 mL 标准 HCl 溶液（0.5000 mol/L），放入冰浴中冷却。从漏斗中加入 3~5 mL 10% NaOH 溶液于小试管中，漏斗下端插入液面下 2~3 cm。加热接近沸腾时改用小火，微沸 1 h 左右。取出导管，用蒸馏水冲洗导管内外，洗涤液收集在氨吸收瓶中，从冰浴中取出

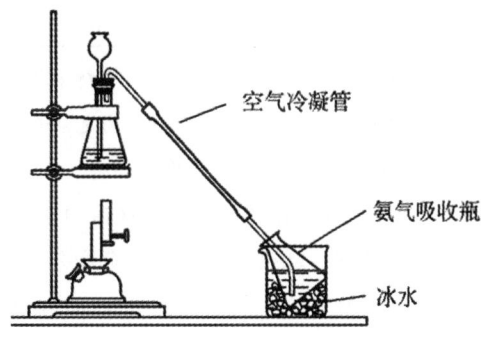

图 5-3-5 NH_3 吸收装置

吸收瓶，加 2 滴酸碱指示剂，用标准 NaOH 溶液（0.5000 mol/L）滴定剩余的溶液。重复三次，平均消耗标准 NaOH 溶液体积 22.88 mL。

[问题] 为何保持微沸状态 1 小时？

[问题] 为何使用空气冷凝管和冰水浴，如不使用对测量结果有何影响？

[问题] 根据酸碱中和滴定曲线（见图 5-3-6）分析，应选择哪种酸碱指示剂？

[投影]（3）Cu^{2+} 测定（分光光度法）。

已知 $Cu(NH_3)_4^{2+}$ 对特定波长光的吸收程度（用吸光度 A 表示）与 Cu^{2+} 在一定浓度范围内成正比。现测得 $Cu(NH_3)_4^{2+}$ 的吸光度 A 与 Cu^{2+} 标准溶液浓度关系如图 5-3-7 所示。准确称取 0.7008 g 样品，用蒸馏水溶解并定容至 100 mL，准确移取该溶液 10.00 mL，加 10.00 mL $NH_3·H_2O$，再用蒸馏水定容至 25 mL。重复三次，测得溶液平均吸光度 A=0.137。

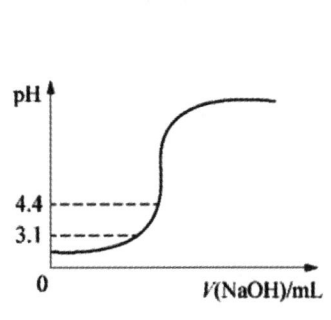

图 5-3-6 氢氧化钠滴定氨水曲线

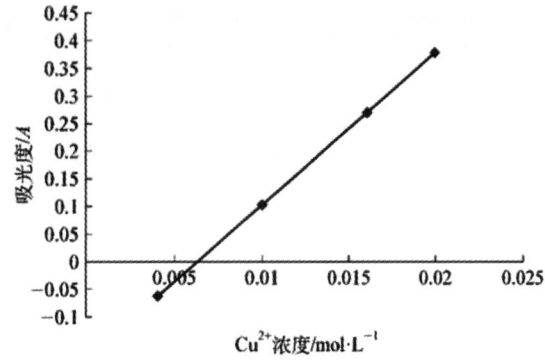

图 5-3-7 $Cu(NH_3)_4^{2+}$ 的吸光度与 Cu^{2+} 标准溶液浓度关系

[投影]（4）样品成分测定。

根据上述实验测定数据，填写表 5-3-2。

表 5-3-2 晶体成分的实验值与理论值比较

项目	实验值	理论值
SO_4^{2-}/‰		39.02
NH_3/‰		27.64
Cu^{2+}/‰		26.02
H_2O/‰		7.317

设计意图：此环节实验方案素材来源于真实科技文献，通过对一水硫酸四氨合铜的成分测定，目的在于复习巩固沉淀法、滴定法等经典定量分析方法，强化学生的计算能力。

【环节四：构建分析模型】

[教师] 本节课围绕"一水硫酸四氨合铜的制备与含量分析"，结合提供的资料信息，对原料进行预处理，从化学反应原理角度分析核心反应，控制反应条件，监控反应进程，进行分离提纯，获得目标产物，进而分析目标产物成分、计算纯度和产率。

[投影] 试题命题模型（见图 5-3-8）。

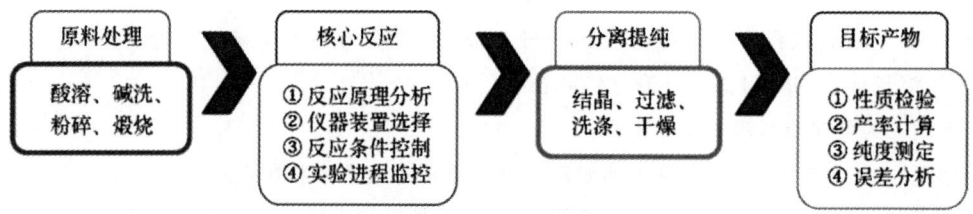

图 5-3-8 试题命题模型

[教师] 以此命题模型为框架，分析实验试题（见图 5-3-9）。

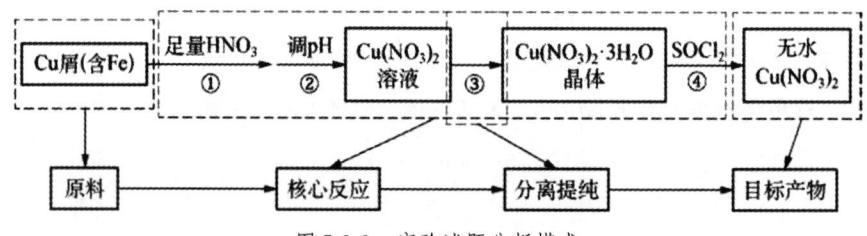

图 5-3-9 实验试题分析模式

[作业] 结合命题模型，尝试归纳、提炼实验试题的解题模型（见图 5-3-10、表 5-3-3）。

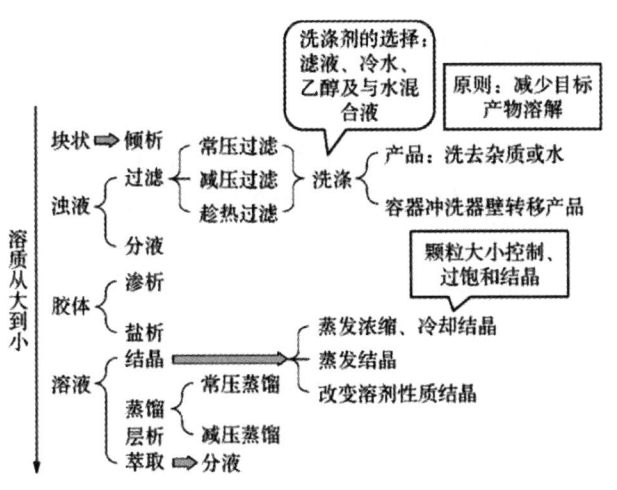

图 5-3-10 物质分离提纯选择方法模型

表 5-3-3 晶体洗涤剂选择模型

沉淀或晶体	杂质	洗涤剂
不溶于水	溶于水	水
水中溶解度随温度变化不大	水中溶解度随温度变化大	热水
水中溶解度随温度变化大	溶于水	冷水、冰水
溶于水，不溶于醇	溶于水，溶于醇	醇
可溶于冷水，易溶于热水，微溶于乙醇	①可溶于水，微溶于乙醇 ②易溶于水，可溶于乙醇	乙醇—水混合液

设计意图：此环节旨在引导学生归纳、提炼化学实验加试题的命题模型与解题模型，方能识"庐山真面目"，解决"一听就懂、一做就错"等问题。

【教学点评】

本节课以真实的"一水硫酸四氨合铜的制备"作为教学情境，通过设计三个教学环节，即硫酸铜晶体的制备、一水硫酸四氨合铜的制备、一水硫酸四氨合铜的成分测定。先通过复习学习相对熟悉简单的硫酸铜晶体的制备，帮助学生建构制备分离提纯物质的简单模型，然后通过环节二进阶为真实复杂问题"一水硫酸四氨合铜的制备"，在真实问题解决中不断梳理发展出新的认识，不断完善模型，在环节三，再运用定量分析方法，从理想分析到现实分析，不断完善和建构学生新的认知，最终形成完整的认知模型。在整个教学过程中，不断运用具体问题的解决来概括抽离形成证据，通过证据推理来建构、发展、完善模型，发展和提升学生的证据推理与模型认知学科核心素养。

【案例2】原子结构模型的演变[①]

一、设计理念

化学模型所表现的对象是不可观测的复杂客体,而它的直接基础则是由科学观察、测定、研究所取得的资料、事实和发现。模型是概括、抽象和简化了的原型,它的合理性需要通过逻辑和实验来检验。初期,人们对原型的认识并不充分,因此建立起来的模型还不够完善。随着实践的发展、技术的进步、新现象的发现等,会发现原来所建立的模型,有不完善甚至不正确的地方。这样,错误的化学模型被否定,不完善的化学模型被修正和补充,新模型在对旧模型的扬弃中不断产生。这种发展过程,反映了人们对原型的认识过程,是绝对真理与相对真理的辩证统一关系在化学认识领域里的具体体现,从而表明了模型的发展性特征。

原子结构模型的演变历史说明了模型是人们对原型认识程度的一种反映。它是在一定历史条件下,人们对原子原型的一种相对真理性的认识,是一个逐步深入的过程。因此,在"原子结构模型的演变"教学中,以原子结构模型演变的化学史为线索,以"证据推理与模型认知"为学科思维方法,让学生在学习过程中认识到物质结构理论的发展过程,从某种程度上可以说是一个不断建立模型、运用模型和修正模型的过程。模型和在其基础上建立的理论都需要再回到经验中去比较和验证,说明已有的事实,预测未知事实,指出人类实践活动的方向,在这个过程中,进一步接受实践的考验,并得到扬弃或改造。

二、教学设计

1. 课程标准和教材分析

《普通高中化学课程标准》2003年版和2017年版皆明确要求"认识化学是原子、分子水平上研究物质的组成、结构、性质、转化及其应用的一门基础学科","认识实验、假说、模型、比较、分类等科学方法对化学研究的作用","了解原子结构与元素性质的关系"等。

苏教版《化学1》专题1第三单元在主题"原子结构模型的演变"中呈现了人类认识原子结构的历史,旨在让学生认识"模型"是化学学科重要的思维方法,人类对原子结构的认识是逐步深入的,每前进一步,都建立在实验研究的基础之上。科学实验是揭示原子结构奥秘的重要手段。

2. 学情分析

学生在初中化学学习的过程中,已经知道了物质是由分子、原子、离子等微观粒子构成,原子的构成及核外电子的分层排布,且元素的化学性质与其原子的核外电子排布特别是最外层电子的数目有关。但这些知识基本上是作为定论来学习的,学生对原子作为一种模型及其本质的认识并不深入。因此,本节课的教学可以基于学生的已有认知,通过原子结构模型的演变历史,认识到模型方法对理论建构的作用、模型的发展性特征以及证据推理在其中的重要作用等。

3. 教学目标

[①] 周正祥,杨玉琴. 指向"证据推理与模型认知"的教学设计——以"原子结构模型的演变"为例 [J]. 化学教育,2018 (23):25-30.

（1）经历科学家探索原子结构的历史，认识模型的描述、解释和预测等作用，体验模型的发展性特征。

（2）能够根据化学史实验事实证据，推理旧模型的不足，构建和评价新的模型，从而形成证据意识、发展模型认知能力。

4. 教学过程

（1）课堂导入：基于已有认知，激发认知冲突。

[问题1] 同学们，通过以前的学习我们已经知道了物质由分子、原子、离子等微粒构成。在这3种微粒中，有一种微粒起了中心作用，你们认为是哪一种？为什么？

[问题1.1] 为什么原子会得失电子形成离子？

[问题1.2] 原子看不见、摸不着，科学家是怎么知道"物质由原子构成""原子由原子核和电子构成，核外电子分层排布"这些结论的呢？

设计意图：通过[问题1]及追问[问题1.1]引出学生的已有知识，如，分子由原子构成，离子由原子得失电子所形成，原子核外电子是分层排布的，最外层有趋向于达到8电子相对稳定的结构等。为新知识的生长在原有的认知结构中找到稳定而清晰的"固着点"；再通过[问题1.2]不仅激发学生的认知冲突，也自然引入本节课所要研究的核心问题。

（2）核心内容：以科学史为线，从证据到模型。

（一、古代朴素原子论）

[问题2] 人类身处物质世界，对物质的探究始终没有停止过。人们观察到物质可以一分为二，二分为四……那么，物质是否无限可分呢？这一问题引起了哲学家们的兴趣。

[史实1] 哲学家德谟克利特的观点：①万物是由最微小的、坚硬、不可入、不可分的微粒所构成，即"原子"；②原子在性质上相同，但在形状、大小上却是多种多样的……

[问题2.1] 德谟克利特的"原子论"是否是真正意义上的"理论"，为什么？（学生讨论）

[问题2.2] 那么，德谟克利特的观点有没有依据呢？（学生讨论）

[补充史实]"原子论"者们由细致地观察，如湿衣服在太阳下变干、城门边的铜像的手因进城人不断地吻而被洗干净等事实证明看不到的粒子——原子的存在；并且运用自己的观点来解释所有的现象，如物质之所以不同，就是由于物质本身的原子在数目、形状和排列上有所不同，水的原子圆而光滑，相互之间可以滚来滚去，而铁的原子都是粗糙不平的，所以能牢固地一起形成一种坚硬的固体……

[问题2.3] 由以上讨论和史实我们可以得出哪些结论？（学生小结）

设计意图：通过[问题2]引出[史实1]，并通过几个子问题的讨论让学生自主归纳出德谟克利特的"原子论"源于对问题"物质是否无限可分"的思考，是根据某些观察到的事实进行推理的产物，但因为没有经过实验的证实，还不能称之为"科学结论"。从而初步认识观点、证据与科学结论之间的关系。

[过渡] 古代朴素的原子论只是一种笼统模糊的哲学思辨，缺乏实验证据。19世纪初，气体的一些性质引起了道尔顿的思考："为什么复合的大气在外观上构成一种均匀体，在所有的力学关系上都同简单大气一样？"为了解释混合气体的均匀性以及气体分压定律等经验事实，道尔顿在继承古代朴素原子论和牛顿微粒说的基础上，提出了原子学说。

（二、近代原子论）

[史实2] 道尔顿的"原子学说"：①原子是构成单质的不能再分的粒子；②同种元素的原子的性质和质量都相同；③原子是微小的实心球体，在一切化学变化中保持其基本性质不变……

[问题3] 上述理论能解释气体的均匀性及分压定律吗？道尔顿的原子学说为什么能被称为"科学的原子论"呢？

[补充史实] ①1789年，拉瓦锡用精确的定量实验证明了质量守恒定律；②1799年，普罗斯特根据实验事实得出结论：构成各种化合物的各种元素都有一个确定的质量比，即定比定律；③1803年，道尔顿利用原子论预测：当2种元素所组成的化合物有2种以上时，在这些化合物中，如果一种元素的量是一定的，那么与它化合的另一种元素的量总是成倍数地变化的（如CO和CO_2），即倍比定律。

[问题3.1] 道尔顿的原子学说除了能解释气体分压定律及扩散现象，能否解释这些定律？（学生分组讨论和汇报）

[问题3.2] 道尔顿的原子论与古代哲学家的原子论有何不同？（学生分组讨论和汇报）

[补充史实] 道尔顿的原子学说不仅建立在经验事实基础上，而且解释了许多实验事实、经验定律，并且经得起科学实验的检验，如倍比定律就被贝采利乌斯的实验所证实。道尔顿还设计了一整套符号来表示他的理论（见图5-3-11），这些符号圆满地起到了模型的作用，现在通常称之为道尔顿台球式原子模型。

[问题3.3] 为什么说这些符号圆满地起到了"模型"的作用？通过这些符号模型能够知道什么？这些符号现在来看存在什么缺陷？（学生分组讨论和汇报）

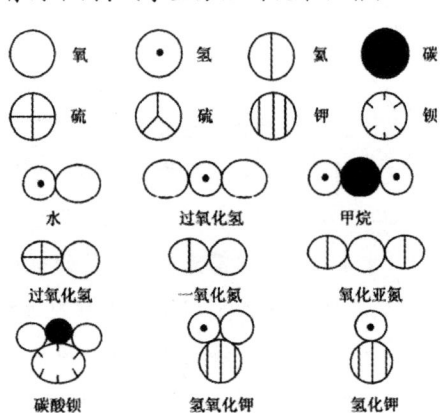

图5-3-11 道尔顿的原子符号和分子式

[师生共同小结] 模型方法：在化学研究中，当客观对象并不能直接研究时可以采取模型方法揭示原型客体的形态、本质和特征。道尔顿所提出的"构成物质的基本微粒，实心小球，不可再分"是最初的原子模型。模型具有描述、解释和预测的作用。道尔顿提出的原子论，解释了当时所知道的各种化学实验事实及其内在联系，以自己的原子学说预测到倍比定律并经实验所证实。因此，道尔顿的原子学说成为化学发展史上的一块里程碑。

设计意图：通过[史实2]引发对道尔顿原子学说的讨论，并通过[补充史实]让学生在[问题3.1]的讨论中，认识道尔顿的原子学说建立在气体分压定律及扩散现象等经验事实基础之上，能够解释经验定律并且预测到倍比定律。继而通过德谟克利特原子论与道尔顿原子论的比较，让学生进一步认识观点与科学结论的区别，初步体会实验证据在模型发展中的作用，模型在解释事实和表示理论时的作用等。通过道尔顿的原子符号体系让学生初步认识到，符号是表示模型的一种方法，利用符号能够描述原子的形态，以及原子是如何构成物质的，并且能够解释或预测一些事实等。

[过渡] 道尔顿的原子学说经历了近百年的考验，直到汤姆生在研究阴极射线时有了新

发现。

[史实3] 汤姆生的阴极射线实验（图5-3-12）。①当金属板 D_1、D_2 之间未加电场时，射线不偏转，射在屏上 P_1 点。施加电场之后，射线发生偏转并射到屏上 P_2 处；②用不同材料的阴极做实验，所得荷质比数值是相同的；③荷质比数值很大。

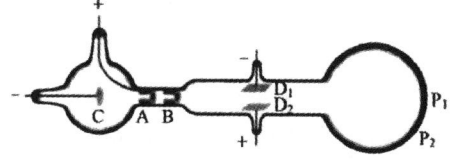

图5-3-12 汤姆生的阴极射线实验

[问题4] 从汤姆生的实验证据能推理出什么结论？（学生分组讨论和汇报）

[问题4.1] 这种带负电的粒子汤姆生称之为电子。电子的发现对道尔顿原子模型提出了什么挑战？又如何应对这种挑战？（学生讨论回答，并分组建构能够解释上述实验事实的原子模型）

[评价] 画出的原子模型应符合3个基本事实：①原子中有带负电的电子；②电子很小；③原子本身不带电。

[问题4.2] 与你建构的模型相比，汤姆生的葡萄干布丁模型（图5-3-13）的合理之处在哪里？（学生比较分析）

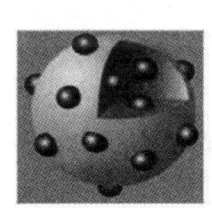 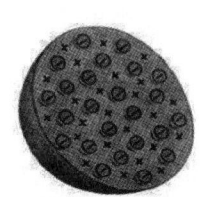

图5-3-13 汤姆生葡萄干布丁原子模型　　图5-3-14 卢瑟福的α粒子散射实验

设计意图：让学生从证据推理中发现道尔顿原子模型的缺陷，并通过让学生自己动手建构模型，并与科学家构建的模型比较，经历科学家探究的历程，体验模型建构的方法，进一步认识模型的作用和特征：描述原型，解释实验事实等，当模型与新的实验事实发生矛盾，则需建立新的模型，与证据更好地匹配。

[过渡] 正是由于汤姆生原子模型能解释当时的实验现象，所以被科学界接受，同时，也接受着科学实验的进一步验证。卢瑟福在指导其学生盖革和马斯顿用α粒子轰击金箔去验证汤姆生原子模型时，发现了一些难以理解的现象。

[史实4] 卢瑟福的α粒子散射实验（图5-3-14）。①绝大多数α粒子穿过金箔后仍沿原来方向前进；②少数α粒子发生了较大的偏转；③极少数α粒子的偏转超过90°；④有的甚至几乎达到180°。（信息提示：α粒子带正电，电子的质量不到α粒子的1/7300）

[问题5] 面对这些实验证据，卢瑟福说："这是我一生中从未有的最难以置信的事，它好比你对一张纸发射炮弹，结果被反弹回来而打到自己身上……"他为什么这么说？

[问题5.1] 若根据汤姆生的原子模型进行预测，应该会发生怎样的现象？（学生讨论回答）

[问题5.2] 从卢瑟福的实验事实推理出的结论是什么？（学生讨论回答）

[问题5.3] 汤姆生的原子模型所预测的现象和实验证据之间产生了强烈的矛盾,这也正是卢瑟福感到震惊之处。那么,如何解释这些新证据呢?(学生分组建构能够解释新证据的模型)

[评价] 新建构的模型必须能够解释:原子中绝大部分是空的,原子的正电荷和绝大部分质量几乎集中在某一区域。

[展示] 卢瑟福核式原子模型:①原子由原子核和核外电子构成;②原子核带正电,位于原子中心;③电子带负电,在原子核外空间做高速运动。

[问题5.4] 卢瑟福原子模型如何解释α粒子散射实验中的现象?(学生讨论回答)

[补充史实] 1919年,卢瑟福用粒子轰击氮核,得到了质子,进而猜想原子核内存在不带电的中子,这一猜想10年后被他的学生查德威克用实验证实,并得到公认。

设计意图:通过系列问题,让学生从α粒子散射实验所获得的实验事实出发进行推理,发现与汤姆生原子模型所预测现象之间的矛盾,从而意识到原子模型发展的必要性。并且通过自己建构与评价新模型,进一步体会模型的作用,模型与证据之间的关系,增强模型认知能力。

[过渡] 卢瑟福用他的核式结构模型成功地解释了α粒子散射实验中的大角度散射和其他的实验现象,为人类认识原子结构的史册中增添了光辉的一页。但是依据经典电动力学原理,当电子围绕原子核旋转时,它在辐射电磁波的同时会因失去能量而坠落到原子核上,原子的结构应该崩溃,而实际上原子是稳定的。这又如何解释?

[史实5] 玻尔的原子轨道模型(图5-3-15)。①原子核外,电子在一系列稳定的轨道上运动,每个轨道都具有一个确定的能量值;②核外电子在这些稳定的轨道上运动时,既不放出能量,也不吸收能量……

[问题6] 玻尔原子模型继承了什么?创新了什么?成功之处在哪里?(学生讨论回答)

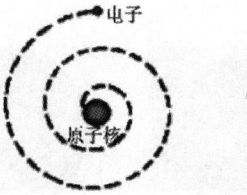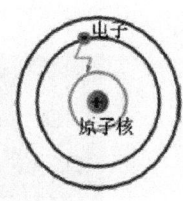

图5-3-15 玻尔的原子轨道模型

[问题7] 行星轨道式原子模型与太阳系行星模型有何异同点?

[师生讨论共同归纳] 太阳系行星模型与行星轨道式原子模型的比较(见表5-3-4)。

表5-3-4 太阳系行星模型与原子模型的比较

	太阳系行星模型	原子模型
共有属性	在太阳系中 太阳拥有绝大部分的质量 太阳是中心 行星和太阳互相吸引 大部分空间是空的	在原子中 原子核具有绝大部分的质量 原子核是中心 电子与原子核相互吸引 大部分空间是空的
自有属性	行星大小不同 一个行星一个轨道 太阳与行星之间是万有引力	电子都是同样大小的 每个轨道上有多个电子 原子核与电子之间是静电作用力

设计意图:通过卢瑟福模型与玻尔模型的比较,学生进一步认识到模型的发展基于对原型认识的不断深化,是对旧模型的继承和改造。

"史实5"中略去了氢原子光谱部分,以符合学生的最近发展区通过太阳系行星模型与原子模型的比较,认识到类比方法有助于模型的建立。

[过渡] 玻尔原子模型引入量子论观点,对人类在认识微观领域上观念的转变做出了重大贡献,他因此项成果荣获了1922年诺贝尔物理学奖。但他未能完全冲破经典力学的束缚,采取了宏观物体的固定轨道描述电子在核外的运动。以后经过海森伯、薛定谔、玻恩、狄拉克等人开创性的工作,终于在1925—1927年形成了描述微观世界的基本理论——量子力学。

(三、现代原子论)

[史实6] 量子力学原子模型(图 5-3-16)。①不能断言电子一定会在核外某一轨道上出现,只能给出电子在某处的几率;②原子内电子出现的几率分布可形象化描述为"电子云"……

[讨论] ①原子是球形的吗?②原子核外有一层"壳"吗?③核外电子的分层排布中的"层"是真正的一层吗?

[小结] ①"原子"是一个模型,画成球形只是表达上的方便,其真实的形状是复杂的,即使扫描隧道显微镜显示的图像也不是真实图像,而是利用电子与测试样品的相互作用得到相关数据,然后将数据处理使其可视化;②原子并没有外壳,只是一个靠原子各部分的作用力约束而形成的一个存在运动的范围;③所谓"层"只是电子在这个区域出现的概率大。

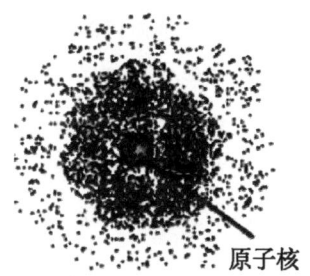

图 5-3-16 量子力学原子模型

设计意图:"史实6"只呈现了学生可理解的观点,重在让学生通过讨论常见的错误观点从而厘清认识,更加理解原子模型的本质。

(3) 课堂小结:梳理演变历史,认识模型本质。

①原子模型的演变历程及其规律(见表 5-3-5)。

表 5-3-5 原子模型的演变历程及其规律

模型图示	●	⇒	⊙	⇒	⚛	⇒	⊛	⇒	⊚
科学家	道尔顿(1803)		汤姆生(1904)		卢瑟福(1911)		玻尔(1913)		量子力学(1926)
核心观点	原子是不可再分的实心小球		电子分布在均匀分布的正电荷连续体之中		原子由原子核和核外电子构成		核外电子在一定的轨道上高速运动		只能描述电子在核外某位置出现的概率大小
建模依据	大气均匀性,气体分压定律等		发现电子		α粒子散射实验		氢原子光谱		近代科学实验
不足之处	不能解释电子的存在		不能解释α粒子散射时的现象		不能解释原子的稳定性和氢原子光谱		以经典力学解释微观世界		?

②模型方法的特征。a. 模拟性:以简化和理想化的形式去模拟原型的结构、功能和联系,并运用语言、符号、图形等来表示,从而克服化学研究对象不可观测性所带来的认识上的困难;b. 发展性:模型是人们对原型的一种相对真理性的认识,是逐步深入的过程。

设计意图：引导学生梳理原子结构模型的演变轨迹，加深对模型特征的理解。

【教学点评】

在日常教学当中，老师们对原子结构模型的形成与发展往往都是一笔带过，担忧学生认知发展层次和理论性太强，基本将该部分的内容变成了辨识记忆型，导致的结果是学生整个发展历程背诵得如数家珍，但是真正分析其中理论发展的必然和应然，学生往往不知所云，就更谈不上利用每个阶段的模型来解决相应的真实问题了。

本节课则以原子结构模型发展史上6个经典实验模型作为教学线索，通过设计问题链不断进阶，采用追问的教学策略形成7个阶梯式的核心问题，引导学生根据当时历史条件下的实验事实与科学家根据证据建构的假说模型进行分析，分析其中基于证据的推理，基于推理的模型建构，然后又根据新的实验事实和新的证据，修正和完善模型，最终形成正确的认识。通过科学家几百年艰辛的探索，让学生真切感受到证据推理与模型认知素养的认识功能与价值，让该素养的培育真正落到实处，真正在体验中得到发展。

【案例3】原电池的工作原理[①]

高中电化学内容具有较强的理论性，原电池中反应原理、电极判断、电极方程式书写等较为抽象，与学生的生活经验有一定的距离，仅依赖课本经典装置则证据不足，容易造成思维固化、形成迷思概念。对于电化学这一理论教学的难点，传统的分析推理教学方法难以达到提升素养的教学目标。若利用锌铜稀硫酸双液原电池等实验素材，组织学生分析推理、推论预测、设计评价等探究活动，才能有效促使学生认识到电极反应、电极材料、离子导体、电子导体等基本要素，从而建立原电池认知模型，提高对原电池本质的认识。

一、原电池认知模型建构的必要性分析

1. 依据"原电池"学情

基于学情设计教学，才能激发学生主动探究，突出学生的主体作用。教学实践中发现，"原电池"学习中，学生易形成以下错误认识，应在教学设计中重点关注，研究产生的根源。

认识1：认为原电池的形成条件之一必须要有电解质溶液。

认识2：原电池反应中，电解质溶液一定和电极（负极）直接接触并反应。

认识3：同种金属不能构成原电池的正负极。

认识4：原电池中阴离子向正极移动，阳离子向负极移动。

不难看出，部分学生想当然地认为正极带正电、吸引阴离子，从而形成"认识4"离子移动的迷思概念。其余错误认识，均源于锌铜稀硫酸经典原电池装置中获得的刻板印象。化学理论性知识是化学教学内容的精髓，具有高度的概括性，是从丰富具体的事实材料中抽象概括出来的，其概念形成过程需要大量的具体例证，并据此概括关键特征。作为理论性知识的代表内容，原电池学习仅仅利用一个原型无法激发学生的探究性思维，教学过程中需要更换电极、电解质，变通连接方式，提供符合科学发展的实际场景，利用多个原电池原型构建原电池认知模

[①] 单世乾，倪娟. 基于探究实验建构认知模型的化学教学研究——以"原电池的工作原理"教学为例[J]. 化学教学，2018 (12)：59~64.

型并逐渐完善，以此促进学生归纳与演绎能力发展，将知识与学科观念、学习与问题解决联系起来。

2. 依据核心素养背景下"原电池"教学要求

苏教版化学2"化学能转化为电能"由锌铜原电池探究实验入手，引导学生感性认识电能的转化，分析反应原理和电极反应，得出原电池的构成条件，引出电极、电极反应、电流回路等原电池相关概念；选修4"原电池的工作原理"基于锌铜硫酸铜双液原电池的探究实验，理性分析化学能与电能的转化，认识氧化反应和还原反应分别在负极区和正极区发生，体现了氧化还原反应的"自发性"，也为后续原电池、电解池中的隔膜技术奠定基础。

根据化学学科核心素养对高中学生发展的要求，普通高中化学课程标准提出，"要基于证据进行分析推理，能依据物质及其变化的信息建构模型"的课程目标。通过高中必修模块学习，学生对原电池的工作原理已有一定认识，选修内容的教学任务是唤醒高一原电池的已有认识，在完善学生认知模型的过程中，培养学科观念。如对于原电池认知模型的发展，不仅要建立认识角度，还应当发展学生对于电池动力和溶液内部离子运动的认识，对电池发展的科学探究过程及对实用电池的分析评价等。因此教师在教学设计时尤其要关注化学学科的实践性特征，将实践性素材中化学与生活生产实际、科学研究等联系挖掘出来，通过营造真实情境，提供丰富的情境素材，激励学生通过实验探究活动建立认知模型，理解原电池的基本原理及相关概念，感悟电池的改进与发展的理论依据及方法。

由此确立本节的教学目标为：通过设计与组装原电池，深化理解原电池的本质是氧化还原反应，理解原电池的工作原理，构建并逐渐完善原电池认知模型；通过定性分析与定量研究相结合获取证据，明确生产生活中原电池的评价依据与发展方向，感悟科学精神和社会责任。使课堂教学目标从"教会知识"向"发展素养"转变，以提升学生"科学探究与创新意识""证据推理与模型认知""科学态度与社会责任"等化学学科核心素养。

二、原电池认知模型构建的教学设计

1. 筛选学生问题，挖掘教学价值

不论演示实验还是分组探究实验，学生均能从实验过程中观察到超出预期的实验现象，经过分析推理，提出一些自己不能解决的问题。梳理这些问题，正是探查学情、发现知识生长点的时机。利用学生提出的问题组织教学，更能激发学生思维、激励学生主动地进行科学探究。

问题1：锌片表面为什么有红色斑点？

问题2：电压表读数为什么越来越小？

问题3：双液原电池中，锌片不与硫酸铜接触，为什么有电流产生？

问题4：原电池效率的影响因素有哪些？

问题5：铁碳、锌碳都不与氯化钠反应，为什么能构成原电池？

这些问题都是学生在学习过程中自然生成的，经过小组交流讨论基本都能得到解答。例如，问题1和问题2的答案是双液原电池改进的依据：铜锌硫酸铜单液原电池实验探究中，理论上作为负极的锌片表面本不应有斑点出现，事实上仍有较为明显的现象，排除锌片不纯的影响因素，负极与电解质中的氧化剂直接接触，部分电子未经导线转移而直接在锌电极表面被铜离子捕获，导致电能转化率降低；而在双液原电池中锌单质和硫酸锌接触、铜单质和硫酸铜接触，两份溶液通过盐桥联通，不会出现氧化剂和还原剂之间的直接反应，提高了电池的效率。从电流角度看，由于锌片与硫酸铜溶液直接接触，铜在锌片表面析出，锌表面也构成了原电池，进一步加速铜在锌表面析出，致使向外输出的电流强度减弱；双液原电池使用盐桥，可使由它连接的两溶液保持电中性，盐桥保障了电子通过外电路从锌到铜的不断转移，使锌的溶解和铜的析出过程得以持续进行，在外电路形成持续稳定的电流。后面几个问题均在引导学生结合实验探究进行分析推理，顺利建立并完善原电池认知模型中发挥作用。

2. 精选教学素材，激发探究热情

为了帮助学生深入认识原电池本质，教学中提供丰富的实验素材，激励学生积极主动探究，模拟解决实际问题。

电极材料：锌片、铜片、碳棒、铁钉、镁条、铝片。

介质：食盐水、苹果、西红柿、白萝卜、土豆等生活素材，滤纸（玻璃片）、高锰酸钾溶液。

验电器材：电流计、连有蜂鸣器和发光二极管的电路板、闹钟、小马达。

设计滤纸玻璃片微量实验，除了方便操作、试剂用量少等优点，该装置与学生熟知的原电池装置图相似（见图 5-3-17、图 5-3-18），既体现化学实验的创新精神，又有利于学生形象感知原电池装置图。在此基础上，形成电极、电极反应、电流回路等原电池相关概念，认识氧化反应和还原反应分别在负极区和正极区发生，体现了氧化还原反应的"自发性"，总结归纳出原电池的构成条件和工作原理。

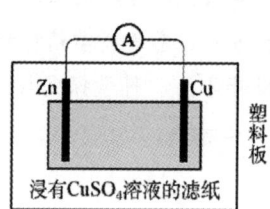
图 5-3-17　单液原电池

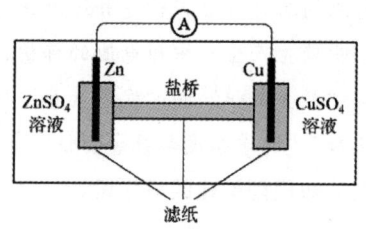
图 5-3-18　双液原电池

选择苹果、白萝卜等生活素材，可以促使学生深入思考，即使不清楚电解质的成分，只要存在自发的氧化还原反应，就可以设计原电池；可通过变换电极、改变电极间隔等方式，发现电压表读数的变化；从定量探究的角度去分析推理，发现影响电池效率的因素，体会电池设计与发展的科学思想和敢于质疑、勇于创新的精神。尤其在铁碳食盐水原电池的探究中，得出负极材料不与电解质发生氧化还原反应的结论，为原电池认知模型的完善提供了有力的证据。

3. 基于证据推理，建构三种认知模型

确定教学环节及设计意图如图 5-3-19。通过探究实验逐步揭示"负极材料与电解质反应—电极与电解质中溶解的气体反应—电极材料上吸附物质之间的反应"等自发氧化还原反应的实质，从而深入理解原电池的构成条件和工作原理，为实际原电池选择特殊电解质和隔膜技术奠定认识基础。在这里，证据推理指向模型认知，有了多种证据的支撑，学生构建并完善原电池认知模型就变得顺理成章了。

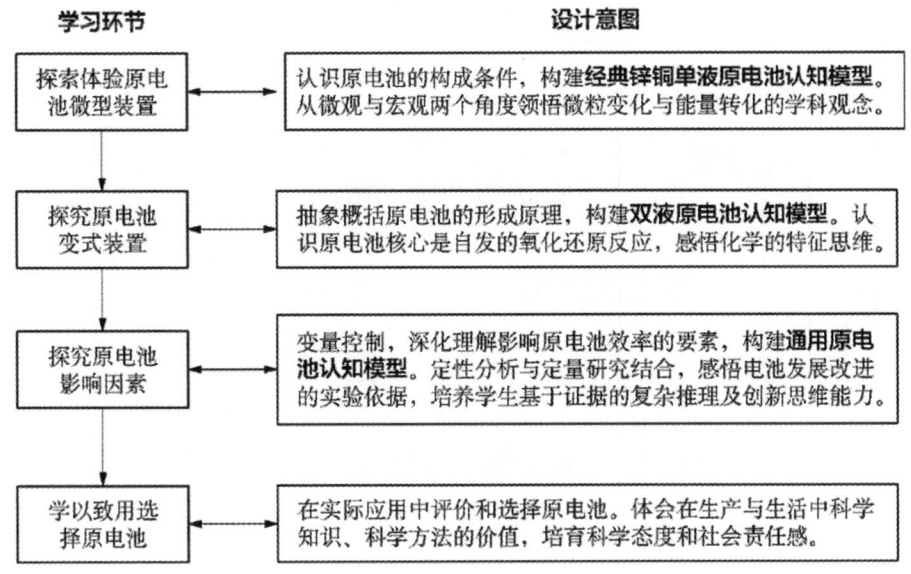

图 5-3-19　原电池探究实验教学设计

由理解到应用，从现状到前景，既符合学生认知发展规律，满足学习心理，又反映应用知识改善生活的必然性，进而提升了知识在生活生产中的应用属性。

三、原电池认知模型构建的教学过程

研究学生的认知规律，梳理有价值的学生问题，提供丰富的实验素材，学生在实验探究中解决问题，建立并逐步完善原电池认知模型。具体实验教学过程如下。

实验1：学生根据实验素材，设计改进实验，利用滤纸在塑料片上完成锌、铜、硫酸铜溶液的原电池实验（见图 5-3-17）。

设计意图：以锌铜稀硫酸原电池为例，建立起分析电池的几个核心认识角度——电子移动和离子移动、电极反应和电极反应表达、能量转化与微粒变化等。突出负极材料与电解质发生氧化还原反应，氧化反应和还原反应分别、同时发生。

［学生问题］锌片为什么有大量气泡？电流为什么减弱？

［问题解决］（分析推理）锌片不纯，与硫酸接触构成原电池；锌片直接与硫酸发生反应，电能转化率低。利用双线桥法和单线桥法分析反应原理。

［模型建构］以滤纸微型电池原型，构建锌铜经典原电池认知模型如图 5-3-20。

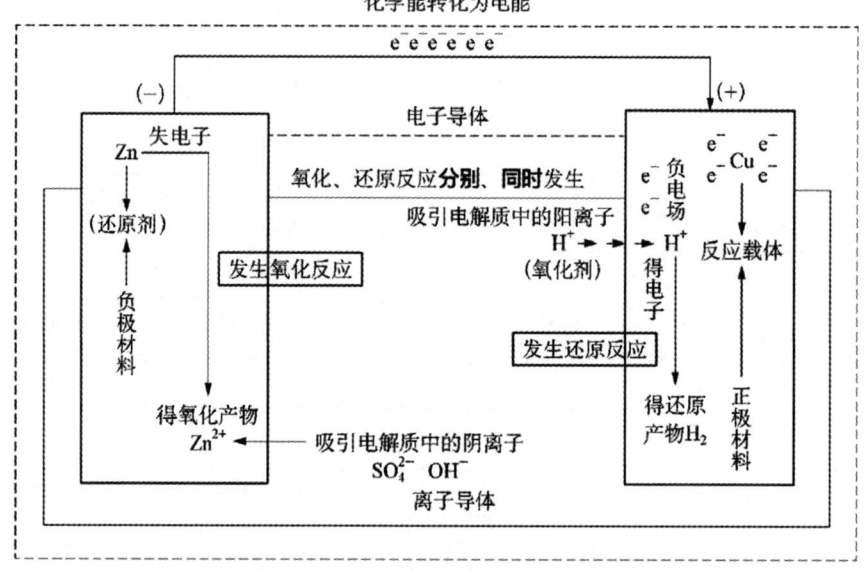

图 5-3-20　锌、铜、稀硫酸经典原电池认知模型

实验2：学生结合滤纸单液原电池实验，设计并完成滤纸上锌、铜、硫酸锌溶液、硫酸铜溶液的双液原电池实验（如图 5-3-18）。将滴有硫酸锌、硫酸铜溶液的滤纸条分别放在锌片与铜片上，氯化钠滤纸横在两电极之间。

设计意图：通过观察到实验异常现象，分析单液原电池的弊端，提出质疑和新的实验设想。在探究过程中学生理解闭合回路的建立，理解通过导线上电子的转移和电解质中离子的定向移动，实现化学能向电能的转化。从本质上理解原电池中氧化反应和还原反应分别在两极发生，理解总反应与电极反应的关系。

[学生问题] 锌与硫酸铜不直接接触，化学能怎么转化为电能？

[问题解决]（分析推理）导线上有电子转移、电解质与盐桥中离子定向移动建立闭合回路，通过导线上电子的转移和电解质中离子的定向移动，实现化学能向电能的转化。氧化反应和还原反应分别在两极发生。

[模型建构] 理解双液原电池工作原理，构建认知模型如图 5-3-21。

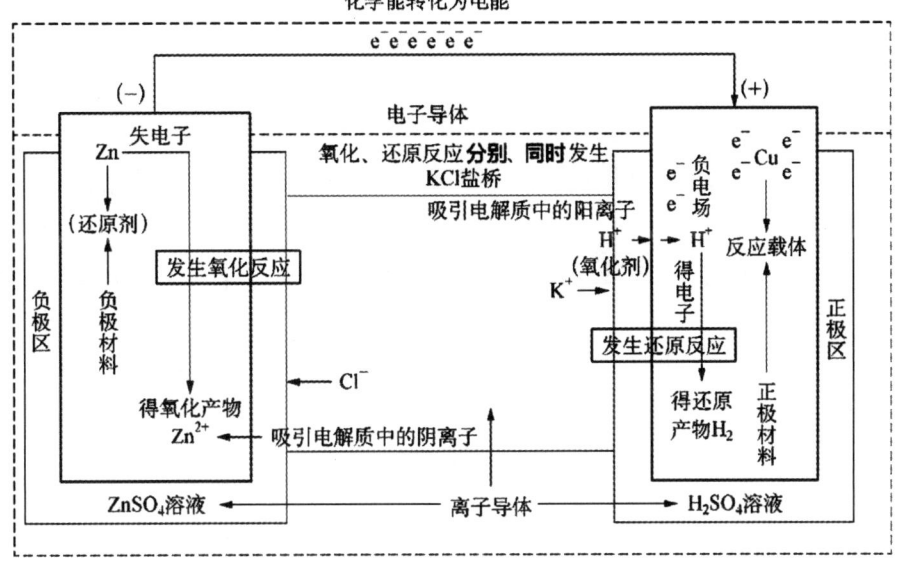

图 5-3-21　锌、铜、稀硫酸双液原电池认知模型

实验3：学生在教师提示下，组装镁、碳、氯化钠溶液原电池，并在中间滴加少量 $KMnO_4$ 溶液。

设计意图：通过分析，学生理解在镁、碳、氯化钠溶液原电池中，正极上溶液中溶解的 O_2 得到电子，电解质的基本功能是提供自由离子，电极材料不一定直接与电解质反应，扩大原电池的认识范围，为认识燃料电池奠定基础，建立原电池的认知模型。利用滤纸上有色离子的迁移"看到"离子的移动，不仅有效突破教学重难点，还能引导学生从宏观和微观相结合的视角分析问题，基于证据，分析推理加以证实或证伪。

实验4：学生自主选择提供实验素材，设计原电池。

设计意图：学生根据需要选择电极材料、电解质、离子隔膜。基于实验证据和生产生活中对原电池的要求，在经典单液原电池与双液原电池模型基础之上，构建通用原电池认知模型。

[学生发现] 水果电池中，锌、铁可能与溶解的氧气反应，也可能与萝卜中的有机酸等电解质反应。不同的电极材料组合、不同类别不同浓度的电解质，都可能影响到电池效率，生活中使用的电池可能会考虑很多实际因素。

[模型建构] 学生结合生产生活中的常用电池，进一步提炼原电池构成条件和工作原理，建构认知模型如图 5-3-22。

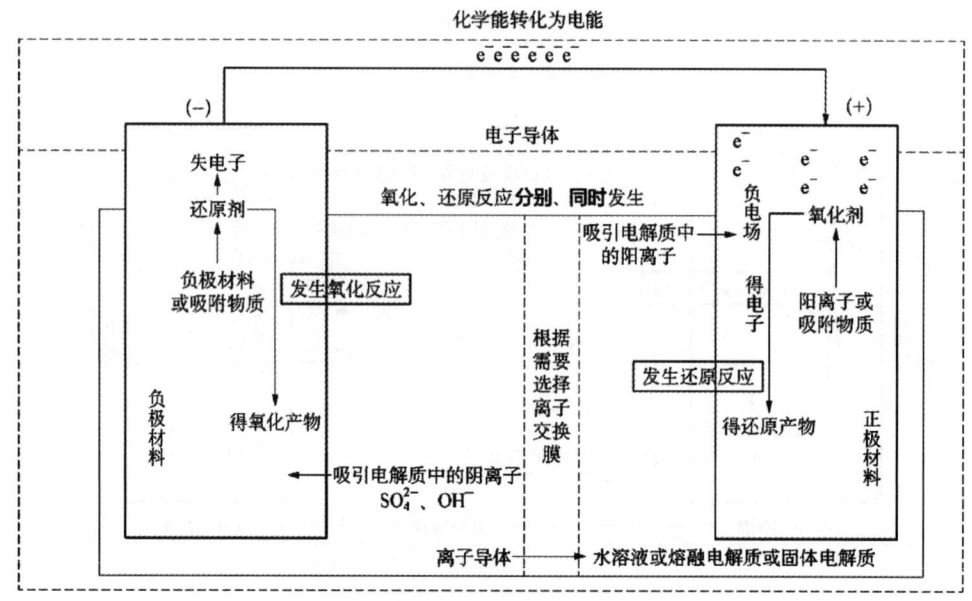

图 5-3-22　通用原电池认知模型

设计意图：在原电池探究实验教学中，学生从问题和假设出发，设计实验，通过亲自操作获取感知。如利用电流表指针偏转感知正负极，通过电极及附近实验现象理解氧化还原反应、判断电子和离子移动的方向等。结合分析推理，认识原电池的本质特征、构成要素和工作原理，建立并逐步完善原电池认知模型，并能运用模型解释生活和生产中的电化学现象，在实际应用中深化理解。从探究实验、构建认知模型的过程，反映了理论知识学习的科学路径。

【教学点评】

本节课设计探究实验，首先利用单液原电池的设计从自发氧化还原反应视角来抽离出形成原电池的关键要素，然后利用双液原电池从能量转化及优化的视角来完善原电池认知模型，最后再根据生活中的原电池进一步完善原电池认知模型，形成从自发氧化还原反应、电子导体、离子导体三个维度构建原电池认知模型。三次原型的建构都是基于实验事实和生活经验事实，从事实中寻找证据，抓住关键核心要素，建立要素之间的关系，进行推理，形成认知模型。本节课通过整个教学过程的设计，很好地诠释了如何进行证据推理来进行模型建构的过程，很好地发展了学生证据推理与模型认知素养。

第六章
科学探究与创新意识

第一节 科学探究与创新意识的内涵及体现

一、科学探究与创新意识的内涵[①]

"科学探究与创新意识"主要指的是:"认识科学探究是进行科学解释和发现、创造和应用的科学实践活动;能发现和提出有探究价值的问题;能从问题和假设出发,确定探究目的,设计探究方案,进行实验探究;在探究中学会合作,面对'异常'现象敢于提出自己的见解",强调从实践层面鼓励创新。接下来将从科学探究、创新意识以及科学探究与创新意识三个层次去分析、界定该维度核心素养的概念。

1. 科学探究

《美国国家科学教育标准》中将科学探究能力划分为:明确指导科学探究的问题和理论、设计并进行科学研究、运用技术和数学进行各种调查研究和交流、利用理论和证据构建科学的解释、通过交流认可并分析其他方案、相互交换意见[②]。加拿大的《安大略省科学课程标准》将其划分为相互作用的四个领域,包括质疑与计划、施行与记录、分析与阐述、交流讨论[③]。澳大利亚的《科学课程标准》则认为应包括五个领域:提出问题,分析可检验的假设,计划、处理和评价,收集、分析和解释证据,交流成果。新西兰的《科学课程标准》强调科学探究应分为四个主要要素,包括聚焦和计划、信息收集、处理和解释、交流信息。英国的《国家科学课程标准》指出其内容应分为两个主要方面,即科学的思想及证据、探究能力,探究能力包括制订计划、提出依据、思考和评价依据三个要素。

科学探究是了解自然现象、解答疑问的一种重要研究方法,目前所得的经验,是前辈们通过实验以及其他科学的方法探究得来的。科学探究是国家培养人才的要求,也是新课程标准倡导的基本理念,科学探究能够改变学生现有的陈旧的学习方法,它是培养学生创新意识的重要突破口。科学探究是一种比较有特点的研究学习方法:首先科学研究是需要学习的,比如什么

[①] 赵欣宇. 高中生"宏观辨识与微观探析"维度核心素养的培养 [D]. 哈尔滨师范大学硕士学位论文, 2018 (6): 11-19.
[②] 李高峰, 刘恩山. 美国《国家科学教育标准》倡导的科学探究 [J]. 教育科学, 2009, 25 (5): 87-91.
[③] 姚建欣. 加拿大《安大略省科学课程标准》特色与启示 [J]. 比较教育研究, 2013 (5): 103-106.

是探究活动？如何进行探究活动？其次，科学探究是一种方法，能够改善学生的学习方式、改变学生的学习途径、发展学生合作探究的能力与培养学生的思维创新。再次，科学探究是一个过程。在科学探究中，一般的操作流程如图6-1-1所示。

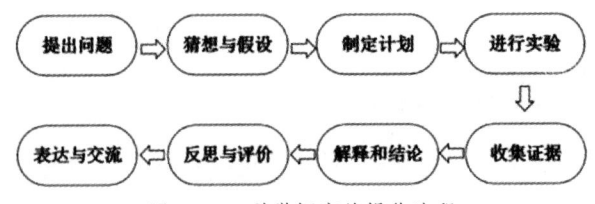

图6-1-1　科学探究的操作流程

科学探究可以把实验、生活中的现象带进教室，创设一个生动的学习情境，把生活现象作为学习的载体，使学生深入情景，激发学生探究的兴趣，帮助学生利用科学探究、合作交流的方式研究生活中的化学问题，形成自己的见解，成为课堂学习的主体，真正实现"从做中学"。科学探究能够使学生在实践中学会交流，学会合作。教师应该以一个探究者的身份成为学生的探究伙伴，从中引导和帮助学生深入探究，并成为学生的榜样。

2. 创新意识

《辞海》对"创新"解释为：创为创始，首创，新是第一次出现。创新就是抛弃旧的东西，创造新的东西。创新意识则是指根据客观需要而产生的强烈的执意于创造、创新的要求的动力，这种"动力"是一种心理活动。创新意识是指能充分发挥自我内在潜能，积极主动地发现问题、解决问题的一种心理倾向。美国心理学家吉尔福特等认为，发散思维就是创造性思维，它包括流畅性、变通性、独特性。林崇德提出创造性思维有五个特点：新颖、独特且有意义的活动基础；思维加想象的内容；有"灵感"表现；分析思维与直觉思维相统一；发散思维与辐合思维相结合。是学生在具有良好的形象思维能力、逻辑思维能力和抽象思维能力的基础上，积极深度思考某些问题而瞬间带来的灵活的、跳跃的、极具独特个性的成功的思维状态。主要表现为直觉、灵感和顿悟。学生的这种创造性表现与科学家的直觉、灵感和顿悟相比，可能会不值得一提，但是教师切不可忽视更不能轻视这种低级的创造性表现，因为只有实现从量到质的飞跃，才能达到高级的创造性。

对中学生而言，创新意识是一种求新、求异、求变的意识。创新意识应包括有三个要素[①]：一是创新精神是一种心理特征，有质疑和批判精神，有强烈的好奇心和求知欲；二是创新思维是思维模式的一种表现，强调独立思考；三是创新能力是培养创新意识的出发点，也是最终目标，可以通过教育培养。三个要素是相互关联的，在培养创新意识过程中，结合实践活动逐步培养创新精神，在创新意识和创新精神的指导下逐步形成较为深刻的、稳定的创新思维方式，最终通过活动开展形成创新能力。

创新是一种人格特质，它是指个体在特定的条件下，能发现新领域，产生新思想，新颖、独特地解决别人解决不了的问题，创造出新有产品的人格素质组合。这里所谓的产品，可以是一种新观念，一种新设想，一种新理论，一项新技术，一项新工艺和一种新产品等。创新精神

[①] 瓮秀秀. 基于培养"科学探究与创新意识"的元素化合物教学策略研究——以人教版必修1为例[D]. 四川师范大学硕士学位论文，2018（3）：12-13.

是由创新性人格素质——创新素质所整合成的一种创造心理动力特征。霍尹尔指出："今日不重视创造性思维的国家,则明天将为沦为落后国家而羞愧。"因此,中国的"小学是听话教育、中学是考试教育"的传统教育模式必须做彻底的改革和创新,培养中国学生的创新精神已成为教育界的当务之急。

学生不断学习的机制就是不断发现问题,不断解决问题的过程,化学知识在生活中的应用性很广,学生对出现在生活中的现象充满了好奇,内心有着强烈解开谜题的愿望,但是有些学生在学习中产生疑问,却无法解决疑问,其实是因为学生缺乏系统的创新教育。要让学生进行创新,首先需要让学生系统地学习有关创新的知识和方法。这就要求教师将死板的课堂环境开放起来,对学生的疑问进行方向性地引导,激发学生的创新意识,建立一个包容"新思维、新方式、新体验"[①]的教学环境,开放学生的思维,改变陈旧的思维定式,激发学生的学习动机。还要求教师在教学中多引导学生从化学的角度看待生活、社会中的现象,结合课堂教学内容,创造性地应用生活、社会中的现象,培养学生的创新意识。

创新意识培养的教学遵循知识性原则、开放性原则、差异性原则。其中,知识性原则指的是创新来自于已有的知识基础,即"知识是创新之母"。这里的"知识"不仅指基础知识,还应该包括基本技能、基本思想、基本活动经验,即所谓的"四基"(见图6-1-2)。

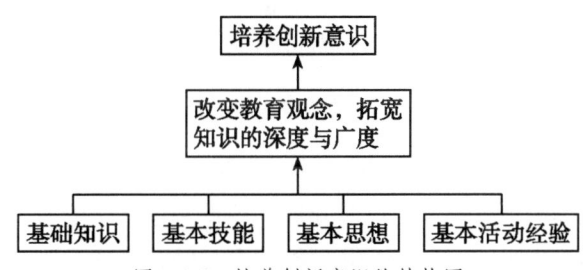

图 6-1-2　培养创新意识的结构图

开放性原则一方面是指要给学生提供交流的空间,让学生在与其他同学或教师的交流中,充分表达自己的思想和见解,并注意启发和引导创新思维;另一方面是指教师要引导学生养成开放性思维,不要拘泥于研究的问题,将思维打开,去思考探索进一步的观点和看法。开放性原则在化学教学中具体表现为教学要求开放、教学内容开放、教学方法开放、教学环境开放。

差异性原则是指在学生创新教育过程中,要遵循个体的生理、心理的差异,根据每个人的个性差异进行有针对性的创新教育和锻炼,多层次、多角度进行教学计划。个体的差异性原则是基本的教育原则,每个人由于先天遗传因素和后天发展条件的不同,创新教育有所针对更能充分发挥个体的潜能,使每个人都能具备创新意识。

3. 科学探究与创新意识

人本主义强调创造性、自我表现、自主性等心理品质和人格特征的培育,对现代教育产生了深刻的影响。人本主义把个体发展看作教育的最高目标,并认为自我发展是教育的价值和实现自我的目标。人本主义心理学流派的主要代表罗杰斯指出:只有学会学习和学会如何适应变化,学会寻找可靠的知识,人格才是健全的,才能达到教育的目标。人本主义心理学家强调,

---

① 姜宇婧,陆国志. 基于"科学探究与创新意识"要素的化学微专题教学设计[J]. 中学化学,2019(5):11-13.

以学生为中心，重视学生的学习，尊重学生个人经验，尊重学生的学习方法，这正是科学探究所重视的。从教学目标、教学方法、学习方式上都提出了要求，教学重视的是教学的过程而不是教学内容，重视教学的方法而不是教学的结果，强调学生个性与创新的培养，使其在好奇心的驱使下去吸收任何有趣和需要的知识，放手学生自我选择、自我创新。从以上这些观点，可以看出人本主义理论对化学教学中创新意识的培养起到积极促进的作用。

科学探究是培养学生创新意识和能力的一种形式，创新意识和能力是开展科学探究的目的。基于科学探究的实验教学模式是对传统实验教学的一种改进，当前教学的发展趋势就是利用科学探究来培养学生的探究意识、问题意识和创新意识，进而培养学生的探究能力和创新能力。

发展学生的科学探究与创新意识最重要的抓手就是探究性实验。科学探究性试验一般的教学操作流程见图6-1-3①。

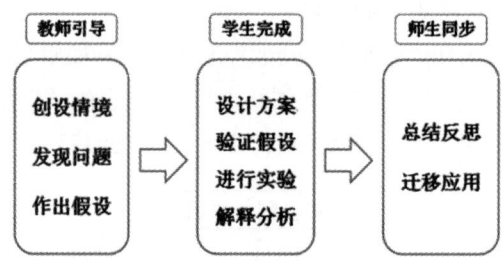

图 6-1-3　探究性实验教学操作流程

发展学生的科学探究与创新意识需要培养学生严谨的科学逻辑与较强的问题意识。在具体的教学实施过程中，需要引导学生利用已学知识和原理来设计实验方案，梳理出关键实验方法，进而选择实验装置与实验药品，形成较为完整而严密的科学探究的一般路径，具体流程见图6-1-4。

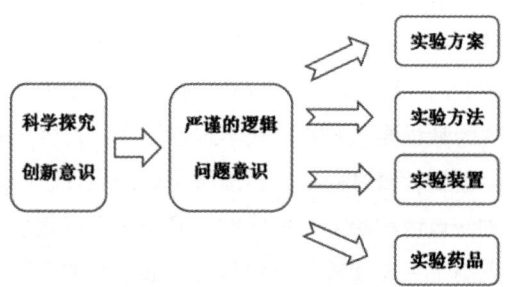

图 6-1-4　发展学生的科学探究与创新意识的路径

二、科学探究与创新意识素养的解读

科学探究与创新意识从实践层面激励创新，倡导"认识科学探究是进行科学解释和发现、创造和应用的科学实践活动；能发现和提出有探究价值的问题；能从问题和假设出发，确定探究目的，设计探究方案，进行实验探究；在探究中学会合作，面对'异常'现象敢于提出自己

---

① 韩立明．"四步骤八环节"与学生创新能力的培养[EB/OL]．http://www.doc88.com/p-6304189322170.html，2013-5-3/2017-6-21．

的见解"。结合课程分类与学生对化学知识的具体需求，2017 版课程标准中将科学探究与创新意识维度核心素养的学业质量水平要求又划分为四个层次，具体要求见表 6-1-1。

表 6-1-1　科学探究与创新意识维度素养的水平划分

	主要内容
水平 1	能根据教材中给出的问题设计简单的实验方案，完成实验操作，观察物质及其变化的现象，客观进行记录，对实验现象作出解释，发现和提出需要进一步研究的问题。
水平 2	能对简单化学问题的解决提出可能的假设，依据假设设计实验方案，组装实验仪器，与同学合作完成实验操作，能运用多种方式收集实验证据，基于实验事实得出结论，提出自己的看法。
水平 3	具有较强的问题意识，能在与同学讨论基础上提出探究的问题和假设，依据假设提出实验方案，独立完成实验，收集实验证据，基于现象和数据进行分析并得出结论，交流自己的探究成果。
水平 4	能根据文献和实际需要提出综合性的探究课题，根据假设提出多种探究方案，评价和优化方案，能用数据、图表、符号等处理实验信息；对实验中的"异常现象"和已有结论进行反思、提出质疑和新的实验设想，并进一步付诸实施。

三、科学探究与创新意识的表征

科学探究与创新意识强调从实践层面经历科学探究的全过程，在体验中发现问题、提出假设、进行探究，修正方案，进一步实验探究，得出创新性结论。作为核心素养的培育主要依托于学科知识的渗透，因此，科学探究与创新意识素养的培养需要对化学学科知识进行表征，具体内容见表 6-1-2 和表 6-1-3。

表 6-1-2　必修课程中科学探究与创新意识的表征

主题	科学探究与创新意识的表征
主题 1：化学科学与实验探究	1.2 科学探究过程：认识科学探究是进行科学解释与发现、创造和应用的科学实践活动。了解科学探究过程包括提出问题和假设、设计方案、实施实验、获取证据、分析解释和建构模型、形成结论及交流评价等核心要素。理解从问题和假设出发确定研究目的、依据研究目的设计方案、基于证据进行分析和推理等对于科学探究的重要性。 1.3 化学实验：认识化学实验是研究和学习物质及其变化的基本方法，是科学探究的一种重要途径。学习研究物质性质，探究反应规律，进行物质分离、检验和制备等不同类型化学实验及探究活动的核心思路与基本方法。体会实验条件控制对完成科学实验及探究活动的作用。

主题	科学探究与创新意识的表征
主题2：常见的无机物及其应用	实验及探究活动：胶体的丁达尔实验；电解质的电离；探究溶液中离子反应的实质及发生条件（测定电流或溶液电导率的变化）；氧化还原反应本质的探究；过氧化氢氧化性、还原性的探究；金属钠的性质；碳酸钠与碳酸氢钠性质的比较；铁及其化合物的性质实验；氢氧化亚铁的制备；氯气的制备及性质；氯水的性质及成分探究；氨气的制备及性质；铵盐的性质；浓、稀硝酸的性质；氮氧化物的性质与转化；不同价态含硫物质的转化；某些含硫物质（如硫、二氧化硫、硫酸等）的性质；浓硫酸的性质；溶液中 Fe^{3+}、NH_4^+、CO_3^{2-}、Cl^-、SO_4^{2-} 等离子的检验；用化学沉淀法去除粗盐中的杂质离子。
主题3：物质结构基础与化学反应规律	3.3 化学反应的限度和快慢：通过实验探究影响化学反应速率的因素。认识化学变化是有条件的，学习运用变量控制方法研究化学反应，了解控制反应条件在生产和科学研究中的作用。 实验及探究活动：自主设计制作元素周期表；焰色试验；探究反应的可逆性；几个常见反应（如镁、铝与盐酸反应；碳酸氢铵或碳酸氢钠与醋酸或柠檬酸反应）的热效应；设计制作简易即热饭盒；用生活中的材料制作简易电池，探究干电池的构成。
主题4：简单的有机化合物及其应用	实验及探究活动：乙烯的化学性质；乙醇中碳、氢元素的检测；固体酒精的制备；乙酸乙酯的制备；淀粉水解产物中葡萄糖的检验；蛋白质的变性、显色实验；吸水性高分子材料与常规材料吸水能力的比较；不同塑料遇热软化的难易程度的比较。
主题5：化学与社会发展	实验及探究活动：实验室模拟海水提溴、镁；实验室模拟金属的冶炼；测定空气中二氧化硫等污染物的含量；补铁剂、抗酸性胃药中有效成分的检验；不同水果中维生素C含量的比较。

表 6-1-3 选择性必修课程中科学探究与创新意识的表征

模块	主题	科学探究与创新意识的表征
模块1：化学反应原理	主题1：化学反应与能量	实验及探究活动：双液电池的构成及其工作原理；制作一个简单的燃料电池；锌锰干电池的探究；电解氯化铜溶液；电解饱和食盐水；简单的电镀实验；吸氧腐蚀；暖贴的设计。
	主题2：化学反应的方向、限度和速率	实验及探究活动：浓度对氯化铁与硫氰化钾反应平衡的影响；温度对二氧化氮—四氧化二氮平衡的影响；测定某化学反应的速率；浓度、温度对硫代硫酸钠溶液与稀硫酸反应速率的影响；探究影响硫酸酸化的草酸溶液与酸性高锰酸钾溶液反应速率的原因；温度对加酶洗衣粉的洗涤效果的影响。
	主题3：水溶液中的离子反应与平衡	实验及探究活动：测定溶液 pH；强酸与强碱的中和滴定；探究促进或抑制氯化铁的水解；盐类水解的应用；沉淀的转化。

续表

模块	主题	科学探究与创新意识的表征
模块2：物质结构与性质	主题1：原子结构与元素的性质	实验及探究活动：利用自制分光镜或者光谱仪查看不同元素的原子光谱；利用计算机作图，描述原子序数与原子半径、第一电离能、电负性等数据的关系，认识原子结构与元素性质变化的关系；根据原子结构和元素性质的变化规律自主设计、绘制元素周期表。
	主题2：微粒间的相互作用与物质的性质	实验及探究活动："相似相溶"规则的实际应用；水、四氯化碳等分子极性的比较；简单配合物的制备，如银、铜、铁等金属离子所形成的配合物的制取与性质；制作典型的金属晶体、离子晶体结构模型；利用模型分析金刚石晶体与石墨晶体的结构特点，讨论两者性质的差异。
	主题3：研究物质结构的方法与价值	实验及探究活动：模拟利用X射线衍射研究物质微观结构的方法；借助物质熔、沸点变化与范德华力的关系探究影响范德华力的因素；探究发现氢键和建立氢键理论模型的过程；研究氢键对物质性质的影响；探究分子的价电子数目与空间结构的关系。
模块3：有机化学基础	主题1：有机化合物的组成与结构	实验及探究活动：用球棍模型搭建常见有机化合物的分子结构；多媒体软件展示有机化合物分子的空间结构和异构现象；以苯酚、苯和乙醇化学性质的比较为例，实验探究有机分子中的基团与化学性质的关系，以及基团之间存在相互影响。
	主题2：烃及其衍生物的性质与应用	实验及探究活动：一组烃的性质（如乙炔的化学性质、甲苯与酸性高锰酸钾溶液的反应）；一组烃的衍生物的性质（如醛基的性质及检验）；苯的溴代或硝化反应；1-溴丁烷的取代和消去反应；乙醇的消去反应；乙酸乙酯的制备与性质；苯酚的化学性质及其检验；纤维素的水解；油脂的皂化反应与肥皂的洗涤作用；有机化合物（如阿司匹林的有效成分）中常见官能团的检验。
	主题3：生物大分子及合成高分子	实验及探究活动：蔗糖的水解；葡萄糖的性质；酶的催化作用；聚乙烯、聚氯乙烯、聚苯乙烯的区分；聚苯乙烯的热分解；氨基酸的检验（与茚三酮的反应），蛋白质含量的检测（氨基与亚硝酸的反应）；酚醛树脂的合成。

第二节 发展科学探究与创新意识素养的教学策略

科学探究与创新意识鼓励从实践层面激励创新，2017版课标中相关教学策略建议如下。

表 6-2-1　必修课程中科学探究与创新意识的教学策略

主　题	科学探究与创新意识的教学策略
主题1：化学科学与实验探究	整体规划实验及探究教学，发挥典型实验探究活动的作用。 选取真实的、有意义的、引发学生兴趣的探究问题。 改变在实验中注重动手但缺少思考的现状，强调高级思维过程。
主题2：常见的无机物及其应用	重视开展高水平的实验探究活动。 鼓励使用多样化的教学方式和学习途径。
主题3：物质结构基础与化学反应规律	
主题4：简单的有机化合物及其应用	提倡采用观察实验现象、联系生产生活实际、归纳总结等策略对典型的有机化合物的结构、性质及应用进行教学。
主题5：化学与社会发展	开展多样化的实践活动，促进学生"知、情、意、行"的统一。

表 6-2-2　选择性必修课程中科学探究与创新意识的教学策略

模块	主题	科学探究与创新意识的教学策略
模块1：化学反应原理	主题1：化学反应与能量	充分利用铜-锌双液原电池、铅蓄电池、氢氧燃料电池、电解熔融氯化钠和电解饱和食盐水等案例素材，组织学生开展分析解释、推论预测、设计评价等学习活动，发展学生对原电池工作原理的认识。组织学生开展基于能量利用需求选择反应、设计能量转化路径和装置等活动，形成合理利用化学反应中的能量变化的意识和思路。
	主题2：化学反应的方向、限度和速率	组织学生开展"化学反应速率测定""外界条件对化学反应速率影响"等实验活动，形成并发展变量控制的实验思想；在开展"外界条件对化学平衡影响"实验探究活动中，发展学生演绎推理、系统假设等思维能力。
	主题3：水溶液中的离子反应与平衡	在组织学生开展实验探究活动时，注意实验前的分析预测和对实验现象的分析解释，对假设预测、实验方案、实验结论进行完整论证，培养系统思维能力。

续表

模块	主题	科学探究与创新意识的教学策略
模块2：物质结构与性质	主题1：原子结构与元素的性质	注重帮助学生建立基于"位""构""性"关系的系统思维框架，提高学生分析解决问题的能力。
	主题2：微粒间的相互作用与物质的性质	
	主题3：研究物质结构的方法与价值	有效利用化学史的素材，帮助学生认识科学理论会随着技术手段的进步和实验证据的丰富而发展，通过设计角色扮演等活动引导学生理解科学理论发展过程中的争论，从而增进对科学本质的理解。
模块3：有机化学基础	主题1：有机化合物的组成与结构	将性质作为有机化合物结构教学的切入点和落脚点，关注结构与性质的关联。通过对有机化合物化学性质的分析解释活动，引导学生体会官能团、碳原子的饱和性和化学键的极性对有机化合物性质的决定作用；结合典型实例认识有机化合物分子中基团间存在相互影响，并适当开展基于结构分析预测性质和反应的学习活动。
	主题2：烃及其衍生物的性质与应用	进行有机反应的相关教学时，引导学生从反应物和生成物的官能团转化与断键成键的角度概括反应特征与规律，同时引导学生利用反应类型的规律判断、说明和预测有机化合物的性质。
	主题3：生物大分子及合成高分子	突出结构特征的分析。对生物大分子和合成高分子进行结构分析，引导学生通过结构预测性质或分析解释化学性质，从结构特征认识性质，进一步体会有机化合物结构与性质的关系。

在教学过程中，教师应采用相应的适宜的教学策略帮助学生突破认知障碍，培养学生的核心素养。在实际的教学过程中，不同学者提出了不同的教学策略。

杨健在《高三化学实验复习中培养"科学探究与创新意识"的教学策略》[①] 一文中提到通过铝合金合格品质量检验过程，培养学生的实验探究意识；通过方案评价，培养学生的变化思想；通过真实情景，突出化学学科的核心素养。

何婷婷在《利用化学实验异常现象提升学生核心素养》[②] 一文中指出："化学实验不仅是科学探究的重要载体，也是提升学生核心素养的有效手段。但是由于各种原因，实验过程中有时会出现异常情况，若教师不及时分析，必然会对学生的认知造成错误的影响。为此，针对实验异常现象进行分类，继而分析产生异常现象的原因，让学生理解异常现象蕴含的合理现象，从而提升学生的化学学科核心素养和完善化学学科的知识框架。"并从"已有知识迁移产生的异常现象、因试剂用量引起的异常现象、因副反应引起的实验异常"三个维度梳理实验过程中的异常现象并加以案例具体阐释。

蒋群锋在《基于核心素养的化学实验复习课问题设计》[③] 一文中指出："以《气体的实验室

---

① 杨健. 高三化学实验复习中培养"科学探究与创新意识"的教学策略 [J]. 中学化学教学参考，2018（5）：23-24.
② 何婷婷. 利用化学实验异常现象提升学生核心素养 [J]. 新课程，2019（7）：204-205.
③ 蒋群锋. 基于核心素养的化学实验复习课问题设计 [J]. 中学教学参考，2019（7）：73-74.

制法》复习课为例，探索在当前发展学生核心素养的课程目标的背景下，在关于'科学探究'内容的复习课教学中，如何设计可以培养学生'证据推理意识'的问题，驱动学生去探究和思考，培养学生的科学探究能力和创新意识，从而提升学生的化学学科核心素养。"继而具体提出以下三个策略：提出问题留白化，驱动思考引思路；设计问题方案化，驱动解决展能力；检测问题应用化，驱动评价展素养。

沈文晶在《借助虚拟试验培养学生科学探究与创新意识》[①] 一文中指出："培养学生的科学探究与创新意识，是高中化学核心素养的重要内容之一，因此，任课教师应提高认识，将其融入相关教学内容中。实验是高中化学的重要知识点，教师应注重在实验中渗透学生科学探究与创新意识培养工作，尤其应与时俱进，结合具体实验内容，巧妙运用虚拟实验，不断提高教学质量与效率。"文章中谈到与传统实验相比，虚拟实验优点突出，主要体现在以下三点：第一，趣味性强。多数学生对信息技术充满兴趣，而虚拟实验基于信息技术。实验中，学生通过虚拟实验平台便可进行实验，犹如"打游戏"，能很好地激发学生的实验积极性。第二，操作方便。虚拟实验只需根据实验目的，用鼠标拖动实验器材、实验药剂，便可完成实验装置的连接，实验操作方便。另外，可有效避免实验不当引发危险，安全性高。第三，实验现象明显。虚拟实验平台由专业技术人员根据高中化学实验内容开发，实验现象明显，易于观察，可大大提高实验效率。并针对高中实验特点提出虚拟实验应用的三原则，即适可而止原则，合理规划原则，注重总结原则。在具体应用过程中，应注意恰当使用以下四个策略：认真学习虚拟实验知识，做好虚拟实验应用演练，注重鼓励学生科学探究，积极提高学生的创新意识。

王建菲、王继库在《基于化学史教学培养学生科学探究和创新意识—以"氧气的性质"为例》[②] 一文中指出："在中学化学的学习中，《氧气的性质》一课是学生最先接触到物质的性质，而学生也会对此产生诸多疑问，对此教师可通过融入化学史的教学设计打破学生固有的学习思路，在实验探究中培养学生的化学核心素养。"教学可设置三个教学环节：情境创设，引发疑惑；再现史实，知识构建；知行合一，学以致用。通过历史实例来展现人类探索的艰辛，构建化学知识的前因后果，通过问题，引出氧气的作用以及发展历程，通过史实引起学生的学习兴趣，引导学生通过史实来提出质疑，由"史"为引，由"史"引思，通过实验，进行分析问题、解决问题的训练，学生利用科学家的探索思路进行化学实验探究，从而培养学生的科学探究和创新意识。

孙佳林、郑长龙在《发展学生化学学科核心素养离不开化学实验》[③] 一文中指出："化学实验是化学教学的重要组成部分，不仅具有教育教学功能，而且具有发展学生化学学科核心素养的功能。从认识层面、实践层面和价值追求层面来看，化学实验在发展学生科学本质观、科学实践观和科学价值观方面均发挥着不可替代的功能。教师可以利用化学实验史实呈现真实的科学发现过程，发展学生的科学本质观；可以通过引导学生对化学实验现象的观察和基于实验事实证据的推理，发展学生宏观辨识与微观探析、证据推理和模型认知素养；可以通过开展化学

---

① 沈文晶. 借助虚拟试验培养学生科学探究与创新意识 [J]. 文理导航, 2019 (7): 60-61.
② 王建菲, 王继库. 基于化学史教学培养学生科学探究和创新意识——以"氧气的性质"为例 [J]. 山东化工, 2019 (第48卷): 188-189.
③ 孙佳林, 郑长龙. 发展学生化学学科核心素养离不开化学实验 [J]. 化学教育, 2019 (5): 59-63.

实验探究，引导学生拓宽认识视角和认识思路，发展学生科学探究与创新意识素养；可以通过化学实验评价，发展学生的科学态度和社会责任素养。"文章中对化学实验对发展学生化学学科核心素养的功能做了浓墨重彩的阐述。化学实验有利于学生形成科学本质观，分别从化学实验反映科学的暂定性、科学的经验性、科学的创造性、科学的建构性及科学的社会性五个维度具体阐述。化学实验有利于学生形成科学实践观，从化学是科学实践的一种类型、化学实验是化学认识的基础、化学实验是检验化学科学的标准三个维度进行阐述。化学实验有利于学生形成科学价值观，从化学实验推动科学发展，同时也推动了人类社会的发展，化学科学所产生的污染问题，同时也依赖化学实验的解决维度进行阐述。文章最后以具体案例阐述利用化学实验发展学生学科核心素养的策略，即以化学实验史实为载体，呈现真实的科学发现过程；以化学实验现象为基础，强调宏观辨识与微观探析；以化学实验事实为证据，发展证据推理能力；以化学实验探究为依托，发展认识视角和认识思路。

鲁云龙在《基于"科学探究与创新意识"的实验教学探究——利用"反常"现象培养探究能力和创新意识》[①]一文中指出目前化学实验教学中，很多教师往往只重视实验对课本知识的验证，忽视学生科学素养的培养，课堂上以教师演示或纯粹让学生玩一玩的心态处之，对于演示实验只许成功不许失败，对于学生实验中出现的"反常"现象则尴尬地加以掩饰或干脆无动于衷地弃之不管，忽略了对学生科学探究与创新意识培养的环节。以讲授代替实验，以视频播放代替实验演示，以教师的分析代替学生的探究，易让学生养成被动接受化学知识的习惯，扼杀了学生的想象力和好奇心，使学生的兴趣爱好得不到良好的发展，不利于学生科学探究和创新意识的培养。以"试剂的用量对实验有影响吗？试剂的纯度对实验有影响吗？试剂的加入顺序对实验有影响吗？"三个具体案例进行分析，得出以下三点启示：一是紧抓化学实验教学，让事实"点燃"探究。在探究式学习活动中，由"反常"引发的问题是探究式学习的核心之一，是思维运演的催化剂，"一旦点燃"，学生就会形成强烈的探究意识。二是把握课堂教学实践，让"反常"激活探究。变"反常"为"探究"，转变学生的学习方式；让"反常"成为一种课程资源，更新教师的教育理念；从"反常"中捕捉探究点，夯实学生的实验基础，提升学生的科学素养。三是注重课后教学反思，让"余味"萦绕探究。教师要为学生的学习创设一个宽松的学习氛围，教师要善于利用教材栏目培养学生的科学探究能力，教师要有耐心"待花开"，教师要提供适合探究的课题，教师要做好"引导者"角色。最后得出结论：化学实验教学在培养学生的科学探究能力和创新意识方面所蕴含的功效是值得努力发掘和深入探索的，对完善学生科学素养的培养也是至关重要的，它关系到未来科学领域创新人才的培养。因此，每个化学教师必须站在发展的战略高度，因势利导，培养学生科学探究与创新意识的化学学科核心素养。

李凤花在《在化学实验教学中培养学生创新能力》[②]一文中首先阐述了化学实验教学的四个功能：有助于培养学生的创新意识；有助于开发学生的创新精神；有助于改善化学教学方式，促进教学改革；有助于提高学生的独立思考能力。接着具体阐述如何在化学实验教学中培

---

① 鲁云龙. 基于"科学探究与创新意识"的实验教学探究——利用"反常"现象培养探究能力和创新意识[J]. 中学化学教学参考, 2019（2）：50-52.
② 李凤花. 在化学实验教学中培养学生创新能力[J]. 中学化学教学参考, 2016（9）：7-8.

养学生的创新能力，即首先将实验内容问题化。实验内容问题化就是指将普通的实验过程转变为若干个小的问题，让学生在解决问题的过程中积累实验技能，增长知识。实验内容问题化的目的在于激发学生的发散性思维。在新课程标准实施后，教师要有能够灵活驾驭教材的能力，对课本中的一些化学实验进行充分挖掘，根据实验具体要求和教学实际情况来重新定位教学重心，将实验内容设计为培养学生发散性思维的化学问题的形式。其次生活问题实验化。生活问题实验化就是要我们每时每刻都关注身边的问题，这样就可以在问题中产生质疑，在质疑中诱发思维，进而用实验的方式来验证问题、解决问题。在实验教学过程中，我们要结合化学实验的特点，鼓励学生针对身边发生的事情进行大胆的质疑，使其在质疑的过程中找出问题的答案，从而有效地培养学生的发散性思维和创新能力。第三实验方式多样化。实验方式多样化是指打破固定的实验探究模式，设计多个过程不同而结果相同的实验，这样就可以消除学生的思维定式，培养学生的求异思维。思维定式是创新的枷锁，它会阻碍新思维、新方法的构建，进而阻碍新知识的学习与吸收，因此，必须引导学生突破思维定式，为其创设更多的思维空间和想象空间，实现思维的多样化和独创性，这对于提高学生的创新能力具有十分重要的作用。四是实验设计创新化。培养学生的创新精神与创新能力是现代教学课堂改革的主旋律，在化学实验课堂中，教师要鼓励学生大胆创新实验设计，使学生在实验的过程中产生乐趣，进而激发学生思维中的"创新点"。

唐高明在《如何在化学实验教学中培养学生的创新能力》[①] 一文中指出："在化学实验教学中，应从创设实验问题、设计探究实验、开放实验教学、剖析高考实验题等4个方面激发学生学习的兴趣，提高学生的探究愿望，发挥学生的主体作用，培养学生的创新能力。"

综上所述，培育科学探究与创新意识学科核心素养教学策略主要有如下措施。

一是充分发挥和挖掘实验的探究功能与价值，丰富学生认识视角和认识思路，发展科学探究与创新意识。

二是转变传统实验呈现形式，将验证性实验、演示性实验开发转变为探究性实验、自主性实验，发展学生科学探究与创新意识。

三是将传统的辨识记忆型的任务调整为设计评价型的任务，突出高阶思维的发展，发展学生的科学探究与创新意识。

四是积极创设真实复杂的问题情境，要求学生能从生活问题、学术问题遴选出化学问题，进行化学问题建模，发展学生的科学探究与创新意识。

五是利用实验过程中的"异常现象""反常现象"进行深度剖析，从热力学、动力学、单一控制变量等多视角来解剖，变"反常"为"正常"，发展学生的科学探究与创新意识。

六是课堂组织形式的创新，提问环节多留空白，设问环节多让学生自主设计方案，检测环节多设计些应用类的挑战问题，让学生在主动探究中提升自己的学科关键能力，发展科学探究与创新意识。

七是积极探索学科教学与信息技术融合。将正常实验很难呈现、很难观察、存在安全隐患的实验利用虚拟试验、智慧课堂等现代信息技术手段来进行有效替代，将高度抽象的实验利用

---

① 唐高明. 如何在化学实验教学中培养学生的创新能力 [J]. 实验教学与仪器，2017 (s2)：30-31.

信息技术具化，形成解决问题的一般思路，培育和发展学生的科学探究与创新意识。

八是积极挖掘化学史中蕴含的创新智慧，将化学史融入教学设计全过程，让科学家探索的过程与教学设计过程中学生的探索过程形成认知共振效应，在做中学过程中体味和发展科学探究与创新意识。

第三节　发展科学探究与创新意识素养的教学设计研究

科学探究与创新意识素养的培育必须根植于具体的教学环节当中，充分发掘教学素材及情境的认知冲突点、可探究点，精心设计成设计、评价型的高阶任务，在学生与学生、学生与老师互动交流中不断发展学生的创新意识，在问题分析解决过程中形成对科学探究一般流程的理解，形成对远迁移思维模型的建构，培育科学探究与创新意识学科核心素养。下面将以 5 个教学案例来具体阐释基于发展"科学探究与创新意识"核心素养的教学设计。其中，《铝的重要化合物》从工业生产走进实验室探究，利用科学探究的要素来解构铝及其化合物的两性；《生活中的维生素 C》则是基于真实问题解决，采用互动探究式教学来发展学生的科学探究与创新意识；《探究氯化铁溶液灼烧的变化》则是基于异常现象，基于研究实证来发展科学探究与创新意识素养；《碳酸钠和碳酸氢钠》则是基于对比实验和创新实验来制造认知冲突，发展科学探究与创新意识素养；《探究鱼浮灵增氧原理》则是从生活中的化学出发，利用化学核心知识解构生活中的问题，设计多个教学环节来帮助学生建构创新意识。

【案例 1】铝的重要化合物[①]

一、创设情境

（1）利用多媒体播放关于铝元素在自然界的存在状态以及铝在生活中的各种应用的小视频，调动学生对铝的好奇心和探知欲。

（2）用 PPT 展示工业冶炼铝的流程图（见图 6-3-1），将复杂的炼铝过程尽量简化为两个过程：①从铝土矿中分离得到 Al_2O_3；②电解 Al_2O_3 得到金属铝。

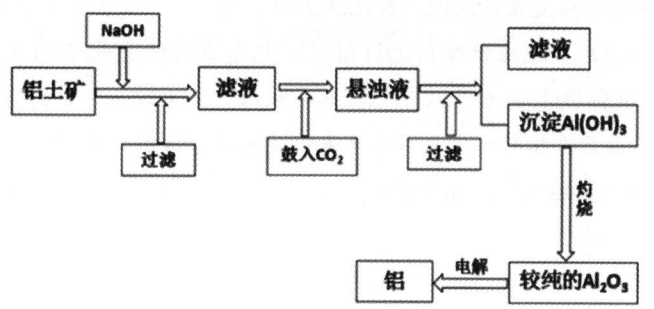

图 6-3-1　工业冶炼铝的流程

[①] 崔亚男. 基于"科学探究与创新意识"素养的探究性实验教学设计——以"铝的重要化合物"为例 [J]. 教育现代化，2017(9)：290-292.

二、提出问题

学生观察流程图提出了以下两个问题：①为什么要用 NaOH 溶液来将 Al_2O_3 分离出来？②为什么要鼓入 CO_2？

三、做出假设、设计方案

（1）学生预测：常温下铝的表面有一层致密的氧化铝薄膜，预测 Al_2O_3 常温下比较稳定；类比 Fe_3O_4 等氧化物与酸的反应，预测 Al_2O_3 可与酸反应生成盐和水；基于流程图，预测 Al_2O_3 也可与 NaOH 溶液反应。

（2）预测滤液中加入过量的 NaOH 显碱性，鼓入 CO_2 是要中和碱性物质，形成类似于 $NaHCO_3$、Na_2CO_3 的沉淀。

四、验证假设、进行实验

（1）学生自主设计的实验方案如下：①取适量 Al_2O_3 置于试管内，逐滴加入水，振荡，观察现象；②取适量 Al_2O_3 置于试管内，逐滴加入稀盐酸，振荡，观察现象；③取适量 Al_2O_3 置于试管内，逐滴加入氢氧化钠溶液，振荡，观察现象。

（2）在上述实验③的产物中逐步吹入 CO_2 气体，观察实验现象。

五、记录现象、解释分析

实验现象：① Al_2O_3 不溶于水；②与酸反应，Al_2O_3 逐渐溶解；③与强碱反应，Al_2O_3 逐渐溶解；④逐步吹入 CO_2 气体后，有白色沉淀生成。

根据现象学生进行分析：

（1）Al_2O_3 既可与酸反应，也可与碱反应，因此 Al_2O_3 属于两性氧化物，但是 Al_2O_3 与强碱反应的产物遇酸又形成了沉淀，这引起了学生们的好奇心，所以开始进一步分析沉淀的变化过程。

（2）Al_2O_3 与少量 NaOH 反应会生成 $Al(OH)_3$ 沉淀，但是当滴加过量的 NaOH 时，沉淀又溶解了，说明 $Al(OH)_3$ 和 NaOH 也可以反应。类比 $Fe(OH)_3$ 来看，$Al(OH)_3$ 是碱性物质，是可以和酸反应。$Al(OH)_3$ 既和酸反应又和碱反应，这就证明它也具有两性。

六、总结反思、迁移应用

学生总结：（1）既能跟酸反应，又能跟碱反应的物质属于两性物质，Al_2O_3 和 $Al(OH)_3$ 都具有两性。

（2）Al_2O_3 和强碱反应先生成沉淀，后沉淀溶解。

教师讲授：在 Al_2O_3 中逐滴加入 NaOH 溶液，先形成的沉淀是 $Al(OH)_3$，沉淀又溶解是因为 $Al(OH)_3$ 进一步和 OH^- 结合生成了 $NaAlO_2$ 和水。因为这一部分内容有难度，所以采用讲授法来指导学生。最后，指导学生书写本节课出现的化学方程式及相关实验现象，并引导学生思考 Al_2O_3 与弱碱反应的现象是否与强碱一致。

【教学点评】

本节课从生活生产实际出发，让学生利用结构化的知识主动解决实际工业生产问题，突出理论与生产实践相结合。教师在教学设计过程中，充分做好各种课堂预设，从不同视角和角度，分析解决问题，使得整个课堂的思维容量很大。同时，教师特别善于发挥实验的教学功能与价值，让学生主动去观察现象，分析原因，培养学生基于实证的分析推理能力。当然，老师在问题的设计上也煞费苦心，通过问题链的形式环环相扣，在学生的最近发展区不断发展学生新的认知，培育和发展学生的科学探究与创新意识素养。

【案例2】生活中的维生素C[①]

一、设计背景

爱因斯坦曾经说过："提出一个问题往往比解决一个问题更重要。"提出一个新问题需要提问者有批判性思维，需要有丰富的创造力和想象力，"提出问题"可以说是人们思维活动更高一层的境界[②]。从促进学生学习方式改变的角度来看，需要引导学生开展自主学习、合作学习和探究学习。然而，要实现学生的自主学习，就要让学生的学习过程转化为发现、提出、分析、解决问题的全过程。

本节课在知识内容方面涉及学生熟悉的高锰酸钾、维生素C，但是仅凭学生已有认识，无法解释生活中出现的"异常现象"，基于此，鼓励学生大胆提出想要了解、探究的问题。因此，本节课重要的指导思想就是培养学生提出问题的能力，在对学生提出的问题进行分析的基础上，进一步渗透化学学科思想，指导学生思考提出问题的角度。通过学生小组合作，对想要探究的问题进行完整的科学探究实践，培养学生自主探究能力。

对于初中学生而言，在中考复习阶段，学生已经掌握了基础实验操作要领，具有用控制变量、对照实验等科学思想设计实验的能力。但是，学生对科学探究的认识基本停留在做题阶段，总是在做题过程中模拟一次次的科学探究，缺乏从真实生活情境中寻找问题、探究问题的机会。因此，本节课学生的发展点在于：从真实生活情境中寻找有研究价值的科学问题，并能用化学学科思想指导其完成科学探究活动。通过科学探究活动，解决实际问题，在科学探究活动中获得实证研究的实验证据支持，体会科学探究的过程与方法。

二、设计思路

1. 教学内容分析——挖掘学科核心素养

合适的教学素材不仅可以完成教学功能，实现其价值，而且还能进一步激发学生的学习兴趣。本节授课素材基于学生生活中的真实体验，属于生活中的"异常现象"，具体内容涉及维生素C的相关知识。在现行人教版、鲁科版高中化学教材选修1《化学与生活》中都有相关类似实验。在初三阶段涉及这部分内容对学生而言可以接受，并且也很好地体现了初高中衔接的教学思想。

这种源于生活的课题能极大地激发学生的学习兴趣和探究欲望。将"高锰酸钾遇猕猴桃为什么消失"作为科学探究的背景，以此为起点，启发学生基于材料提出

图6-3-2 本节课设计思路

更多可以探究的问题，并通过讨论，最终将"不同品种的蔬菜水果中维生素C的含量相同吗？哪种物质中维生素C含量最多？"作为本节课的研究问题。通过对该问题的探究，可以把物质

[①] 马薇，刘桂军．基于化学学科核心素养培养的科学探究——以真实问题解决的实验专题复习为例[J]．中学化学教学参考，2018（8）：21-24．

[②] 于娜．中学化学教学中提高学生提出问题能力的教学实践研究[D]．长春：东北师范大学，2011．

的检验、物质的定量分析（初步）两种研究物质的基本实验方法整合到本节实验复习教学中，让学生亲身经历实验方案设计、实验方案评价、小组合作实验等过程，让学生体验科学探究的一般过程，学习科学探究的一般方法，培养学生的科学探究能力和实践能力（见图6-3-2）。

2. 教学目标——深化学科核心素养对三维教学目标的引领与提升

基于化学学科核心素养培养的科学探究活动在教学目标的设计方面除了考虑学生三个维度的实际获得，还需要进一步突出学科核心素养对三维教学目标的引领与提升（见图6-3-3）。

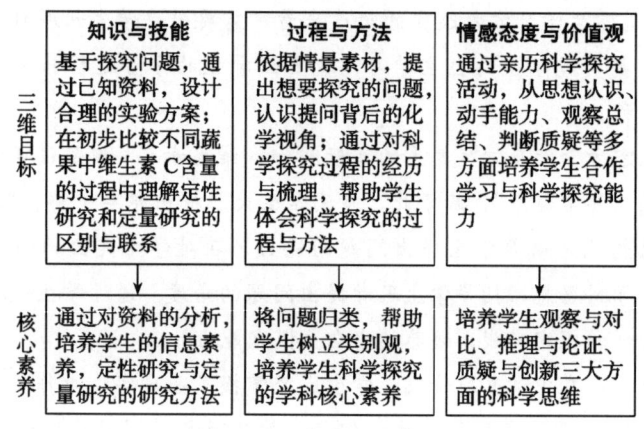

图6-3-3 本节课教学目标

3. 教学方法——体现学科核心素养

采用以任务驱动，以提出问题、解决问题为目的的教学方法，组织学生以小组合作的方式设计方案、评价方案、自主探究，实现在活动探究中提升学生的化学学科核心素养。

三、教学过程设计与实施

1. 教学流程（见图6-3-4）

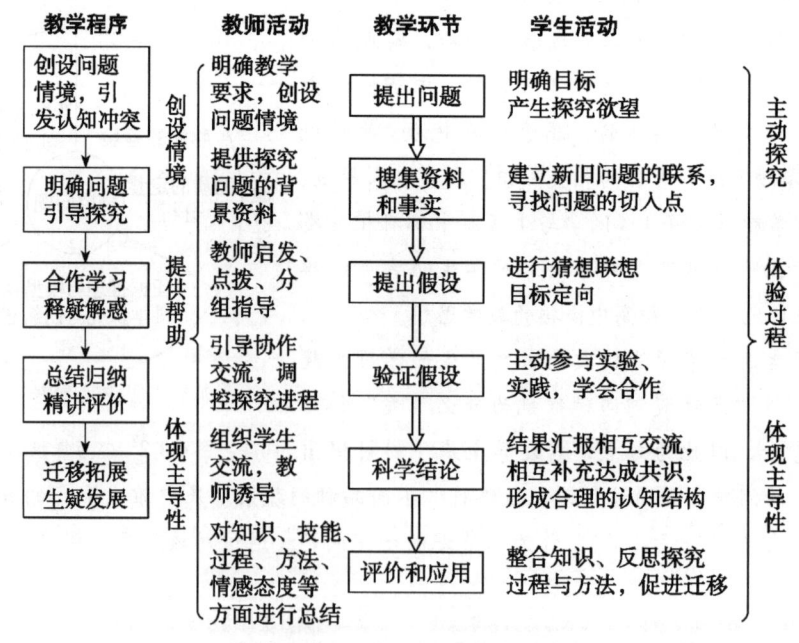

图6-3-4 互动—探究式教学流程

本节课采用互动—探究式教学模式，具体的教学环节及教学流程如表6-3-1所示。

表6-3-1 "基于真实问题解决的实验专题复习"教学流程

教学环节	任务驱动	教学活动
创设情境，汇总问题	任务一	分享在课前学生依据生活情境提出的各种问题，从化学的角度对收集的问题分类，并得出本节课想要探究的问题。
分析资料，设计方案	任务二	根据教师提供的文献资料，小组讨论，设计实验方案并全班交流讨论，最终确定可行的实验方案。
小组合作，科学探究	任务三	根据全班讨论商定的实验方案，进行科学探究，在此过程中，小组合作，记录实验现象。全班汇报，得出实验结论，并进一步反思、评价探究过程。
分享所得，升华思想	交流收获	学生分享本节课收获，师生共同总结，课题小结。

2. 教学过程

[课前阅读] 阅读以下资料，提出你想探究的问题。一位学生谈起，在做用高锰酸钾制氧气的实验时，手因接触高锰酸钾而被"染"成黄褐色，怎么也洗不掉。但回家用手接触了猕猴桃再次洗手后发现，凡手指上接触猕猴桃汁的地方，黄褐色都洗掉了。经上网查询得知"猕猴桃中含有丰富的维生素C，它可以与高锰酸钾起化学反应"。维生素C易溶于水，易被氧化。人体缺乏维生素C，可能引发多种疾病，最广为人知的是缺乏维生素C会造成坏血病。水果和蔬菜中含有丰富的维生素C。

设计意图：通过整理，共收集到学生想要探究的36个问题。通过这样的活动，鼓励学生大胆提出想要了解、探究的问题，培养学生提出问题的能力，深化学科核心素养的培养。

【环节一】创设情境，汇总问题

[教师] 课前老师给大家提供了阅读资料，基于此，大家都提出了想要探究和了解的问题。我们一起来看看大家都提出了哪些问题。如何将这些问题分类呢？

任务一：如何将纷繁复杂的问题分类？

[学生] 与小组同学分享依据情境提出的问题，尝试将这些问题分类。学生甲发言：第一类，物质的组成；第二类，涉及的反应；第三类，在生活中的用途。学生乙补充：根据现在所学的知识，将问题再分为我们现在可以探究的和不能探究的问题。学生丙：分为四类，反应物的角度、生成物的角度、影响因素与应用到实际生活。再细分为反应物的获取及它的性质，生成物的获取及它的性质，有哪些影响因素，还有影响因素与实验的关系。

设计意图：通过分析学生提出的问题，帮助学生建立提问的视角，在开放的活动中提高学生的自信心，激发学习兴趣。

[教师] 评价各个小组的分类方式，予以肯定。帮助学生明确分类方式可以多样，但是无论怎样分类，必须得有分类依据，与学生分享老师的分类依据：物质构成的奥秘、物质的性质与变化、化学反应原理、影响化学反应速率的因素、物质含量的测定、化学与生活。

[教师] 有了新的分类角度，能不能再对我们提出的36个问题进行分类呢？

[学生] 根据新的分类依据，再对问题进行分类。

设计意图：在对问题分类的过程中帮助学生树立类别观，让学生再次体会分类思维的同时，加强对化学学科体系的进一步认识。帮助学生建立提问的化学视角，在将来遇到化学情境时拥有提出问题的有力抓手。

【环节二】分析资料，设计方案

［教师］组织学生投票选出本节课想要探究的问题。得出研究问题：不同品种的蔬菜水果维生素C的含量相同吗？哪种含维生素C最多？科学探究中有了问题马上需要做出猜想和假设，大家猜测一下在给定的这些蔬菜水果中维生素C含量顺序是怎样的？

［学生］学生讨论后提出猜测，维生素C含量：猕猴桃＞橘子＞西红柿＞白菜＞黄瓜。

［教师］接下来我们应该设计实验方案验证我们的猜想，所需资料已提供。（提供关于维生素C的相关性质以及与高锰酸钾反应的资料。）

［学生］快速阅读资料，提取其中的重要信息。思考：如何测定果蔬中维生素C的含量呢？学生提取信息汇报："我根据这个方程式，高锰酸根是紫红色，锰离子在稀溶液中是无色，因此，可以用高锰酸钾溶液测定维生素C的含量。"

设计意图：对于提出的问题，想要探究，必须查阅相关资料，拥有了资料后，信息提取能力至关重要，在本环节重点考查与培养学生的信息提取与再加工能力，教师的及时指导与总结也可以帮助学生在今后遇到相似问题时学会快速找到有用信息，提升学生的信息素养。

任务二：依据教师提供的资料，设计小组实验方案。

［学生］设计实验方案。

学生汇报方案，学生甲："把不同果蔬的水溶液滴入相同的高锰酸钾溶液中。（教师追问：果蔬水溶液怎么得到？）研磨果蔬，加入等量水，得到果蔬水溶液，接着记录使高锰酸钾溶液从紫红色到无色的果蔬汁滴数。"学生乙："和他们组差不多，但是我们想在试管中先放等量的果汁，滴加高锰酸钾溶液，然后观察果汁褪色所需的高锰酸钾溶液的量。"

［教师］分析小组方案，对重要的科学探究思想进行点拨与强化。

［学生］全班讨论出大家认可的实验方案：提前称量五种果蔬可食用部分各50 g，然后各加入300 mL蒸馏水，榨汁，过滤，就得到了大家实验盒子里的五种果蔬汁。接下来在五支试管里加入等量的高锰酸钾溶液（0.02％），将五种果蔬汁分别滴入五支试管中，观察到的现象是高锰酸钾溶液褪为无色，需要记录的量是滴加果蔬汁待测液的滴数。如果加入的待测液滴数越多，说明这50 g果蔬中维生素C的含量越少。（注：这里做了近似处理，暂时不考虑果蔬之间的含水量差异。）

设计意图：通过让学生自主设计实验方案，在实际问题中体会控制单一变量、对比实验等学科思想的重要性；再通过全班分享交流，教师帮助学生形成实验方案的规范叙述与表达，培养学生的表达能力与质疑精神。

【环节三】小组合作，科学探究

任务三：根据全班讨论商定的实验方案，进行科学探究。

［学生］根据提供的实验器材、药品，进行实验，搜集证据。

［教师］指导学生正确操作，完成科学探究实验，组织各组汇报实验结论。

［学生］全班有3种结果。1、4、5组：滴数顺序为：猕猴桃＞橘子＞西红柿＞白菜＞黄

瓜；2、6组：滴数顺序为：猕猴桃＞橘子＞黄瓜＞白菜＞西红柿；3组：滴数顺序为：猕猴桃＞橘子＞西红柿＞黄瓜＞白菜。

设计意图：通过科学探究过程的经历与梳理，帮助学生体会科学探究的过程与方法，培养学生科学探究的学科核心素养。

[教师]咱们现在6个小组得到3种结论。那我们来想一想：哪些因素会影响实验的测定结果？哪些因素是可以避免的？

[学生]学生甲：不同的同学量取高锰酸钾溶液导致高锰酸钾量不一样；学生乙：是否及时振荡；学生丙：胶头滴管的规格不是完全一样；学生丁：果汁经过沉淀之后略有变质或者不再均匀；学生戊：滴加溶液的时候有挂壁现象。

[教师]到了高中我们会用到滴定管，通过滴定管上的刻度，可以比较精确地得知所用待测液的体积。对于振荡问题，今后也可以用磁力搅拌器解决。

设计意图：对于实验中出现的问题，及时反思，寻找原因，培养学生质疑与创新的科学思维以及批判性思维。

[教师]今天的实验告诉我们有些蔬菜的维生素C含量意外的高，均衡饮食很重要。为了减少蔬菜在加工、烹调过程中维生素C的损失，根据维生素C的特性（提供资料），应采取哪些有效措施？

[学生]小组讨论，发言：可以多吃凉拌蔬菜，炒菜时多放点醋，多做蔬菜汤。

[教师]可以总结为：现洗现切，现切现炒，适量加醋，不用铜锅，急火快炒，炒后即食。

设计意图：应用化学知识指导实际生活，让学生切实感受到化学与生活息息相关。

【环节四】分享所得，升华思想

[学生]小组讨论本节课的收获。

[教师]科学探究题型在考试中一直是大家的薄弱环节，想想今天的科学探究，你能把它编成一道题吗？如果它成为一道题你还觉得困难吗？（展示相似问题）本节课我们从提出问题开始，了解了提出问题的众多角度，接下来我们利用科学探究的思路研究了同学们基于真实生活情境提出的一个问题，进一步复习巩固了科学探究的一般步骤和方法。科学的思想和方法可以帮助我们更好地研究问题，像科学家一样思考，你会发现生活中处处皆学问，化学也会让我们的生活更加美好！

设计意图：学生在表达交流的过程中感悟所得，体会能力的提升，并且通过教师的总结，进一步升华了本节课的重要学科思想和方法。最后一道思考题在本节课真实问题解决的背景下迎刃而解，使得复习课教学不再是单纯的"做题带入情境、脑补实验过程"，而是在真实的探究过程中落实方法的提升和能力的培养。

【教学点评】

本节课聚焦利用实验探究来发展学生的科学探究与创新意识，相较于传统的课堂，有如下特点：一是教师从学生的生活经验出发，将教材中具体的知识转换成实验探究，让学生在真实的实验体验中梳理总结出相关知识，实现了知识的情境化、功能化，外显了实验教学的功能与价值。二是教师将整个教学环节设计成科学探究的全过程，让学生在"提出问题，猜想和假设，设计实验方案，进行实验"过程中不断调用自己的知识与认知来分析解决问题，这样在知识、实验与学生物我交融、相互依存、相互规定、相互渗透、相互转化的过程中发展学生的科学探究与创新意识。三是教师突出问题教学的功能与价值，设计问题的时候突出学生的主体意识，将备课从备知识走向备学生，从备流程到备思维；分析问题的时候突出学生的参与性，让学生主动参与，让学生表达自己的内心真实想法，让学生在原有认知基础与新的实验事实的冲突中不断发展新的认知，发展出新的知识与能力。在教学过程中，教师还特别注意彰显问题设计的育人价值，特别注意树立学生的问题意识，特别关注学生独立思考能力的培养，学生在亲自动手、亲自体验过程中感受化学、感悟化学、感知一个整体有生命力的化学。

【案例3】探究氯化铁溶液灼烧的变化[①]

化学是一门与实验相关的自然科学，实验探究是化学学科核心素养的内在要素，也是综合培养学生化学学科核心素养的一种有效方法[②]。教学中利用实验出现的意外现象，引导学生发现问题，确定探究课题，设计并优化实验方案，动手进行实验，观察记录分析实验现象，评价与反思并最终获得正确结论。学生亲历实验探究的过程，在探究的过程中引发学生的认知冲突和深度思考，激励学生发现和提出有探究价值的化学问题，并应用化学知识解决问题，培养学生的问题意识，提高学生分析解决问题的能力。

一、教学目标

（1）通过实验，理解将挥发性酸对应的弱碱盐溶液蒸干、灼烧的生成物，且能够依据离子平衡原理加以解释。

（2）对比评价 $FeCl_3$ 溶液蒸干、灼烧实验的两套方案，掌握实验方案评价的策略。

（3）在解决问题过程中思考 Fe^{2+} 和 Fe^{3+} 检验、铁的氧化物性质知识的应用。

（4）借助改进实验意外现象的发现、猜想、设计方案、验证、评价反思的过程建构科学探究的思路和方法。

二、教学过程流程

教学过程流程简图见图 6-3-5。

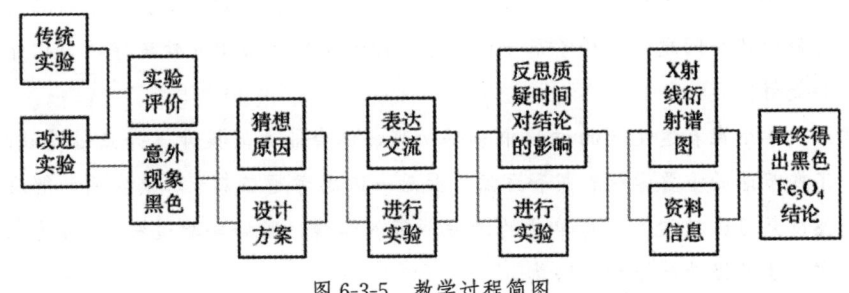

图 6-3-5 教学过程简图

三、教学过程

$FeCl_3$、$AlCl_3$ 等盐溶液蒸干会促进水解，生成氢氧化物，灼烧得氧化物。教学中为了便于学生理解，对上述实验进行取证。

---

① 薛桂凤. 探究氯化铁溶液灼烧的变化——探究实验课的教学设计 [J]. 化学教学，2018（2）：50-53.
② 徐滨. 化学学科核心素养的培养策略 [J]. 中学化学教与学，2017（4）：17.

[教师演示] 用传统方式演示 $FeCl_3$ 水解相关实验：将大约 2.0 mL 饱和 $FeCl_3$ 溶液先在蒸发皿中蒸发，再在坩埚中灼烧，观察实验现象。加热溶液，溶液颜色由黄色变为红褐色，溶液蒸发后转入坩埚中灼烧，固体颜色由红褐色变为铁锈色。

[教师讲解] 针对实验耗时长、药品用量大、污染环境的问题，介绍对上述实验的改进方法。

[学生实验] 将一支粉笔浸泡在 $FeCl_3$ 溶液中（浓稀均可），用坩埚钳夹持粉笔于酒精灯上灼烧（图 6-3-6）[①]，随着加热时间的持续，可在 1 min 内观察到粉笔表面颜色的变化：黄色→红褐色→铁锈色→黑色。

[学生讨论] 实验现象中前三种颜色出现的原因：$FeCl_3$ 溶液水解生成 $Fe(OH)_3$，$Fe(OH)_3$ 受热分解为 Fe_2O_3。

[教师提问] 与传统实验相比较，改进后实验的优点是什么？

图 6-3-6　改进的 $FeCl_3$ 水解实验装置

[学生讨论] 操作简单、耗时短、药品用量少、节约、环保。

设计意图：学生亲历对实验方案的评价过程，在实践中学习化学实验评价的要点，即科学、简约、安全、经济、环保。

[学生提问] 为什么粉笔表面颜色最终变为黑色？黑色物质是怎么生成的，成分是什么？

[教师指导] 依据反应物、反应条件合理猜想可能发生的反应，对黑色物质是怎么生成的进行猜想。

[学生讨论] 提出猜想：①酒精不完全燃烧的碳；②酒精与粉笔灼烧的产物；③酒精还原 Fe_2O_3 得到的物质。

[教师提问] 如何设计实验证实是猜想①、②？

[学生讨论] 实验方案。

[学生实验] 把洁净的粉笔置于酒精灯上灼烧，不会呈现黑色。实验直接排除了猜想①和②。

[教师演示] 酒精还原 Fe_2O_3 的实验[②]：如图 6-3-7，在密闭装置中，将酒精浸泡过的粉笔和 Fe_2O_3 同时放在硬质玻璃管中。先在粉笔处加热，用酒精蒸汽排尽装置中的空气后，再在 Fe_2O_3 处加热，约 5 min 左右可以在硬质玻璃管中观察到红色 Fe_2O_3 变成黑色。取下装置中新制的 $Cu(OH)_2$ 加热，观察到新制的 $Cu(OH)_2$ 由蓝色沉淀变成砖红色沉淀。

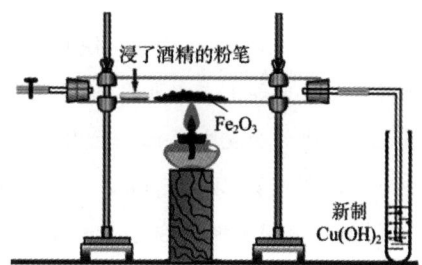

图 6-3-7　酒精还原 Fe_2O_3 的实验装置

[学生讨论] 酒精被氧化为乙醛并有黑色物质生成，猜想③正确。

[学生提问] 黑色物质是什么？

[①] 薛桂凤. 创新氯化铁水解实验及由该实验引发的实验探究 [J]. 中学化学教学参考，2012（5）：53.
[②] 薛桂凤. 3 个高中化学演示实验的改进 [J]. 实验教学与仪器，2010（7/8）：61.

[教师指导] 类比酒精还原 CuO 实验，围绕反应物（乙醇、Fe_2O_3），根据氧化还原反应原理，进行推理判断。

[学生讨论] 提出猜想：黑色物质可能是单质 Fe、FeO 或 Fe_3O_4。

[教师提问] 如何设计实验，探究黑色物质是三种中的哪一种？（限选实验仪器与试剂：烧杯、试管、玻璃棒、药匙、滴管、酒精灯、试管夹、吸铁石、黑色粉末样品、3 mol·L^{-1} H_2SO_4 溶液、6 mol·L^{-1} HNO_3 溶液、3 mol·L^{-1} HCl 溶液、0.01 mol·L^{-1} $KMnO_4$ 溶液、20% KSCN 溶液、蒸馏水）

[学生讨论] 实验方案。

[学生实验] 实验①：取黑色粉末少量，粉末完全被磁铁吸引；实验②：在盛有黑色粉末的试管中加入稀 H_2SO_4 后，固体部分溶解但无气泡产生；实验③：取上述实验②清液加入 $KMnO_4$ 溶液中，观察到紫色褪去，另取实验②清液加入 KSCN 溶液，出现血红色。

[学生讨论] 实验①证明黑色物质不是 FeO，实验②证明黑色物质不是单质 Fe，实验③证明既有 Fe^{2+} 又有 Fe^{3+}，由此得出结论，黑色物质是 Fe_3O_4。

[学生提问] 是否因反应时间太短，导致了酒精只能将 Fe_2O_3 还原成 Fe_3O_4？

[教师演示] 如图 6-3-7，在密闭装置中，用酒精浸泡过的粉笔和 Fe_2O_3 同时放在硬质玻璃管中加热，观察到将红色 Fe_2O_3 变成黑色后再持续加热 5 分钟使其充分反应。取黑色粉末少量，粉末完全被磁铁吸引。在盛有黑色粉末的试管中加入稀 H_2SO_4 后固体部分溶解但无气泡产生，取上述清液加入 $KMnO_4$ 溶液中，观察到紫色褪去，另取上述清液加入 KSCN 溶液出现血红色。

[学生讨论] 得出结论：酒精将 Fe_2O_3 还原为 Fe_3O_4，与反应时间无关。至此学生完成了探究历程（图 6-3-8）。

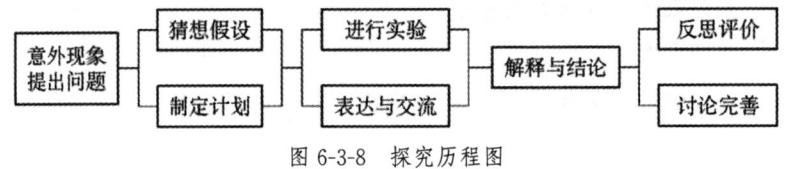

图 6-3-8 探究历程图

[教师出示] 信息资料：铁的氧化物有 FeO、Fe_2O_3 和 Fe_3O_4 等。FeO 是铁的氧化物之一，其外观呈黑色粉末，由氧化态为 +2 价的铁与氧共价结合。FeO 属于非整比化合物，其中铁和氧元素的比例会发生变化，范围从 $Fe_{0.84}O$ 到 $Fe_{0.95}O$。FeO 是一种黑色粉末，不稳定，在空气中加热，可被氧化成 Fe_3O_4，隔绝空气加热会歧化为 Fe 和 Fe_3O_4。

[教师提问] 根据信息，酒精还原 Fe_2O_3 得到的产物 Fe_3O_4，会不会是由于 FeO 的不稳定性而生成的？

[学生讨论] 酒精还原 Fe_2O_3 时，先用酒精蒸汽排尽了空气，是无氧气环境加热，故不会是由于 FeO 在空气里加热而被氧化成 Fe_3O_4，又因为在盛有黑色粉末的试管中加入稀 H_2SO_4 后固体部分溶解但无气泡产生，证明无单质 Fe，故不会是由于隔绝空气加热歧化为 Fe 和 Fe_3O_4，由此得出结论，酒精将 Fe_2O_3 还原，产物只能是 Fe_3O_4。

[教师讲解] 教师介绍 X 射线衍射谱图（X-Ray Diffraction, XRD），并给出由河北大学化学实验室对黑色产物测样得出的产物表征图及结果（图 6-3-9），显示了 Fe_3O_4（曲线 a）、Fe_2O_3

（曲线 c）及单质 Fe（曲线 d）的 XRD 谱图。从 Fe_3O_4 的 XRD 谱图上可以看出 35.3°、43.0°、56.9°和 62.5°分别对应于 Fe_3O_4 的（311）、（400）、（511）和（440）晶面（JCPDS NO.19-0629）。Fe_2O_3 XRD 曲线上的 33.1°、35.7°、54.2°、62.6°和 64.5°分别对应于 Fe_2O_3 的（104）、（110）、（116）、（214）和（300）晶面（JCPDS NO.89-8103）。曲线 d 上 44.9°的 XRD 衍射峰对应于单质 Fe 的（110）晶面（JCPDS NO.87-0721）。由图可知，酒精还原 Fe_2O_3 所得到的产物（曲线 b），其 XRD 谱图与 Fe_3O_4 一致，而与 Fe_2O_3 和单质 Fe 的 XRD 谱图明显不同，进一步证明了通过酒精还原 Fe_2O_3 得到的产物是 Fe_3O_4。

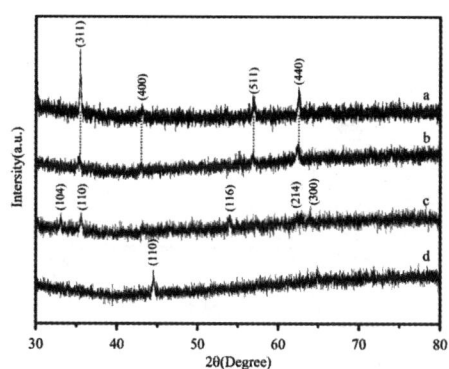

图 6-3-9　Fe_3O_4（曲线 a）、酒精还原 Fe_2O_3 的产物（曲线 b）、Fe_2O_3（曲线 c）及单质 Fe（曲线 d）的 X 射线衍射谱图（X-Ray Diffraction，XRD）

设计意图：学生初步了解目前化学研究中常用的分析仪器，开阔了眼界。先进科研手段对学生探究结论的进一步证实使得学生的成就感倍增。教学过程中引导学生尝试科学研究，将科研的种子植于学生心中，培养学生学科学、爱科学、不断创新、勇于质疑、坚持不懈的品质。

【教学点评】

本节课在发展学生科学探究与创新意识学科核心素养方面有如下三个特点：一是善于利用实验的意外现象，激发学生学习的兴趣，激发探究的欲望，活跃课堂思维。教师特别善于利用意外实验现象生成教学资源，让学生分析意外现象，进行推理，让意外变成培育学生有序思维的抓手，让最后的意外变成"应然"。二是教师特别善于改进实验。教师特别注意将现象不明显、成功率低、污染大、耗时长的课本实验进行改造，使得实验能够真正发挥其功能与价值。教师还特别注意将实验创新作为培育学生问题意识、审辨性思维的抓手，让创新变得有据可依，有源头可追溯。三是教师特别善于让学生充分思考、充分讨论、充分交流，充分发挥学生的主体作用，充分发挥智慧众筹的优势，让学生在问题的深度解决中发展科学探究与创新意识核心素养。

【案例 4】碳酸钠和碳酸氢钠[①]

一、钙化合物的转化关系

[问题]　$Ca(OH)_2$ 微溶于水，澄清石灰水浓度小。向澄清石灰水中不断通入 CO_2 气体将会

[①] 伍强，黄晶，杜金铃. 基于对比实验和创新实验的化学教学——以"碳酸钠和碳酸氢钠"的教学为例［J］. 化学教学，2017（4）：59-63.

出现什么现象？

[学生] 澄清石灰水变浑浊。

[追问] 后来呢？

[学生] 不知道。

[板书] $Ca(OH)_2 \xrightarrow{CO_2} CaCO_3 \xrightarrow{CO_2}$

[演示实验] 展示如图 6-3-10 所示实验装置，做简单介绍，然后向澄清石灰水中通入 CO_2 气体出现白色浑浊，再通入 CO_2 气体溶液变澄清。取少量澄清溶液加热又生成白色浑浊，再取少量澄清溶液滴加 NaOH 溶液也生成白色浑浊 [强调 $HCO_3^- + OH^- == H_2O + CO_3^{2-}$、$CO_3^{2-} + Ca^{2+} == CaCO_3 \downarrow$ 的反应本质，$Ca(HCO_3)_2$ 溶液浓度很小]。

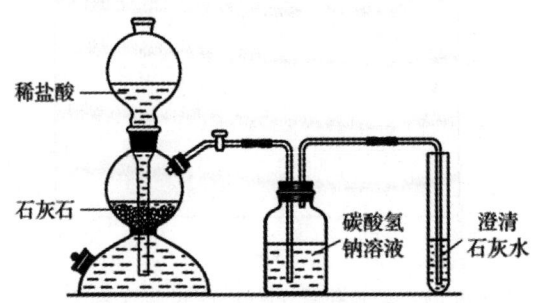

图 6-3-10　CO_2 与澄清石灰水反应实验装置

[师生] 共同完成钙化合物相互转化关系：

$Ca(OH)_2 \xrightarrow{CO_2} CaCO_3 \xrightleftharpoons[\triangle 或 NaOH]{CO_2} Ca(HCO_3)_2$

[师生] 按照同类化合物性质相似进行类推，共同完成钠化合物相互转化关系：

$NaOH \xrightarrow{CO_2} Na_2CO_3 \xrightleftharpoons[\triangle 或 NaOH]{CO_2} Na(HCO_3)_2$

设计意图：通过实验再现钙化合物性质，构建钙化合物转化关系，以此类推钠化合物转化关系。

二、溶解度、溶液酸碱性、热稳定性

1. 溶解度

[讲述] 固体物质在水中的溶解性分易溶（大于 10 g）、可溶（10～1 g）、微溶（1～0.01 g）、难溶（小于 0.01 g），在 20 ℃时 Na_2CO_3 溶解度为 21.5 g，$NaHCO_3$ 溶解度为 9.6 g。

[学生] Na_2CO_3 属易溶、$NaHCO_3$ 属可溶。

2. 溶液酸碱性

[过渡] Na_2CO_3 属于盐类，为什么俗称纯碱？

[学生] Na_2CO_3 溶液可能呈碱性。

[学生实验] 取两支试管分别加入少量 $1\ mol \cdot L^{-1} Na_2CO_3$、$NaHCO_3$ 的溶液，请用 pH 试纸测定溶液 pH，然后滴加酚酞溶液观察颜色变化。

[实验结果] Na_2CO_3、$NaHCO_3$ 溶液 pH 分别为 12 和 8，滴加酚酞溶液分别呈现红色和粉红色。

3. 热稳定性

[过渡] $CaCO_3$ 高温分解，$Ca(HCO_3)_2$ 加热分解，Na_2CO_3、$NaHCO_3$ 固体热稳定性如何？

[问题] 请同学设计实验，比较 Na_2CO_3、$NaHCO_3$ 固体的热稳定性。

[学生实验] 取少量 $NaHCO_3$ 固体于试管中，并加热，将可能产生的气体通入澄清的石灰水中，以同样的方法加热 Na_2CO_3 固体。

[实验结果] $NaHCO_3$ 固体易分解。

[演示实验] 展示如图 6-3-11 所示的油浴法实验装置，做简单的介绍，然后点燃酒精灯加热约 2 分钟，食用油温度升高至 130～140 ℃时，右侧的澄清石灰水无明显现象，左侧的澄清石灰水变浑浊①。

[实验结果] $NaHCO_3$ 固体易分解，Na_2CO_3 难分解。

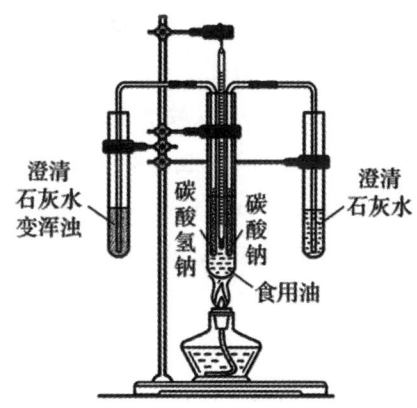

[学生] $2NaHCO_3 \xrightarrow{\triangle} Na_2CO_3 + CO_2\uparrow + H_2O$

设计意图：掌握 Na_2CO_3、$NaHCO_3$ 溶解性和溶液酸碱性为以下实验探究奠定基础。油浴法实验具有很好的对比性、探究性、直观性和简约性，可以粗略地测定

图 6-3-11　油浴法实验装置

$NaHCO_3$ 分解的温度，学生对其热不稳定性印象深刻。能拓展学生的知识面，培养学生的创新能力。

三、与酸反应

1. 与稀盐酸反应

[学生实验] 取两支试管分别加入少量 $1\ mol\cdot L^{-1}\ Na_2CO_3$、$NaHCO_3$ 的溶液，然后分别滴加 $1\ mol\cdot L^{-1}$ 盐酸。

[实验现象] 向 Na_2CO_3 溶液中滴加稀盐酸至过量，起初产生少量微小气泡，随后产生气泡逐渐增多。向 $NaHCO_3$ 溶液中滴加稀盐酸，立刻产生大量气泡。

[教师] 请写出反应的化学方程式。

[学生] $Na_2CO_3 + 2HCl(过量) =\!= 2NaCl + H_2O + CO_2\uparrow$，$NaHCO_3 + HCl =\!= NaCl + H_2O + CO_2\uparrow$。

[设疑] 向 Na_2CO_3 溶液中滴加稀盐酸至过量，起初产生少量微小气泡，随后产生气泡逐渐增多，可能还发生其他反应。

[教师] 展示如图 6-3-12 所示的恒压式实验装置，作简单介绍。

实验1：向 Na_2CO_3 溶液中滴加稀盐酸至过量。

[演示实验] 如图 6-3-12 装置。在广口瓶中加入 $1\ mol\cdot L^{-1}\ Na_2CO_3$ 溶液 20 mL，再滴入几滴酚酞溶液，在分液漏斗中加入 $1\ mol\cdot L^{-1}$ 盐酸 40 mL。打开磁力搅拌器，搅拌待反应

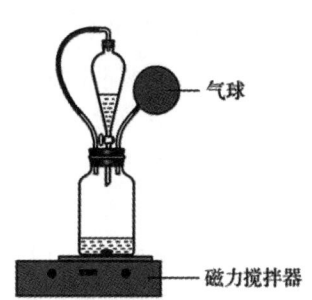

图 6-3-12　恒压式实验装置

---

① 伍强. 碳酸钠和碳酸氢钠性质对比实验的研究 [J]. 化学教学，2015（12）：48-50.

溶液。然后打开分液漏斗活塞，滴入约 20 mL 稀盐酸，关闭活塞。溶液由红色变成粉红色，反应没有气泡产生，气球没有增大。

[问题] 反应没有气体生成，溶液变成粉红色，反应生成了什么物质？

[学生] 生成了 $NaHCO_3$。

[师生] $Na_2CO_3 + HCl(少量) = NaHCO_3 + NaCl$。

[演示实验] 再次打开分液漏斗活塞，滴入剩余约 20 mL 稀盐酸。溶液由粉红色变成无色，反应产生气泡，气球逐渐增大。

[教师] $NaHCO_3 + HCl = NaCl + H_2O + CO_2\uparrow$（已写出）。

实验 2：向稀盐酸中滴加 Na_2CO_3 溶液至过量。

[演示实验] 如图 6-3-12 装置。在广口瓶中加入 1 mol·L^{-1} 盐酸 40 mL，再滴入几滴酚酞。在分液漏斗中加入 1 mol·L^{-1} Na_2CO_3 溶液 40 mL。打开磁力搅拌器，搅拌待反应溶液。然后打开分液漏斗活塞，滴入 Na_2CO_3 溶液约 20 mL，关闭活塞。溶液保持无色，反应产生气泡，气球逐渐增大。

[教师] $Na_2CO_3 + 2HCl(过量) = 2NaCl + H_2O + CO_2\uparrow$（已写出）。

[演示实验] 再次打开分液漏斗活塞，滴入剩余约 20 mL Na_2CO_3 溶液。溶液由无色变成红色，气球缓慢变小。Na_2CO_3 溶液与 CO_2 气体反应速率很慢。

设计意图：用恒压式实验装置探究 Na_2CO_3 溶液与稀盐酸互滴反应，实验现象明显、直观，解决了向 Na_2CO_3 溶液中滴加稀盐酸至过量发生分步反应的实验教学难点问题。通过实验探究，有助于学生更好地领悟 Na_2CO_3 溶液与稀盐酸互滴反应的化学反应原理，理解 Na_2CO_3 与盐酸分步反应的机理，领会化学反应中量变到质变的辩证思想，也让学生了解某些化学反应的可控性。

2. 饱和 Na_2CO_3 溶液与 CO_2 气体反应

[过渡] Na_2CO_3 溶液能与稀盐酸反应，Na_2CO_3 溶液能不能与 CO_2 气体反应呢？

[师生实验] 取盛有 CO_2 气体的 500 mL 普通矿泉水瓶，注入 20 mL 饱和 Na_2CO_3 溶液，旋紧瓶盖，剧烈振荡矿泉水瓶 1~2 分钟，矿泉水瓶变瘪，再放置（或振荡或将矿泉水瓶与桌面敲打几下）1~3 分钟析出较多白色晶体并出现白色浑浊现象①。

[问题] 白色晶体是什么物质？

[学生] $NaHCO_3$ 晶体。

[师生] $Na_2CO_3 + CO_2 + H_2O = 2NaHCO_3$。

[教师] 反应时水的量几乎不变，为什么能析出 $NaHCO_3$ 晶体？

[学生] $NaHCO_3$ 溶解度比 Na_2CO_3 小。

设计意图：通过实验探究，能让学生深刻领悟 Na_2CO_3 溶液和 CO_2 气体反应的原理，$NaHCO_3$ 溶解度比 Na_2CO_3 溶解度小的物理性质。说明：寒冷天气实验时，剧烈振荡矿泉水瓶 1~2 分钟，矿泉水瓶变瘪，说明发生了反应，然后用温水浸泡矿泉水瓶后再振荡析出晶体，或者放置较长时间后自然析出晶体。

---

① 伍强. 饱和碳酸钠溶液和二氧化碳气体反应实验的研究 [J]. 化学教学，2014 (11)：56-57.

四、与盐、碱反应

[学生实验] 实验1：向 1 mol·L^{-1} CaCl$_2$ 溶液中分别滴加 1 mol·L^{-1} Na$_2$CO$_3$、NaHCO$_3$ 的溶液，观察现象，写出反应式。

实验2：向澄清石灰水中分别滴加 1 mol·L^{-1} Na$_2$CO$_3$、NaHCO$_3$ 的溶液，观察现象，写出反应式。

作业：记录反应现象，根据反应现象写出化学方程式。

设计意图：根据实验现象书写反应的化学方程式，培养学生观察和思维能力。此实验探究让学生知道 Ca^{2+} 与 HCO$_3^-$ 不能大量共存的知识点，对 CaCl$_2$ 溶液与 NaHCO$_3$ 溶液反应情况有了切实的了解。

五、应用

[师生] 例举化工生产、糕点制作、胃酸过多治疗、油污洗涤等应用。

总结：

$$NaOH \underset{Ca(OH)_2}{\overset{CO_2}{\rightleftharpoons}} Na_2CO_3 \underset{\triangle \text{或} NaOH}{\overset{CO_2 \text{或少量盐酸}}{\rightleftharpoons}} NaHCO_3$$

过量盐酸 ↘ NaCl ↙ 盐酸

【教学点评】

本节课在发展学生科学探究与创新意识学科核心素养方面有如下特点：一是重视类比迁移能力的培养，凸显知识的生长点。教师特别注意学生已有的认知基础，在已有的知识基础上进行梳理、概括、总结，形成解决一般问题的思路与方法，进行运用构建的思路与方法迁移类比解决新的问题，发展学生新的认知。二是特别重视学生科学思维品质的培育。教师特别重视真实化学问题蕴含的科学思维，通过对比实验，让学生找出设计实验的关键，即找到该实验的不变量、自变量和因变量，以此来设计实验，控制变量，在实验设计和实验操作过程中感悟科学探究的严谨性。三是注重师生实验和思维的交互碰撞，注重在体验中培育学生的创新意识。教师通过学生主动的实验探究与创新实验让学生体味到实验设计应该遵循科学性、简约性和可行性原则，且在实验具体实施过程中，还逐渐引导学生从定性走向定量，注意实验的可控性，师生在交互教学行为中思维得到了碰撞，激发了学生主动探究和远迁移的意识，很好地发展了学生科学探究与创新意识学科核心素养。

【案例5】探究鱼浮灵增氧原理[①]

一、教学目标

1. 通过对"鱼浮灵"增氧原理的探究以及溶液酸碱性对双氧水分解影响的探究，共同评测生活中使用"鱼浮灵"作为增氧剂的优点。在探究活动中进一步发展学生化学学科核心素养，让学生学习如何像科学家一样进行探究活动的一般模式。

2. 在学生进行实验探究过程中，提高学生综合分析问题、解决问题以及数据处理的能力。

二、学生情况

1. 双氧水分解可制氧气。

---

① 王延. 基于项目式学习的高三化学实验专题复习实践——以"揭秘鱼浮灵"为例 [J]. 化学教与学, 2020 (2): 65-67.

2. 会用 pH 表示溶液酸碱度。

3. 碳酸钠溶液显碱性。

4. 在《必修1》第一章第 2 节,初步学习了研究物质性质的 4 个方法和研究物质性质的基本程序,但是还不会灵活运用。

5. 已学习了氧化还原基本概念,可以从酸碱反应、氧化还原视角分析问题。

三、教学重难点

1. 面对学习中遇到的问题,应该如何像科学家一样进行分析和解决问题。

2. 实验方案的设计。

四、教学过程

表 6-3-2

教学环节	教师活动	学生活动	设计意图
1. 身边的化学——认识鱼浮灵	厦门是一个美丽海滨城市,俗话说"靠山吃山,靠海吃海",我们沿海的渔民从远洋捕获的海鱼在运输的过程,常遇到的问题会有哪些?	思考,缺氧或者细菌感染等。	从远洋运输海鱼会遇到的实际问题入手,选择鱼浮灵作为探究对象,极大地激发了学生的探究兴趣,并帮助学生形成从生活中发现化学问题的意识。
	水体缺氧是常见的一个问题,缺氧会导致鱼虾窒息死亡,造成经济损失。那么渔民们怎么解决这个问题呢?	思考,可以想办法给水体增氧。联想家里的鱼缸,可以在水体里放入氧气泵;也可以加入化学试剂产生氧气。	
	鱼浮灵是常用的一种化学增氧剂。我们一起来认识一下。		
		共同阅读"速效鱼浮灵"的说明书。鱼浮灵是一种速效增氧剂,能够进行鱼虾缺氧的急救等。	学习阅读产品说明书,从中获得信息,并学习运用现代网络来查询陌生信息。
	查阅百度百科得知过碳酸钠的成分是 $2Na_2CO_3 \cdot 3H_2O_2$	学生对鱼浮灵的成分感觉好奇,什么是"过碳酸钠"?	
	那么鱼浮灵的增氧原理是什么呢?	碳酸钠和双氧水都是熟悉的物质,但是二者一起出现,学生有点迷糊。	

续表

教学环节	教师活动	学生活动	设计意图
2. 活动一：探究鱼浮灵的增氧原理	[提出问题] 鱼浮灵的增氧原理是什么？ [进行猜想1] [评价猜想1] 教师帮助学生找到如何分析 Na_2CO_3 与 H_2O_2 是否会发生化学反应的角度。 角度1. 复分解反应视角 角度2. 氧化还原视角 问题1：分析碳酸钠溶液中有什么微粒。 问题2：可能是什么微粒起到促进双氧水分解的作用？ [进行猜想2] [评价猜想2] [设计实验] [汇报交流] 1. 单一变量对照实验 2. 如何比较反应快慢 教师介绍，为了让实验更加具有对照性，我们同时做一组空白实验，往等体积的水中加入鱼浮灵进行对照。 教师介绍，观察实验组气泡产生的快慢是比较粗略的比较方法，为了让结果更加定量化，我们使用传感器。 氧气传感器，可以测量每个时间下体系中氧气的含量。pH传感器，可以测量每个时间下溶液的PH。同时可以在软件上看到变化的曲线图。	学生思考，进行猜想。 猜想1，可能是 Na_2CO_3 与 H_2O_2 发生了化学反应生成了 O_2。 猜想2，可能是碳酸钠催化双氧水分解，促进氧气的释放。 学生小组讨论，认为 Na_2CO_3 与 H_2O_2 不会发生复分解反应，碳酸钠也没有还原性，不会与双氧水发生氧化还原反应。 排除猜想1，认为碳酸钠有可能催化双氧水的分解。 学生分析，碳酸钠水溶液有 H_2O、Na^+、CO_3^{2-}；联系碳酸钠也称纯碱，水溶液显碱性，分析碳酸钠水溶液中还存在大量的 OH^-。 学生初步猜想，Na^+、CO_3^{2-} 和 OH^- 都有可能。 联想到 NaCl 在海水里含量很高，故排除 Na^+。 小组合作讨论实验方案：往等体积等浓度的双氧水中分别加入等质量的 NaOH 和 Na_2CO_3，另外一支试管不加，比较三者反应放出气泡的快慢。 需要注意空白实验的双氧水浓度一致。进行简单计算。 选用 1 mol/L 双氧水，经过计算，往 80 mL 水中加入约 8.4 g 鱼浮灵。 观察思考。	初步体验科学探究的过程：提出问题—进行猜想—设计方案—进行实验—结果分析—得出结论。 学生通过自主设计实验，学习像科学家一样思考问题，掌握探究实验的一般思路，将所学知识融会贯通并应用于解决实际问题。 小组合作学习，培养学生在团队中协调与自我表达的能力。 培养学生对照实验思想。 定量思想是化学学习的重要思想，高一的学生应该逐步理解并掌握。

续表

教学环节	教师活动	学生活动	设计意图
	[进行实验] [结果讨论] [小结] CO_3^{2-} 和 OH^- 促进了双氧水的分解，使反应加快。 还有没有同学有什么问题想要解决？ 除了探究实验，我们还可以通过查阅资料来进行科学研究。 资料1：CO_3^{2-} 会部分与水反应生成 OH^-，使溶液显碱性。 资料2：碱性条件下，过氧化氢分解机理： $H_2O_2 + OH^- \rightarrow HOO^- + H_2O$ $H_2O_2 + HOO^- \rightarrow OH^- + H_2O + O_2$	1. 加入鱼浮灵、Na_2CO_3 和 NaOH 后水溶液 pH 大于 7。 2. 加入鱼浮灵、Na_2CO_3 和 NaOH 后，水中溶解氧明显增大。 3. 碱性增强，水中溶解氧也增大。 …… 小组讨论： 生1：反应变快的原因是什么？ 生2：究竟是 CO_3^{2-} 的原因还是 OH^-？ 生3：OH^- 是怎么产生的？ 生4：如果碱性更强呢？酸性条件下双氧水分解快慢又如何呢？ 生5：过氧化钠也可以与水反应放出氧气，可以做增氧剂吗？ …… 思考： 碳酸钠溶液中的 OH^- 是由部分 CO_3^{2-} 与水反应生成的；OH^- 浓度越大，第一步反应越容易发生，于是放出氧气更快。 酸性条件下，猜想双氧水较为稳定，不容易放出氧气。	运用传感器可以让学生体会定量思想，同时提高学生数据分析的实战能力。 小组讨论，得出结论，结论应该是发散的，多元化的，而不是老师指定的。 学生内心仍有很多疑惑，化学探究过程不应牵着学生走，而是让学生自己选择探究的方向，体现"自主探究"的原则。 理论研究即查阅资料是科学探究的另外一只手，学生应该学习并习惯查阅资料，包括网络和书籍，来解决遇到的问题。
3. 活动二：探究溶液酸碱性对双氧水分解快慢的影响	[提出问题] 1. 不同的酸碱性条件下双氧水分解快慢究竟是不是如我们所预测的呢？ 2. 过氧化钠与水反应生成氢氧化钠和氧气，碱性更强，是否是更优良的增氧剂呢？ [进行猜想]	 猜想1：碱性越强，双氧水释放氧气越快。	在第一个探究活动基础下，针对想解决的新问题设计了新的探究活动。

续表

教学环节	教师活动	学生活动	设计意图
	[设计实验] 探究溶液酸碱性对双氧水分解快慢的影响。 [进行实验] [结果讨论] [产品评测] 1. 评价鱼浮灵与过氧化钠增氧剂的优劣。 2. 评价直接使用双氧水与加入碳酸钠制备成鱼浮灵的优劣。 小资料：室温下，碳酸钠溶液的pH约为10—12。 师：从反应快慢、环保、经济角度而言，碳酸钠是双氧水的一个好朋友。溶液呈碱性还可以吸收水体里的CO_2，加入碳酸钠后可以制成固体粉末，方便双氧水的运输。因此，过碳酸钠也得名固体双氧水。 师：还有没有同学有什么问题想要解决？ 师：我们需要查阅资料来帮助我们进一步弄清反应的本质原因。 资料：双氧水分解反应快慢与碱性有关，当pH为10~11.6时，pH越大，分解越快；当pH=11.6时，分解速度最快；当pH>11.6时，pH越大，分解越慢。	猜想2：氢氧化钠碱性太强，又具有腐蚀性，是否会影响水体生物？ 小组讨论：往浓度等体积的双氧水溶液中，分别加入盐酸、氢氧化钠来调节溶液的pH。 pH大致为：3、8、10、14 1. 酸性条件下，双氧水分解明显变慢。 2. 碱性条件下，双氧水分解更快。 3. 碱性越强，双氧水分解越快，但是碱性过大，双氧水分解反而变慢。 生1：过氧化钠与水反应生成强碱，碱性太强，不利于双氧水分解，且对水体环境有较大的破坏。 生2：加入碳酸钠后，使得双氧水分解变快。 生3：加入碳酸钠后，溶液呈碱性，可以吸收生物释放的CO_2。 生4：双氧水是液体，不好运输，制备成过碳酸钠更好运输。 …… 学生很疑惑，为什么碱性变强，反而双氧水分解变慢了？	学生可以在第二次探究活动中，运用第一次探究活动习得的探究方法和一般思路。应用对照实验思想解决问题。 进行数据分析和结果讨论，得出多元化的结论。 进行产品评测，让学生体会生产生活中选择过碳酸钠的意义。初步体会化学工程的思想，包括速率、环保、经济、运输等。 引导学生说出心中的疑惑，并运用理论研究加以分析。

续表

教学环节	教师活动	学生活动	设计意图
4. 小结	我们本节课以"鱼浮灵"为例，探究了"鱼浮灵"的增氧原理以及溶液酸碱性对双氧水分解的影响，评测了"鱼浮灵"作为增氧剂的优点。在这个过程中体验了化学探究的过程，包括提出问题、做出猜想、设计实验、得出结论，我们从实验和理论两方面对问题进行了探究，同学们在今后的化学学习中，可以学习运用这样的化学探究思路来解决身边的化学问题。 思考题： "钙多宝"也是常见的化学增氧剂。阅读"钙多宝"说明书，与"鱼浮灵"说明书比较，你了解到了什么？ 1. 书写钙多宝增氧方程式。 2. 思考为什么钙多宝是持续供氧剂，而鱼浮灵是速效增氧剂？ 查阅过氧化钙的百度百科： 3. 说一说如果你是渔民请来的帮手，会指导渔民们在什么情况下使用"鱼浮灵""钙多宝"？	生1：钙多宝主要成分是过氧化钙 CaO_2。 生2：钙多宝是一种持续供氧剂，而鱼浮灵是速效增氧剂。 生3：钙多宝比鱼浮灵好在可以为甲壳类动物提供所需要的矿物质。 生：$2CaO_2 + 2H_2O == 2Ca(OH)_2 + O_2\uparrow$ 猜想是否与过氧化钙、氢氧化钙的溶解度有关。	选择另外一种增氧剂，是本节课情境的增进点，比对说明书，提出各种发散性的想法。并运用已有知识加以分析、解决问题。 理论联系实际，评测了两种增氧剂后，引导学生从使用者的角度进行分析，体现了"化学源于生活，又服务于生活"。

【教学反思】

此课题来源于生活，可以将研究性学习实施具体化，体现了"化学源于生活，又服务于生活"。我们设计真实情境问题解决的课程，目标是促使程度较好的学生在进行真实情境问题解决的学习过程中，能像科学家一样思考，进行有意义、有目的地活动，并能把获得的知识和经验有效迁移应用到解决生活问题中去。

　　学生化学学科核心素养的培育应该是一个潜移默化且长久的过程，它绝非一堂课可以完成的。同时从现在的考卷可以看出，化学学科考试是以能力测试为主导，全面检测考生的化学科学素养。因此，我们在日常教学外，还需要进行这样应用性的教学活动，引领学生运用所掌握的化学知识、技能和方法去分析和解决现实的问题，发展学生的科学探究与创新精神学科核心素养。

第七章
科学态度与社会责任

科学研究中蕴含的科学态度、人文价值在教学当中一直都是内隐的,如何将此情感价值外显出来,并在教学当中通过情境的创设、活动的开展、问题的解决,在学习中真切感悟,显得尤为重要。巴普洛夫曾经说过:"决不要陷于骄傲。因为一骄傲,你就会在应该同意的场合下固执起来;因为一骄傲,你就会拒绝别人的忠告和友谊的帮助;因为一骄傲,你就会丧失客观标准。"他旗帜鲜明地阐述了科学与人文之间的关系,特别强调了科学的人文性。彭加勒则说:"科学使我们与比我们自己更伟大的某些事物保持恒定的联系,科学向我们展示出日新月异的和浩瀚深邃的景象。在科学向我们提供的伟大的视野背后,它引导我们猜测一些更伟大的东西;这种景象对我们来说是一种乐趣,正是在这种乐趣中,我们达到了忘我的境界,从而科学在道德上是高尚的。"其观点强调科学的道德性,强调科学与社会责任的相互作用。化学学科核心素养旗帜鲜明地提出"科学态度与社会责任"这一素养,将"三维目标"中的"情感态度价值观"外显出来,也是引导中学教学在进行教学设计的时候,要凸显情意价值,彰显学科价值。下面将从"科学态度与社会责任"素养是什么、怎么教、教什么三个维度进行具体阐述。

第一节 科学态度与社会责任的内涵及体现

一、科学态度与社会责任的内涵

1. 科学态度的涵义[①]

什么是科学态度(精神),这里首先涉及科学这个概念。英文中"科学"(science)一词来源于拉丁文 scientia,意思就是"知识""学问",所以,从最初人们使用"科学"这一范畴时起,就是把它和知识联系在一起的。1989 年版的《辞海》将科学规定为"关于自然、社会和思维的知识体系"。在这里,"科学"是指自然科学,科学精神是人在认识并改造自然界的背景下提出来的。在漫长的岁月里,人类在创造一个又一个科学理论的同时也在创造科学精神,总结科学精神。早在 1941 年,我国著名科学家竺可桢就发表了《科学之方法与精神》一文,认为科学方法可以随时随地来改换,但科学态度(精神)是永远不能改变的。他从近代科学的先驱哥

---

① 徐志远. 论科学精神与人文精神的关系[J]. 广东社会科学,2001 (6):32-39.

白尼、布鲁诺、伽利略、刻卜勒、牛顿、波义耳等人身上，总结出了三个特点：①不盲从，不附和；②虚怀若谷，不武断，不蛮横；③专心一致，实事求是。很显然，所谓科学态度（精神），当然不是指那些具体的科学原理定律，而是指科学所具有的优秀传统，是科学赖以生存发展的生命线。概括地说，科学态度（精神）主要包括两方面的内容：一是尊重事实，尊重客观规律；二是大胆探索，追求并坚持真理。

1961年我国著名化学家任鸿隽在《科学》杂志第2卷的《科学精神论》中首次直接提出"科学精神"一词，对科学精神做了富有远见卓识的论证。在国外，洛克在培根和迪卡儿的研究基础上提出了科学精神教育问题，斯宾塞又在他们的基础上提出了学习实验科学和训练科学的实证精神是最有价值的论断。化学是一门以实验为基础的学科，讲究以实验事实说话，由做实验而得到的定理，做实验过程形成的实事求是、开拓进取的精神就是科学精神[①]。任鸿隽在谈论科学态度（精神）时就引用了英国化学家戴维分析水的组成所做的实验，说明具有科学态度（精神）的学者是怎样精心于理论分析和着力于实验验证的。

2. 社会责任的涵义[②]

要阐释社会责任的涵义，首先要阐释"责任""责任感"的涵义。责任是人类的永恒主题。一提到责任，人们首先会想到"谁对谁负责"。事实上，责任的涵义很广。程东峰认为："责任"是行为主体对特定社会关系中定在任务的自由确认与自觉服从。《汉语大辞典》中"责任"的涵义解释有三种：①使人担当起某种职务、职责；②分内应做的事；③做不好分内做的事，因而应承担的过失。简而言之，责任的三层涵义：即任职、分内事和因过失而受查处。而责任感属于道德情感范畴。道德情感是促发人的道德行为的动力。责任感是责任主体在生活中渴望去实现自己所意识到的责任的情感，是责任实现的内在机制。它的产生不能离开对责任的认识。

社会责任感有着丰富的涵义。一直以来，学术界从不同的学科领域、不同的观察视角具体地描述了社会责任感的涵义。比较明确的说法主要有以下几种。

从心理学角度对社会责任感作如下界定：社会责任感指的是个体对社会责任的一种心理感知，是社会个体对自身在社会及自我发展中承担相应责任的时候做出的行为选择、行为过程及其后果是否符合其内心需要而产生的情感体验。从社会学角度界定社会责任感，认为社会责任感是个体对社会角色职责的自我意识与崇高的意志、态度，对自身承担相应责任、履行各种义务的自觉认识。有的学者从思想政治教育角度看，认为社会责任感是个人对自己所应该履行的各种义务，所应该承担的社会责任的自我意识，是对社会责任的一种觉悟。它是一种自律意识，是个人对自身发展提出的要求，也是对自身行为的约束。有的学者从德育角度阐述了社会责任感，认为社会责任感是个体对自己在人类社会、自我发展中所承担的责任的一种意识，是对自己在道德活动中完成道德任务的情况是否满足其道德需要而产生的情感体验。而从伦理学角度进行理解，社会责任感实质是一种伦理准则，等等。从以上分析可以看出，学者们的观点主要认为社会责任感是一种对他人、社会应承担的相应的职责，而且这种职责是一种强烈的自

---

① 林雅丽，郑柳萍. 浅谈化学学科核心素养之科学精神和社会责任 [J]. 考试周刊，2018 (90)：173.
② 李娓. 中学生社会责任感培养研究 [D]. 河北师范大学硕士论文，2012 (5)：7.

律意识，是发自内心的情感体验。

3. 科学态度与社会责任的关系

科学态度强调从实践中出发，追求求真务实、理性；社会责任强调从生活中出发，追求人与自然、人与社会的和谐共处，强调个人为了大众利益进行的行为自我调整。将两者相互整合起来，从化学科学角度来进行认识，即强调具有终身学习的意识和严谨求实的科学态度；崇尚真理，形成真理面前人人平等的意识；关注与化学有关的社会热点问题，认识环境保护和资源合理开发的重要性；具有可持续发展意识和绿色化学观念；深刻理解化学、技术、社会和环境之间的相互关系，赞赏化学对社会发展的重大贡献，能运用已有知识和方法综合分析化学过程对自然可能带来的各种影响，权衡利弊，勇于承担责任，积极参与有关化学问题的社会决策。

二、科学态度与社会责任核心素养的解读

科学态度和社会责任从学科价值观层面阐释了化学学科教学的思路与方向。倡导"具有严谨求实的科学态度，具有探索未知、崇尚真理的意识；赞赏化学对社会发展的重大贡献，具有可持续发展意识和绿色化学观念，能对与化学有关的社会热点问题做出正确的价值判断。"结合课程分类与学生对化学知识的具体需求，2017版课程标准中将"科学态度与社会责任"维度核心素养的学业质量水平要求划分为四个层次，具体要求见表7-1-1。

表7-1-1 科学态度与社会责任维度素养的水平划分

	主要内容
水平1	具有安全意识，逐步养成严谨求实的科学态度，不迷信，能自觉抵制伪科学；能列举事实说明化学对人类文明的伟大贡献，主动关心与环境保护、资源开发等有关的社会热点问题，形成与环境和谐共处，合理利用自然资源的观念。
水平2	崇尚科学真理，不迷信书本和权威；具有"绿色化学"观念，能运用所学知识分析和探讨某些化学过程对人类健康、社会可持续发展可能带来的双重影响，并对这些影响从多个方面进行评估。
水平3	具有理论联系实际的观念，有将化学成果应用于生产、生活的意识，能依据实际条件并运用所学的化学知识和方法解决生产、生活中简单的化学问题；在实践中逐步形成节约成本、循环利用、保护环境等观念。
水平4	尊重科学伦理道德，能依据"绿色化学"思想和科学伦理对某一个化学过程进行分析，权衡利弊，做出合理的决策；能针对某些化学工艺设计存在的各种问题，提出处理或解决问题的具体方案。

三、科学态度与社会责任的表征

科学态度与社会责任强调从价值观层面认识和看待化学物质世界和人类社会，从更加上位认识和建构化学的学习价值，而培养学科核心素养依托于学科知识的渗透，所以，科学态度与社会责任素养的培养需要对化学学科知识进行表征，具体内容见表7-1-2和表7-1-3。

表 7-1-2 必修课程中科学态度与社会责任的表征

主题	科学态度与社会责任的表征
主题 1：化学科学与实验探究	1.4 科学态度与安全意识：发展对化学实验探究活动的好奇心和兴趣，养成注重实证、严谨求实的科学态度，增强合作探究意识，养成独立思考、敢于质疑和勇于创新的精神。树立安全意识和环保意识。熟悉化学品安全使用标识，知道常见废弃物的处理方法，知道实验室突发事件的应对措施，形成良好的实验工作习惯。
主题 2：常见的无机物及其应用	2.4 金属及其化合物：了解钠、铁及其重要化合物在生产、生活中的应用。 2.5 非金属及其化合物：认识氯、氮、硫及其重要化合物在生产中的应用和对生态环境的影响。 2.6 物质性质及物质转化的价值：认识物质及其转化在促进社会文明进步、自然资源综合利用和环境保护中的重要价值。
主题 3：物质结构基础与化学反应规律	3.1 原子结构与元素周期律：体会元素周期律（表）在学习元素化合物知识与科学研究中的重要作用。 3.3 化学反应的限度和快慢：了解控制反应条件在生产和科学研究中的作用。 3.4 化学反应与能量转化：体会提高燃料的燃烧效率、开发高能清洁燃料和研制新型电池的重要性。
主题 4：简单的有机化合物及其应用	4.3 有机化学研究的价值：知道合成新物质是有机化学研究价值的重要体现。结合实例认识高分子、油脂、糖类、蛋白质等有机化合物在生产、生活中的重要应用。
主题 5：化学与社会发展	5.1 化学促进可持续发展：认识到化学科学与技术对我国走生产发展、生活富裕、生态良好的文明发展道路将发挥重要作用，树立建设美丽中国、为全球生态安全作出贡献的信念。结合实例认识化学科学与技术的合理使用的重要性。认识化学科学与技术的不断创新和发展是解决人类社会发展中遇到的问题、实现可持续发展的有效途径。树立"绿色化学"的观念，形成资源全面节约、物能循环利用的意识。 5.2 化学科学在材料科学、人类健康等方面的重要作用：体会化学科学发展对于药物合成的重要意义，初步建立依据物质性质分析健康问题的意识。 5.3 化学在自然资源和能源综合利用方面的重要价值：了解依据物质性质及其变化综合利用资源和能源的方法。认识化学对于构建清洁低碳、安全高效的能源体系所能发挥的作用，体会化学对促进人与自然和谐相处的意义。 5.4 化学在环境保护中的作用：认识物质及其变化对环境的影响，依据物质的性质及其变化认识环境污染的成因、主要危害及其防治措施，以酸雨的防治和废水处理为例，体会化学对环境保护的作用。了解关于污染防治、环境治理的相关国策、法规，强化公众共同参与环境治理的责任。 5.5 化学应用的安全与规则意识：认识经济发展与环境保护等的关系。树立自觉遵守国家关于化学品应用、化工生产、环境保护、食品与药品安全等方面的法律法规的意识。

表 7-1-3 选择性必修课程中科学态度与社会责任的表征

模块	主题	科学态度与社会责任的表征
模块1：化学反应原理	主题1：化学反应与能量	1.3 化学反应与电能：认识化学能与电能相互转化的实际意义及其重要应用。了解金属发生电化学腐蚀的本质，知道金属腐蚀的危害，了解防止金属腐蚀的措施。
	主题2：化学反应的方向、限度和速率	2.3 化学反应的调控：认识化学反应速率和化学平衡的综合调控在生产、生活和科学研究中的重要作用。知道催化剂可以改变反应历程，对调控化学反应速率具有重要意义。
	主题3：水溶液中的离子反应与平衡	3.5 离子反应与平衡的应用：了解溶液 pH 的调控在工农业生产和科学研究中的应用。
模块2：物质结构与性质	主题1：原子结构与元素的性质	3.3 核外电子排布与元素周期律（表）：了解元素周期律（表）的应用价值。
	主题2：微粒间的相互作用与物质的性质	2.1 微粒间的相互作用：了解配位化合物的存在与应用。了解分子内氢键和分子间氢键在自然界中的广泛存在及重要作用。 2.3 微粒的空间排布：结合实例初步认识分子的手性对其性质的影响。
	主题3：研究物质结构的方法与价值	3.1 物质结构的探索是无止境的：了解人类探索物质结构的过程，认同"物质结构的探索是无止境的"观点。 3.3 研究物质结构的价值：了解生命科学中许多重大问题的解决都需要物质结构理论与分析测试技术的支持。
模块3：有机化学基础	主题1：有机化合物的组成与结构	
	主题2：烃及其衍生物的性质与应用	2.1 烃的性质与应用：了解烃类在日常生活、有机合成和化工生产中的重要作用。 2.2 烃的衍生物的性质与应用：知道醚、酮、胺和酰胺的结构特点及其应用。 2.3 有机反应类型与有机合成：体会有机合成在创造新物质、提高人类生活质量及促进社会发展方面的重要贡献。 2.4 有机化合物的安全使用：结合生产、生活实际了解某些烃、烃的衍生物对环境和健康可能产生的影响，体会"绿色化学"思想在有机合成中的重要意义，关注有机化合物的安全使用。
	主题3：生物大分子及合成高分子	3.2 生物大分子：认识人工合成多肽、蛋白质、核酸等的意义，体会化学科学在生命科学发展中所起的重要作用。 3.3 合成高分子：了解新型高分子材料的优异性能及其在高新技术领域中的应用。

第二节　发展科学态度与社会责任素养的教学策略

科学态度和社会责任在 2017 版课标中相关教学策略建议如下。

表 7-2-1　必修课程中科学态度与社会责任的教学策略

主　题	科学态度与社会责任的教学策略
主题 1：化学科学与实验探究	
主题 2：常见的无机物及其应用	紧密联系生产和生活实际，创设丰富多样的真实问题情境。
主题 3：物质结构基础及化学反应规律	发挥重要知识的功能价值，帮助学生发展认识化学反应的基本角度，形成基本观念。
主题 4：简单的有机化合物及其应用	
主题 5：化学与社会发展	精选教学素材和应用案例，促进学生赞赏化学、体会化学科学对人类文明和社会发展的促进作用。 通过讨论与化学密切相关的有争议的社会议题，促进学生辩证地看待问题，培养学生参与社会决策的意识。

表 7-2-2　选择性必修课程中科学态度与社会责任的教学策略

模块	主题	科学态度与社会责任的教学策略
模块 1：化学反应原理	主题 1：化学反应与能量	教学中应创设真实情境（如不同应用情境中燃料的选择、化工生产路线的选择等），组织学生开展基于能量利用需求选择反应、设计能量转化路径和装置等活动，形成合理利用化学反应中的能量变化的意识和思路，提升"科学探究与创新意识"和"科学态度与社会责任"的化学学科核心素养。
	主题 2：化学反应的方向、限度和速率	结合具体实例，促使学生体会化学平衡常数在判断平衡状态、反应进行方向，分析预测平衡移动方向等方面的功能价值。 结合生产实例，组织学生开展关于反应条件的选择与优化的讨论，促使学生形成从限度、速率、能耗等多角度综合调控化学反应的基本思路，发展学生"绿色化学"的观念和辩证思维的能力。
	主题 3：水溶液中的离子反应与平衡	结合自然现象（如海水的酸碱性及其变化）、生活问题的解决（如明矾净水）、生产实际（如矿石中有效成分的提取），组织学生开展分析解释、方案设计等活动，促进学生认识水溶液中的离子反应与平衡对生产生活和社会发展的作用。

模块	主题	科学态度与社会责任的教学策略
模块2：物质结构与性质	主题1：原子结构与元素的性质	借助科学史的故事和素材多角度展示人类对微观结构的认识过程，促进学生对科学本质的理解。
	主题2：微粒间的相互作用与物质的性质	选用学生熟悉的生活现象、实验事实，以及科学研究和工业生产中的相关案例作为素材，激发学生的学习兴趣。
	主题3：研究物质结构的方法与价值	选取与现实生活与科学前沿密切相关的案例，促使学生认识研究物质结构的价值。通过查阅文献、听专家讲座、观看化学影视资料等多种途径开展教学，开阔学生的视野，激发学生探索物质结构奥秘的热情。
模块3：有机化学基础	主题1：有机化合物的组成与结构	
	主题2：烃及其衍生物的性质与应用	进行有机合成的教学时，素材选取要兼顾目标物的应用价值和对学生的思维挑战性。 通过合成路线的评价活动使学生体会官能团保护、绿色设计等思想。
	主题3：生物大分子及合成高分子	体现与生命科学、材料科学的关系，尽可能联系生命科学、材料科学的学科发展过程和其中的重大事件，作为教学的情境线索或活动素材，使学生在学习生物大分子和合成高分子的过程中，体验有机化学作为基础学科对相关学科发展的重要价值。

在教学过程中，教师应采用相应的合理的教学策略帮助学生形成思维，培养学生的核心素养。当然，在实际的教学过程中，不同学者提出的教学策略也不尽相同。

郭春红在《例析"四三二一模式"在课堂教学中的应用》[①] 一文中提到"在日常教学中教师要以培养核心素养为导向，构建适应学生需求并兼顾个性发展的智慧课堂"，基于此，设计了"四三二一模式"（见图7-2-1）。

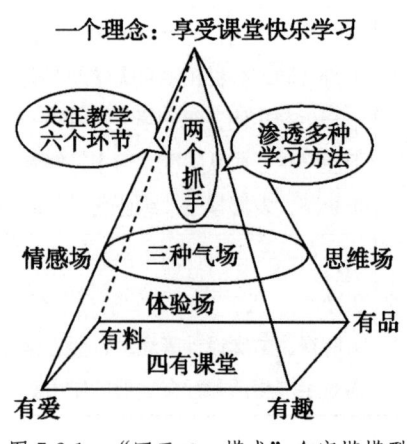

图7-2-1 "四三二一模式"金字塔模型

---

① 郭春红. 例析"四三二一模式"在课堂教学中的应用 [J]. 中学化学教学参考，2018（10）：35-37.

该模式以四有课堂为基础，三种气场为依托，一个理念为核心，以期发展化学学科核心素养和培养关键能力，具体解读见表 7-2-3。

表 7-2-3 "四三二一模式"设计意图

模式要素	内容简介	素养聚焦	培养的关键能力
四有课堂	有爱、有料、有品、有趣	社会责任、人文底蕴、科学精神、审美情趣、身心健康、学会学习、实践创新	信息能力：信息识别、收集、结构化、计算、变换、推理、应用等。学习能力：宏微结合、分类研究、自主合作等。实践能力：实验及应用的意识、意向与能力。
三种气场	情感场、思维场、体验场		
两个抓手	六个教学环节：课堂导入、问题探究、实验探究、教学评价、板书设计、数字技术	宏观辨识与微观探析、变化观念与平衡思想、证据推理与模型认知、科学探究与创新意识、科学态度与社会责任	
一个理念	享受课堂、快乐学习	社会责任、人文底蕴、科学精神、审美情趣、身心健康	

郭老师谈到，有爱的氛围可以促进互动与交流；有料的内容可以激活思维与创意；有品的课堂可以提升素养与底蕴；有趣的引导可以强化认知与方法。在智慧而灵动的课堂中，师生都能从中获益，可以让思维在关键点闪光、情感在合作中交融、能力在探究时加强、意志在细微处磨砺、素养在创新中提升。要发展学生的"科学态度与社会责任"素养的教学策略关键就是在具体教学活动中，通过思维、方法的深度学习，让情意价值外显成为解决问题的关键抓手。

章玉祥在《论高中化学核心素养中科学精神与社会责任的培养》[①] 一文以当下高中化学核心素养培育教学现状为依据，从以下三个方面深入说明并探讨高中化学核心素养中科学态度与社会责任的有效培养：深入挖掘教材，培养学生科学态度与社会责任；关注课堂习题，培养学生科学态度与社会责任；延伸课外知识，培养学生科学态度与社会责任。

在"深入挖掘教材，培养学生科学态度与社会责任"环节中依据高中化学教材中的科学视野、资料卡片内容，可以促使学生科学态度与社会责任的提升。利用教材中涉及的"科学史话"资料，作为化学课堂上培养学生科学态度与社会责任的便利条件，高中化学教师需要深入挖掘教材，巧妙地向学生渗透科学态度与社会责任，促使学生以积极探索的心态面对学习与生活，提高学生学习动力。此外，教师应该以学生为中心，充分体现学生的主体地位，选取学生感兴趣的事物吸引学生注意力，加强学生对事物的认知，激发学生对化学课堂的求知欲和探索欲，深入地走进化学世界中，感受化学知识带来的魅力。

在"关注课堂习题，培养学生科学态度与社会责任"环节中高中化学教师要想培养学生科学态度与社会责任，可以在课堂上的习题环节中加以渗透。因为化学现象来源于生活且和生活息息相关，而学生对生活中的事物具有较强好奇心，同时高中阶段的学生自身具有可塑造性，所以教师可以从学生实际生活出发，结合学生现有的化学知识水平将习题和科学态度以及社会责任进行融合，强化自身的责任感与使命感，为祖国的繁荣富强做出贡献。

---

① 章玉祥. 论高中化学核心素养中科学精神与社会责任的培养 [J]. 教师通讯，2019 (8)：121-122.

在"延伸课外知识，培养学生科学态度与社会责任"环节中因为学生在化学课堂中学习的化学知识有限，且高中学生处在价值观念形成的阶段，所以教师不仅要向学生介绍教材上的知识内容，还需要适当地对教材知识进行延伸和扩展，引进课外化学知识，增加学生化学知识储备量，促使学生科学态度与社会责任的提升，强化化学教学效果。

王旭斌在《研制氢能源小车——感受科学精神与社会责任》[①] 一文中提出"通过研制氢能源小车的实践活动，培养学生严谨务实的态度、与人合作的习惯，并且深刻理解化学、社会、环境之间的关系，树立绿色化学观念和可持续发展的意识，感受科学精神与社会责任。"整篇文章通过制作氢能源小车教具，不仅使学生理解、掌握了氢氧燃料电池的工作原理，同时也让学生见证了化学知识应用到实际生活的鲜活案例，认识到了化学知识的魅力和学习化学知识的意义。而且在整个汽车模型的设计和组装过程中，深刻体会到动手能力、创新思维、思想交流以及团队力量的重要性，整个研究实践活动收获颇丰。

张芳在《科学精神与社会责任培养模式的探究》[②] 一文中指出："要求教师在教学中教学生简单的化学知识，还要求教师培养学生严谨的科学态度、强烈的社会责任感，让学生把学习到的化学知识与社会现象相关联，从化学角度认识事物。"针对高中化学中如何培养学生的科学态度与社会责任，分三个维度进行阐释：从基础知识着手培养学生的科学素养，从教学方法着手培养学生的科学素养，融入社会元素培养学生的社会责任感。

在"从基础知识着手培养学生的科学素养"部分提到：夯实的基础知识是支撑学生迈入科学殿堂的敲门砖，高中化学教学必须重视基础知识教学。高中化学基础知识占比较大，除了需要学生记忆的大量化学公式和化学元素外，学生还需要有基本的化学实验技能。为此，高中化学教师在开展化学学科教学时，应该理论与实践并重，这样既可以增加学生的学习乐趣，也可以培养学生的科学探究素养。在实际教学当中，教师要给学生创设良好的激发兴趣的学习情境。在"从教学方法着手培养学生的科学素养"部分提到：随着教育教学领域的不断改革与发展，现代化的教学方法应运而生，教师在教学方法上的选择也更加多样化，为了提升教学效率与质量，很多教师都积极研究新兴教学方法。高中化学教师也需要注重教学方法的运用。问题教学法是一种比较好用的教学方法，不仅可以培养学生的科学探究意识，还可以体现学生在教学中的主体地位，是满足素质教育需求的一种高效教学方法。化学教师在自己的课堂教学中可以适当运用问题教学法，在课堂上给学生提出问题，让学生针对教学问题讨论探究，最后得出结论。在"融入社会元素培养学生的社会责任感"部分提到：化学学科知识其实与我们的生活息息相关，很多化学反应在我们的身边随处可见，学生学习了化学知识之后会对生活中的很多现象看得更深入透彻。教师在化学教学中重视生活化是培养学生社会责任感的关键，只有知道了化学知识与现实生活的紧密关联，学生才能把自己学习到的知识用到有利于社会发展和进步的方向上。为此，教师需要在自己的教学过程中更多地融入生活元素。

徐光伟在《谈"科学精神与社会责任"化学学科核心素养的培养》[③] 一文中探索了培养学生科学态度与社会责任素养的教学策略。在论述"培养学生的科学态度"时谈到：在科学态度

---

① 王旭斌. 研制氢能源小车——感受科学精神与社会责任 [J]. 化学教与学，2019（4）：94-97.
② 张芳. 科学精神与社会责任培养模式的探究 [J]. 新课程，2019（3）：268.
③ 徐光伟. 谈"科学精神与社会责任"化学学科核心素养的培养 [J]. 中学教学参考，2019（3）：64-65.

与社会责任素养中,科学态度要求学生不仅要崇尚真知,尊重事实,具备实证意识和严谨的科学态度,也要学会运用科学的思维解决化学学习中遇到的问题,同时还要学会独立思考,多角度、辩证地思考化学问题,并敢于大胆尝试、探究。一些传统的教学方式,如借助化学实验等,虽然在培养学生的科学态度方面发挥着较大的作用,但随着学生个性的发展和改变,客观上要求我们要创新教学形式。在教学实践中,采取让学生参与校本课题研究、借助流行文化和互联网通讯软件、化学实践教学等形式,培养和提高学生的科学精神。在论述"培养学生的社会责任感"时谈到:化学学科有一个天然的优势,那就是与实际生活联系紧密。正是基于这种紧密联系,科学态度与社会责任素养作为中国学生发展核心素养的一部分,要求教师在化学教学中不仅要培养学生的科学态度,还要培养学生的社会责任感,培养学生学会欣赏化学对社会发展的巨大贡献,科学分析化学对社会发展带来的各种影响,认识到环境保护、节约资源等的重要性。培养学生的社会责任感,要紧密联系实际生活,借助学生常见和熟悉的载体,拉近学生与实际生活的距离。生活用品、新闻报道等,都是学生最常见和熟悉的载体。

沈妍燕在《培养科学精神与社会责任,提升化学核心素养》[①]一文中提到:在高中化学教育的过程中,教师通过"链接学史,了解来龙去脉""补充资料,拓宽学科视野""课外实践,深入调查研究"等多种教学手段,培养学生的科学思维,帮助学生树立社会责任意识,提升学生的化学核心素养。其中"链接学史,了解来龙去脉"部分指出:培养学生科学态度与社会责任,首先要启发学生对化学产生热爱和敬畏之情。在人教版的教材的每一章,都有"科学史话""资料卡片"等化学史料,帮助学生了解化学发展的来龙去脉,让学生在化学历史中,树立科学的态度,明确化学科学家的社会责任。在"补充资料,拓宽学科视野"部分指出:化学知识体系庞大而复杂,高中阶段所接触的化学知识虽多,但也只是冰山一角。学生对于化学方面的知识本就知之甚少,教师在讲解教材知识点的基础上,还应该适当地补充与课程相关的课外资料,帮助学生拓宽学科视野,培养科学态度和社会责任感。在"课外实践,深入调查研究"部分指出:在高中化学教学阶段,对于化学的学习不能仅仅局限在课堂的四十五分钟里,还需要通过课堂外的活动,了解化学对生活的影响,提升学生的化学素养。教师可以突破课时的限制,开展课外实践活动,指导学生深入调查研究,深化学生的科学态度和社会责任。教师通过把学习的场所由课堂转移至小区、街道、城市,布置课外实践活动引导学生深入调查,既锻炼了学生的化学实验能力,又促进学生自我反思、自我学习。同时,化学调查研究的过程是一个提升自我知识储备的过程,学生经过调查、研究、探讨,对化学知识的理解会更加深刻。

综上所述,培育科学态度与社会责任核心素养有如下教学策略。

一是聚焦学科本体,通过对学科知识、方法的挖掘外显科学态度与社会责任。

二是聚焦学科教学内容,挖掘教材本体、关注课堂习题、延伸课外知识,通过知识本体的解构达到培育科学态度与社会责任素养的目的。

三是加强化学实践活动的开展,通过"做中学、做中悟"让学生在实践问题解决过程中树立科学态度与社会责任。

四是强化信息技术对素养培育的正面导向功能,通过深入流行文化、社会热点,借助互联

---

① 沈妍燕. 培养科学精神与社会责任,提升化学核心素养[J]. 高考,2018(9):243.

网通讯软件、新闻报道等媒介，来适应时代变化，正面培育科学态度与社会责任素养。

五是链接化学史，重走科学家走过的研究历程，在感悟科学方法的过程中培养科学态度，在体味科学与社会关系过程中建立社会责任意识。

第三节 发展科学态度与社会责任素养的教学设计研究

科学态度与社会责任素养的培育必须根植于日常的教学设计当中，精选适宜的教学素材，选择贴切的教学情境，关注学科核心知识的融入，切忌使教学异化成思想政治课，流于空洞的说教。下面将以4个具体案例阐述如何开展基于发展科学态度与社会责任素养的教学设计。其中《氮氧化物的产生及转化》主要利用任务驱动法让学生在任务驱动中主动进行学习，通过对核心知识的主动建构，培养学生形成防治氮氧化物的思路和方法；《设计工业脱硝方案》创设真实的教学情境，通过活动元教学层层抽丝剥茧，让学生在解决真实情境问题过程中形成解决问题的思维模型，让零碎的知识变得结构化，让知识由系统化走向功能化；《"全球气候变暖"议题》通过课堂辩论的形式，让学生在民主、自由的环境中发展辩证思维，发展科学态度与社会责任核心素养；《湿法脱硫的工艺设计》通过让学生主动建构，积极思维，利用学科多视角自主设计湿法脱硫的工艺设计，培育学生工程设计思想，发展学生的科学态度与社会责任学科核心素养。

【案例1】氮氧化物的产生及转化[①]

一、设计背景

任务驱动教学法是一种建立在建构主义教学理论基础上的教学方法，它要求在教学过程中以完成一个个具体的任务为线索，把教学内容巧妙隐含在每一个任务之中，学生在教师的指导下，对任务进行分析、讨论；通过感知、体验等方式进行自主探索，找出解决问题的方法；通过相互交流完成一系列任务，并通过任务的完成实现对所学知识的意义建构。其最根本的特点就是"以任务为主线、教师为主导、学生为主体"，改变了以往教师讲、学生听、以教定学的被动教学模式，创造了以学定教、学生主动参与、自主协作、探索创新的新型学习模式。有利于激发学生的学习兴趣，培养学生分析问题、解决问题的能力，提高学生自主学习及与他人协作的能力。

化学学科核心素养是现代社会公民必备的科学素养，是适用于所有人的普遍性、综合性素养，是学生终身发展的重要基础。高中化学学科核心素养包括宏观辨识与微观探析、证据推理与模型认知、变化观念与平衡思想、科学探究与创新意识以及科学态度与社会责任五个构成要素，涵盖化学学科观念、学科思维、学科实践以及学科价值四个方面。

基于学科核心素养的任务驱动教学法就是指我们在高中化学教学中采用任务驱动设计学习

[①] 汪杰.基于核心素养的任务驱动教学法课堂实践——以"氮氧化物的产生及转化"为例［J］.中学化学教学参考，2018（8）：32-34.

任务时应该围绕"学科核心素养"这一主旨，不要仅仅停留在知识层面，一定要深入知识结构，调动学生的积极性，发展学生的思维能力，以学生可持续发展为目标，立德树人为根本任务。正如世界著名物理学家劳厄所言："重要的不是获得知识，而是发展思维能力。教育给予人们的无非是当一切已学过的东西都忘记后所剩下来的东西。"即通过化学课堂的学习，获得化学学习力（指学生学习的化学知识，运用化学的思维思考、解决问题的兴趣、动力、毅力、能力、创新力的综合）。

二、教学设计构想

本教学设计主要考虑了以下几个方面的设计思想。

1. 突出宏观、微观、符号三重表征：化学反应方程式是体现化学宏观辨识与微观探析非常好的素材，因此要突出从实验现象的宏观辨析，建立对氮氧化物产生及转化的微观过程的探析，再建立如何用化学方程式来表征微观过程。

2. 形成化学变化的条件观和反应进行的驱动力的观念。通过氮氧化物产生及转化条件的探究，认识氧化还原反应的驱动力和条件是什么，从而逐步形成化学反应的条件观，揭示化学变化发生的本质特征。

3. 凸显证据推理与模型认知的认知方式和思路。在氮氧化物产生及转化的条件研究过程中，利用氧化还原反应价态观构建氮及其化合物的知识网络，并运用已建立的认知模型解决实际问题。形成认识元素化合物知识网络构建的一般认识角度和方法。

4. 突出实验探究。让学生围绕问题情境，合理设计 NO_2 与水反应的产物验证等实验，并动手实验、记录实验现象（数据），基于宏观实验现象（数据）分析并做出微观解释，感受实验探究的过程。

5. 运用真实熟悉的情境，突出学生社会责任意识。整节课以雾霾中氮氧化物的产生为线索展开，从汽车尾气的污染防治，到"雷雨发庄稼"的故事，再到氮氧化物知识网络的综合应用，来倡导学生保护环境、绿色化学观念等，并运用绿色化学的思想解决实际问题。

本案例以"舌尖上的中国——雾霾专享版"视频材料为背景引入，以研究汽车尾气中"氮氧化物的产生和转化"为辅，构建氮及其化合物相互转化的知识网络，并利用其找到解决汽车尾气的方法，以及如何更好地为我们的生活服务为主线的基本情境线索，贯穿学习氧化还原反应中价态变化规律的核心知识，以宏观辨识、微观探析、符号表征为主要逻辑线索，过程中同时结合科学探究、证据推理、模型认识等主要核心素养及认识思路和方式。整体构思如图7-3-1所示。

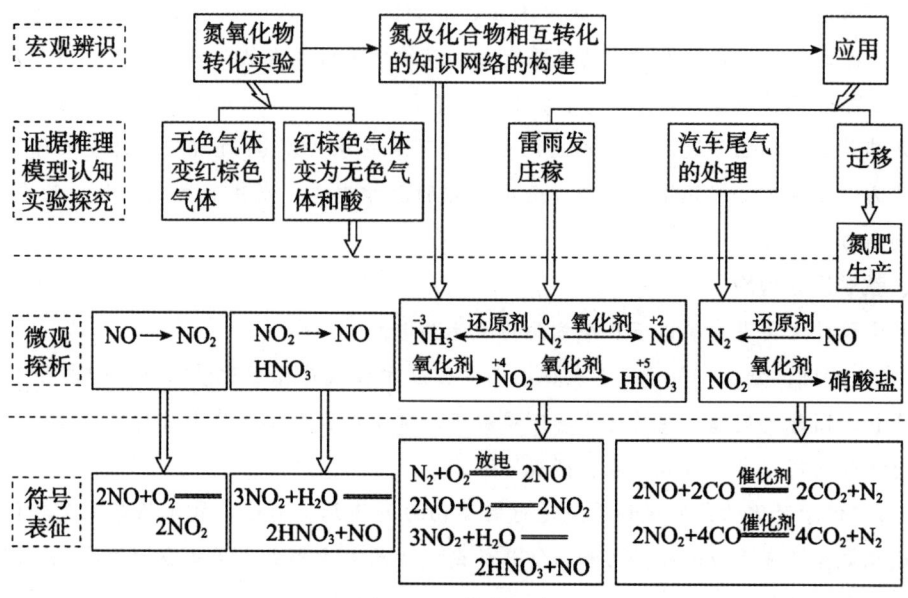

图 7-3-1 教学设计

三、教学过程

1. 情境

观看视频"舌尖上的中国——雾霾专享版":雾霾我只吸北京的,相比于冀霾的厚重、鲁霾的激烈、蒙霾的阴冷,我更喜欢京霾的醇厚、真实和独一无二的乡土气息,脱硫脱硝的低温湿润煤烟与秸秆焚烧的碳香充分混合,还有工业排放的芬芳,加上尾气的催化和低气压的衬托,最后再经袅袅硫烟的勾兑,使得它经久而爽口,甘洌且绵长,吸入后挂肺、沁心、入髓,让品味者肺腑欲焚,欲罢而不能。雾为帝都厚,霾是北京醇。

雾霾由哪些物质勾兑而成?汽车尾气的主要成分有哪些?氮氧化物是如何产生和转化的?我们该如何解决因此而带来的环境问题?

2. 学习任务1:了解雾霾、汽车尾气的主要成分

问1:观看视频"舌尖上的中国——雾霾专享版"视频材料,回答雾霾由哪些物质勾兑而成?

问2:汽车尾气的主要成分有哪些?

设计意图:以"黑色幽默"的方式讲述雾霾的形成原因,吸引学生的注意力,再截取其中的汽车尾气,询问其组成,引入氮氧化物对环境的影响,再思考其产生和转化的原因,从而引入本节课的主题——氮氧化物的产生及转化,并为下面氮氧化物的产生及转化实验做铺垫。由宏观现象渐渐向微观解释转化。

3. 学习任务2:氮氧化物的转化性质实验

[活动设计]教师演示实验。

[实验1]展示一针筒无色气体。

[实验2]把针筒的橡胶塞拔下,吸取大量空气,并迅速插回塞子,观察实验现象,指出这就是氮氧化物的转化。

问3：针筒中无色气体是什么？吸取空气后变成的红棕色气体是什么？

设计意图：利用针筒实验展示 NO 转化为 NO_2，突出本节课的主题——氮氧化物的转化，加深对两种气体颜色的记忆——NO 无色，NO_2 红棕色，并能用符号表征——化学方程式。

问4：NO_2 如何转化为 NO？

[活动设计] 学生分组实验。

[实验3] 拔下充有红棕色 NO_2 气体的注射器的橡胶塞，从烧杯中吸取少量水，迅速插回橡胶塞，振荡观察颜色变化。

[实验4] 用镊子取一片 pH 试纸，放在表面皿上，拔下实验3中注射器的橡胶塞，将其中少量的水溶液注射到 pH 试纸中部，观察颜色变化，并与标准比色卡对比。

[实验5] 插回塞子并压缩针筒，感受其中是否还有气体。拔下塞子，吸取空气，感受针筒中是何种气体。

问5：NO_2 与水反应有什么物质生成？针筒中是否还有气体？何种气体？如何证明？

设计意图：运用学生分组实验让学生感悟理解 NO_2 转化为 NO 的过程，并利用科学的方法、精准的实验验证自己对产物的猜测，加深对氮氧化物转化的理解，体验科学研究的喜悦。

4. 学习任务3：利用氧化还原反应价态律构建氮及其化合物的知识网络

[活动设计] 通过任务2的学习，知道 $\overset{+2}{N}O \underset{}{\overset{O_2}{\rightleftharpoons}} \overset{+4}{N}O_2 \overset{H_2O}{\longrightarrow} H\overset{+5}{N}O_3$，那么根据已学的知识你还知道 N 有哪些价态？请举例说明。

问6：根据 $\overset{-3}{N}H_3 \leftarrow \overset{0}{N_2} \rightarrow \overset{+2}{N}O \rightarrow \overset{+4}{N}O_2 \rightarrow H\overset{+5}{N}O_3$，从氧化还原角度，上述过程若要实现 NO 转化为 HNO_3，以及 HNO_3 转化为 N_2 或者 NH_3 应如何操作？

[追问] 我们的分析过程是否正确？请大家欣赏氮气与过量氧气在放电条件下的反应视频。

[视频播放] 观看 N_2 与过量氧气在放电条件下反应的视频。

设计意图：通过任务2的学习，知道 $\overset{+2}{N}O \underset{}{\overset{O_2}{\rightleftharpoons}} \overset{+4}{N}O_2 \overset{H_2O}{\longrightarrow} H\overset{+5}{N}O_3$，通过从氧化还原角度分析上述过程，知道加氧化剂可实现低价氮向高价氮转化，加入还原剂可实现高价氮向低价氮转化，高价氮与低价氮在一定条件下可转化为中间价态的氮，加深了对氧化还原反应价态变化规律的理解。同时，构建了氮及其化合物转化的知识网络，并通过 N_2 这种不活泼的气体与过量氧气的反应视频验证了这一点。

问7：如何表示下列变化 $\overset{0}{N_2} \xrightarrow[①]{O_2（放电）} \overset{+2}{N}O \xrightarrow[②]{O_2} \overset{+4}{N}O_2 \xrightarrow[③]{H_2O} H\overset{+5}{N}O_3$，并利用双线桥分析反应③，指出氧化剂与还原剂。并思考两个小问题：①如何除去 NO 中的 NO_2？②如何收集 NO 和 NO_2 气体？

设计意图：从微观角度认识氮氧化合物的产生及转化，用符号表征化学方程式，通过方程式①②③的书写，使学生进一步加深对氧化还原相关概念的理解。

5. 学习任务4：利用知识网络解决环境问题并服务于生活

问8：无独有偶，自然界也有类似的过程，如"雷雨发庄稼"，请大家分组讨论，运用上述知识解释此句谚语，并派代表汇报"雷雨发庄稼"的原因。

设计意图：利用 $\overset{0}{N_2} \xrightarrow[①]{O_2（放电）} \overset{+2}{N}O \xrightarrow[②]{O_2} \overset{+4}{N}O_2 \xrightarrow[③]{H_2O} H\overset{+5}{N}O_3$ 知识网络解释自然现象，通过小组

合作讨论、汇报，锻炼学生的合作意识以及语言表达能力。

问9：利用价态理论解决汽车尾气NO、NO_2所带来的大气污染问题，可将NO、NO_2转化为何种物质？如何转化？试写出利用CO还原NO、NO_2的反应方程式。

[资料展示] 汽车尾气（含烃类、CO、NO和NO_2等）是城市主要污染源之一，治理的办法之一是在汽车排气管上装催化转化器，使NO或NO_2与CO反应生成可参与大气生态循环的无毒气体：$2CO+2NO \xrightleftharpoons{催化器} 2CO_2+N_2$，$4CO+2NO_2 \xrightleftharpoons{催化剂} 4CO_2+N_2$。

设计意图：呼应开篇，利用价态理论寻找氧化剂和还原剂解决汽车尾气问题。学生写出方程式后展示工业上汽车尾气的处理方法，与同学们的方法一致，让学生进一步体验成功的喜悦。

[追问] 利用此氮氧化物的产生与转化知识网络如何更好地服务于我们的生活？

设计意图：科学的最终目的就是更好地服务于社会，构建知识网络的最终目的是为了更好地服务于人类，造福于人类。有利于培养学生的"科学态度与社会责任"化学核心素养。

【教学点评】

本节课教学过程渗透着两条主线，一是认知发展线，以"回忆旧知，唤醒知识""探索新知，建构模型""运用新知，运用模型"三个认知环节构成；二是问题解决线，以氮氧化物是如何产生的为导入，利用价类二维分别从氧化还原反应化合价升降与物质的类属通性两个视角来分析解决问题，然后利用学生自主建构的价类二维思维模型来解决环境问题，形成一般问题的思路与方法。

本节课教学设计以培育和发展学生的"科学态度与社会责任"核心素养为教学目标，以"舌尖上的中国——雾霾专享版"作为素材进行导入，以"氮及其化合物相互转化"作为探究主线，以真实情境问题解决作为线索进行有效串联，运用宏观辨识与微观探析的研究方法，从宏观的具体现象及结果出发，梳理出化学问题，再从微观物质及其转化的视角进行分析、探究；在问题解决的过程中，运用证据推理与模型认知的视角将具体的问题解决梳理概括形成解决一般社会性议题的解决思路，从具体的物质转化上升到元素化合物转化的一般思维模型——价类二维，在知识的学习、问题的解决过程中培育学生的"科学态度与社会责任"学科核心素养，使得情意价值的学科核心素养得以外显，可感受、可体悟。

【案例2】设计工业脱硝方案[①]

一、设计背景

美国2013年颁布的《下一代科学课程标准》倡导从学科核心概念、科学工程实践和跨学科思维来发展学生的核心素养，其中"科学与工程实践是关于如何将所学的知识应用于现实生活、研究现象或解决问题"[②]。具体落实课程理念提倡STEM教育，即以活动、项目和问题解决

[①] 江合佩. 基于真实情境问题解决的STEM项目化教学设计——以"设计工业脱硝方案"为例[J]. 中小学教学研究，2019(9)：35-41.

[②] 陆如平，李佩宁. 美国STEM课例设计[M]. 北京：教育科学出版社，2018 (6)：2.

为基础的学习，应用所学到的跨学科知识创造、设计、建构、发现、合作并解决问题[①]。我国《普通高中化学课程标准（2017年版）》指出"注重学科内容选择、活动设计与学生发展核心素养养成的有机联系。关注学科间的联系与整合。增强课程内容与社会生活的内在联系"。化学是一门与社会生产生活密切联系的中心学科，如何精选情境素材，挖掘其中蕴涵的学科核心问题，并同工程思维相结合，发展学生的理性思维、问题解决能力是摆在化学教育工作者面前的重大攻关课题。本节课选自鲁科版高中化学教材"第三章自然界中的元素第二节氮的循环（第三课时）人类活动对氮循环和环境的影响"，旨在通过在解决氮氧化物污染过程中利用工程理念不断优化设计方案，得出合理解决问题的路径，相关教学设计流程如下图。

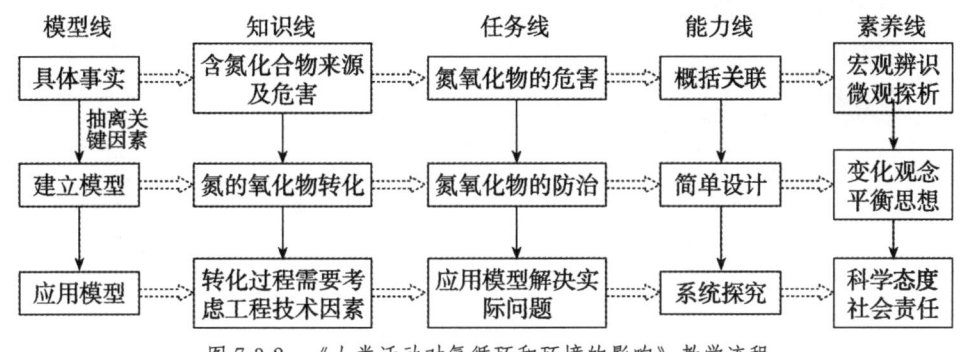

图 7-3-2　《人类活动对氮循环和环境的影响》教学流程

二、设计过程

1. 教学目标

（1）通过从类价二维设计工业脱硝物质转化路线，训练学生思维有序性，培养模型建构的学科核心素养。

（2）通过对物质性质的分析，培养学生基于证据合理推理的学科核心素养。

（3）通过对物质化学反应条件的分析，培养学生变化观念与平衡思想。

（4）通过真实问题解决，训练学生像科学家一样思考，培养科学态度与社会责任。

2. 教学过程

[引入]我国是一个煤炭消费大国，目前已探明我国的煤炭储量占世界的33.8%，可采量居世界第三。在今后相当长的时间里我国的能源结构仍以煤炭为主。2010年我国全年能源消费总量为32.5亿吨标准煤，比上年增长5.9%，煤炭消费量增长5.3%，原油消费量增长12.9%，天然气消费量增长18.2%，电力消费量增长13.1%。2011年我国全年能源消费总量为34.8亿吨标准煤，比上年增长7.0%左右，煤炭消费量增长9.7%，原油消费量增长2.7%，天然气消费量增长12.0%，电力消费量增长11.7%。虽然在未来几十年内，煤炭所占能源比例会有所下降，但其在能源结构中的主导地位仍不会改变，预计到2020年我国煤炭能源比例仍高达60%左右。

活动一：氮氧化物的危害

---

① 【美】罗伯特·M·卡普拉罗. 基于项目的STEM学习——一种整合科学、技术、工程和数学的学习方式[M]. 上海：上海科技教育出版社，2018：3.

[PPT] 人类生产生活中氮的转化（见图 7-3-3）

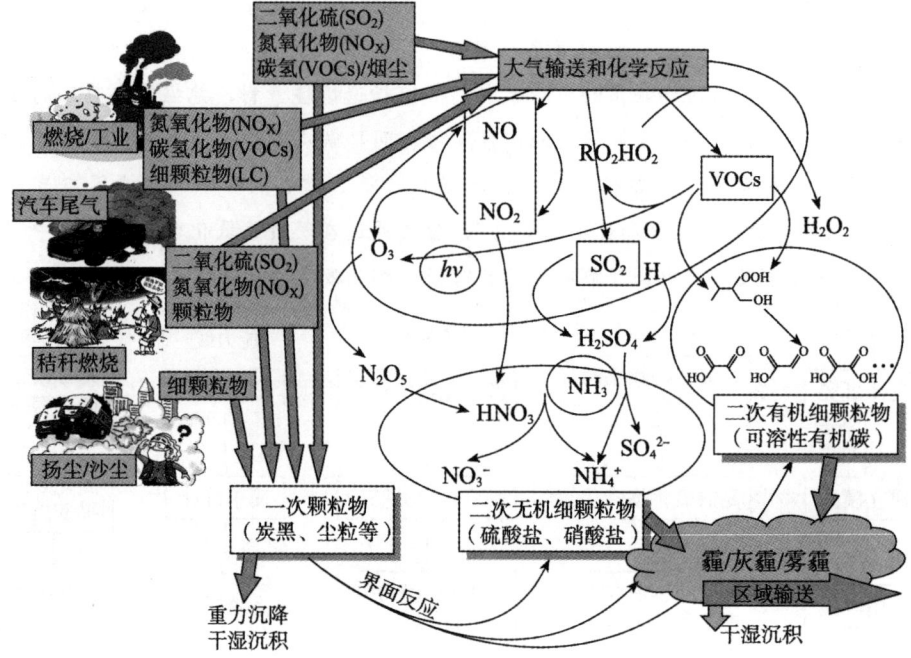

图 7-3-3　人类生产生活中氮的转化

[设问] 从图中分析可知哪些生产生活活动会造成氮氧化物的生成？氮氧化物会发生哪些转化，造成哪些环境问题？

[小组汇报]（见图 7-3-4）

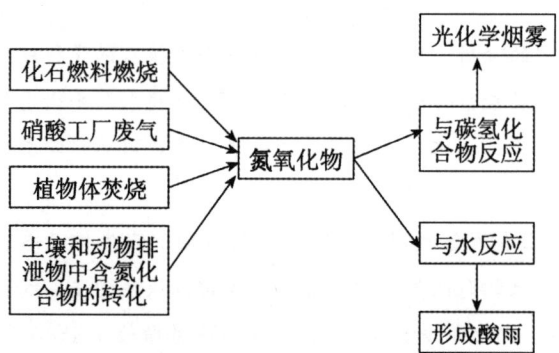

图 7-3-4　氮氧化物发生的反应及造成的环境问题

[PPT] 展示我国经济长期发展过程中 NO_x 排放预测情况（见图 7-3-5）[①]。

---

① 张晓波. $NaClO_2/(NH_4)_2CO_3$ 溶液脱除 SO_2、NO 的基础研究 [D]. 上海电力学院硕士学位论文，2012（3）：3、5.

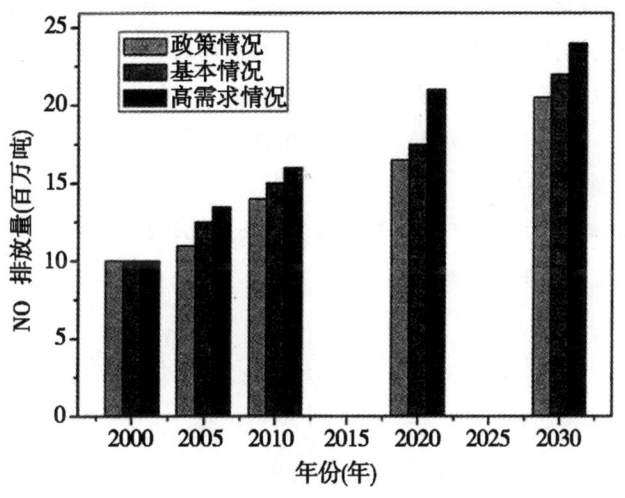

图 7-3-5　我国经济长期发展过程中 NO_x 排放预测情况

[在线点击] 不同浓度 NO_2 对人体的危害（见表 7-3-1）。

表 7-3-1　不同浓度的 NO_2 对人体健康的危害

浓度（ppm）	影　响
1.0	闻到臭味
5.0	闻到很强烈的臭味
10—15	眼、鼻、呼吸道受到强烈刺激
50	1 分钟内人体呼吸异常，鼻受到刺激
80	3—5 分钟内引起胸痛
100—150	人在 30—60 分钟就会因肺水肿死亡
200 以上	人瞬间死亡

[交流研讨] NO_x 和碳氢化合物在阳光照射下发生光化学反应产生二次污染物的现象，称为"光化学烟雾"。有学者对某城市一天中光化学烟雾的变化情况进行测定，实验结果如图 7-3-6 所示。

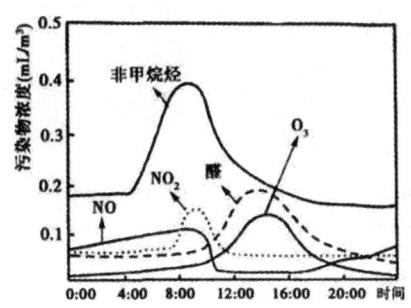

图 7-3-6　某城市发生光化学烟雾日变化曲线

思考：(1) 二次污染物主要有哪些？

(2) 预测醛和 O_3 的峰值出现在 14:00 左右的主要原因。

[学生] (1) 醛与臭氧。(2) 此时日光照射较强,光化学反应速率较快。

设计意图:从社会热点能源使用概括关联各种物质间的相互转化关系,梳理辨识出涉及宏观物质转化的问题,从微观粒子间重新组合形成新物质探析造成的环境问题出发,分别从数据和曲线进行定量表征,得出氮氧化物的治理势在必行。

活动二:氮氧化物的防治

[交流研讨] 请从物质转化的角度思考如何实现氮氧化物的无害化处理。

任务1:完成氮及其化合物的类价二维图

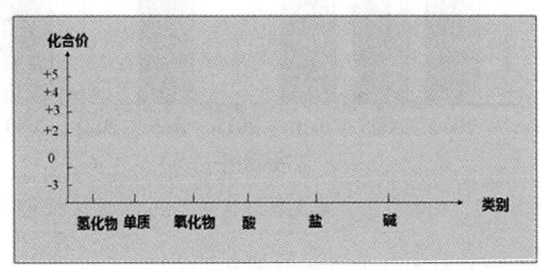

图 7-3-7

[小组汇报]

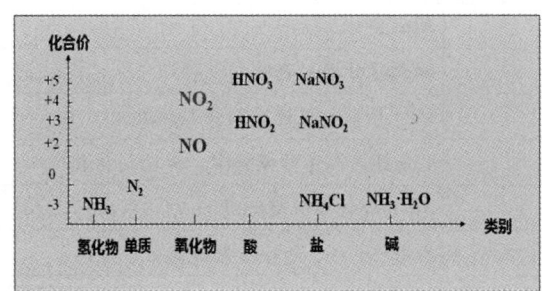

图 7-3-8

[追问] 根据类价二维图,可加入什么性质的化学试剂实现无害化处理?

[小组汇报]

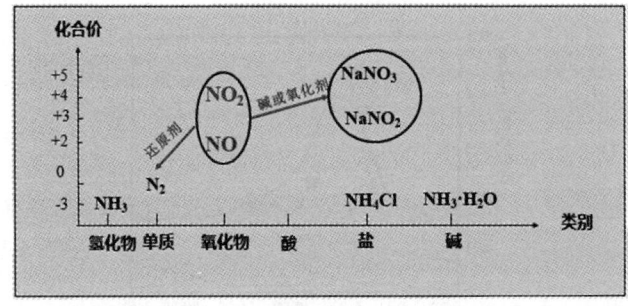

图 7-3-9

任务2:利用还原剂干法脱硝探究

[追问] 对于加入还原剂,同学们思考下目前学习当中常见的还原剂,试着写出相关转化的化学方程式。

[小组汇报] NO 可用 H_2、CO 还原，有关的化学反应为：$2NO+2H_2 \rlap{=}{=} N_2+2H_2O$；$2NO+2CO \rlap{=}{=} N_2+2CO_2$。

[引导] 日常生活中，还有一种更为常见的还原剂——天然气，主要成分是甲烷，请写出相关化学方程式。

[小组汇报] NO 可用 CH_4 还原，有关的化学反应为：$4NO+CH_4 \rlap{=}{=} 2N_2+CO_2+2H_2O$。

[小结] 这种利用常见还原剂 H_2、CO、CH_4 还原处理的方法称为非选择性催化还原法（NSCR），该方法需要反应的温度较高，条件相对比较苛刻，反应产物较复杂，且还原剂会与体系中的氧气发生副反应，造成处理效率的进一步降低。

[设问] 还有没有更好的还原剂？还有没有什么方法增强还原剂还原的专一性，且反应所需的温度较温和？

[学生汇报] (1) 使用氨气作为还原剂，归中反应简单易行。(2) 使用催化剂增强还原的专一性，使得反应条件温和易行。

[追问] 请同学们试着将该转化的化学方程式写出来。

[小组汇报] NO 可用 NH_3 还原，有关的化学反应为：$6NO+4NH_3 \xrightarrow{催化剂} 5N_2+6H_2O$。

[设问] 使用催化剂可以使得反应的温度降低到 200—400 ℃ 左右，且不会发生氨气与氧气的副反应，但是在运输氨气的过程中会存在一定的安全隐患，在不影响还原效率的情况下，有没有更好的还原剂代替氨气？

[小组汇报] NO 可用 $CO(NH_2)_2$ 还原，有关的化学反应为：$6NO+2CO(NH_2)_2 \xrightarrow{催化剂} 5N_2+2CO_2+4H_2O$。

[小结] 这种利用还原剂 NH_3、$CO(NH_2)_2$ 且加入催化剂还原处理的方法称为选择性催化还原法（SCR）。两种方法都是在气相中进行，统称干法脱硝。

[迁移应用] 目前，科学家正在研究一种以乙烯作为还原剂的脱硝（NO）原理，其脱硝机理示意图如图 7-3-10，脱硝率与温度、负载率（分子筛中催化剂的质量分数）的关系如图 7-3-11 所示。

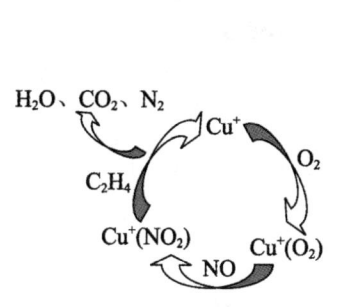

图 7-3-10 脱硝机理示意图

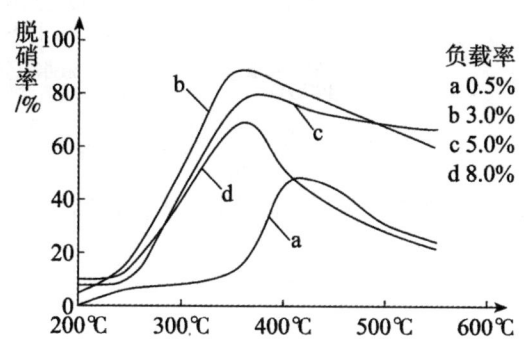

图 7-3-11 脱硝率与温度、负载率的关系图

思考：(1) 写出该脱硝原理总反应的化学方程式。

(2) 为达到最佳脱硝效果，应采取的条件是什么？

[小组汇报]（1）$6NO+3O_2+2C_2H_4 \xrightarrow{催化剂} 3N_2+4CO_2+4H_2O$。 （2）350 ℃，负载率 3.0%。

任务 3：利用氧化剂湿法脱硝探究

[设问] NO_x 中的氮元素化合价为 +2(+4)，是中间价态，除了可以使用还原剂将其还原为无污染的氮气之外，还可以使用氧化剂脱硝。工业上常使用绿色高效的氧化剂 ClO_2 将 NO 氧化为 NO_2，然后再使用碱液吸收，该法称为气相氧化液相吸收法。请写出该反应涉及的化学方程式。

[小组汇报] NO 可用 ClO_2 氧化，有关的化学反应为：$5NO+2ClO_2+H_2O=5NO_2+2HCl$。$NO_x$ 可用 NaOH 溶液吸收，有关的化学反应为：$2NaOH+2NO_2=NaNO_2+NaNO_3+H_2O$；$2NaOH+NO+NO_2=2NaNO_2+H_2O$。

[设问] 工业上制备 NaOH 采用的方法是什么？该法从能量消耗角度分析有什么缺点？

[学生汇报] 电解饱和食盐水；高耗能，成本高。

[追问] 有没有更好的碱液吸收剂替代？

[学生汇报] 侯氏制碱法生产出的纯碱（Na_2CO_3），低耗能，节约成本。

[追问] 请写出该法涉及的化学方程式。

[学生汇报] NO_x 可用纯碱溶液吸收，有关的化学反应为：$2NO_2+Na_2CO_3=NaNO_2+NaNO_3+CO_2$；$NO+NO_2+Na_2CO_3=2NaNO_2+CO_2$。

[设问] 除了气相氧化液相吸收法，还有液相氧化吸收法，常用 $KMnO_4/KOH$ 溶液氧化 NO，$KMnO_4$ 被还原为 MnO_2，请写出该反应的离子方程式。

[学生汇报] $3NO+2MnO_4^-+H_2O=2MnO_2\downarrow+3NO_2+2OH^-$。

[追问] 反应生成的副产物 MnO_2 如何处理才能达到经济效益最大化？

[学生汇报] 经过一系列处理循环利用，流程如图 7-3-12。

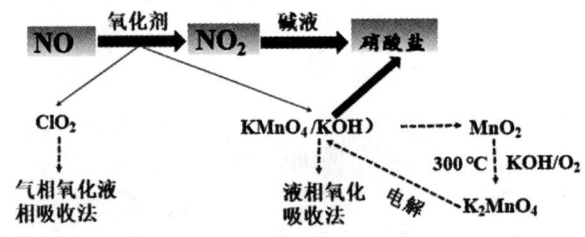

图 7-3-12　NO_x 氧化碱液吸收法

[总结] 建构工业脱硝认识模型（见图 7-3-13）。

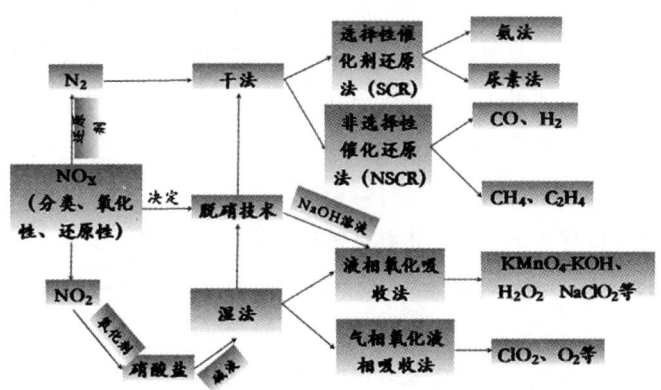

图 7-3-13 工业脱硝认识模型

设计意图：利用类价二维视角选择合适的还原剂和氧化剂实现氮氧化物的无害化处理，同时在处理过程中从工程视角考虑尽量提升生产效率，提升学生简单设计的能力，发展学生变化观念和平衡思想核心素养。

活动三：应用模型解决实际问题

[设问] 在鼓泡反应器中通入含有 SO_2 和 NO 的烟气，反应温度为 323 K，$NaClO_2$ 溶液浓度为 $5×10^{-3}$ mol·L^{-1}。反应一段时间后溶液中离子浓度的分析结果如表 7-3-2。

表 7-3-2 反应后溶液中离子浓度的分析

离子	SO_4^{2-}	SO_3^{2-}	NO_3^-	NO_2^-	Cl^-
c/(mol·L^{-1})	$8.35×10^{-4}$	$6.87×10^{-6}$	$1.5×10^{-4}$	$1.2×10^{-5}$	$3.4×10^{-3}$

思考：(1) 写出 $NaClO_2$ 溶液脱硝过程中主要反应的离子方程式。

(2) 随着吸收反应的进行，吸收剂溶液的 pH 变化趋势是什么？

(3) 由实验结果可知，脱硫反应速率大于脱硝反应速率的原因有哪些？

[小组汇报] (1) $4OH^- + 3ClO_2^- + 4NO \Longrightarrow 4NO_3^- + 3Cl^- + 2H_2O$。 (2) 逐渐减小。

(3) SO_2 和 NO 在烟气中的初始浓度不同；NO 溶解度较低。

[方法总结] 我们的学习需要从化学科学思维走向工程思维，总结如图 7-3-14。

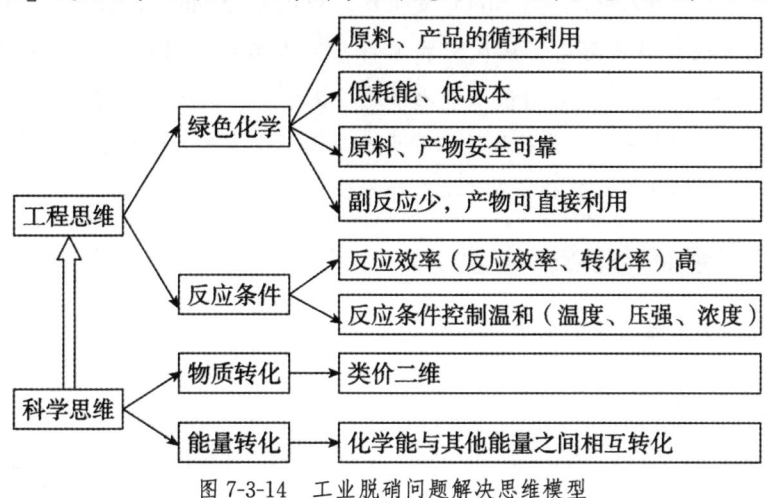

图 7-3-14 工业脱硝问题解决思维模型

设计意图：以真实的工业脱硝过程为背景，融入微观离子浓度分析、单一控制变量等多种视角进行系统探究，进一步将模型的构建从具象的事实抽象为可供发展学生认识功能的思维模型，引导学生将科学思维物质转化的视角进一步提升为从系统建构的视角来发展学生的工程思维，发展学生科学态度与社会责任核心素养。

【教学反思】

本节课从真实生活情境出发，将具体社会问题从宏观上辨识出涉及的物质转化，然后从微观视角设计其无害化转化过程，渗透工程思维，进一步完善工业脱硝模型。通过本节课的教学，有反思如下。

基于真实情境的项目式教学需围绕课程标准的关键知识和理解要求设计和教学，设计挑战性的问题，利用核心认知视角展开科学探究，以真实生活为背景进行设计，结合学生学习经验，通过自主、合作探究得出可以物化的公共产品。其中，问题的设计显得格外重要。首先，问题的选择一定要关注社会热点难点问题，体现化学在解决疑难问题中独特的价值和功能。其次，问题的选择一定要有一定的挑战性，要求学生通过系统关联，主动意义建构，从已有认知通过活动的设计进阶到较高水平，实现学生的深度学习。再次，问题的设计要指向学科核心认知视角，通过学科核心认知视角可以辨识出学科核心问题，利用核心认知视角发展学生的认识，建构解决类似问题的一般思路。最后，问题的设计需要具有一定的复杂性，问题需要学生系统关联多学科知识，利用多个学科的核心视角系统解决陌生复杂的社会问题，体现问题解决的意义和价值。

通过系统思维培养学生的批判性思维，发展学生的创新意识。在设计无害化处理氮氧化物教学环节，不断设置认知冲突，推进教学环节的开展。任务开始时引导学生从类价二维视角来设计物质的转化，要求学生从静态的类价二维发展进阶到动态的类价二维，发挥类价二维的认识功能。在对氮氧化物类别分析以后，排除类属通性后，分析氮元素化合价，分别从加入还原剂和氧化剂两个视角开展转化设计。设计转化过程中遇到了因为还原剂会与体系中氧气发生副反应的问题，因此需要加入选择性催化剂提高主反应的选择性，同时还要考虑反应条件容易调控及反应物运输的安全性等多重因素，得出选择尿素还原法这个相对最优方案。在加入氧化剂碱液吸收这个环节，从加入氧化剂 $KMnO_4$ 发生反应被还原为 MnO_2，引导学生从产物循环利用角度进一步优化设计转化思路；从反应物原料易得成本控制角度引导学生使用纯碱代替 $NaOH$。这些教学环节环环相扣，有条不紊地推进，在理想转化与实际流程设计中不断完善设计方案，不断在解决问题中梳理出物质转化涉及的工程思维，将知识的习得置于问题的解决之中，充分体现了知识的认识和迁移应用的功能和价值。

【案例3】"全球气候变暖"议题[①]

一、社会性科学议题的教学设计和组织

1. 议题学习

[①] 陆庭銮，孟献华. 社会性科学议题的教学设计和组织——以"全球气候变暖"议题的教学为例 [J]. 化学教学，2018（8）：48-51.

由于社会性科学议题不同于一般性的学习课题,它往往与环境、科技、生态等关联,也带有很大的争议,甚至有不同的观点与陈述,故此课题有很大的批判与反思的成分,必须进行深度学习指导。在深度学习阶段,具体可分为以下几个过程。

(1) 慎选议题,激发热情。根据社会性科学议题的特征,要选择与社会联系的、与环境等因素有关联的议题,从公众性、广泛性、人文性、实践性等因素考虑,特别要带有争议性的要求。如对社会性科学议题"全球气候变暖"的看法,具有不同的观点,观点1认为二氧化碳是"全球变暖"的罪魁祸首,观点2认为与二氧化碳气体无关,利用此议题可很好地培养学生的思辨能力以及收集证据进行验证的能力。选题的过程是一个综合判断与综合衡量的过程,从已学过的知识中寻找有关素材,对比与分类,分析与综合,也是一个反思过程,需要一定的认知基础和对素材敏锐的评价能力。

(2) 收集资料,知识储备。此阶段教师要引导学生采集有关资料,做论证的准备。如社会性科学议题"全球气候变暖",要收集有关资料:①二氧化碳的基本性质;②人为排放的二氧化碳的主要途径,近几年大气中二氧化碳含量的比较与分析;③温室效应的基本涵义,形成的基本理解,温室效应产生的影响,造成的危害;④权威研究成果,政府间气候变化专门委员会(IPCC)发布的《气候变化评估报告》的主要内容及相关观点;⑤非政府间国际气候变化专门委员会(NIPCC)针对气候变化的问题已经出版的8份报告,报告的主要内容及相关观点;⑥《京都议定书》的核心内容。具体内容见表7-3-3。

表7-3-3 社会性科学议题"全球气候变暖"收集的相关资料

项目	采集的内容
二氧化碳的基本性质	无色无味的气体;能溶于水(1:1);密度比空气大。
人为排放的二氧化碳的主要途径,近几年大气中二氧化碳的含量比较与分析	人为排放的二氧化碳主要是人类长期使用化石燃料(如煤、石油、天然气等)所造成的。CO_2体积分数平均值由1990年的0.0352%左右增长至2014年的0.0396%左右,增长值达到0.0044个百分点。
温室效应的基本涵义,形成的基本原理,温室效应产生的影响,造成的危害	温室效应是指透射阳光的密闭空间由于与外界缺乏热交换而形成的保温效应,即太阳短波辐射可以透过大气射入地面,而地面增暖后放出的长波辐射却被大气中的二氧化碳等物质所吸收,从而产生大气变暖的效应。会产生全球变暖、地球上的病虫害增加、海平面上升、土地沙漠化等危害。
权威研究成果,政府间气候变化专门委员会(IPCC)发布的《气候变化评估报告》的主要内容及相关观点	全球气候正在变暖,其中CO_2是导致全球变暖的最主要因素,如果不采取控制措施,全球气候变暖将会造成生态环境大灾难。

续表

项目	采集的内容
非政府间国际气候变化专门委员会（NIPCC）针对气候变化的问题已经出版的8份报告，报告的主要内容及相关观点	自然因素始终都是影响地球气候变化的主要因素，而人为活动对气候变化有一定的影响，但不是主要的。
《京都议定书》的核心内容及相关观点	1997年12月在日本京都由联合国气候变化框架公约参加国三次会议制定的。其目标是"将大气中的温室气体含量稳定在一个适当的水平，进而防止剧烈的气候改变对人类造成伤害"。

此过程需要培养学生的自主学习能力，学生需要根据课题的要求选择与之相关的材料，这些材料的获得大大促进了有效学习的效度，同时，收集相关资料的过程本身就包含着深度学习的过程，需要学生结合自身所学的知识，将所选的资料中所含有的核心内容进行筛选、重组、再加工等过程，形成有一定系统与层次的知识资料。

（3）问题引领，合作探究。为了进一步引导学生深度学习，发展学生的学科思维能力，此环节以问题为引领，强化合作与探究，采用多种形式展开讨论学习。对于"全球气候变暖"社会性科学议题，在收集了大量的资料之后，教师可设置一定的问题（链）供学生思考，并通过合作探究的方式解决问题。

问题1：观点1，全球变暖是气候常态；观点2，全球变暖造成环境危机。这两种观点，请你分析它们的正确性。

问题2："全球变暖"的主要原因是什么？会产生哪些后果？你持什么观点？有哪些证据？

问题3：如何控制温室效应，你有哪些好的建议？

此阶段是引导学生深度学习的重要一环。对于社会性科学议题，它带有双重性，且有很大的争议性，以问题为驱动，引发学生热议，通过合作探究初步解决问题，形成一定的学习方法和观念。问题设计的意图是引发学生高阶思维、整合思维与反思思维，多在问题讨论中运用分析、评价等方式思考问题，运用多学科知识、多渠道信息、多元化技能、多层次能力理解问题与解决问题；多思考思维的过程与方式、学习的方式与学习的过程及结论等，特别是学生非形式推理能力得到一定的训练与加强，从事件的正反、利弊等方面展开分析与评价，达到对知识的意义建构。

2. 议题实践

由于议题有广泛的生活性与实践性，有必要带领学生走出课堂，走向社会进行实践活动，这是获得实证的重要途径。实践的形式一般有以下几种。

（1）走访调查。这个过程需让学生置身于错综复杂的议题情境中去体会直面冲突、争议的来源及产生的原因，了解价值冲突。在走访调查中，以小组为单位，围绕议题的内容展开，形式包括：文献调查、普遍调查、个案调查、抽样调查、典型调查等。调查的内容包括：①议题所涉及的问题现状调查；②问题所产生的原因调查；③目前针对问题所采取的措施与方法；④针对此问题解决的效果调查；⑤前景调查。

（2）模拟实验。对于一些争议性的议题，在条件允许的情况下可设计相关实验方案进行实验，用模拟的方式展示过程，从中寻求问题的原因，以期找到解决问题的途径与方法。如"全球变暖"的议题，可设计有关实验，从中探明二氧化碳是否具有此效应。如图7-3-15所示，除了二氧化碳的浓度不同外，两个生态瓶中各种成分的量、大小等应尽量保持相同，研究二氧化碳的温室效应，从实践探究中寻找问题的原因。

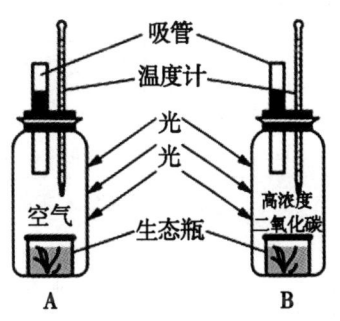

图 7-3-15　温室效应的模拟实验图

（3）整理分析。此阶段通过调查、走访、实验探究等实践活动，对结果进行整理并分析，分析的内容包括：①收集、筛选有关观点，分析观点所涉及的价值观；②分析观点的立意，体验直面冲突的差异；③分析议题问题主流价值观，引导学生从更高、更全局的角度认识社会发展的趋势和社会发展的前景。

此阶段涉及学生的自主学习、合作学习与探究学习，都与深度学习的特征相关。深度学习要求在复杂的情境中引发思维活动，并反思自我的行动，作出判断。此过程中需要作分析、创新与评价，需要将多渠道信息进行整合以及多学科知识进行融合，同时也需要设计一定的探究活动。所有这些活动与学习，形成有一定价值观的公众评判的标准。

3. 议题实施

此过程为教学的实施过程。教的逻辑只有符合学的逻辑才能真正提高学生的思维能力，学习知识的过程应是在学生原有认识基础上对经验的重构与改组。学生经过前期的一些准备工作后，对议题形成了一定的认识，积累了一些认知，教师在此基础上作出分析，确定要实施的教学活动，安排好教学流程，采取适当的教学手段与方法，帮助学生内化知识。

以议题为中心的教学法相对于传统的学科基础的教学模式，它更强调培养学生学会倾听、与人沟通以及理性思考后做出决策的能力，在实际教学中常运用3种模式进行教学：结构性争论模式、做决定模式和反思探究模式。如针对"全球变暖"的议题，经过分析，主要讨论焦点为两点：①全球变暖是二氧化碳气体过多排放所导致，还是自然生态的必然？②全球变暖是否一定会导致一系列的环境问题？针对存在的分歧，可采用结构性争论模式展开教学，根据争议的问题可分小组进行辩论性学习。教学环节为：阐述观点、实证辅助、观点解释、资料呈现、反思领悟、完善结论、建构新知。具体教学流程如表7-3-4所示。

表 7-3-4　结构性争论模式教学环节阐述

观点	全球变暖是二氧化碳气体过多排放所导致，会造成环境问题；还是自然生态必然的发展，不会导致环境问题？	
阐述观点	二氧化碳气体过多排放所致，造成环境问题。	自然生态必然的发展，不会导致环境问题。
实证辅助	资料显示，过去十年来全球平均温度上升约0.6℃；模拟实验显示，二氧化碳的增多会导致温度上升。	科学家指出，多数温室气体原本就存在于大气中，真正造成温室效应的气体是水蒸气。

续表

观点解释	二十世纪中期以来，人类大量燃烧煤、石油、天然气，造成大气中的二氧化碳含量显著增加，气温上升。	从古代气候的观点来看，这样的气温升高的趋势是正常的，并非人类活动所造成的。
资料呈现	IPCC发布的《气候变化评估报告》的核心观点；《京都议定书》的核心内容及相关观点；目前现状：家用电器使用量增加，用电量增多；海平面上升、冰川融化、气候变暖，病虫害增加；部分动、植物物种面临着灭绝。	
反思领悟	观点是一种假设，需要实证，提供的解释更多地需要证据补充。	
完善结论	更多的研究表明，二氧化碳增多会导致全球温度的升高，导致一系列的环境问题。	
建构新知	本体知识；非形式的推理知识；正确的公民价值观知识；形成保护环境、爱护环境的意识。	

本环节基于问题展开讨论，采用辩论的形式，无论哪一种观点，都需要学生收集证据，做出合理的解释。结论并不重要，重要的是在学习的过程中培养学生严密的推理能力，形成一定的逻辑形式的知识体系，并进行有效的反思、整理，帮助学生树立正确的生态环境意识、资源使用意识、人类健康意识及道德伦理意识等，形成正确的人生观与价值观。

【教学点评】

社会性议题以社会生活中关注的热点及有争议的问题利用学科知识解决，在问题解决过程中蕴含着实践性以及结论的不确定性，在具体教学实施过程中，需注意以下几点。

一是聚焦学科核心主干知识，让知识成为解决问题的主体。社会性议题认识视角非常多元，但是作为化学课堂，教师在分析其他视角的时候可以作为主角，更多地要把问题的聚焦点引向学科本体本身，让化学成为课堂的主角，让学生利用化学思维和化学认识角度成为解决问题的抓手，避免教学泛化，主题不明。

二是让科学态度与社会责任成为问题解决的精神内核。同学们在分组论证社会性议题的时候，一定要导引学生具有科学实证精神，分析问题的时候一定要有理有据，言之有物，要有一定的逻辑推理性，不要让课堂成为没有思维含量的争吵，热闹了课堂，虚空了大脑。在分析问题的时候，也要导引学生从公民社会责任的视角来聚焦问题，从社会责任的维度来解构问题，让社会责任成为可以操作的具体抓手，而不要成为思想政治上的所谓政治正确，要悟出来，而不是讲出来。

【案例4】湿法脱硫的工艺设计[①]

一、主题选取

本节课选择的主题"湿法脱硫"是指在水溶液体系中脱除SO_2烟气。由于是气液反应，脱硫反应速率快、脱硫效率高，是目前重要的一种脱硫形式。本节课主要内容为湿法脱硫的原理分析，介绍一种目前广泛使用的石膏法脱硫工艺，并针对其不足提出改进的方案。这些内容是为了落实"化学反应原理"模块"水溶液中的离子反应与平衡"主题中，"能综合运用离子反

---

① 本课例为双十中学佘晓敏老师在福建省新课标省级培训的公开示范课。

应、化学平衡原理,分析和解决生产、生活中有关电解质溶液的实际问题"的学业要求。

SO_2在水溶液中的脱除过程,从微观的角度认识SO_2在水溶液体系中发生的离子反应,并用电离平衡甚至沉淀溶解平衡移动的理论分析相应的变化,能从宏观与微观结合的视角对物质及其变化进行表征,发展学生的微粒观、平衡观和守恒观,运用"宏观辨识与微观探析""变化观念与平衡思想"等核心视角发展学生"科学态度与社会责任"学科核心素养。

石膏法脱硫工艺分析,是结合生产实际,组织学生综合应用平衡和速率的理论,理论联系实际,将所学的化学知识和方法应用于生产实际,解决生产中的化学问题,并在实践中逐步形成节约成本、循环利用、保护环境等观念。能针对石膏法脱硫工艺设计存在的各种问题,提出处理或解决问题的具体方案。在这些问题的解决过程中落实"变化观念与平衡思想""科学态度与社会责任"等核心素养。

二、教学规划

本节课通过三个任务来完成,通过问题的解决,落实学科核心的能力如图7-3-16。

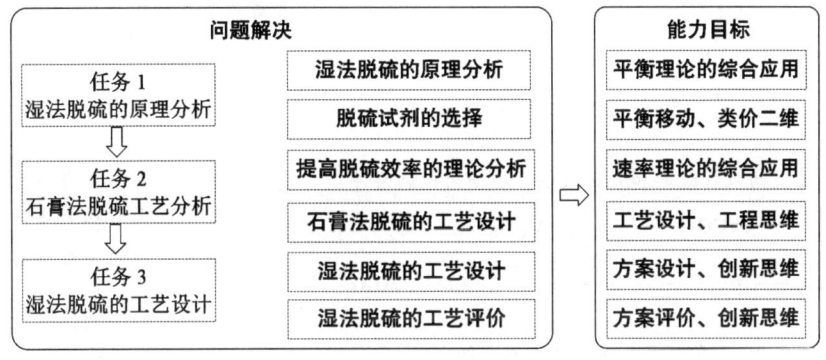

图 7-3-16　湿法脱硫教学设计

三、教学实施

表 7-3-5

问题解决	设计意图
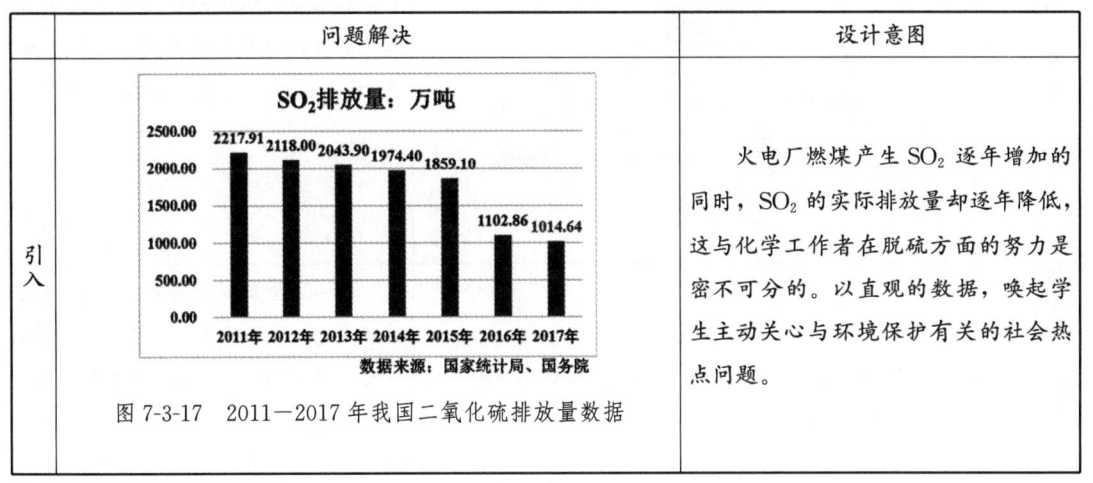　图 7-3-17　2011—2017年我国二氧化硫排放量数据	火电厂燃煤产生SO_2逐年增加的同时,SO_2的实际排放量却逐年降低,这与化学工作者在脱硫方面的努力是密不可分的。以直观的数据,唤起学生主动关心与环境保护有关的社会热点问题。

（引入）

	问题解决	设计意图
任务1 湿法脱硫的原理分析	1. 从平衡角度分析，SO_2溶于水发生哪些变化？ 溶解平衡：$SO_2(g) \rightleftharpoons SO_2(aq)$ 反应平衡：$SO_2(aq)+H_2O \rightleftharpoons H_2SO_3$ 电离平衡：$H_2SO_3 \rightleftharpoons H^+ + HSO_3^-$ $HSO_3^- \rightleftharpoons H^+ + SO_3^{2-}$ 2. 为促进SO_2在水溶液中的吸收，可选择哪些物质作为脱硫剂？ 为促进平衡正向移动： ①消耗H^+； ②氧化$S(+4)$。 可选择的脱硫剂： ①NaOH、氨水、CaO、MgO、Na_2CO_3、$CaCO_3$等； ②O_2、Cl_2、O_3等。	在具体的实例中综合应用各类溶解平衡、反应平衡和电离平衡的知识。 从物质变化、平衡移动的视角认识湿法脱硫的原理，脱硫剂的寻找为后续湿法脱硫工艺设计做好铺垫。综合应用理论知识解决生产中有关电解质的实际问题。
任务2 石膏法脱硫工艺分析	1. 为提高吸收效率和氧化效率，应如何控制条件？ $SO_2 \xrightarrow{CaCO_3}$ 吸收 $\xrightarrow{O_2}$ 氧化 $\rightarrow CaSO_4 \cdot 2H_2O$ 2. 石灰石/石灰—石膏法脱硫工艺介绍 图 7-3-18	从反应速率的角度认识应控制哪些条件以提高脱硫效率。进一步完善从平衡和速率的角度综合认识问题的视角。 用图示更清晰地认识石膏法脱硫的工程设计，认识到理论分析对工业生产实际的重要指导意义，同时工业生产实际还需要考虑更多的设计细节。
任务3 湿法脱硫工艺设计	针对石膏法脱硫存在脱硫效率不够高、脱硫塔结垢等问题，设计新的脱硫工艺。	再一次应用脱硫原理，设计新的脱硫工艺。在评价各种工艺的过程中，体验工业实际考虑的问题更为复杂，如原料的成本、产品的价值、厂址的选择等。学生在真实的问题中体验科学思维的过程，发展创新能力。

【教学反思】

1. 在问题解决过程形成解决一类问题的思维模型

以"任务2"为提高吸收效率和氧化效率,应如何控制条件为例,将速率理论应用于工业生产实际,形成工艺流程中为提高反应速率可以采取措施的一般思路。

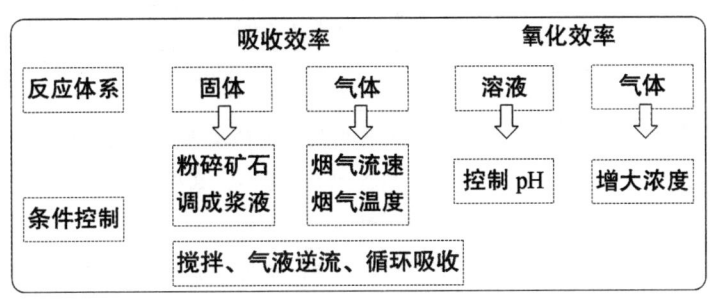

图 7-3-19 反应速率在工业实际中的应用实例

2. 开放性问题有利于创新思维的培养

"任务3"针对石膏法脱硫的不足,设计新的脱硫工艺。让学生在活动过程中体验科学家优化脱硫工艺的过程,应用化学原理和方法对脱硫问题提出创造性的建议。各种脱硫方法的对比如表 7-3-6。

表 7-3-6

脱硫方法	评价角度
石灰石/生石灰—石膏法脱硫: $SO_2 \xrightarrow{CaCO_3/CaO} 吸收 \xrightarrow{O_2} 氧化 \rightarrow CaSO_4 \cdot 2H_2O$	优势:原料来源广泛,价格低廉。 劣势:脱硫效率不够高、脱硫塔结垢等。 从产品价值及对环境影响的角度分析,产物选择 $CaSO_4$ 而非 $CaSO_3$ 的原因。石膏可作为建筑材料,品质不佳的可以填埋处理,而 $CaSO_3$ 填埋过程遇到酸性物质有再次释放 SO_2 的风险。
烧碱/纯碱法脱硫: $SO_2 \xrightarrow{NaOH/Na_2CO_3} 吸收 \rightarrow Na_2SO_3$	优势:脱硫效率高、脱硫塔不结垢等。 劣势:原料成本高。 <table><tr><td>试剂</td><td>石灰石</td><td>生石灰</td><td>烧碱</td><td>纯碱</td></tr><tr><td>价格(元/吨)</td><td>200</td><td>450</td><td>3000</td><td>1800</td></tr><tr><td>吸收 SO_2 的成本(元/mol)</td><td>0.02</td><td>0.025</td><td>0.24</td><td>0.19</td></tr></table> 从产品价值的角度分析,选择价值更高的 Na_2SO_3。 <table><tr><td>试剂</td><td>Na_2SO_4</td><td>Na_2SO_3</td></tr><tr><td>价格(元/吨)</td><td>900</td><td>3000</td></tr></table>

脱硫方法	评价角度
氨法脱硫： SO₂ → 吸收(氨水) → 氧化(O_2) → $(NH_4)_2SO_4$	从脱硫效率、原料成本、产品价值等方面综合进行评价。 | 试剂 | 20%氨水 | $(NH_4)_2SO_4$ | |---|---|---| | 价格（元/吨） | 1000 | 700 | | 吸收SO_2（元/mol） | 成本0.17 | 产值0.10 | 氨水的价格随浓度的增大而升高，存在运送成本高昂的问题。从减少运输成本、氨废气对周围环境的影响角度考虑，需规划好工厂的选址。
厦门嵩屿电厂海水脱硫： （图7-3-20）	联系厦门的实际情况，因地制宜，利用海水的天然碱性进行脱硫，大大节约原料成本，同时产生的硫酸盐属于海水的天然成分。

脱硫工艺开放性的设计问题有利于学生创新思维、工程思维的培养，让化学知识走进生产实际，有利于提升学科的价值。但开放性活动的组织，需要更全面了解学生的学习基础，查阅并筛选资料，需要教师对课堂有更高的驾驭和组织能力。在教学实践中，对比高二学完反应原理模块和高三经过一轮复习的两类学生，明显前者需要提供评价角度，引导学生进行对比分析，而后者明显能提出更多的改进方案，列举部分如下。

（1）为了减少原料成本，从软锰矿出发，应用氧化还原理论，提出以下改进方案。

SO_2 → 吸收(软锰矿MnO_2) → $MnSO_4$

（2）在有成本意识和效率意识之后，能综合烧碱法脱硫效率高、石膏法脱硫成本低二者的优点，设计出双碱法脱硫。

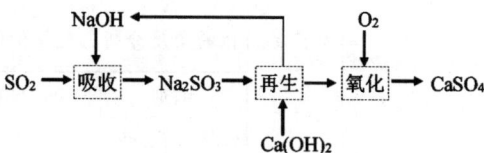

（3）在介绍海水脱硫法之后，能提出硫酸盐含量提高是否对海洋生物的生存造成不良影响的疑问，能关注化学品在生产使用过程中的安全问题，关注环境问题。

3. 实验研究为理论研究提供更有效的基础

成熟的工艺条件形成一般需要经历的过程为理论研究、实验研究、小规模生产、扩大生产四个阶段。本项目的设计从课时安排的角度考虑，缩减了实验研究阶段。从体验研究过程的完整性考虑，可以增加一个环节即通过实验研究筛选最佳的脱硫条件。

以石膏法脱硫为例，提高烟气的温度有利于加快反应速率，但烟气温度过高会降低 SO_2 在溶液中的溶解度，需要通过实验研究最佳的烟气温度。提高脱硫剂的 pH 有利于加快 SO_2 的吸收速率，但生成难溶的 $CaSO_3$ 会造成脱硫塔结垢；降低脱硫剂的 pH，SO_2 吸收速率降低，但硫元素主要以 HSO_3^- 存在时，有利于提高氧化速率，生成微溶的 $CaSO_4$ 有利于减少脱硫塔结垢，同样需要实验研究确定最佳的脱硫剂的 pH。

实验筛选最佳脱硫条件，需要相应的实验方案设计，包含模拟烟气的形成、脱硫装置的设计、残留 SO_2 的测定等，条件的筛选需要控制变量实验来实现，涉及的内容均为化学学科的核心知识与能力，是本项目可以完善的一个重要方面。

第八章
促进学生化学学科核心素养发展的教学模式

化学学科核心素养的落地离不开课堂教学,如何变革我们的课堂,改变我们的教学模式是目前学界探讨最热烈的话题。关于化学学科核心素养落地的教学模式,得到大家共识的主要有项目式教学、单元整体教学、学习任务型教学、深度学习、基于化学史的教学、信息技术与学科融合的教学。

项目式教学强调真实情境、复杂问题、超越学科、专业设计、合作完成、成果导向及评价跟进,重视核心知识的再建构,重视创建真实的驱动性问题和成果,重视用高阶学习包裹低阶学习,重视将素养转化为持续的学习实践,是目前学界最热、研究最广泛、成果最多的一种教学模式。

单元整体教学立足单元,上接学科核心素养,下接知识点的目标或要求,在宏观的课程目标到最后的课时教学目标之间构建起有效桥梁,使得知识的学习从碎片化向结构化迈进,是基于现有教材的整合、改进、提升、完善。

学习任务型教学则聚焦将具体的知识教学、问题教学设计成一个个学生感兴趣的任务,强调学生的体验性、现场感,强调问题驱动到任务驱动,强调个体的深度学习到团体的深度合作,强调基于问题的解决到任务的达成。

深度学习是相较于浅层学习来说的,是相较于现有教学课上热热闹闹,课下重新再教的一种反拨。深度学习是核心素养培育与发展的基本途径,是我国课程教学改革走向深入的必需。深度学习可以实现经验与知识的相互转化,真正让学生成为教学主体,帮助学生通过深度加工把握知识的本质,在教学活动中模拟社会实践,引导学生对知识及知识的发现、发展过程进行价值评价。

基于化学史的教学重塑科学家走过的道路,重新还原科学研究及发现的历程,重新还原知识产生的背景及产生的逻辑,这样的教学无疑直击知识的本质,有助于学生学科核心素养的落地。

信息技术与学科融合,可以充分利用信息技术的优势,将化学变化过程中的微观行为表征出来,也可以重塑课堂行为,使得课堂容量增大的同时,更加聚焦于关键问题的解决。

以下将通过6节内容来具体分析6种教学模式如何促进化学学科核心素养的形成与发展。

第一节　基于真实情境的项目式教学

一、问题的提出

学科核心素养是指学生通过某学科的学习而逐步形成的关键能力、必备品格与价值观念。作为载体的学科知识，应突出强调学科大概念、学科结构、学科思想与方法及学科情境。作为路径的学科活动，须体现实践性、思维性、自主性、教育性和学科性[①]。2017 版课程标准倡导真实问题情境的创设，提倡基于综合问题解决的主题式教学[②]，因为"知识的功能价值只有在基于真实学习情境的丰富多样的学科能力活动中才可能转化为学生自觉主动的、合理的认识方式（认识角度、认识思路和思维方式），形成核心素养"[③]，显然项目式学习在助推学生核心素养发展方面有着得天独厚的优势。

项目式学习在国外简称"PBL"（Project-Based Learning），是一种以建构主义学习理论、认知学习理论为理论基础，通过驱动性问题组织和引导学生在面对复杂、真实问题时，站在已有的学科认知角度解决问题的教学活动。胡红杏认为"项目式学习具有学习的问题性、学习的合作性、学习的探究性、学习的真实性、评价的过程性等特点。项目式学习让内容易习得，让思维具有可见性，促进自主学习和终身学习，有利于调动学生学习的自主性，有利于批判思维与创新思维的培养，有助于学生科学精神和人文精神的养成，有助于发展学生的学科核心素养和学科能力"[④]。胡玖华则认为"项目式学习对促进学生深度学习，培养学生的核心素养和 21 世纪技能具有重要作用"[⑤]。

Tanner 认为"学生自主发现科学概念的那种惊喜，不仅会带来更有效的学习效果，也会激发学生更深层次学习的欲望，因而会有更宝贵的发现"[⑥]。项目式学习是一种以学生为主体，链接真实世界的事件，在一段时间内，团队共同解决一个复杂问题或完成一项综合性任务，学生经历全过程，通过亲身体验、深刻理解来获得核心素养发展的一种学习方式。高质量的项目专注于核心概念，反映学科核心内容与外部世界的关联，是强调真实性、应用性、逻辑性的学生主动学习。项目的确定主要是依据课程标准、考试大纲和学生经验，精心遴选社会性热点议题、化工生产问题、身边要解决的问题，体现学科思想方法，发展学生的学科核心素养。项目确定以后，将其表征为学科核心问题，根据问题特点分解为相应的子任务，由学生根据任务目标设计方案、实施方案、交流展示、评价改进，形成解决一类问题的思路和模型，其解决问题的机制和流程见图 8-1-1。

[①] 余文森. 论学科核心素养形成的机制 [J]. 课程·教材·教法，2018，1（4）：4-11.
[②] 中华人民共和国教育部. 普通高中化学课程标准（2017 年版）[M]. 北京：人民教育出版社，2018：2.
[③] 王磊，魏锐. 学科核心素养发展导向的高中化学课程内容和学业要求——《普通高中化学课程标准（2017 年版）》解读 [J]. 化学教育（中英文），2018，39（9）：48-53.
[④] 胡红杏. 培养学生核心素养的课堂教学活动 [J]. 兰州大学学报，2017（6）：165-172.
[⑤] 侯肖，胡久华. 在常规课堂教学中实施项目式学习——以化学教学为例 [J]. 教育学报，2016（8）：39-44.
[⑥] Tanner. D. &Tanner. L. N. Curriculum development [M]. NewYork：Macmillan Publishing，1980：403.

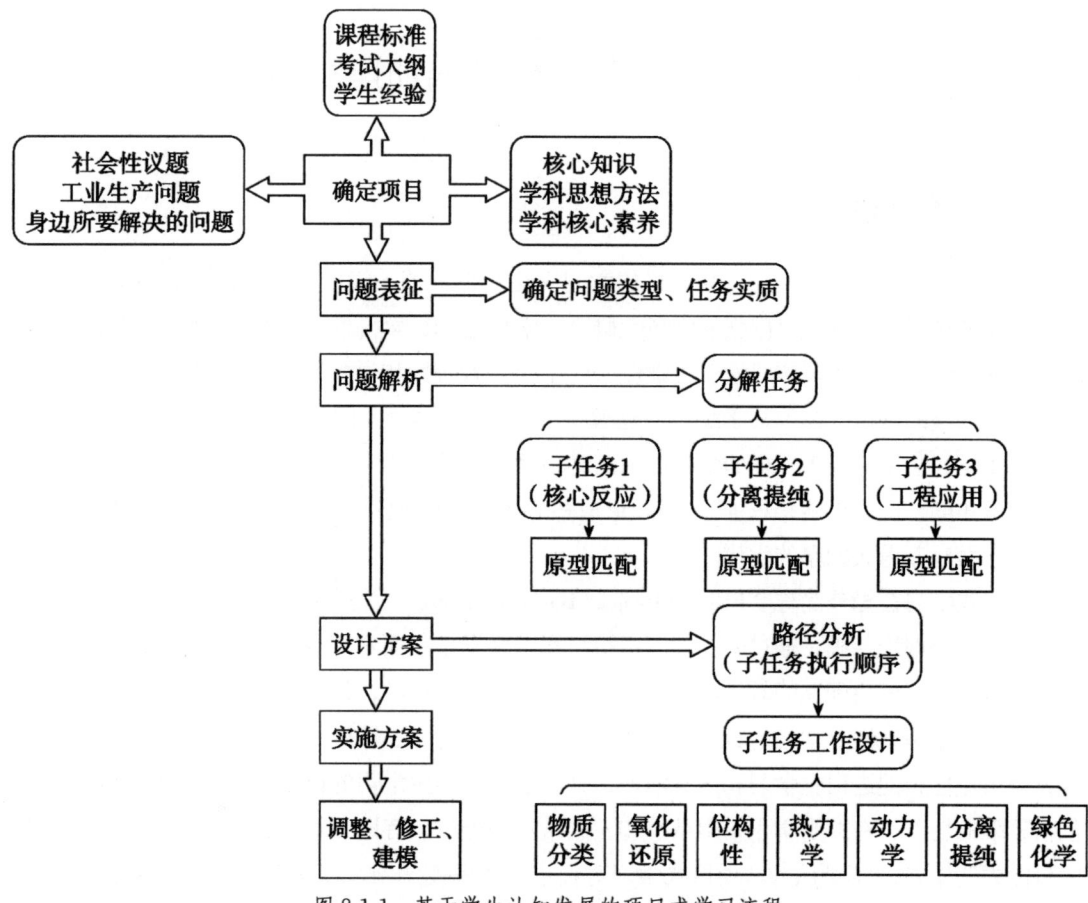

图 8-1-1 基于学生认知发展的项目式学习流程

二、案例展示

项目式学习强调真实情境、复杂问题、专业设计、合作完成、成果导向及评价跟进，具有以下四个特征：核心知识的再建构，创设真实的驱动性问题和成果，用高阶学习包裹低阶学习，将素养转化为持续的学习实践。《废旧锂离子电池的回收利用》① 课例创设真实的问题情境，从目前大量使用智能手机产生的废旧锂离子电池回收利用的真实情境出发，让学生经历三个挑战性的学习任务及活动，通过单元整体教学的形式，不断进阶学生的认知，利用元素周期律相似性、类价二维、热力学、动力学、工程设计等核心大概念不断发展学生的认识，通过问题的解决自主构建解决真实化学问题的一般思路与模型，发展学生的化学学科核心素养。

1. 创设情境，建构认知角度

（1）教学流程

---

① 江合佩. 促进学生核心素养发展的项目式学习研究与实践——以"废旧锂离子电池回收利用"为例 [J]. 教育与准备研究，2019（9）：60-67.

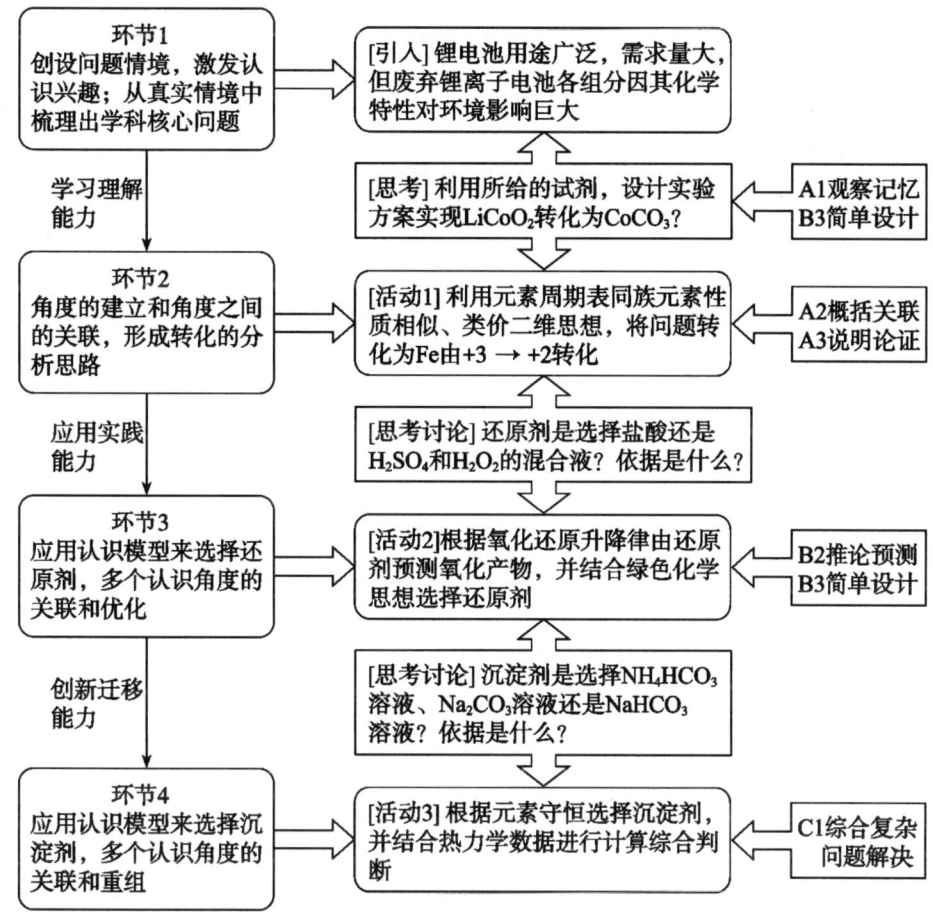

图 8-1-2　基于学生认知角度建立的课堂教学流程

(2) 教学实录

[引入] 锂离子电池应用广泛，2009 年其世界产量就达到 38 亿只，其中，正极材料 $LiCoO_2$ 就达 2.8 万吨，电解液约为 2.4 万吨。废旧电池如不回收利用（锂离子电池寿命约 3 年），不仅对环境造成巨大的危害，同时也是对资源的浪费（我国可开采的钴量仅为 40 万吨）。

[展示] 常用的锂离子电池的主要成分的含量。

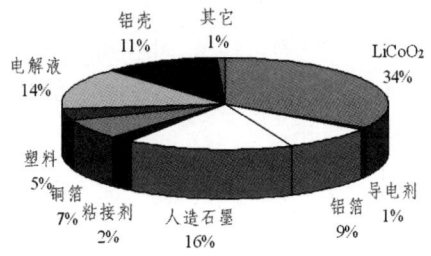

图 8-1-3　铝塑壳 $LiCoO_2$ 系 053450 型号电池组分百分比图（不含保护板）

[在线点击] 锂离子电池各种组分对环境和人类的影响（见表 8-1-1）。

表 8-1-1　锂离子电池各种组分对环境和人类的影响

材料种类	具体物质	化学特性	产生的影响
正极材料	$LiCoO_2$，$LiMnO_4$，$LiFePO_4$ 等	能够与酸碱反应，产生重金属	重金属污染，使环境的 pH 升高
负极材料	石墨等	燃烧能够产生 CO 等，并能够产生粉尘污染	燃烧能够产生 CO 和固体粉尘颗粒，污染空气
电解液溶质	$LiPF_6$，$LiBF_4$，$LiClO_4$，LiBOB	强烈的腐蚀性，遇水或高温能够产生有毒气体	产生有毒气体，污染空气；经由皮肤、呼吸接触会对人体造成刺激
电解液溶剂	EC、EMC、DMC、PC 等	燃烧能够产生 CO	醇等有机物污染，经由皮肤、呼吸接触会对人体造成刺激
其他材料	PVDF	可与氟、浓硫酸、强碱、碱金属反应	受热分解产生 HF，产生氟污染

锂离子电池各组分因其化学特性会对环境产生诸多危害，回收利用势在必行。接下来研究废旧锂离子电池的正极材料 $LiCoO_2$ 的回收利用。

任务 1：回收利用 Co

[活动 1] 利用所给化学试剂，设计 $LiCoO_2$ 转化为 $CoCO_3$。

提供的试剂：$LiCoO_2$、稀盐酸、稀 H_2SO_4、H_2O_2、NH_4HCO_3 溶液、Na_2CO_3 溶液、$NaHCO_3$ 溶液

[教师]（设计转化的思路关键是要从学过的核心知识中找到解决问题的角度和思路。学生对钴元素相对陌生，可以利用元素周期表帮助建立认知角度。）钴元素在元素周期表中什么位置？

[学生] 第四周期Ⅷ族。

[追问] 第四周期Ⅷ族都有哪些元素呢？

[学生] 铁（Fe）、钴（Co）、镍（Ni）。

[引导] 相同的位置，结构相似，性质也相似，因此可以将任务转化为熟悉的原型。同学们有了什么新的思路？

[学生] 类比迁移 Fe 由 +3 → +2 的转化。

[设疑] 请同学们将铁元素横坐标物质类别与纵坐标化合价对应的物质或粒子表示出来。

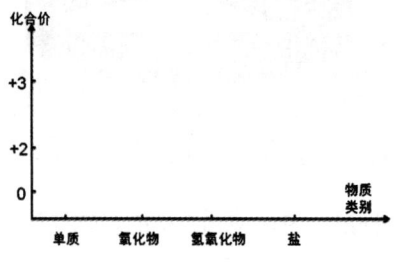

图 8-1-4

［学生］

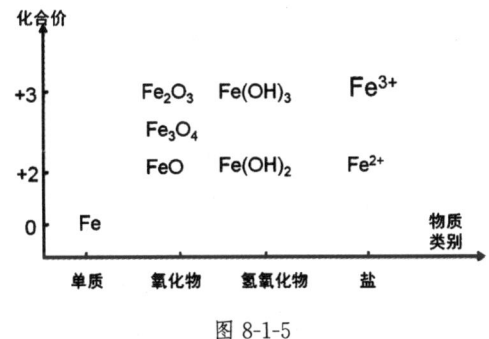

图 8-1-5

［追问］请将这些物质之间的转化关系用连线的形式画出来。

［学生］

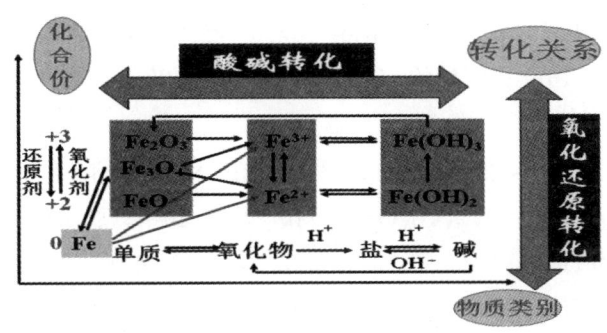

图 8-1-6

［分析猜想］已知铁元素与钴元素化合价类似，类比迁移。

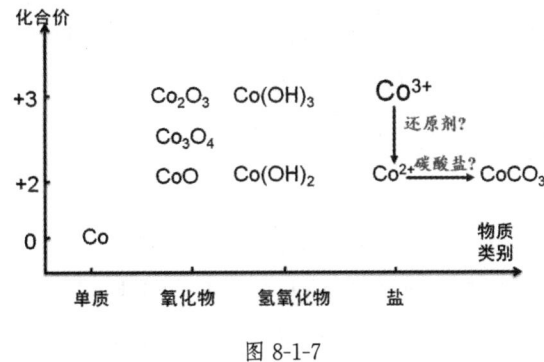

图 8-1-7

［设计方案］学生利用老师所给的试剂设计转化 $LiCoO_2 \xrightarrow{还原} Co^{2+} \xrightarrow{CO_3^{2-}} CoCO_3$。

［活动2］根据氧化还原升降律预测氧化产物，并结合绿色化学思想选择还原剂。

［交流反思］请分别写出当还原剂为盐酸、H_2SO_4 和 H_2O_2 的混合液时的化学方程式。

［学生］选择盐酸时发生的主要反应为：$2LiCoO_2+8HCl\!=\!=\!2LiCl+2CoCl_2+Cl_2\uparrow+4H_2O$；选择 H_2SO_4 和 H_2O_2 发生的主要反应为：$2LiCoO_2+3H_2SO_4+H_2O_2\!=\!=\!Li_2SO_4+2CoSO_4+O_2\uparrow+4H_2O$。

［追问］观察反应逸出的气体，你发现了两种气体有什么特征？根据气体的化学特性应选择哪种还原剂？

[学生] 选择盐酸时氧化产物为 Cl_2，有毒，直接排放会污染空气，因此选择 H_2SO_4 和 H_2O_2 的混合液作为还原剂。

[追问] 该反应一般在 80 ℃以下进行，目的是什么？

[学生] 从热力学角度分析，温度升高，平衡向吸热方向移动，因此可知该主反应为吸热反应；从动力学角度分析，温度升高，反应速率加快；从参与反应物质的体系分析可知，温度过高，会发生副反应，H_2O_2 分解，不利于主反应的进行。

[追问] 已知信息中有没有告知该主反应为可逆反应？

[学生] 没有。

[教师] 既然没有告知，一般默认为反应限度大，因此从平衡移动的视角是不可行的。

[活动 3] 根据元素守恒选择沉淀剂，并结合热力学数据进行计算综合判断。

[交流反思] 沉淀剂是选择 NH_4HCO_3 溶液、Na_2CO_3 溶液还是 $NaHCO_3$ 溶液？依据是什么？请写出该反应（pH 在 5.5—8.0）的化学方程式。已知：$Co(OH)_2$ 和 $CoCO_3$ 的 K_{sp} 分别约为 1.0×10^{-15} 和 1.0×10^{-13}；碳酸的 $K_{a1}=4.30\times10^{-7}$，$K_{a2}=5.61\times10^{-11}$；氨水 $K_b=1.8\times10^{-5}$。

[学生 1] 如果仅从量的角度思考问题，很显然选择 Na_2CO_3 溶液很容易生成 $CoCO_3$，但是根据数据计算可知 $c(OH^-)=[K_{sp}(Co(OH)_2)/10^{-5}]^{1/2}=10^{-4}$，则 pH=10，而 0.1 $mol·L^{-1}$ 的 Na_2CO_3 溶液 pH 为 11.2。

[学生 2] 对于 $NaHCO_3$ 溶液：当 $c/K_a\geqslant500$ 时，$NaHCO_3$ 的浓度对溶液的氢离子浓度影响很小，溶液的 pH 可用下面的公式计算：$pH=\dfrac{(pK_{a1}+pK_{a2})}{2}=\dfrac{(6.38+10.25)}{2}=8.32$，不在该反应进行的 pH 区间内。

[学生 3] 在 0.1 $mol·L^{-1} NH_4HCO_3$ 溶液中，存在 NH_4^+、HCO_3^- 的水解平衡，$NH_4^+ + HCO_3^- + H_2O \rightleftharpoons NH_3·H_2O + H_2CO_3$，可列出平衡常数表达式如下：

$$K=\dfrac{c(NH_3·H_2O)c(H_2CO_3)}{c(NH_4^+)c(HCO_3^-)}=\dfrac{K_w}{K_bK_{a1}}$$

$$pH=7+\dfrac{1}{2}pK_{a1}-\dfrac{1}{2}pK_b=7.8$$

[追问] 如何定量判断此时生成的是 $CoCO_3$ 而不是 $Co(OH)_2$？

[学生] $c(CO_3^{2-})=K_{a2}c(HCO_3^-)/c(H^+)=5.6\times10^{-4.2}\ mol·L^{-1}>c(OH^-)=10^{-6.2}\ mol·L^{-1}$

[追问] 试着写出该反应的化学方程式。

[学生] $CoSO_4+2NH_4HCO_3 = CoCO_3\downarrow+(NH_4)_2SO_4+CO_2\uparrow+H_2O$

[得出结论] 设计物质的转化不仅要考虑类价二维，也要通过元素周期表位构性进行类比迁移，找到熟悉原型，更要通过热力学相关计算，确定要加入的试剂，同时还要兼顾绿色环保。

2. 深化认识，建构工业实际模型

(1) 教学流程

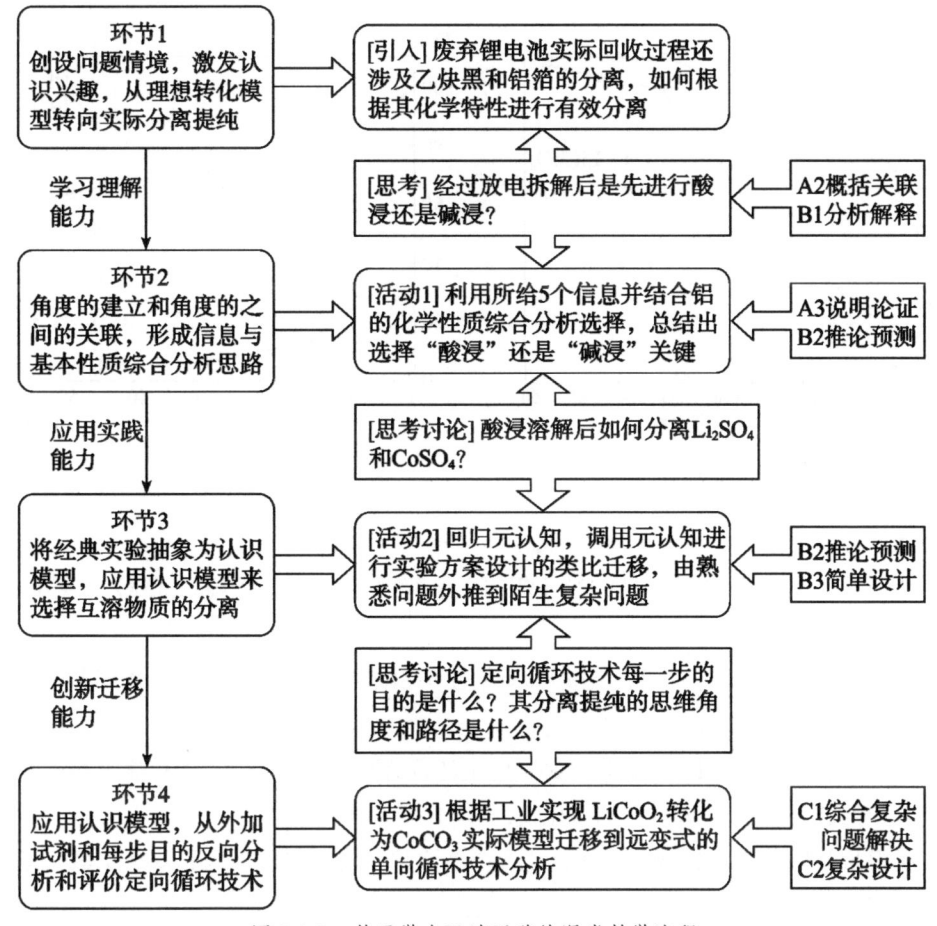

图 8-1-8 基于学生远端迁移的课堂教学流程

（2）教学实录

任务 2：设计回收某些金属资源

[引入] 废弃锂电池实际回收过程还涉及乙炔黑和铝箔的分离，如何根据其化学特性进行有效分离？

已知：①某锂离子电池正极材料有钴酸锂（$LiCoO_2$）、导电剂乙炔黑和铝箔等；②乙炔黑既不溶于常见强酸，也不溶于常见强碱；③钴酸锂（$LiCoO_2$）不溶于碱性溶液，可溶于酸性溶液。

[活动1] 设计回收路线中是先选择"酸浸"还是"碱浸"？

已知：①$4LiCoO_2 + 6H_2SO_4 == 2Li_2SO_4 + 4CoSO_4 + 6H_2O + O_2\uparrow$。②钴酸锂和四氧化三钴在不同浓度的硫酸水溶液中的溶解率如图 8-1-9①。③双氧水能氧化乙炔黑，经氧化处理后的乙炔黑表面引入了良好亲水性能的羧基、羟基。④过氧化氢氧化前后乙炔黑在水溶液中的分散稳定性比较如图 8-1-10（其中 1-CB 表示乙炔黑，2-CBO 表示氧化后的乙炔黑）②。⑤$Co(OH)_2$ 和 $Al(OH)_3$ 的 K_{sp} 分别约为 1.0×10^{-15} 和 1.0×10^{-32}。

---

① 丁慧等. 由锂离子电池正极废料制备电池级硫酸钴的研究 [J]. 河南师范大学学报（自然科学版），2007（5）：193-194.
② 李墩钫等. 废锂离子电池钴酸锂的碳还原和硫酸溶解 [J]. 有色金属，2009（8）：83-86.

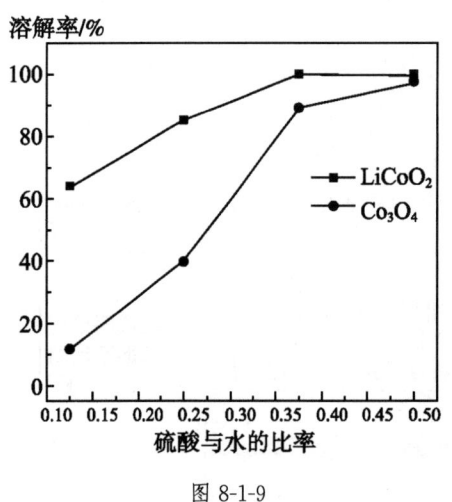
图 8-1-9

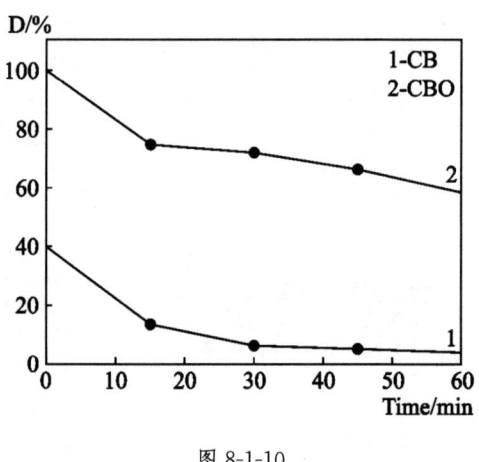
图 8-1-10

[学生] 分组讨论。

[学生汇报]"酸浸",根据信息1,不仅可以溶解铝箔,还可以溶解 $LiCoO_2$,剩下乙炔黑,可以通过过滤除去。

[学生补充] 根据信息2,随着硫酸与水的比率逐渐增大,$LiCoO_2$ 溶解率逐渐增大,因此硫酸浓度越大,溶解效果越好。

[学生纠正] 虽然溶解 $LiCoO_2$ 效果好,但是随着硫酸浓度增大到一定程度,会因为形成浓硫酸的缘故导致铝箔表面生成致密的氧化膜,影响综合溶解效率。

[学生汇报] 如果选择 H_2SO_4 和 H_2O_2 混合液溶解,结合信息3、4,双氧水氧化乙炔黑表面引入亲水基羧基和羟基,且分散稳定性大大增加,因此不可取。

[学生汇报] 根据所提供的数据计算 Co^{2+} 沉淀完全时 pH:$[OH^-]=(10^{-15}/10^{-5})^{1/2}=10^{-5}$,$pH=-\lg(10^{-14}/10^{-5})=9$;$Al^{3+}$ 沉淀完全时 pH:$[OH^-]=(10^{-32}/10^{-5})^{1/3}=10^{-9}$,$pH=-\lg(10^{-14}/10^{-9})=5$。因此只要向废旧锂离子电池正极加入足量 NaOH 溶液即可。

[得出结论]

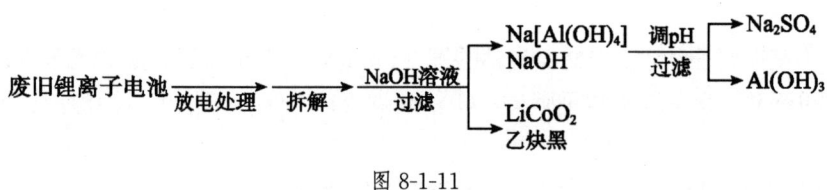

图 8-1-11

[活动2] 酸浸溶解后如何分离 Li_2SO_4 和 $CoSO_4$?

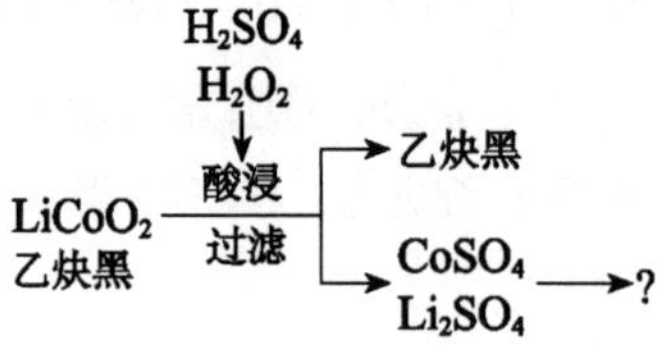

图 8-1-12

[引导] 作为两者都溶于水的物质，我们在教材中是否学习过类似的分离方法?

[学生] 海带提碘。

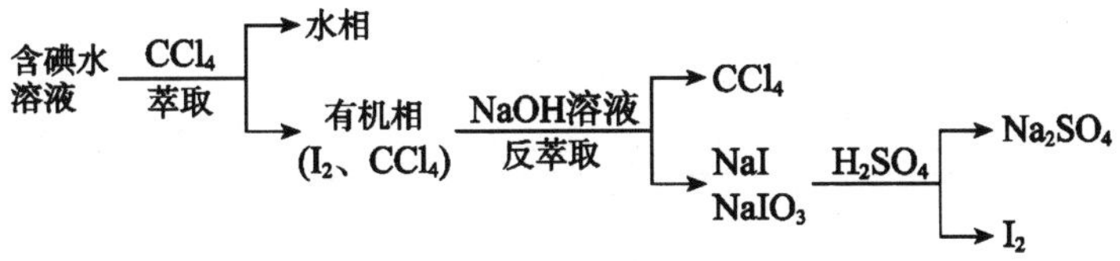

含碘水溶液
CCl4
萃取
水相
有机相(I2、CCl4)
NaOH溶液
反萃取
CCl4
NaI
NaIO3
H2SO4
Na2SO4
I2

图 8-1-13

[追问] 类比海带提碘分离方法，能否帮助我们找到分离 Li_2SO_4 和 $CoSO_4$ 的思路?

[学生] 选择萃取剂将 Li_2SO_4 和 $CoSO_4$ 分别溶解于互不相溶的相，分液，然后再将其中有机相的溶液加入反萃取剂重新萃取出来。

[追问] 请将思路以流程图形式表示出来。

[学生]

H2SO4
H2O2
酸浸
过滤
LiCoO2
乙炔黑
乙炔黑
CoSO4
Li2SO4
萃取
水
(Li2SO4)
有机相
(CoSO4)
反萃取
有机相
水相
(CoSO4)

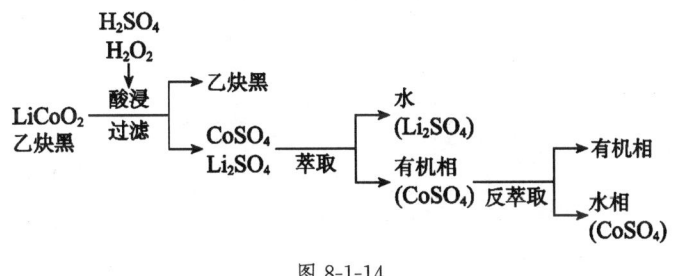

图 8-1-14

[得出结论] 一般选择 P_5O_7 系有机萃取剂将 Li_2SO_4 和 $CoSO_4$ 分离；选择 H_2SO_4 将 $CoSO_4$ 从有机相中反萃取出来，其总流程设计为：

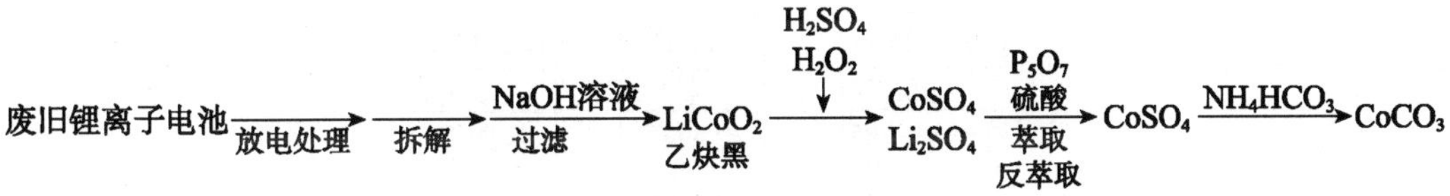

废旧锂离子电池
放电处理
拆解
NaOH溶液
过滤
LiCoO2
乙炔黑
H2SO4
H2O2
CoSO4
Li2SO4
P5O7
硫酸
萃取
反萃取
CoSO4
NH4HCO3
CoCO3

图 8-1-15

[拓展视野] 废旧离子电池的效益估算。

表 8-1-2 废旧离子电池效益估算

项目	花费（元）	备注
原材料	126576.3	
燃料及动力费	200.0	水电等花费
人工费用	450.0	按 90 元/（班·人）
设备折旧费	50.0	
包装费	70.0	
销售费	7618.2	按销售收入的 4%计算

续表

项目	花费（元）	备注
不可预测费用	300	
成本合计	135514.5	
销售收入	190455.0	按碳酸钴15万元/吨
利润	54940.5	
纯利润	45600.6	

［活动3］结合上述流程设计思想分析定向循环技术的优点。

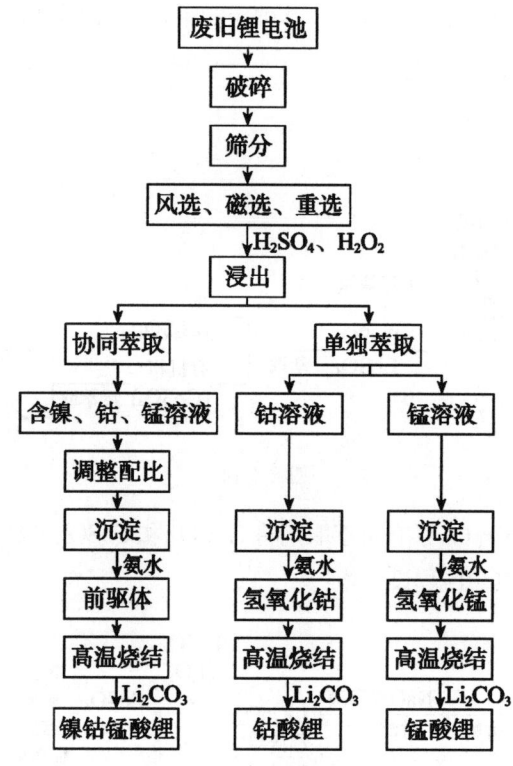

图8-1-16 定向循环流程图

［交流汇报］"定向循环"工艺的预处理以物理法除去铝箔、铜箔、隔膜纸、钢壳，采用协同萃取和单独萃取相结合的方式，直接将废旧锂离子电池制备成电极材料。相比于传统的碱溶酸浸渍，单独萃取制备化工盐的方式，不仅成本更低，而且更环保、产品附加值更高。

［拓展视野］还有更好的回收技术吗？生物法。Debaraj Mishra 等人使用一种名为 Acidithiobacillus ferrooxidans 的嗜酸菌，它能以硫元素和亚铁离子为能量源，代谢产生硫酸和高铁离子等产物，从而有助于废锂离子电池中金属元素的溶解。

3. 思维进阶，建构核心转化、分离提纯、工程思维综合分析角度

（1）教学流程

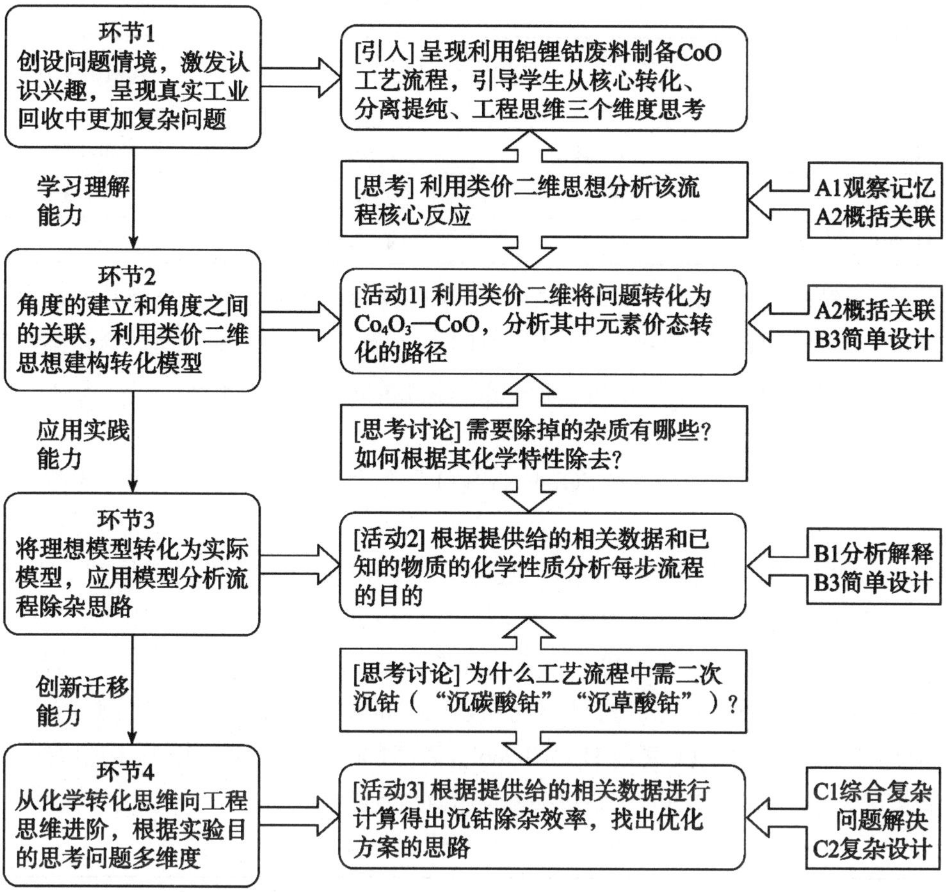

环节1
创设问题情境，激发认识兴趣，呈现真实工业回收中更加复杂问题
[引入] 呈现利用铝锂钴废料制备CoO工艺流程，引导学生从核心转化、分离提纯、工程思维三个维度思考
学习理解能力
[思考] 利用类价二维思想分析该流程核心反应
A1观察记忆
A2概括关联
环节2
角度的建立和角度之间的关联，利用类价二维思想建构转化模型
[活动1] 利用类价二维将问题转化为Co4O3—CoO，分析其中元素价态转化的路径
A2概括关联
B3简单设计
应用实践能力
[思考讨论] 需要除掉的杂质有哪些？如何根据其化学特性除去？
环节3
将理想模型转化为实际模型，应用模型分析流程除杂思路
[活动2] 根据提供给的相关数据和已知的物质的化学性质分析每步流程的目的
B1分析解释
B3简单设计
创新迁移能力
[思考讨论] 为什么工艺流程中需二次沉钴（“沉碳酸钴”“沉草酸钴”）？
环节4
从化学转化思维向工程思维进阶，根据实验目的思考问题多维度
[活动3] 根据提供给的相关数据进行计算得出沉钴除杂效率，找出优化方案的思路
C1综合复杂问题解决
C2复杂设计

图 8-1-17　基于真实复杂问题解决的课堂教学流程

(2) 教学实录

任务 3：应用模型分析评价利用铝锂钴废料制备 CoO 工艺流程

[引入] 利用铝锂钴废料（主要成分为 Co_3O_4，还含有少量铝箔、$LiCoO_2$ 等杂质）制备 CoO 工艺流程如下：

铝锂钴废料
NaOH溶液
碱溶
滤液①
钴渣
酸溶
酸溶渣
滤液②
Na2CO3
调节pH4~5
NaF
净化
滤渣①
滤液③
Na2CO3
控制pH
沉碳酸钴
滤液④
滤渣②
盐酸
(NH4)2C2O4
沉草酸钴
滤液⑤
CoC2O4 • 2H2O
灼烧
CoO

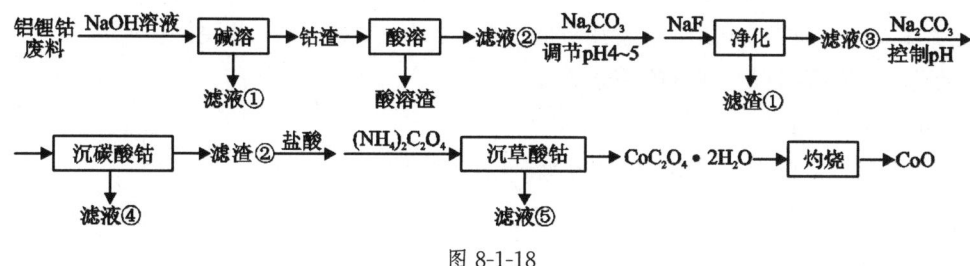

图 8-1-18

[活动 1] 利用类价二维思想分析该流程核心反应。

[学生] 滤液②→…→$CoC_2O_4\cdot 2H_2O$→CoO 都属于钴+2 价的类属转化，因此“酸溶”部分为+3→+2 核心反应。

[追问] 不同浸出剂“酸溶”结果见表 8-1-3，根据数据和物质性质选择浸出剂，请用离子方程式表示 Co_3O_4 参与的反应。

表 8-1-3　不同浸出剂"酸溶"结果

浸出剂	浸出液化学成分/（g·L^{-1}）		钴浸出率/%
	Co	Al	
(a) HCl	80.84	5.68	98.4
(b) H$_2$SO$_4$	65.0	6.22	72.3
(c) H$_2$SO$_4$+Na$_2$S$_2$O$_3$	84.91	5.96	98.0

[学生] 从钴浸出率数据来看，选择浸出剂 HCl 显然效果最好，但是其与 Co$_3$O$_4$ 会发生反应：Co$_3$O$_4$+2Cl$^-$+8H$^+$══3Co^{2+}+Cl$_2$↑+4H$_2$O，其氧化产物 Cl$_2$ 直接排放会污染空气，不符合绿色化学思想，因此结合浸出率和绿色化学综合考量，选择"H$_2$SO$_4$+Na$_2$S$_2$O$_3$"作为浸出剂。

[追问] 在一定温度下选择"H$_2$SO$_4$+Na$_2$S$_2$O$_3$"和"H$_2$SO$_4$+H$_2$O$_2$"哪个还原浸出效率更好？

[学生] 温度越高，浸出效率越高，但是选择"H$_2$SO$_4$+H$_2$O$_2$"作为浸出剂，H$_2$O$_2$ 会受热分解产生 H$_2$O 和 O$_2$，失去了还原性，而选择"H$_2$SO$_4$+Na$_2$S$_2$O$_3$"作为浸出剂，Na$_2$S$_2$O$_3$ 受热分解发生歧化反应生成 Na$_2$SO$_4$ 和 S，S 的还原性更强，因此选择前者效果优于后者。

[追问] 从氧化还原得失电子守恒角度分析还原相同物质的量的铝锂钴废料哪个效果更好？

[学生] 还原 1 mol Co$_3$O$_4$ 需要 H$_2$O$_2$ 1 mol，需要 Na$_2$S$_2$O$_3$ 0.25 mol，后者还原效率更高。

[追问] 从还原溶解成本角度分析选择哪种还原剂效果更佳。

表 8-1-4　Na$_2$S$_2$O$_3$ 与 H$_2$O$_2$ 的成本比较

还原剂	价格/（元·t^{-1}）	处理 1 kg LiCoO$_2$		
		理论用量/kg	实际用量/kg	实际成本/元
H$_2$O$_2$（w=27.5%）	1350	0.98	2.20	3.0
Na$_2$S$_2$O$_3$·5H$_2$O	1400	0.67	1.20	1.7

[学生] 处理 1 kg LiCoO$_2$ 使用 Na$_2$S$_2$O$_3$·5H$_2$O 1.2 kg，成本仅 1.7 元，而使用 H$_2$O$_2$ 实际用量达到 2.2 kg，成本 3.0 元，前者几乎是后者成本的一半，显然效果更好！

[活动 2] 需要除掉的杂质有哪些？

[学生] 铝箔和 Li$^+$。

[追问] 铝箔是通过铝元素的哪些化学特性除去的？

[学生] 根据铝单质的两性，加入 NaOH 溶液，铝溶解成[Al(OH)$_4$]$^-$，而 Co$_3$O$_4$、LiCoO$_2$ 不溶，过滤可达到分离的目的。

[追问] 那第一次加入 Na$_2$CO$_3$ 溶液调节 pH 为 4～6 的目的是什么？

[学生]（恍然大悟）[Al(OH)$_3$ 在 pH 为 5.2 时沉淀完全] 目的是为了除去滤液②中残留的 Al^{3+}。

[设疑] 那 Li$^+$ 是通过哪些步骤除去的呢？

[学生] 加 NaF 使 Li$^+$ 转化为 LiF 沉淀除去。

[追问] 滤液③中 $c(F^-) = 4.0 \times 10^{-3}$ mol·L^{-1}，计算净化后的残余 $c(Li^+)$。已知 LiF 的 K_{sp} 为 1.8×10^{-3}。

[学生] $c(Li^+) = K_{sp}(LiF)/c(F^-) = 1.8 \times 10^{-3}/4.0 \times 10^{-3} = 0.45$ mol·L^{-1}

[活动3] 探寻工艺流程中的工程思维。

[设疑] 不管是获得 $CoCO_3$ 还是 CoC_2O_4，受热分解都可获得 CoO，为什么要进行二次沉钴（"沉碳酸钴"→"沉草酸钴"）？已知 Li_2CO_3、$CoCO_3$、CoC_2O_4 的 K_{sp} 分别为 1.7×10^{-3}、1.5×10^{-13}、1.0×10^{-9}。

[学生] 是不是为了提高沉钴效率？

[追问] 已知 $K_{sp}(CoCO_3) = 1.5 \times 10^{-13} < K_{sp}(CoC_2O_4) = 1.0 \times 10^{-9}$，通过沉淀转化提升沉钴效率很显然是不符合常识的。结合前面"净化"步骤计算出来残余 $c(Li^+) = 0.45$ mol·L^{-1}，你能获得什么新的发现？

[学生] 主要是为了除掉残余的 Li^+，同时 $K_{sp}(CoCO_3) < K_{sp}(CoC_2O_4)$，因此使用碳酸盐沉钴效果更好。综合两个因素，需要二次沉钴。

[追问] 若滤液④中含 Co^{2+} 为 5.9×10^{-2} g·L^{-1}，$Co(OH)_2$ 的 K_{sp} 为 1.0×10^{-15}，计算"沉碳酸钴"应调节 pH 的上限。

[学生] $c(Co^{2+}) = 5.9 \times 10^{-2}$ g·L^{-1}/59 g·mol^{-1} = 10^{-3} mol·L^{-1}

$c(OH^-) = (1.0 \times 10^{-15}/10^{-3})^{1/2} = 10^{-6}$

pH = $-\lg 10^{-14}/10^{-6} = 8$

[设疑] $CoC_2O_4 \cdot 2H_2O$ 在空气氛围中的热重曲线如下图，请分析每个温度区间生成的固体产物。

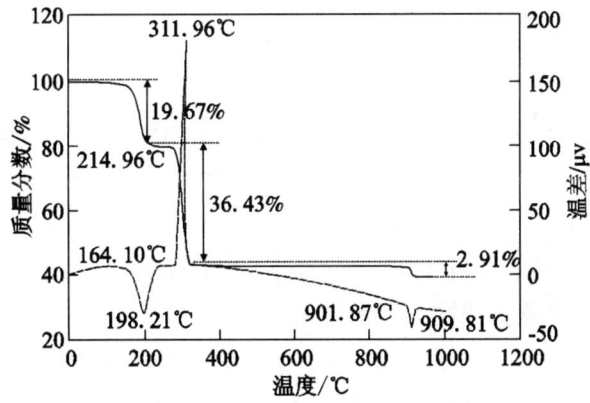

图 8-1-19 $CoC_2O_4 \cdot 2H_2O$ 在空气氛围中的热重曲线

[学生] $Mr(CoC_2O_4 \cdot 2H_2O) = 183$ g·mol^{-1}，200 ℃时质量变化 183 g×19.67% = 36 g，失去结晶水；311.96 ℃时质量变化 183 g×36.43% = 67 g，$Mr = 80$ g·mol^{-1}，即 $CoO_{1.33}$（Co_3O_4），因此此时发生 $CoC_2O_4 \rightarrow Co_3O_4$；909.81 ℃时质量变化 183 g×2.91% = 5.3 g，$Mr = 75$ g·mol^{-1}，即 CoO，因此此时发生 $Co_3O_4 \rightarrow CoO$。

[总结]

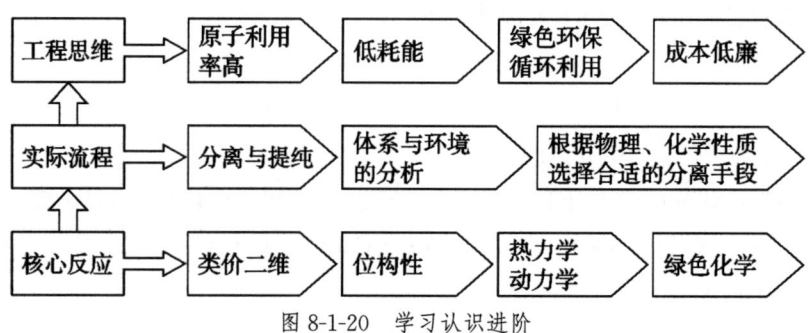

图 8-1-20　学习认识进阶

三、项目式教学发展学生学科核心素养应注意的问题

本项目聚焦社会热点问题"废旧锂离子电池的回收利用",通过 3 节课单元整体教学的方式进阶纯化学问题(物质转化的核心认知视角)、纯技术分离问题(物质的分离提纯)、综合多种视角(转化、分离、工程)解决真实复杂问题。教师作为项目的设计者与指导者,通过实验设计和流程设计类活动,让学生利用中学化学的核心大概念,将孤立、碎片化的知识在同一真实复杂问题下得到重整,形成一个认知的有效整体。学生在独立思考、团队合作过程中亲身体验科学家的研究过程,深刻理解学科大概念对帮助解决问题的价值和功能,发展学生的变化观念与平衡思想、科学探究与创新意识、科学态度与社会责任等化学学科核心素养。项目紧紧抓住核心概念的学习,强调学科核心概念与真实外部世界的联系,强调问题真实性、知识应用性、思维逻辑性,提升学生的思维品质。

1. 项目选择注意综合性、复杂性

项目式学习主要是为了解决学生实践能力薄弱、综合应用能力欠缺的问题,因此项目选择需注意综合性。首先,体现在学科内核心知识的综合。本项目通过"废旧锂离子电池回收利用"将认识元素化合物知识的主要认知视角(类价二维、元素周期律、热力学、动力学、实验分离、绿色化学等)融为一体,要求学生利用核心认知视角解决在回收利用过程中遇到的真实问题。其次,体现在学科间的综合融通。在回收利用过程中,涉及经济效益的计算(经济学)、环境的友好(环境保护)、经济效益与社会效益的综合考量(社会学),这些真实问题的引入,有助于发展学生的人文底蕴、科学精神、社会责任、问题解决等核心素养。

2. 项目实施过程注意实践性、思考性

项目实施过程中要紧紧抓住学科核心知识,从知识的生长和思维的提升角度出发,设计符合学生认知水平的实践活动,使学生在经历复杂推理、思辨决策、远端迁移等综合性、复杂性的问题解决过程中,创生意义,获得知识与技能、实践应用能力、迁移创新能力。本项目采取任务驱动式教学模式,任务一要求学生根据类价二维的思路,结合所给的化学试剂设计转化关系,在设计转化关系过程中不断遇到新的问题,不断从新的认知视角完善转化设计,形成符合真实工业的转化关系。任务二从获得目标物质出发,根据物质的性质与所处的环境,不断回归教材经典实验,利用实验的远端迁移解决分离提纯的问题。任务三则要求学生从真实复杂的问题中运用转化、分离、工程等核心视角综合分析问题,突出解决问题的思维路径与学生参与实践活动的过程性。

3. 项目交流展示过程注意开放性、体验性

项目交流展示过程是提升学生总结提炼、学术表达、有效沟通的能力的关键步骤，因此需注意创设友好开放的交流氛围，增强学生的体验获得感。要积极帮助学生从纷繁复杂的问题情境中遴选出学科核心问题，引导学生选择合适的解决问题的认知视角，将问题与认知视角有效重整，找出解决问题的思路。在学生交流展示过程中，应给予学生足够的开放性，暴露学生的思维误区和盲点，利用小组合作学习的优势，采取浸入式的生生评价，增强活动体验性，老师在充分挖掘其不足后再采取针对性措施分析解决，提升学生的思维品质。

第二节 单元整体教学模式

采用大单元整体备课，可以提升教学设计的站位，可以更加关注知识间的相互逻辑关系，可以有效将课程标准目标与具体教学目标进行有效衔接、匹配，是落实学科核心素养的关键环节。什么叫单元？单元不是知识或内容单位，而是学习单位。一个单元就是一个完整的学习故事，一个单元就是一种课程，亦可叫微课程。通俗点说，单元不是水泥、钢筋、门、窗等建材，而是将各种建材按一定的需求与规范组织起来并供人们居住的房子。它是一栋楼的一个部分，是相对独立的建筑单位，有一单元，至少还有二单元。教师备课从知识点到单元，标志着教师备课的站位提升了，而站位决定着眼界或格局。以知识点为站位，看到的目标是知识了解、理解、记忆；以单元为站位，看到的目标是学科育人的关键能力、必备品格与价值观念。下面以王爱富老师设计的《含硫化合物的性质与应用》[①] 单元整体备课为例进行阐述。

一、教学单元的构建

单元教学内容是学科核心素养形成和开展学习活动的载体，构建一个结构化的教学单元，一要注意从教学单元中包含的化学问题出发，寻找合适的认识角度，将各化学问题中的具体知识形成一定的逻辑结构关系；二要从研究化学问题的认识思路和认识方式出发，分析教学单元中认识物质性质的变化方式（如从反应类型、物质的属性、元素周期律等角度）、形成核心概念、探究化学问题的方法（如观察实验、解释说明、推论预测等）等；三要分析教学单元中所承载的核心素养要素，理清知识结构、认识思想方法与核心素养要素之间的关系。

"含硫化合物的性质与应用"主题单元包括了 SO_2 的来源、危害与防治，SO_2 的性质与应用，硫酸的制备及其性质以及含硫化合物之间的相互转化等问题。该单元下的知识逻辑结构是以 SO_2 的性质与应用为核心的含硫化合物之间的相互转化关系（如图 8-2-1）。

[①] 王爱富. 基于发展学生核心素养的单元教学设计实践探索 [J]. 化学教学，2017（9）：55-59

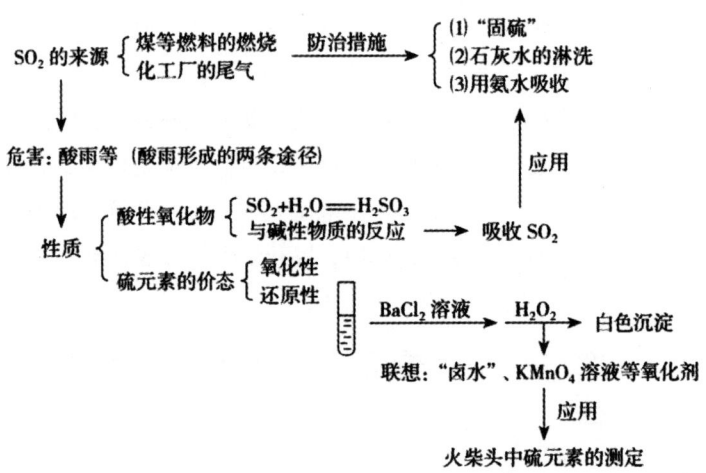

图 8-2-1 以 SO_2 为核心的含硫化合物相互转化的知识逻辑结构图

该单元承载的化学学科核心素养要素有从宏观特征入手对 SO_2 进行分类表征和从微观角度分析 SO_2 水溶液的性质变化的"宏观辨识与微观探析"素养;不同角度探究 SO_2 性质的"变化观念与平衡思想"与"科学探究与创新意识"素养;设计由 SO_2 引起污染的防治措施方案的"科学态度与社会责任"素养;以 SO_2 为核心的含硫化合物相互转化的特征与规律,构建物质的属性类别与元素化合价之间关系的"模型认知"素养等。根据该主题单元的知识逻辑结构以及所承载的化学学科核心素养要素等关系构建的教学单元进行教学活动。

二、教学目标的规划与学习任务的确定

构建教学单元的目的是要弄清楚学什么,而为什么学和怎样学的问题,则需要在学习目标和学习任务中明确。因此基于化学学科核心素养的单元教学设计,需要根据构建的教学单元知识结构及其所承载的化学学科核心素养要素,结合学生已有的认知水平,从化学学科核心素养内涵及发展水平出发,统筹规划教学目标;并在教学目标的指导下,根据构建的单元教学内容确定学习任务。学习任务是引导学生学习的框架,是学习活动设计的出发点。

教学目标的规划、学习任务的确定都是从整个单元教学出发进行设计和制定的。分析"含硫化合物的性质与应用"主题单元内容的内在逻辑结构和所要培养的学生化学学科核心素养目标,该单元教学的学习任务可确定为:根据知识逻辑结构中 SO_2 的来源、形成酸雨等危害的知识以及所要培养的"宏观辨识与微观探析"的核心素养目标,确定"分析与讨论空气质量指标中 SO_2 引起污染的原因"的学习任务;根据 SO_2 的性质与应用的知识结构和所要培养的"变化观念与平衡思想"和"科学探究与创新意识"核心素养目标,确定通过"实验探究 SO_2 的性质变化"的学习任务;根据含硫化合物相互转化的知识结构以及所要培养的"模型认知"核心素养目标,确定"建立 SO_2 为核心的含硫化合物相互转化的认知模型"的学习任务;根据 SO_2 引起污染的防治措施知识结构以及所要培养的"科学态度与社会责任"核心素养目标,确定"根据 SO_2 的性质设计由 SO_2 引起污染的防治措施方案"的学习任务。

当然，教学目标指导下的学习任务是否达到目标要求，需要教学诊断，即应有意识地诊断课堂每一个学习活动中学生核心素养的达成情况，促使"目标、教学、评价"三者有机地融合在一起（如图8-2-2）。教学目标既要指导学习任务的确定，又要反映评价目标是否达成，同时通过评价目标来反馈学习任务的完成程度，体现与教学目标的一致性。

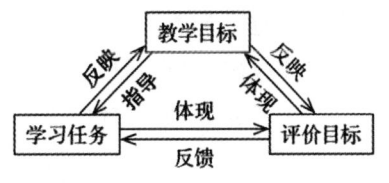

图 8-2-2 教学目标、学习任务与评价目标之间关系图

"含硫化合物的性质与应用"教学单元的学习任务、教学目标与评价目标整体规划如表 8-2-1 所示。

表 8-2-1 "含硫化合物的性质与应用"教学单元的学习任务、教学目标与评价目标关系表

学习任务	教学目标	评价目标
分析与讨论空气质量指标中 SO_2 引起污染的原因	核心素养：宏观辨识与微观探析 从宏观特征入手，对 SO_2 进行分类表征，根据 SO_2 性质解释酸雨形成的原因；从微观角度分析 SO_2 水溶液的性质变化	诊断学生能用化学方程式表征 SO_2 形成酸雨的原因和途径；诊断学生能从 SO_2 的微观组成及其性质变化进行物质分类表征
实验探究 SO_2 的性质	核心素养：变化观念与平衡思想、科学探究与创新意识 能从不同视角认识 SO_2 性质变化的多样性，根据硫元素的化合价变化特点，对 SO_2 的性质做出解释、预测，寻找证据设计实验方案进行推理论证	诊断学生用化学方程式或离子方程式表征 SO_2 性质的多样性；诊断学生定性设计实验方案的水平，记录实验现象，基于实验现象进行推理分析形成结论，并交流自己探究成果的水平
建立以 SO_2 为核心的含硫化合物相互转化的认知模型	核心素养：模型认知 根据不同价态含硫化合物在一定条件下可能发生的相互转化关系，归纳相互变化的特征与规律，构建物质的属性类别与元素化合价之间关系的认知模型	诊断学生认识的结构化水平和知识逻辑的结构化水平
根据 SO_2 的性质设计由 SO_2 引起污染的防治措施方案	核心素养：科学态度与社会责任 根据 SO_2 的性质进行污染治理的绿色化方案的设计，感受运用所学知识分析和探讨化学与人类健康、社会可持续发展的相互关系，增强社会责任感	从学科知识价值角度诊断学生运用 SO_2 性质于生产、生活实际问题解决的水平；从社会价值角度诊断学生尊重科学伦理道德，关注环境保护、资源的开发利用等社会问题

三、学习活动的设计

教学单元是学科核心素养形成的载体，学习活动是学科核心素养赖以形成的主渠道。根据确定的学习任务和教学目标整体设计学习活动，在单元教学设计中要处理好单元主题中学习任务之间的相互联系，设计好学习任务中的知识与素养能力目标在教学中有序、有层次地落实，在知识的掌握、核心素养与能力的培养上充分地体现单元教学的完整性，核心素养的培养不是

靠某一课时能完成的。学习任务是学习活动的依据和出发点，根据学习任务设计一系列的学习活动来完成核心素养目标培养的要求。根据"含硫化合物的性质与应用"单元教学确定的学习任务，学习活动流程设计如图 8-2-3。

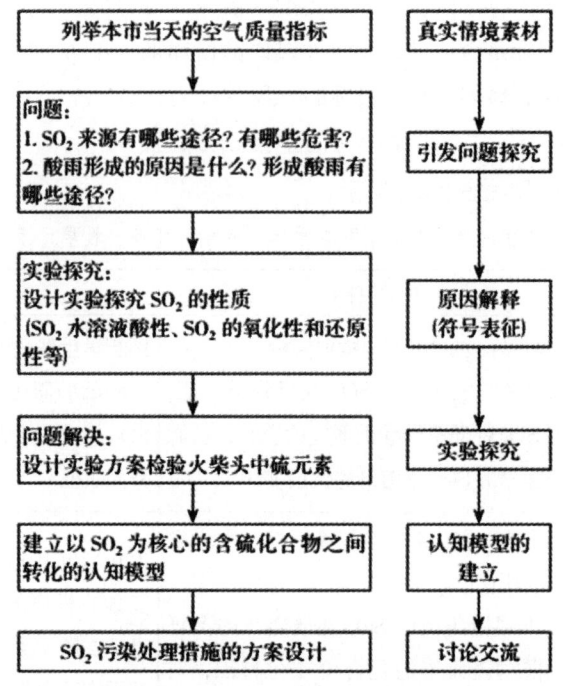

图 8-2-3 "含硫化合物的性质与应用"单元教学的学习活动流程图

单元教学需要从整个教学单元的知识逻辑结构和核心素养培养目标出发，整体设计学习活动，所以单元教学应该具有相对完整性，但单元教学需要由一系列的具有一定独立性但又相互联系的学习任务来完成教学目标，所以单元教学还具有系列性。

"核心素养"不是直接由教师教出来的，而是在问题情境中借助问题解决的实践培育起来的[①]。所以单元教学学习活动的基本特征之一是基于真实问题情境促进学生核心素养发展的学习活动设计思想。该设计思想就是根据学习任务选择生产生活和自然情境的真实问题为背景，从问题情境中提炼出教学目标要求下的化学问题，通过问题讨论、实验探究等方式提高问题意识和探究意识，通过运用归纳、概括、推理论证等逻辑思维方法获取物质变化的信息和证据，建立研究化学学习的一般思维模型。通过学习活动学习化学的核心知识、基本技能，形成化学基本观念，养成运用化学学科的思维方式观察、分析新物质、新问题的能力，有效提高学生的核心素养[②]。基于真实问题情境促进学生核心素养发展的学习活动设计思想可归纳如图 8-2-4 所示。

---

① 钟启泉. 基于核心素养的课程发展：挑战与课题 [J]. 全球教育展望，2016，45（1）：3-25.
② 王云生. 探索课堂学习活动设计落实核心素养培养要求 [J]. 化学教学，2016（9）：1-6.

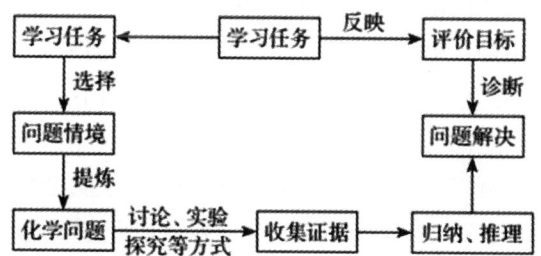

图 8-2-4　基于真实问题情境促进学生核心素养发展的学习活动设计思路

基于单元教学设计是促进学生核心素养发展的课堂教学转型的基本方式，需要在教学策略与教学取向上改变自己的教学行为，从原先的具体性知识的学习向核心观念的建构转变，从知识结论的获得向学科能力与素养的形成转变，形成深度学习的"具有思维文化"的课堂教学。同时基于核心素养的单元教学设计，强调用结构化的思想组织教学内容，因为教学内容的结构化是促进学生从化学学科知识向化学学科素养转化的关键，所以单元教学学习活动的设计基本特征之二就是不仅要使知识逻辑的结构化，还要对化学问题的认识思路和形成化学核心观念的结构化，建立认知模型。

"含硫化合物的性质与应用"单元教学可建立物质类别与元素化合价变化的认知模型（如图 8-2-5）。通过该模型进一步认识含硫化合物之间相互转化的条件、特征与规律，利用氧化还原反应原理解释不同价态之间的转化，并将转化关系应用于实际问题的解决，如从硫元素的低价态（-2 价或 0 价）到硫元素的高价态（$+6$ 价）的变化过程实现工业制取硫酸；利用相同硫元素价态之间的转化原理实现 SO_2 尾气可用碱性物质进行吸收处理，SO_4^{2-} 离子的检验等。

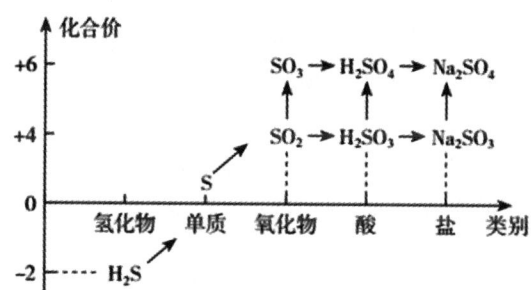

图 8-2-5　硫及含硫化合物的物质类别与化合价之间关系的认知模型

基于核心素养的单元教学设计是"撬动课堂转型的一个支点"[1]，因为一个主题单元具有自身的逻辑结构，包含了"学科认知、化学实验和科学探究、科学与人文教育"[2]，具有承载发展学生化学学科核心素养任务的教学内容。在教学实践中努力提高基于核心素养的单元教学设计的能力，是尽快适应新课程改革下化学教学的需要。

单元整体设计一般要注意以下四个问题[3]：一是如何依据课程标准、教材、课时、学情与资源等，确定一个学期的单元名称与数量以及每个单元的课时数？二是如何分课时设计一个单

---

[1] 钟启泉. 基于核心素养的课程发展：挑战与课题 [J]. 全球教育展望，2016，45（1）：3-25.
[2] 王云生. 课堂转型与学科核心素养培养 [M]. 上海：上海教育出版社，2016：73，70.
[3] 崔允漷. 学科核心素养呼唤大单元教学设计 [J]. 上海教育科研，2019（4）：1.

元的完整的学习方案？三是如何在一个单元学习中融入真实情境？四是如何设计反思支架以引领或帮助学生反思？素养不是直接教出来的，而是学生自己悟出来的，但如何让学生正确地悟或反思，则需要教师进行单元整体设计，有效解构知识之间的相互逻辑。指向学科核心素养的大单元设计是学科教育落实立德树人、发展素质教育、深化课程改革的必然要求，也是学科核心素养落地的关键路径。它对于改变当前"高分低能、有分无德、唯分是图"的育人结果，对于改变以"知识点、习题项、活动控"为标志的课堂教学，及其导致的师生"忙得要死却碌碌无为"的现状，具有重要的理论价值与现实指导意义。

第三节 以学习任务促进素养发展

基于学科核心素养的教学要改变以往重视知识传授、技能灌输的模式，要重点关注知识产生的过程，重视探究活动的设计，重视化学基本观念的形成。落实到具体备课环节，首先需要考虑教学目标及教学素材的遴选，使得学生在真实而富有挑战的任务中经历学习过程。其次，需要设计那些支架以帮助学生亲身经历知识的发现与建构过程。再者根据知识的结构特点精心设计学习任务，利用任务驱动，环环相扣来发展学生的高阶思维，达成教学的育人目标，落实学科核心素养。下面以郑敏老师《氢键与物质的性质》[①] 为例探讨如何利用学习任务群来落实学科核心素养。

一、创新的教学设计

"氢键与物质的性质"是高中化学选修课程《物质结构与性质》中关于"化学键与分子间作用力"的内容。该内容分为两个课时，第1课时为范德华力与物质性质，第2课时为氢键与物质性质。第2课时的教学重点是：理解氢键的本质，并能解释氢键对物质性质的影响。

1. 教学目标

(1) 通过实验数据分析，了解水分子间存在一种特殊的作用力——氢键。

(2) 通过实验探究分子间作用力的大小，理解氢键的本质，知道氢键形成的条件，强弱的影响因素。

(3) 通过氢键模型的搭建等探究活动，构建氢键结构的认知模型。

2. 评价目标

(1) 通过引导学生比较和分析 H_2O、H_2S、H_2Se、H_2Te 的范德华力和沸点的大小，诊断并发展学生分析数据从中寻找充分证据并解释证据与结论之间的关系的能力。

(2) 通过手持技术测定乙醇和正戊烷挥发过程中温度变化曲线，从微观结构和曲线变化的分析中，诊断并发展学生从宏微结合的角度分析物质状态变化过程伴随发生的能量转化与物质微观结构之间的关系。

(3) 通过对氢键球棍模型的搭建，诊断和发展学生构建认知模型的能力，并能运用模型解释氢键对物质性质的影响。

[①] 本案例由厦门大学附属科技中学郑敏老师提供，该课例获得厦门市第七届课堂创新大赛一等奖。

3. 项目式学习的教学流程

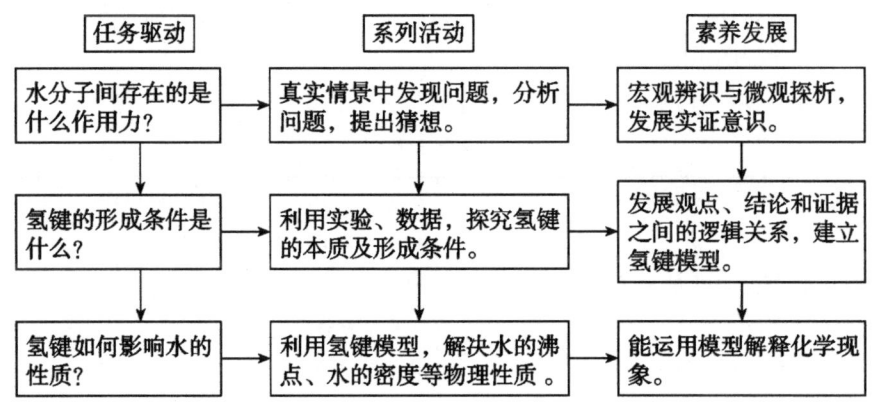

图 8-3-1

4. 项目式学习的教学实施

(1) 学习任务1："冰为什么浮在水面上"——创设情景

水是我们最熟悉的化学物质，地球上正是因为水，才有了生命。在遥远的两极，固态水以冰川存在浮于水面上，保留下层热量，使水中生物在寒冷的冬季得以生存。经查阅资料，不同温度下水分子的密度数据如下表所示：

温度	0 ℃	4 ℃	20 ℃	100 ℃
密度（g/mL）	0.9998	1.000	0.9982	0.9583

[教师] 如果把一瓶水放入冰箱，可能会将容器撑破。液体变成固体通常是体积变小，但水结成冰后体积却变大。不同温度下，水的密度不同。如果质量一定时，我们不难推测出是水的体积发生变化。那么，是什么作用力使得微观的水分子间能规则、有序地排列而形成冰，并引起体积变化呢？

(2) 学习任务2："水分子间存在的是什么作用力？"——提出猜想、分类认知

表 8-3-1

教师活动过程	学生活动过程
信息1：水的范德华力仅仅是水分子间作用力的六分之一。 信息2：同族元素氢化物的沸点图像 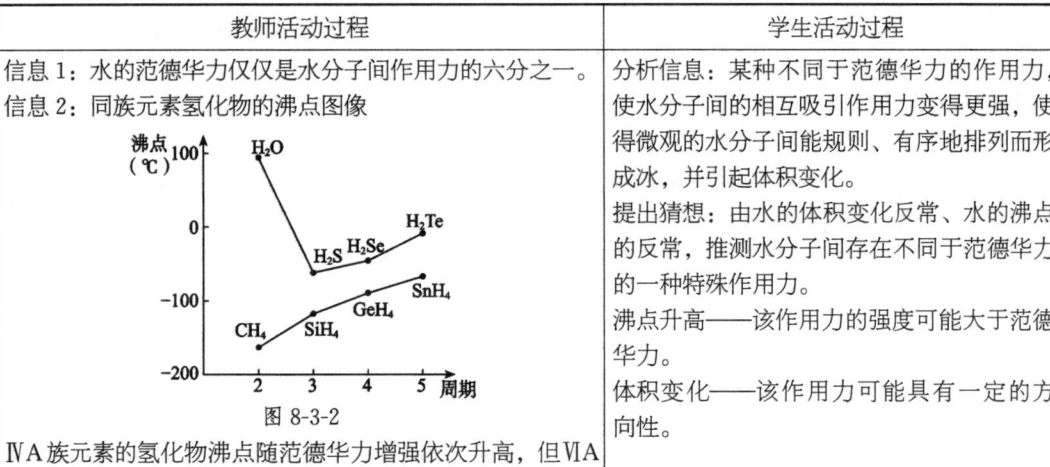 图 8-3-2 ⅣA族元素的氢化物沸点随范德华力增强依次升高，但ⅥA族元素的氢化物沸点曲线中，水的沸点为什么出现反常？	分析信息：某种不同于范德华力的作用力，使水分子间的相互吸引作用力变得更强，使得微观的水分子间能规则、有序地排列而形成冰，并引起体积变化。 提出猜想：由水的体积变化反常、水的沸点的反常，推测水分子间存在不同于范德华力的一种特殊作用力。 沸点升高——该作用力的强度可能大于范德华力。 体积变化——该作用力可能具有一定的方向性。

设计说明：以最熟悉的 H_2O 为例，关联范德华力知识，通过水的沸点反常、体积变化的反常，推测水分子间还存在一种特殊的作用力。发展学生证据意识，使学生能基于证据对物质组成、结构及其变化提出可能的假设。

(3) 学习任务 3："作用力的本质及形成条件"——探析本质、推理构建

表 8-3-2

教师活动过程	学生活动过程
[引导启发] 氢键是一种不同于范德华力的分子间作用力，增强了分子间的相互吸引。 问题1：氢键是一种怎样的作用力？ 依据结构决定性质，分析水分子的结构特点，探索氢键的本质及形成条件。 问题2：X—H⋯Y 中，含有 H 原子的分子就能形成氢键吗？ [实验探究] 液态分子变成气态分子 → 距离增大 → 破坏分子间作用力 → 吸收热量 → 温度降低 温度传感器记录无水乙醇、正戊烷在挥发过程中的温度变化，表征分子间作用力的大小。 [实验现象] 相同条件下的挥发过程中，乙醇温度下降的幅度比正戊烷小。 问题3：X—H⋯Y 中，X 原子、Y 原子有较强电负性，就能形成氢键吗？ 通过 H_2O、H_2S 的沸点比较，O、S 原子电负性较大，具备了高正电性的 H，但 S 原子半径较大，H_2S 不易形成氢键。 [模型认知] 写出 NH_3、H_2O、HF 分子间氢键的表示式，并判断强弱。	阅读课本 P62 "什么是氢键"。 微观分析：带部分正电荷的氢原子和另一个分子中氧原子充分接近时，产生静电作用和一定程度的轨道重叠作用。 符号表示：X—H⋯Y 实证分析：①通过沸点图像表征得到宏观证据，沸点 H_2O 高于 CH_4，说明 CH_4 分子中 C—H 不足以形成氢键。 ②通过手持技术试验得到微观证据：乙醇的分子间作用力大于正戊烷，说明 O—H 可形成氢键，C—H 难形成氢键。 得出结论：只有正电性高的氢原子才易形成氢键。由此可知，X—H⋯Y 中 X 原子应具备较强的电负性。 归纳小结：通过沸点差异及数据资料分析，得出氢键的形成条件：①具备高正电性的 H 原子；②X 原子、Y 原子具有很强电负性且半径很小。(主要是周期表右上角的 N、O、F 原子) 理解应用：识别氢键并依据本质判断强弱 N—H⋯N O—H⋯O F—H⋯F

设计说明：学会信息分析与研究，利用沸点数据、手持技术实验、图像等多角度的证据，通过分析、推理等方法认识氢键的本质特征、构成要素及其相互关系，建立认知模型，发展"证据推理与模型认知"的核心素养。

(4) 学习任务 4："氢键如何影响水的性质？"——综合应用

表 8-3-3

教师活动过程	学生活动过程
[回归主题] 氢键是一种不同于范德华力的分子间作用力，增强了分子间的相互吸引。 问题1：利用氢键分析下列物质沸点变化。 图 8-3-3	分析应用：观察同族元素氢化物的沸点曲线变化并解释；观察同周期氢化物的沸点差异并解释；从氢键的键能大小和氢键的数目分析 H_2O 沸点高于 HF 的原因。
问题2：冰为什么浮在水面上？ 展示水分子形成的氢键结构模型，从微观结构解释宏观性质上密度的变化。	分析应用：搭建结构模型，结构决定性质，分析水分子因氢键的生成或断裂，引起体积变化，表现在冰的密度小于水。
[反思感悟] 在通常情况下，水在 100 ℃沸腾，但要加热到 1000 ℃才会有部分分解，对此你如何解释？ [归纳小结] 从微粒间作用力的角度、结构模型的角度认识氢键，形成分类认知—探析本质—推理构建的宏微结合的认知模型。	感悟：氢键的作用力远小于化学键，稳定性强的水分子为一切生命提供生存资源。同时，我们应在将来的科学发展中更好地利用水资源，造福人类。

设计说明：任务驱动中回归真实情景，通过解答氢键对水的性质的影响，建立观点、结论和证据之间的逻辑关系，提升运用氢键模型解释化学现象的能力，体会氢键的应用及学科的价值。

(5) 学习任务5：课后学习任务，完成拓展迁移

教师：以"水"为例，学习了氢键概念及其对物质性质的影响。课后可通过课本、图书、网络等资源查找氢键在生产生活中的应用，解读相关知识及原理：NH_3 比 PH_3 稳定，也更易液化；硫酸是高沸点难挥发的酸，盐酸是低沸点易挥发的酸；羊毛织品水洗后会变形；DNA 双螺旋结构中的氢键；碳酸酐酶对人体清除 CO_2 的贡献；防弹衣材料中氢键的作用等。

二、教学点评

高二学生此前已深入地学习化学键及范德华力，掌握各种作用力的概念、本质及其对物质

性质的影响。这些为学生学习氢键奠定了知识和方法层面的基础。在往年的教学中发现，学生对氢键的问题易存在迷思问题，具体为：①氢键属于化学键的一种；②有氢原子就能形成氢键。③氢键的强弱不同于共价键、离子键，但不知如何比较。究其原因是知识在传授中没有遵循学生的认知规律。

本案例选择学生最熟悉的水为素材，以"冰为什么浮在水面上"为主题，开展"任务驱动、系列活动"的项目式学习，让学生体验"探究—本质—应用"的研究过程。具体的做法有：通过手持技术测定含氢原子的有机物挥发过程的温度变化，从微观结构和曲线变化的分析中，引导学生从宏微结合的角度分析"物质状态变化过程伴随发生的能量转化与物质微观结构之间的关系"；学生通过分析沸点数据，从中寻找充分证据并解释沸点证据与氢键本质之间的关系的能力；通过搭建氢键的球棍模型，发展学生构建认知模型的能力，并能运用模型解释氢键对物质性质的影响。在项目式学习中培养学生的宏观辨识与微观探析、证据推理与模型认知、变化观念与平衡思想的核心素养。

本案例创设真实情景问题，把深度学习融入到问题的分析与解决过程之中，培养学生的高阶思维能力。在"提出猜想、分类认知"环节，通过对比微粒间作用力的异同、强弱，发展学生概括关联的能力。在"探究本质、推理构建"环节，通过手持技术实验、沸点数据、图像进行实证推理，发展学生分析解释的能力。在"综合应用"环节，建立观点、结论和证据之间的逻辑关系，解决项目主体的问题，发展学生系统探究的能力。课后，拓展延伸至氢键在生产生活中的应用，体会学科价值，发展学生说明论证、复杂推理的能力。

想要落实学科核心素养，高中化学课堂教学必须有所创新，例如转变课堂教学理念、结合传统与现代实验技术、发展思维与构建观念。以学案、课件、实验、视频等多元策略实施项目式学习，基于"学习任务"开展"素养为本"的探究过程，让学生主动领悟新知识，激发学习潜能，达到学科育人价值。

第四节　以深度学习发展学生高阶思维[①]

一、问题的提出

高中新课程改革自 2003 年启动以来涌现了许多优秀的教学改革样例。从改革的切入点来看，主要有以下三个维度：一是调整师生关系的教学模式，如"以学定教""少教多学""生本理念"；二是调整课堂组织形式，如"先学后教""导学教学""双合课堂"；三是调整教学手段，如"翻转课堂""微课""慕课""交互式电子白板"。在教学改革呈现百花齐放、百家争鸣的同时，我们也应冷静地看到在轰轰烈烈的改革背后蕴含的问题，归纳起来，主要有以下四点。

---

① 江合佩. 高中化学基于深度学习的教学策略研究［J］. 化学教与学，2018（2）：5-9.

1. 教学定位缺乏准度

教学定位决定着最终的教学效果。在实际教学改革当中，对教学内容的定位的失准导致了许多教学的负面效应。比如某位老师在讲授必修部分原电池内容的时候，本来此节课的学习目标是认识原电池及探究原电池的形成条件，但是这位老师却讲授了双液原电池与单液原电池的能量转化效率，学生在初学阶段本来是要建立学习兴趣，却因为老师教学目标定位的失准导致学生无法理解教学内容，对后续化学学习产生畏惧，产生了不良效果。同样在日常教学当中还存在着对学情判断失准的情况。某位老师在高三第一阶段复习必考有机部分的时候，不顾班级学生全部选修了《有机化学基础》模块的情况，课堂竟然始终围绕着"如何通过实验鉴别乙醇与乙酸""如何通过转化关系将乙烯、乙醇、乙醛、乙酸、乙酸乙酯、葡萄糖建立有机联系"这两个核心问题展开教学。虽然课堂气氛活跃，学生反响热烈，但是热闹之后学生习得了什么、收获了什么？这种无视学生最近发展区展开教学的课堂，虽然表面上突出了学生的主体作用，实质上还是教师主导，学生只是道具而已。

2. 活动开展缺乏效度

新课程改革重要理念之一是重视通过设置探究活动，让学生在小组合作、实验探究中主动发现知识、获取研究物质性质的方法，培养严谨求实一丝不苟的科学精神。但是在实际教学当中发现，活动设计缺乏针对性将导致教学效果低下。比如某位老师在讲授《二氧化硫的性质》这节课的时候，首先从物质分类的角度引导学生得出 SO_2 是酸性氧化物的结论，然后提供一系列试剂让学生探究 SO_2 的化学性质。接下来分组实验在老师的预设下一一达成目标。可是通过分类思想预测物质的化学性质并进行实验探究，在前面章节活动探究（《单质、氧化物、酸、碱和盐间的关系》）已经花了一节课的时间进行了，现在针对具体的 SO_2 继续展开同质化的探究，显然意义和价值已经不大，甚至此时的探究已经演变成验证性实验了。表面上老师预设的教学目标达成效度很好，但是实质上从学生学的价值角度来看大打折扣，学生接下来只能用捉襟见肘的时间来学习 SO_2 的氧化还原性及特性，教学效度在表面繁荣的掩盖下被忽视了。

3. 问题设计缺乏深度

新课程特别注重问题驱动教学，因此在教学过程当中主要存在以下三个错误倾向：一是感觉问题越多效果就越好。笔者曾经听过一节《沉淀溶解平衡的应用》，整堂课下来老师设计的问题多达五十多个，但是问题多是"在你生活经验当中偶尔会有牙疼的情况吗？""沉淀溶解平衡是向左移动还是向右移动呢？""你觉得从定性角度分析还是从定量角度来分析呢？"问题设计多是是非判断型，没有丝毫思考的空间，学生不用思考即可脱口而出，结果课堂人声鼎沸，好不热闹，老师被看似热烈的氛围迷惑，设计了更多类似的问题。二是问题设计经验化倾向严重。比如某位老师上《碳的多样性》这节课的时候，课堂上设计了两个问题，①CO_2 通入饱和 $CaCl_2$ 溶液为什么不会产生沉淀？②除了用加热的方法鉴别 Na_2CO_3 和 $NaHCO_3$ 外，还有什么其他的方法可以鉴别？第一个问题老师给出的答案是如果反应可以进行，反应物左边是碳酸，生成物右边是盐酸，弱酸不能制强酸；第二个问题老师给出的答案是可将固体溶解于水配成溶液，滴加 $BaCl_2$ 或 $CaCl_2$ 溶液，观察是否会产生沉淀，结果是前者会产生沉淀后者无现象。下课后笔者立即找到这位老师进行探讨。针对第一个问题"弱酸真的不能制备强酸吗"，举出 $CuSO_4(aq)+H_2S(g)=\!=\!=CuS(s)+H_2SO_4(aq)$ 的反例。针对第二个问题，立即进行实验：向

$NaHCO_3$ 溶液中滴加 $BaCl_2$ 溶液，产生了大量沉淀。并在查阅相关数据与进行演算后得出结论：是否会产生沉淀的关键是 Q 与 K_{sp} 之间的关系。可见，开展教学不能仅靠过去经验来进行，而需要依靠科学的理论。三是问题的指向性不够明确。某老师在讲授必修部分同分异构体的时候，设计问题"戊烷是否存在同分异构体？请用手中的球棍进行组装证明。"结果在学生汇报环节，大部分同学回答有，而这位老师希望达到的目的却是有学生回答有几种，这样由于指向性造成的沟通上的沟壑效应值得警惕。

4. 技术应用缺乏适度

信息技术与学科融合是未来教育发展的重要趋势，但是在应用过程中也产生了许多认识上的错位。比如微课的制作方面存在以下三种误区：一是微课变成了教师课堂教学视频的片段。一些老师将课堂录像切成几个片段以供学生课后学习，这样做的后果显而易见：在重复中学习学生的兴趣必然被抑制。二是微课选题泛滥。微课选题本来是为了解决学生学习过程当中的疑难问题而进行录制的，但是许多老师不管什么课题都将其录制成视频以供学生课后学习，无疑增加了学生的学习负担。三是利用微课取代课堂演示实验。很多老师为了赶进度，事先将演示实验录制成微课在课堂上播放，这样时间管理虽然更加精确，但是由于课堂演示实验实物与老师操作的可感知性、实验过程中的不可预知性、老师解说过程中的情感投入等很好的教学资源就被浪费了，教学变成了味同嚼蜡的程序性过程。同样于近年来红遍大江南北的翻转课堂也存在着诸多误区，比如"翻而不转"，教师事先录制好的微课与课堂的讨论内容两张皮，没有必然的逻辑关系，甚至有的老师微课一套，上课又一套，这样的课堂表面看上去金光熠熠，实质金玉其外，败絮其中。慕课近年来也是风生水起，甚至有学者扬言教师职业的末日到来了，因其可将优质教学资源通过慕课平台供不同区域的学生学习，给教育均衡化、优质化提供了丰富的想象空间。但是我们必须清醒地认识到，不同地区学生的基础差异性，采用相同的授课方式本身存在着巨大的问题，对于发达地区适合的教学资源不一定适合落后地区，同样适合于生源较好的学校也不一定适合生源相对薄弱的学校，没有因地制宜、针对学情开展的教学很难说有较大的推广价值。

二、深度学习的必要性

透过表面上"把学生放在中心位置，教师放弃领导权，以至于课堂和教学混乱到了无政府状态"[①] 那样的缺乏知识要求的教学，重建基于深度学习的课堂教学势在必行。所谓深度学习（deep learning），最早是由美国学者 Ference Marton 和 Roger Saljo 于 1976 年基于学生阅读的实验，针对孤立记忆和非批判性接受知识的浅层学习（surface learning）提出的关于学习层次的一个概念。是指学习者在理解的基础上，能够批判地学习新思想和事实，并将它们融入原有的认知结构中，能够在众多思想间进行联系，并能够将已有的知识迁移到新的情境中，做出决策和解决问题。深度学习本意是指学习认知触及事物本质的程度或事物向更高阶段发展的程度[②]。相较于浅层学习是一种基于外在动机与基于记忆的学习，深度学习更加注重知识学习的批判理

---

① 郭元祥. 知识的性质、结构与深度教学［J］. 课程·教材·教法，2009（11）：17-23.
② 林卫民. 重建"深度学习"的课堂教学［J］. 人民教育，2014（22）：36-38.

解，强调学习内容的有机整合，着意学习过程的建构反思，重视学习的迁移运用和问题解决。

安富海提出促进深度学习的一般教学策略为"确立高阶思维发展的教学目标，引导学生深度理解；整合意义联接的学习内容，引导学生批判建构；创设促进深度学习的真实情境，引导学生积极体验；选择持续关注的评价方式，引导学生深度反思"。[①] 但是具体到高中化学学科，由于学生所处的年龄层次、认知结构、理解层次的不同，必然有符合其自身学科的教学策略，本文试图以厦门市第六届课堂教学创新大赛《硝酸》的同课异构四个案例，以期探寻适合高中化学深度学习的教学策略。

三、深度教学的教学策略

1. 问题解决策略

"问题解决"属于心理学范畴的一个概念，是指在问题空间中进行检索，使问题从初始状态达到目标状态的思维过程，是学生对问题情境的反应过程。而问题解决就是由一定情境引起的、按照一定的目标，应用各种认知活动、技能等，经过一系列思维活动过程，使问题得以解决的具体实践活动[②]。"问题解决"与"解决问题"有较大的不同。"问题解决"教学策略的教学目标指向不是为了解决某一具体问题，而是旨在通过问题解决的教学活动的设计，激发学生的思维，营造共同探究的空间，提升学习能力。而"解决问题"更多的是侧重于教学的结果，其目标就是为了解决某一个具体问题。

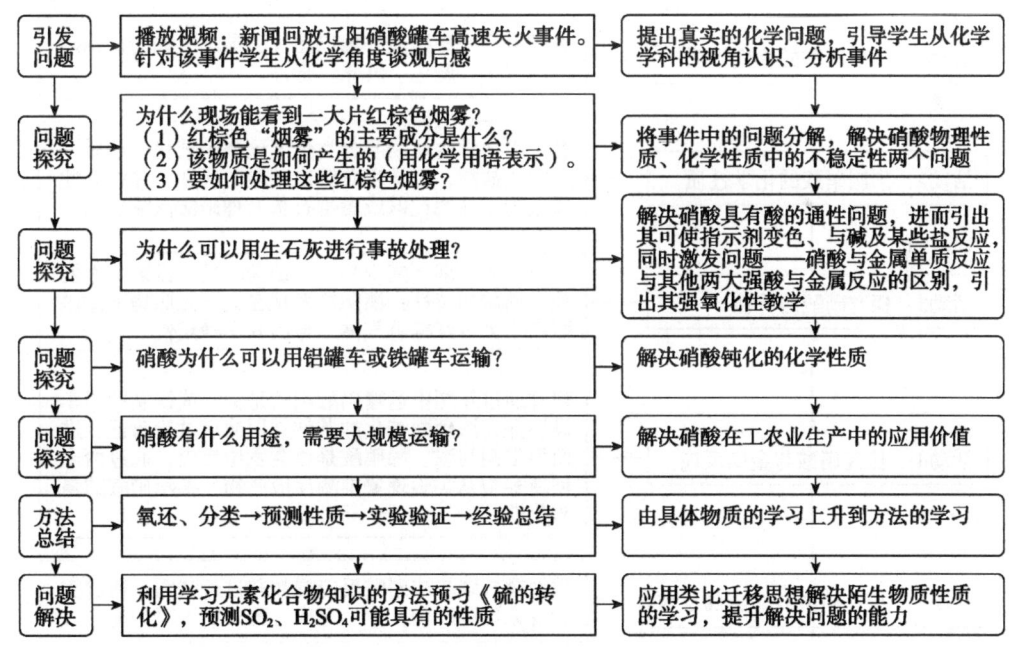

图 8-4-1　基于问题解决的《硝酸》教学设计流程图

厦门六中林伟老师设计的《硝酸》课例（见图 8-4-1）旨在通过一则硝酸倾覆泄漏起火蕴含的化学知识作为问题情境展开设计，从学生可以感知的颜色、语言、画面等信息抽取出四个核

---

① 安富海. 促进深度学习的课堂教学策略研究［J］. 课程·教材·教法，2014（11）：57-62.
② 康映卓. "问题解决"模式在化学教学中的应用［J］. 化学教与学，2013（9）：25-27.

心问题，引导学生对问题展开探究，在探究过程中形成对硝酸物理性质易挥发、化学性质易分解、酸的通性、强氧化性的深刻认识。学习完具体的硝酸，引导学生归纳学习元素化合物具体物质一般的研究方法，进而类推到未知陌生物质的学习当中去。整节课的设计围绕一个核心问题展开设计，从问题蕴含的三个维度展开剖析，在问题解决过程中生发出新的问题，体现了林老师强烈的问题意识和发展意识，学生在具体问题情境中开展一场高质量的思维体操，学生的能力在解决问题的过程中得到了提升。

2. 活动元教学策略

教学要结合学生不同认知阶段的特点展开活动设计[1]。研究表明，学生一节 45 分钟的课在一个具体知识的讲授过程当中，注意力集中的时间仅为 10 分钟左右。如何破解难题，首先需要通过设计情境，让学生在自主参与当中获得成功的体验；其次需要将一节课中的多个知识点切成多个完整的教学活动，使得活动与目标之间形成紧密的关联；三是活动设计具有层次性，防止活动单调单一，注意活动参与的覆盖面，注意活动之间难度的衔接。

厦门外国语学校林智虹老师根据《硝酸》这节课的教学设计的见图 8-4-2。林老师通过六个活动元的设计，试图达成学生对硝酸的物理性质、酸的通性、特性（不稳定性）、硝酸与金属非金属反应的特点、研究物质的一般程序的深刻理解。在活动的具体开展中由易到难，层层递进，方式多样。硝酸物理性质的目标达成，林老师采取教师引导学生观察的方法。酸的通性，林老师则采取类比迁移的方法。硝酸的不稳定性，林老师则通过分析新闻事件当中现场颜色的

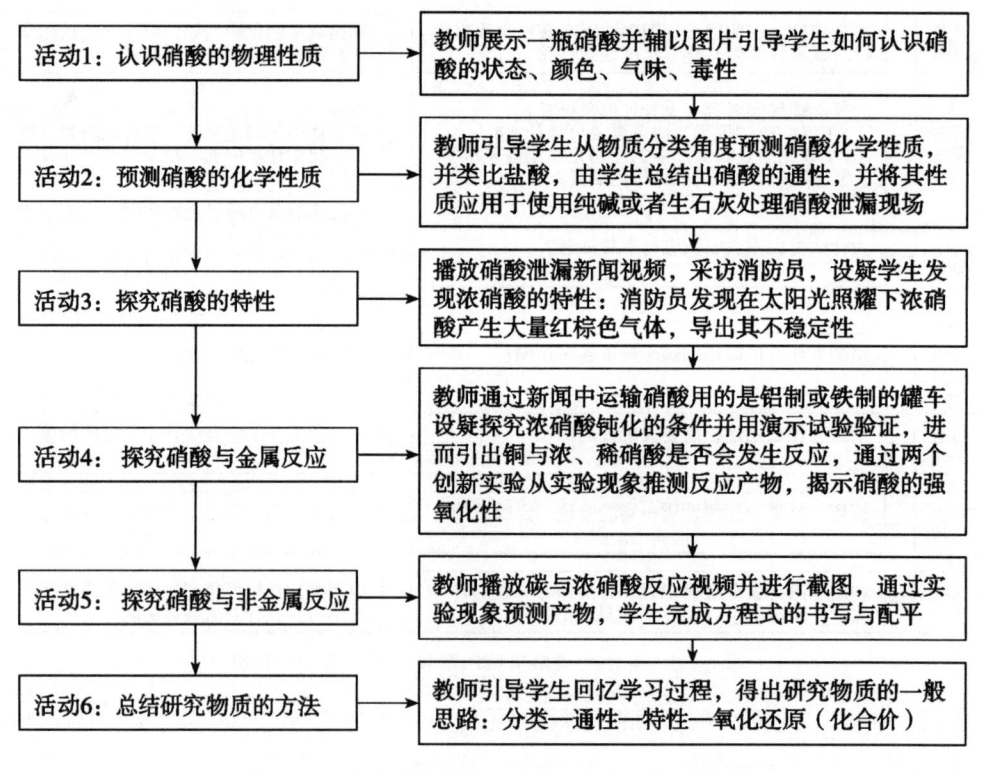

图 8-4-2 基于活动元的《硝酸》教学设计流程图

---

[1] 傅兴春. 在化学新课程教学中应用活动元教学设计的研究 [J]. 课程·教材·教法，2006（8）：61-65.

变化，结合氧化还原升降律的思想预测产物，完成化学方程式的书写与配平。不同浓度的硝酸与铜片反应，林老师则设计了两个创新演示实验，通过控制氧气浓度的变化帮助学生理解反应产物的判断，整个实验过程现象明显，实验设计生动有趣，学生与老师在探究当中获得了成长，也在成长当中获得了通过实验研究物质的一般方法。浓硝酸与木炭的反应，林老师则在课前在实验室演示并将其录制成 1 分钟左右的微课以供学生学习，结合前面学习硝酸的不稳定性分析问题的方法，迁移解决对产物的判断。最后林老师设计了总结环节，将前面五个活动进行系统化、结构化，提炼形成研究物质的一般方法，整个设计环环相扣，一气呵成，体现了林老师强烈的生本意识和目标意识。

3. 问题追问教学策略

交互式电子白板、微课、慕课、iPad 进课堂、云技术是近些年来流行的热门词汇，好像离开了信息技术课堂将变得生气皆无，一无是处。厦门一中李博宁老师设计的《硝酸》课例，整节课没有利用任何现代教育技术的元素，但是凭借着其高超的个人素质、亲切可人的语言魅力、设计深刻的教学环节使得整节课浑然天成，美不胜收。李老师整节课利用问题追问作为抓手，抓住核心关键问题展开追问，层层深入，不断揭开解决问题的核心要素。在教学推进到金属与硝酸反应的时候，李老师给出铜丝、铁丝、浓硝酸、稀硝酸，设计问题"可能发生几组反应？"学生设计出"①Cu＋HNO_3（浓）；②Cu＋HNO_3（稀）；③Fe＋HNO_3（浓）；④Fe＋HNO_3（稀）"四组反应。接下来李老师开始追问"实验如何进行分组？并说明分组的理由。"有的同学提出将四个反应分成①②和③④两组，目的是探究相同金属与不同浓度硝酸反应产物的比较；有的同学提出将四个反应分成①③和②④两组，目的是探究不同金属与相同浓度硝酸反应产物的比较。接下来老师继续展开追问"为什么②③不能分为一组？"引出单一控制变量思想。通过连续的三个追问，将对比实验的核心要素，即如何确定自变量、因变量、不变量揭示得淋漓尽致，同时在不断的师生对话当中不断呈现学生思考问题的过程，抓住学生最近发展区展开教学，教学针对性强，教学效果显著。更加难能可贵的是，李老师在不断追问过程当中，将包裹着的知识层层剥皮，不断呈现其本真的状态，同时将知识之间的联系水到渠成地构建起来，形成了极具对称美感的板书设计（见图 8-4-3）。学生在与老师轻松惬意的对话中形成了结构化、系统化的知识，真是不禁让人击节赞叹，教学的关键在于智慧的老师。

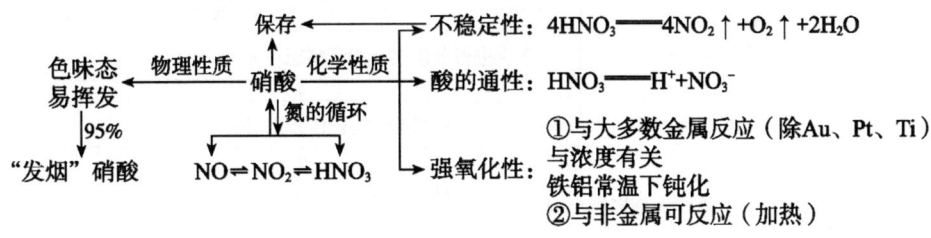

图 8-4-3　基于问题追问的《硝酸》板书设计

4. 实验探究教学策略

目前实验教学在教学方式、目的、时机等方面存在的问题大大降低了实验教学质量。实验沦为了一项技能，教师将整个实验过程、注意事项在实验前一一交代，学生按方抓药，不需要有质疑，不需要有思考，因为接下来老师会将最标准的结论告知学生。实验如果不具有生成性、探究性、教育性，那么也就没有存在的必要了。因此如何发挥实验在化学学科教学当中的不可替代的价值，双十中学窦卓老师设计的《硝酸》课例（见图8-4-4）给了我们许多的启迪。窦老师在教学设计的时候根据学生的认知特点对教学内容做了取舍，把学生通过自学或者教师引导可以解决的硝酸物理性质和酸的通性进行了简单化处理，将重点放在了如何通过实验实证探究硝酸的不稳定性和铜与浓稀硝酸反应溶液颜色的不同两个难点问题。硝酸的不稳定性探究又为颜色的不同探究提供了支点，引导学生从整个反应体系分析颜色的不同，根据科学探究的六个环节即"提出问题→提出猜想→设计实验方案→进行实验→得出现象→解析及结论"展开教学。整个教学过程，充分点燃学生参与的热情，两个创新实验都设计成了学生分组实验，给足学生时间进行探究，让学生在探究当中体会运用空白对照实验、对比实验等实验思想来解决理论难题，体现了实验与理论相互印证，体现了实验在化学科学研究中的重要价值。

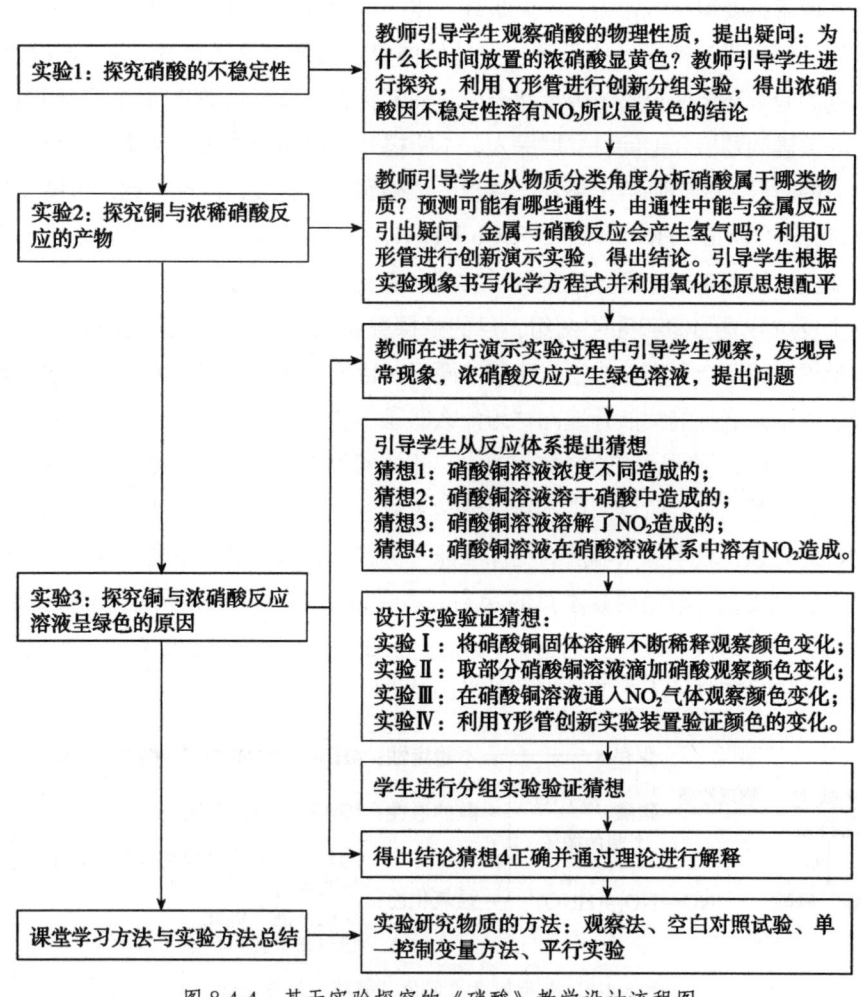

图8-4-4 基于实验探究的《硝酸》教学设计流程图

深度学习是核心素养培育与发展的基本途径，是落实学科核心素养，提升课堂思维品质的必然需求。要真正实现深度学习，教学行为及目标需要从以下3个方面进行调整[①]：首先，实

---

① 郭华. 深度学习与课堂教学改进[J]. 基础教育课程，2019（2）：10～15.

现经验与知识的相互转化,真正让学生成为教学主体;其次,帮助学生通过深度加工把握知识的本质;再次,在教学活动中模拟社会实践,引导学生对知识及知识的发现、发展过程进行价值评价。

第五节 以化学史浸润核心素养的培育

我国宋代著名文学家欧阳修曾言:"以铜为鉴可正衣冠,以古为鉴可知兴衰,以人为鉴可以明得失,以史为鉴可以知兴替。"西班牙著名作家塞万提斯则说:"历史孕育了真理,它能和时间抗衡,能把轶闻旧事保藏下来;它是往古的迹象,当代的鉴戒,后世的教训。"我国著名的化学教育家傅鹰院士则言:"化学可以给人以知识,化学史可以给人以智慧。"掌握化学的产生和发展的系统历史知识,有利于培养良好素质;通过化学史的学习,可以正确处理化学中实验与理论二者的辩证关系,它们是相辅相成,不可偏废的;学习化学史,有利于提高学生的独立思考能力,把学过的化学知识连贯起来,通盘考虑,学会分析比较、寻求方法、找出规律;学习化学史,有利于培养学生自觉的辩证唯物主义观点;学习化学史,有利于培养学生为化学事业献身和严谨的科学态度;学习化学史,有利于培养学生奋发图强的爱国主义精神和民族自豪感、自信心。学习化学史,主动在教学过程中融入化学史,重现前人对知识的探索过程,重现知识产生的过程,重现科学研究中的难点问题和关键结点,重现科学家百折不挠、严谨求实的科学探索历程,对培育和落实化学学科核心素养有着不可估量的重要意义和价值。下面以庄乾敏等[1]设计的《胶体》教学过程为例探讨教学中融入化学史对培育学生学科核心素养的意义与价值。

一、教学内容价值分析

要实现从知识向能力和素养的转化与飞跃,关键是要认真分析科学知识对于学生的学习而言到底具有怎样的价值,并进一步解决如何在科学教育中最大程度地挖掘和发挥科学知识所具有的多重价值。借助知识价值模型从信息价值、应用价值、探究价值、认识价值和情意价值5个方面展开分析如下。

信息价值包括认识胶体是一种常见的分散系,知道胶体的本质特征以及丁达尔现象、聚沉等胶体的性质。胶体的聚沉、电泳等科学知识和社会、生活及生产实践之间的紧密联系是胶体应用价值的体现,例如卤水点豆腐、静电除尘、医学上某些血液病的诊断和治疗都体现了胶体的社会应用价值。认识到这一点有助于提高学生将化学知识应用于生产生活实际的意识,突出化学核心素养之"社会责任"教育。

科学知识不是独立于学习个体且以客观真理的姿态摆在学生面前,等待学生去掌握的静止的知识体系,它必须经过教师和学生基于自己的经验背景进行主动建构、感悟和体验。例如,胶体的本质特征需要学生经历提出问题、设计实验方案、实施实验、得出结论等一系列科学探究过程,才能真正获得其意义,在这个意义建构的过程中实现知识的探究价值。这个过程也正

---

[1] 庄乾敏,刘冰,张雪.基于化学史发展学生学科核心素养的教学———以"胶体"为例 [J]. 化学教育,2019 (13):28~32.

是发展学生证据推理与模型认知、科学探究与创新意识等化学核心素养的过程。

胶体教学内容蕴含着宏观、微观相联系的思维方式、变化观念与平衡思想等认识价值。具体表现在：胶体呈现宏观性质的原因在于其微观粒径介于 1～100 nm，而这个微观粒径范围的建构又可以通过宏观实验来实现，这种从宏观现象入手探求微观本质，再基于微观本质理解宏观性质的过程，正体现了宏微结合的思维方式。另外，根据分散质粒径大小将分散系分为溶液、胶体和浊液 3 类，但是也可以通过控制分散质粒径的大小实现 3 者之间的相互转化，这正是变化观念与平衡思想的体现。认识到胶体教学内容的认识价值有助于发展学生的宏观辨识与微观探析、变化观念与平衡思想等核心素养。

胶体的发现和发展是多个领域科学家奋力探索的结果，如图 8-5-1 所示。其中蕴含了科学家严谨求实的科学态度、不畏困难的探索精神、不惧权威的批判与创新精神，同时也体现了科学研究对人类文明和社会发展的贡献，这正是科学知识情意价值的体现。认识到胶体教学内容的情意价值是发展学生"科学态度与社会责任"这一化学核心素养的基础。

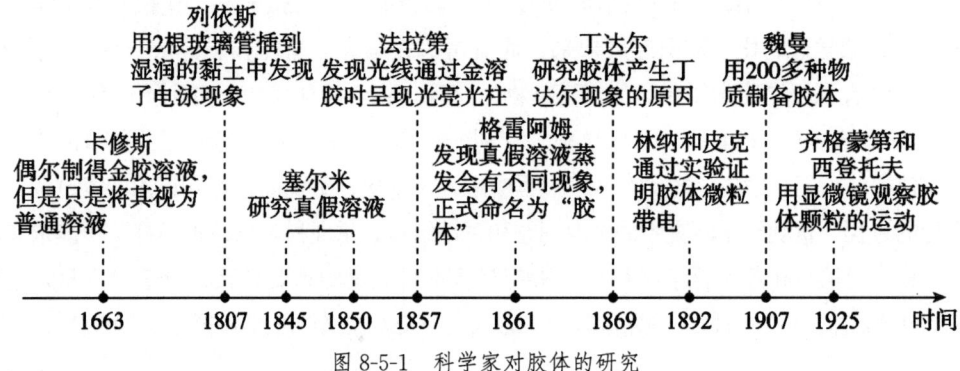

图 8-5-1　科学家对胶体的研究

二、教学设计理念

1. 围绕核心知识发展核心素养，注重知识点间的内在联系

核心素养的发展需要以核心知识为载体。从知识线索上讲，胶体教学内容包括：本质特征、胶体的性质等知识点，然而这些知识点并非简单、单向排列，知识点之间的内在逻辑关系如图 8-5-2 所示。

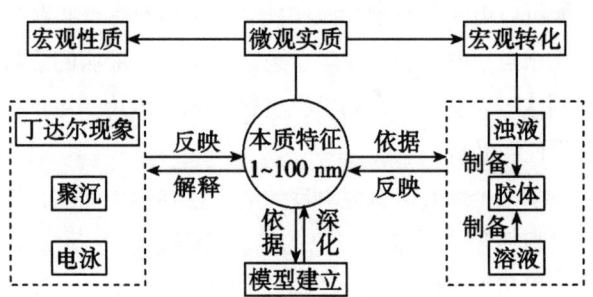

图 8-5-2　知识点之间的内在逻辑关联

一方面，丁达尔现象、聚沉等胶体的宏观性质是其微观特征的宏观表现；另一方面，胶体与溶液、浊液的本质区别是其分散质粒径的大小，那如何使得分散质的粒径落在 1～100 nm 就是制备胶体的关键。因此，胶体的本质特征是本节教学的核心知识，教学重点不在于对胶体的性质和制备等知识本身进行深挖与拓展，而在于通过认识分散质微观粒径变化引起宏观性质差异，体会宏观与微观的结合，形成"结构决定性质"的观念；通过亲自动手实验探究胶体制备的过程，体会变化观念和平衡思想，进而能从宏观与微观相结合的视角认识、分析与解决实际问题。因此，教学过程要紧紧围绕胶体的本质特征这一核心知识展开，帮助学生体验化学知识的内在联系带来的和谐和美感。

2. 以实验探究引领学生自主建构知识体系

发展观念学习不是从外界吸收知识的过程，而是学习者建构知识的过程。鉴于此，在胶体教学中应注重基于化学史创设情境，提出具有思考价值的问题，引导学生在真实的情境中沿着科学家的研究历程，围绕问题展开实验探究，基于获取的证据进行推理进而自主得出结论，实现知识的主动建构。

反之，胶体本质特征的教学若直接讲解现成的结论，一方面学生体会不到结论的产生过程，学习将会被简化成机械记忆，发展核心素养之科学探究与创新意识将无从谈起。另一方面，不利于学生从宏观和微观多个角度认识胶体与溶液和浊液的区别，自然无法发展宏微结合和证据推理能力。鉴于此，在教学中可以创设塞尔米"假溶液"的化学史情境，围绕"假溶液假在哪儿"这个核心问题，通过设计 2 组对比模拟实验，让学生基于对实验现象的观察、思考和对比分析，自主建立起对胶体本质特征的理解。

三、教学过程

1. 教学过程总体设计思路

科学史真实、动态地记载了知识尝试与修正的过程，符合当代知识观对于知识生成过程的解读。以化学史为情境线索，基于真实的化学史情境提出问题，再以问题引发学生的学习活动，引导学生在重温科学家胶体探究之旅的过程中解决问题，在自主建构知识的同时促进化学核心素养的发展。教学过程设计思路如图 8-5-3 所示。

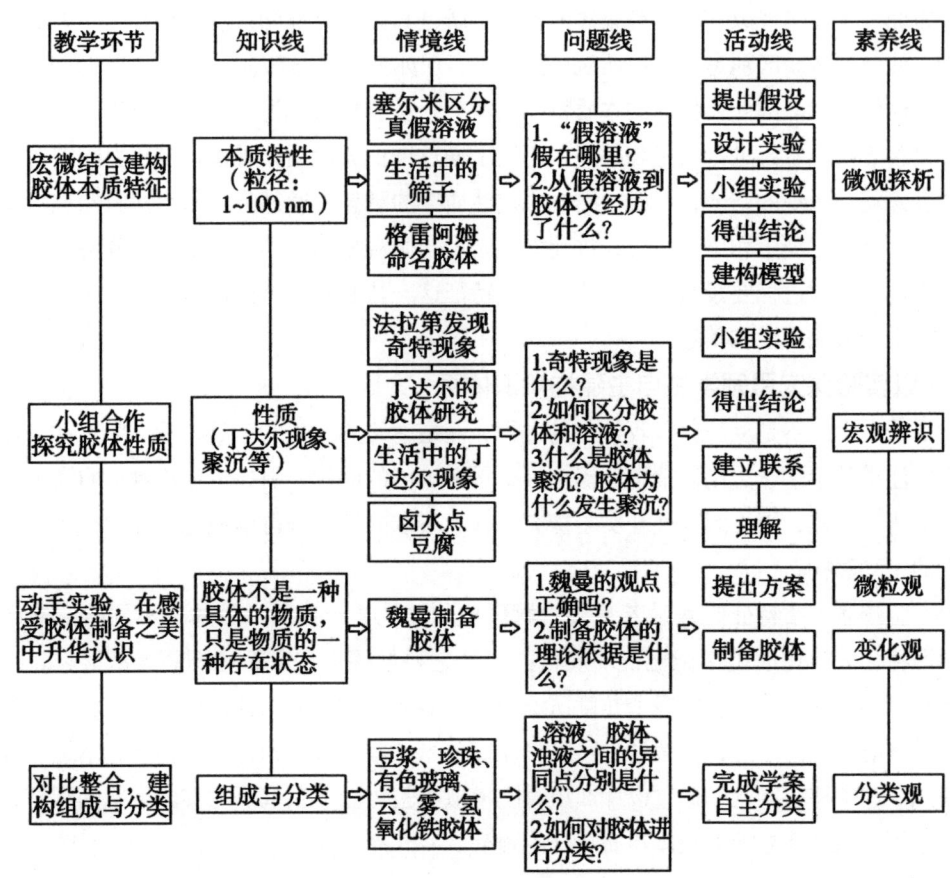

图 8-5-3 教学过程总体设计思路

2. 具体教学过程

(1) 创设情境,导入课题

[创设情境] 多媒体呈现豆浆、珍珠、有色玻璃、云、雾、氢氧化铁胶体的图片。

[导入课题] 上述颜色形态各异的物质有相同的名字:胶体。从物质分类的视角看,物质能归为一类,一定有某些相似的特征。那么,是什么特征使这些物质同属于胶体?

(2) 宏微结合建构胶体本质特征

[创设化学史情境] 意大利毒理学家塞尔米对"真假溶液"研究的史料。

1845—1850 年间,意大利毒理学家塞尔米在实验中曾经制得了一些"溶液",他发现这些"溶液"中的分散质点比通常的分子要大得多,他把这些奇怪的"溶液"称为"假溶液"。

[提供事实] 以图片的形式呈现豆浆、淀粉溶液、向沸水中滴加三氯化铁溶液得到的氢氧化铁假溶液,以及食盐水、硫酸铜溶液、三氯化铁溶液等真溶液。

[提出问题] "假溶液"假在哪里?

[引导学生思考] "假溶液"可能是浊液吗?你的证据是什么?

[学生分组讨论] 不是浊液。因为从外观上看"假溶液"是均一、稳定的,而浊液的特征是不均一、不稳定。

[追问] 如何设计实验证明"假溶液"确实不是浊液?

［学生设计实验方案］学生小组讨论设计实验方案，交流汇报。

［评价方案的可行性］师生讨论完成。

［学生分组实验］将学生分成 3 组，分别过滤豆浆、氢氧化铁"假溶液"和黄泥水，观察现象。

［组织学生交流汇报实验现象］豆浆和氢氧化铁"假溶液"能透过滤纸，泥水不能透过滤纸。

［解释与结论］虽然塞尔米说"假溶液"中的粒子比通常分子要大得多，但是它能透过普通滤纸，而浊液不能透过滤纸，说明它的粒子比浊液小，得出结论："假溶液"不是浊液。

［追问］"假溶液"究竟假在哪里？

［演示实验］用孔径为 100 nm 的微孔滤膜（注：微孔滤膜是一种多孔性的薄膜过滤材料，此处实际操作时可用普通滤纸代替微孔滤膜进行模拟实验）分别过滤豆浆和食盐水，向盛豆浆滤液的烧杯中加入双缩脲试剂，向盛食盐水滤液的烧杯中加入硝酸酸化的硝酸银溶液。

［学生汇报实验现象］盛豆浆滤液的烧杯中出现紫色，盛食盐水滤液的烧杯中出现白色沉淀。

［提出问题］实验现象说明什么？

［解释与结论］盛豆浆滤液的烧杯中出现紫色，说明滤液中有蛋白质的存在，即"假溶液"豆浆中的分散质粒子能够透过孔径为 100 nm 的滤纸。盛食盐水滤液的烧杯中出现白色沉淀，说明滤液中有 Cl^- 存在，即"真溶液"食盐水中的分散质粒子也能够透过孔径为 100 nm 的滤纸。

［追问］你对于豆浆和食盐水中的分散质粒子的大小有何认识？

［得出结论］分散质粒径小于 100 nm。

［演示实验］用孔径为 1 nm 的半透膜（注：实际操作时可用普通半透膜代替孔径为 1 nm 的半透膜进行模拟实验）分别过滤豆浆和食盐水，向盛豆浆滤液的烧杯中加入双缩脲试剂，向盛食盐水滤液的烧杯中加入硝酸酸化的硝酸银溶液。

［学生汇报实验现象］盛豆浆滤液的烧杯中未出现紫色，盛食盐水滤液的烧杯中出现白色沉淀。

［提出问题］实验现象说明什么？

［解释与结论］豆浆中的分散质粒子不能透过孔径为 1 nm 的半透膜，食盐水中的分散质粒子能够透过孔径为 1 nm 的半透膜。

［引导学生整合实验数据］学生完成表 8-5-1。

表 8-5-1　浊液、真假溶液在滤纸和半透膜中的透过情况

现象与结论	试剂		
	豆浆（假溶液）	食盐水（真溶液）	泥水（浊液）
能否透过滤纸（100 nm）			
能否透过半透膜（1 nm）			
分散质粒径大小			

[提出问题]基于以上实验数据说明"假溶液"假在哪里。

[总结讲解]"假溶液"不同于真溶液和浊液的本质特征：分散质粒径在 1～100nm 之间。

[创设化学史情境]英国化学家格雷阿姆对"真假溶液"的探索。

1861 年，英国著名化学家格雷阿姆对"假溶液"进行了更加系统地研究，他发现将真假溶液蒸发后会有不同的现象。真溶液溶剂蒸发时易于形成晶体析出，而假溶液溶剂蒸发时则不能结晶，大多形成无定形胶状物质。

[提供事实]多媒体呈现氯化钠溶液、硫酸铜溶液、淀粉假溶液、豆浆假溶液蒸发后的状态。

[讲解]鉴于假溶液溶剂蒸发时大多形成无定形胶状物质，格雷阿姆形象地把它称为胶体(Colloid)，胶体这个名字一直沿用到今天。

[提出任务]让学生用模型表达对胶体本质特征的认识。

[交流评价]针对学生建立的模型给予积极、有针对性的评价。

(3) 小组合作探究胶体性质

[过渡]宏观和微观相结合是化学学科的特征思维方式，胶体的微观实质必然会使它表现出相应的宏观性质。那么，胶体有哪些性质呢？

①丁达尔现象

[创设化学史情境]1857 年，法拉第曾做实验，他使一束光线通过玫瑰红色的金溶胶，出现了奇特的现象。

[过渡]不仅是金溶胶，其他胶体用一束光照射后也会有法拉第所发现的奇特现象。这种奇特的现象是什么呢？

[学生分组实验]提供淀粉、豆浆、氢氧化铁胶体和激光笔，学生小组合作用激光笔照射胶体，观察并汇报实验现象。

[总结讲解]当可见光束通过胶体时，从入射光侧面可以看到一条明亮的光路。

[追问]如果用光照射溶液和浊液，情况又是怎样的呢？

[学生实验]小组合作用同样的方法照射氯化钠溶液、硫酸铜溶液和泥水，观察现象。

[得出结论]无论是溶液还是浊液，都看不到明显的光路。

[提出问题]为什么一束光通过胶体、溶液和浊液，会有不同的现象？

[创设化学史情境]继法拉第发现奇特现象后，英国物理学家丁达尔对该现象进行了广泛细致的研究，他发现光照射在胶体上时会发生散射形成光路，因此把这种现象叫作丁达尔现象。

[动画模拟]丁达尔现象产生的原因。

[联系生活]展示生活中的丁达尔现象：雾天的灯光、清晨的树林、烈日穿云。

[学以致用]如何区分胶体和溶液？

[总结讲解]可利用丁达尔现象区分胶体和溶液。

②聚沉

[演示实验]模拟"卤水点豆腐——豆浆里加入饱和的氯化镁溶液"，观察现象。

[提出任务]根据卤水点豆腐实验，自主补充完成学案中胶体聚沉的定义。

［视频模拟］胶体电层模型和聚沉过程动画。

［讲解］结合模型和动画，讲解胶体聚沉的原理。

［提出问题］促使胶体聚沉的方法有哪些？

［学生思考讨论后教师总结讲解］胶体聚沉的 3 种方法。

［联系生活］图片展示生活中的聚沉现象：三角洲形成、明矾净水、三氯化铁溶液应急止血。

（4）动手实验，在感受胶体制备之美中升华认识

［创设化学史情境］在格雷阿姆之后 40 多年，1907 年俄国化学家魏曼用 200 多种物质做实验，证明无论任何物质都可以制成晶体状态，也可制成胶体状态。

［过渡］魏曼的观点正确吗？

［分组实验］①制备氯化钠胶体：向 2～3 mL 的无水乙醇中加入一滴饱和食盐水，充分振荡，观测有无丁达尔现象。②制备氯化银胶体：向 0.01％的 NaCl 溶液中缓慢滴加 0.01％的 $AgNO_3$ 溶液，并实时观测有无丁达尔现象。

［成果展示］鼓励学生展示制备的氯化钠和氯化银胶体。

［提出问题］基于以上实验事实，你对胶体有什么新认识？

［学生讨论交流］得出结论：胶体是物质的一种存在状态，并不是一类新物质。

［追问］魏曼观点的理论依据是什么？

［学生思考后讲解］控制分散质的粒径范围在 1～100 nm，则可以得到胶体。

［讲解］胶体制备的方法：大变小、小变大。

（5）对比整合，构建组成与分类

［提出问题］溶液、胶体和浊液的区别在于分散质粒径大小不同。它们的共同点又是什么？

［讲解］溶液、胶体和浊液都属于混合物。

［提出任务］分别分析氯化钠溶液、豆浆和泥水的组成。

［讲解］分散系、分散质和分散剂。

［提出任务］分析课的开始所呈现的豆浆、珍珠、有色玻璃、云、雾、氢氧化铁胶体的分散剂和分散质，并对胶体进行分类，要求说出分类依据。

［归纳整合］带领学生梳理本节知识框架。

［设计意图］首尾呼应，将胶体纳入学生对混合物的认知结构中，使其学会从微粒大小角度对混合物进行分类，并体现分类思想。

［布置作业］胶体的发现与发展涉及多位不同学科科学家的贡献，这对你有什么启示？你如何看待科学家的工作？写出你的想法并与同学分享。

四、教学点评

抓住胶体的本质特征是粒子直径介于溶液与浊液之间，以胶体的发现、命名、性质研究作为科学史线，带领学生重走科学家走过的路。通过设计两组对照实验，从中引导学生观察宏观现象，基于实验现象进行证据推理，从宏观辨识与微观探析的角度建立宏观现象与微观离子直径的关系，在发现胶体本质特征的同时，发展学生的宏观辨识与微观探析、证据推理与模型认

知的学科核心素养。接下来通过对微观特征的探析来解释宏观性质，从微观来预测宏观现象，提升学生运用宏观辨识与微观探析这个独特的化学视角分析和解决问题的能力。

教师通过演示实验，引导学生观察实验现象并进行记录，根据实验现象来进行有序分析、有序推理，发展学生的科学探究与创新意识，通过真实的体验感悟化学与生产生活之间的紧密联系。通过学生亲自感受胶体的制备实验，感受实验的关键步骤、关键操作、关键现象，提升对变化观念与平衡思想学科核心素养的理解。

通过对胶体的发现历程中科学家的艰辛探索历程，感悟人类认识科学的曲折、艰辛，感悟科学的发现是一个不断探究不断合作的过程，是不断进步与完善的过程。科学的探究与结论对应用于生产实践、提升人们的生活品质的巨大功用与价值，以此来体味和发展科学态度与社会责任学科核心素养。

第六节　以信息技术促进课堂教学转型

信息技术与学科融合不断加快教育事业的发展，不断更新着我们对技术改变教育的各种想象。信息技术与学科融合创新使基于学科核心素养的教学改革呈现出勃勃生机，翻转课堂、智慧课堂、数字化实验、手持技术、人工智能等以信息技术为支撑的教学行为已经在中学化学课堂上屡见不鲜。信息技术不仅增加了课堂容量，而且更新了呈现形式，克服了传统板书很难深入微观世界等弊病，对发展学生化学学科核心素养有着独特的价值与功能。下面以李新义等[①]设计的《乙烯》课堂教学为例，探讨学科核心素养引领下如何实现信息技术与化学教学的融合创新。

一、教材分析及教学流程

本节课是在学生掌握以甲烷为代表的烷烃的结构和主要化学性质，对有机物中结构决定性质的特点有了初步认识的基础上进行乙烯教学的。通过乙烯的教学为不饱和烃学习奠定基础，起到承上启下的作用。乙烯是最简单的烯烃，是烯烃的代表物，是一种重要的化工原料，乙烯以及乙烯的产品已渗透到人类生活的很多领域。从学习环节上来考虑，乙烯的学习为学生建立了物质结构与性质之间的关联，深化了"结构决定性质，性质决定用途"的观念；有利于学生掌握有机物性质及其变化的规律，培养学生宏微结合、证据推理、科学探究等化学学科核心素养。本节课用到的信息技术有翻转课堂教学模式、AR技术、数字化实验、思维导图和相关课堂管理与互动技术，其宗旨是运用信息技术促进学生化学学科核心素养的发展。其教学流程如下图。

---

① 李新义,夏建华,蒋蓓蓓. 学科核心素养引领下信息技术与化学教学的融合创新——以"乙烯"教学为例 [J]. 化学教学, 2017 (9): 40-46.

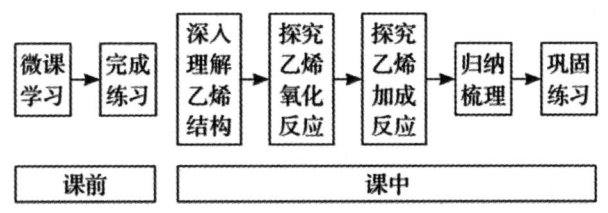

图 8-6-1 教学流程

二、主要教学过程及分析

1. 课前学习环节

学生学习微课、完成练习，教师依据数据形成精准教学决策。

(1) 学习微课

学生课前利用翻转课堂云平台学习微课，初步了解乙烯的结构和化学性质。微课的教学设计如下表。

表 8-6-1 "乙烯"微课设计

微课课题	乙烯的结构与性质	
微课 教学目标	1. 认识乙烯的结构特点。能从立体结构和化学键的角度区别乙烯和乙烷。 2. 认识乙烯的主要物理性质和化学性质。了解乙烯在生产生活中的应用。 3. 理解加成反应的反应特征。	
制作方式	斧子软件，仿真化学实验室软件，录屏软件，摄像机拍摄。	
微课教学活动环节与视频时间分配		
环节	主要内容	时长
乙烯用途	聚乙烯在生活中的应用、乙烯的催熟作用	41 秒
物理性质	展示乙烯，颜色、气味、密度、溶解度、收集方法等	38 秒
乙烯结构	仿真实验室三维分子模型展示乙烯、乙烷的球棍模型 对比乙烯与乙烷在结构和化学键上的异同	54 秒
化学性质	实验视频：(1) 乙烯燃烧 (2) 乙烯与酸性高锰酸钾溶液反应 (3) 乙烯与 Br_2 反应	1 分 50 秒
加成反应	加成反应的反应物、产物、断键方式，加成反应定义	54 秒

(2) 完成练习

学生依据所学知识在云平台上完成 12 道习题。根据云平台提供的分析数据可知，其中 10、11 两题的错误率较高，试题及相关数据（见图 8-6-2、图 8-6-3）如下。

10. 下列关于乙烯和乙烷的说法，不正确的是（　　）。

A. 乙烯属于不饱和链烃，乙烷属于饱和链烃

B. 乙烯和乙烷分子均为立体结构，不是所有原子都在同一平面

C. 乙烯能使溴的四氯化碳溶液和酸性 $KMnO_4$ 溶液褪色，且二者褪色的原理不同

D. 乙烯是一种植物生长调节剂

11. 下列反应中，属于加成反应的是（   ）。

A. 甲烷和氯气反应

B. 乙烯和氯气在一定条件下生成 ClCH=CH₂ 的反应

C. 乙烯使酸性高锰酸钾溶液褪色

D. 乙烯和 HCl 反应生成 CH_3CH_2Cl

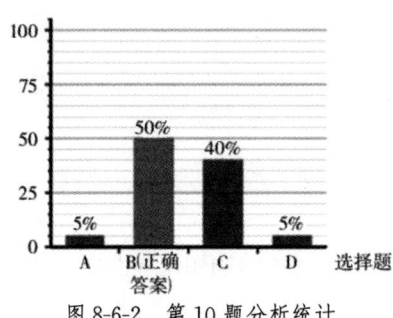

图 8-6-2　第 10 题分析统计

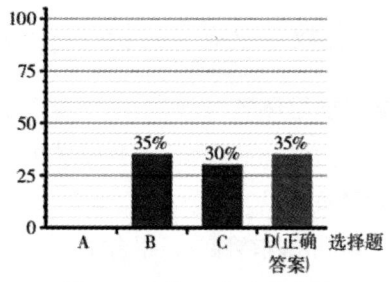

图 8-6-3　第 11 题分析统计

（3）依据数据优化教学决策

教师依据云平台上学生练习的反馈数据，分析学生学习困难的成因，调整教学设计，提高教学的针对性。根据第 10、11 题的统计数据可知，有 30%～40% 的学生认为乙烯使酸性高锰酸钾溶液褪色是加成反应，35% 的学生认为乙烯和氯气反应是取代反应，说明一些学生对这两个知识点的理解存在一定问题。对于前者，教师分析了以下两种原因：一是教材和微课上都只介绍了乙烯能使酸性高锰酸钾溶液褪色，告诉学生这个反应是氧化反应，至于这个反应的机理以及其中的氧化产物和还原产物则没有介绍，导致学生难以理解；二是学生从教材和微课中都学习了乙烯和溴的四氯化碳溶液能发生加成反应，但是这个反应同时也干扰了学生对乙烯与酸性高锰酸钾溶液的学习，因为都是使溶液褪色，学生不能区分两种褪色现象在机理上的区别，导致在学生建构知识的初期出现错误。对于后者，教师分析是因为前面学过的甲烷取代反应干扰了学生的后续学习。据此，教师把乙烯与酸性高锰酸钾溶液、溴的四氯化碳反应确定为课堂教学中的难点，并设计了用数字化实验提供实证的方法帮助学生理解这两个反应。

分析：微课和练习促进了学生对乙烯结构与化学性质的初步认识，学生在这一阶段主要是达成了乙烯相关知识的识记和理解目标，至于应用、分析、评价和创造等高阶认知目标则是在后续的课堂学习中完成。信息技术提供的数据统计分析功能不仅减轻了教师批改作业的负担，更突出的是提供了学生和教师的双向反馈，一方面将答题情况及时反馈给学生，学生可以据此进行矫正学习，达成对知识的理解；另一方面将学生学习过程中存在的问题暴露在教师面前，教师可借助自己的知识和经验对存在的问题进行深度分析，找出问题的根源，并在课堂中有针对性地实施精准教学，以提升教学质量。这是信息技术为教学带来的显著功能，有效地提高了教学效率和教学质量，这是传统教学手段难以企及的。

2. 课堂环节 1：　AR 技术深化学生对乙烯结构的理解

课堂教学伊始，教师引导学生用平板电脑扫描教材上的乙烯结构图片，一幅可自由转动和移动的乙烯三维立体结构图跃出屏幕，学生兴奋地在屏幕上转动着乙烯的三维结构图，并与甲烷、乙烷比较，建构乙烯的结构模型（见图8-6-4）。

教师提问：你认为造成乙烯和乙烷结构不同的主要原因在哪里？教师利用"电子随机点名"方式请学生回答问题，教师小结（见图8-6-5）。教师指出：乙烯的官能团是碳碳双键，它的存在使得乙烯和乙烷在化学性质上有所不同。

图8-6-4　学生在研究乙烯的三维结构

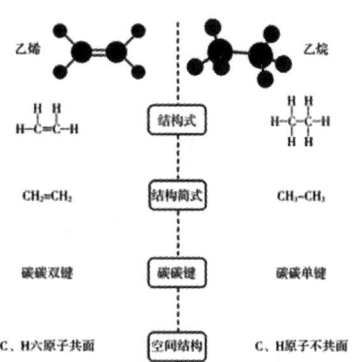

图8-6-5　乙烯与乙烷的结构比较

分析：学生扫描课本上呈现出的乙烯三维立体结构图，是学校用增强现实技术（AR）开发出的有机物三维结构模型，这种高科技三维立体结构图让学生感到非常震撼，在教师问题的启迪下，学生通过观察、触屏使其在不同方向转动，并和甲烷、乙烷的三维立体结构进行对比，对乙烯的双键结构特点有了深入的了解，有效建构了乙烯的结构模型。同时，这种AR技术在学习中的运用，也有效地激发了学生对科技的兴趣和学习的热情，增加了学生的信息意识，体现了信息技术与化学教学融合创新的价值。教师的问题和适时的小结，帮助学生通过对比和分析的方法，在原有的乙烷结构基础上进行内化，深入理解了乙烯的结构模型，为后续从结构的角度理解乙烯的化学性质奠定了基础。

3. 课堂环节2：实验探究乙烯与酸性高锰酸钾溶液的反应

教师在大屏幕上呈现学生微课学习后在云平台上提出的问题。

学生1：乙烯分别通入酸性高锰酸钾溶液和溴的四氯化碳溶液时，溶液都褪色，为什么一个是氧化反应，一个是加成反应呢？

学生2：乙烯能使酸性高锰酸钾溶液褪色，那么，乙烯是断一个键还是两个键？

学生3：乙烯被氧化成什么物质？高锰酸钾被还原成什么物质？能用实验检验出来吗？

根据学生的困惑，教师设计了以下问题组启发学生思考。

问题1：判断两种物质发生化学反应的依据是什么？

生：检验出新物质生成或反应物减少。

问题2：判断两种物质发生氧化还原反应的依据是什么？

生：检验出氧化产物或还原产物。

问题3：如果乙烯和氧化性较强的酸性高锰酸钾溶液发生了氧化还原反应，乙烯可能被氧化成什么物质？

生：乙烯可能被氧化成二氧化碳。

问题4：请设计实验验证你的假设。

学生分组设计实验。

学生画好实验装置图后拍照上传，分享到大屏幕上供讨论。

教师按照学生设计的方案进行演示实验（见图8-6-6）。实验过程中澄清石灰水没有明显变化。

教师介绍数字化实验装置、数据采集器、二氧化碳传感器（见图8-6-7）。按图连接好装置，在充满乙烯气体的容器中加入25 mL酸性$KMnO_4$溶液，同时迅速插入CO_2传感器。待数据稳定后，点击"开始采集"按钮开始采集实验数据。

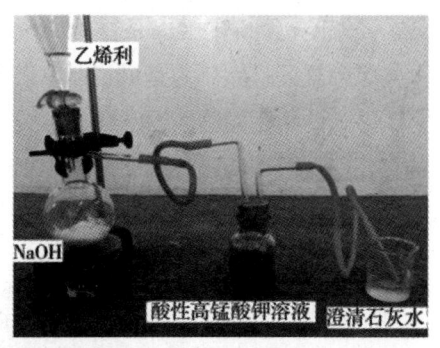

图8-6-6　检验乙烯通入酸性高锰酸钾溶液后是否有二氧化碳生成

图8-6-7　检验二氧化碳的装置

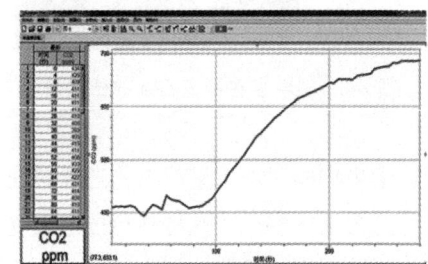

图8-6-8　二氧化碳随时间变化曲线

学生观察实验得出的曲线（见图8-6-8），验证了反应中有二氧化碳产生。

教师：通过数字化实验可知，乙烯被氧化成了二氧化碳。但是传统实验方法为什么检验不出二氧化碳呢？请提出假设。

学生讨论后提出如下假设。

假设1：可能是生成的二氧化碳量较少，无法使澄清石灰水变浑浊。

假设2：可能是通入石灰水的气体中含有酸性物质。

教师将这个问题留给有兴趣的学生课后继续探究。

教师：这个氧化还原反应是乙烯双键都断裂，生成二氧化碳，高锰酸钾被还原成Mn^{2+}。请写出这个反应的离子方程式。

分析：鼓励学生课前就微课学习中的困惑提出问题，培养了学生的质疑精神和独立思考的能力。教师在教学中巧用问题组启迪学生得出判断氧化还原反应的实证方法，引导学生基于证据对乙烯发生氧化反应提出可能的假设，继而通过学生设计传统实验和教师演示数字化实验找到解决问题的实证方法，提升了学生证据推理的意识和科学探究能力，建构了判断氧化还原反应的方法模型。尤其是二氧化碳传感器的使用，克服了传统实验的局限性（产生的二氧化碳很少，难以检验），以曲线形式表征了二氧化碳的产生，验证了氧化还原反应的发生，彰显了数字化实验在化学学习中的独特价值。同时教师引导学生分析传统实验检验不出二氧化碳的原因，引导学有余力的学生在课后继续探究，体现了个性化学习的特点。最后，教师要求学生根据已知的氧化产物和还原产物写出该反应的离子方程式，虽然教材中没有涉及该反应的化学方程式，但是已知氧化剂、还原剂、氧化产物和还原产物写出离子方程式，是对化学1离子反应、氧化还原反应相关知识的巩固和深化，对高中化学核心知识的理解和应用有着积极的意义。

4. 课堂环节3：运用POE教学策略探究乙烯的加成反应

教师呈现学生在微课学习中提出的问题：甲烷与氯气会发生取代反应，乙烯与溴的四氯化碳溶液为什么不发生取代反应？

教师采用POE（即预测、观察、解释）教学策略引导学生进行科学探究。

教师引导学生根据乙烯的结构特点，写出乙烯与溴的四氯化碳溶液发生加成或取代反应的化学方程式：$CH_2=CH_2+Br_2 \rightarrow CH_2BrCH_2Br$，$CH_2=CH_2+Br_2 \rightarrow CH_2=CHBr+HBr$。

教师介绍设计的实验装置：按图8-6-9连接好装置，向锥形瓶中充满乙烯气体，插入恒压分液漏斗，连接压力传感器。关闭下端玻璃活塞，打开上端橡胶塞，向漏斗中加入Br_2的CCl_4溶液。

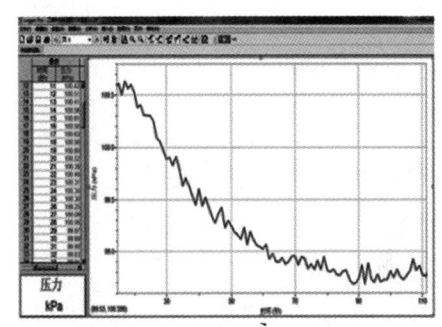

图8-6-9　乙烯与溴的四氯化碳溶液反应装置　　图8-6-10　压力随时间变化曲线

P(预测)：请学生根据以上两个化学方程式，预测在恒压漏斗中向乙烯中滴加溴的四氯化碳溶液时，锥形瓶中压力的变化，画出可能的变化曲线，并将学生预测的曲线同步上传至大屏幕上。

O(观察)：教师请学生上讲台做演示实验，实验直播到大屏幕上，学生观察容器内压力变化（见图8-6-10）。

E(解释)：学生根据压力变化曲线进行解释。学生得出的观点如下。

观点1：由上述化学方程式可知，容器中气压减小，说明发生了加成反应。

观点2：容器中气压减小不能说明发生了加成反应，有可能是乙烯溶解在四氯化碳中。

观点2出乎教师的意料，教师对学生的观点表示赞赏后，适时改变教学思路，引导学生继续设计实验深入探究，学生在教师的启迪下，提出如下方案。

方案1：在上述实验的基础上运用控制变量的方法，增加一个乙烯与四氯化碳的对比实验，然后将两个实验的压力变化曲线进行对比，得出结论。

方案2：将过量的乙烯通入溴的四氯化碳溶液中，再加入硝酸银溶液，观察现象。

教师建议这两个实验可由学生课后到实验室自己完成后在全班分享。

教师播放乙烯与Br_2发生加成反应的视频，讲解加成反应机理、定义和特点。

分析：教师从学生微课学习后提出的困惑着手，运用POE教学策略，首先引导学生写出乙烯如果发生加成或取代反应的化学方程式，让学生分析反应前后气体体积变化，并据此预测两种反应可能出现的气压变化曲线。当学生看到压力传感器测出的气压变化曲线和自己的预测一样时，感到很兴奋。令人欣喜的是有学生从物理变化（溶解）的角度对气压减小一定是发生加成反应提出了质疑，数字化实验激活了学生的批判思维和创新精神。教师对课堂上意外的生成因势利导，适时引导学生从控制变量的角度设计出溶解的空白对照实验，并延伸出用反证法检验溴离子排除取代反应的方案，让学生课后继续实验，将探究由课内延伸到课外。这种预设基础上的生成是一种无法预约的美丽，培养了学生的科学探究能力，促进了学生学科核心素养的发展。最后，学生通过观看乙烯加成的微视频，在教师的启迪下，从结构的角度认识了乙烯加成反应的原理，微视频的运用帮助学生建构了乙烯加成反应的模型。在该环节的学习中，学生运用宏微结合的化学思维，较好地诠释了化学学习独特的四重表征，如表8-6-2。

表8-6-2 有关乙烯与溴反应的四重表征

微观	符号	宏观	曲线
从乙烯的微观结构推测可能的化学性质（取代和加成）	写出乙烯可能发生加成和取代反应的化学方程式	根据化学方程式推测可能的压力变化	结合已有知识，根据压力变化曲线进行深度思考

5. 课堂环节4：归纳梳理

教师在 PPT 上利用思维导图将乙烯和乙烷进行比较，将微课和课堂上学习的乙烯的结构、性质和用途进行小结。

教师还就科学方法进行小结：本节课的学习中，我们还收获了验证化学变化时，获取证据的科学方法：一是从反应物角度探究（如高锰酸钾溶液、溴的四氯化碳溶液褪色等）；二是从生成物角度探究（如检验生成物二氧化碳、溴化氢等），这是判断反应发生类型常用的方法；三是从反应伴随的现象角度探究（如压力、温度等）。在涉及颜色、压力和温度变化时需要考虑到相关因素的影响，如溶解以及溶解时的热效应等。

分析：这一环节是在电子白板上，利用思维导图的可视化功能，将学生通过微课学习、课堂探究获取的乙烯零散的知识，进行系统化、结构化的过程。通过和乙烷的对比，学生更加深入地理解了乙烯的结构和化学性质，在有机化学领域初步建构了"结构决定性质"的观念。思维导图的运用超越了传统板书的功能，有利于学生理解知识的逻辑结构。如果把乙烯思维导图的绘制交给学生在课后完成，效果会更好。本环节，教师还归纳了本节课一个隐性的教学目标——求证化学反应是否发生的科学方法，强化了学生的证据推理意识。

6. 课堂环节5：巩固练习

教师布置了以下两道习题。

1. 制取氯乙烷最好采用的方法是（　　）。

A. 乙烷与氯气反应　　B. 乙烯与氯气反应
C. 乙烯与氯化氢反应　　D. 乙烯与氢气、氯气反应

2. 如何鉴别乙烷和乙烯？

大屏幕自动呈现学生完成第1题的进度，系统自动统计出第1题的答题情况，有25%的学生选了 A 选项，教师进行了及时矫正。第2题教师采取"电子抢答"的方式，让学生分别根据乙烷和乙烯的化学性质提出鉴别方案。

分析：本环节两道习题的设计，帮助学生巩固了乙烯的化学知识，深化了对乙烯化学性质的理解。教学中教师运用了智慧课堂环境下的相关信息技术，如系统推送作业、自动统计答题数据等功能，有效地提高了教学效率，为课堂教学中及时反馈与矫正提供了技术保障。

三、教学点评

1. 信息技术与学科融合实现学习内容的创新

课堂教学主要进行知识的传授，还是知识的应用与解构，翻转课堂教学模式的出现给了我们另外一种可能。基于微云、手机移动终端和云平台、数字学校等技术提供支撑，可以有效开展翻转课堂教学。本节课首先让学生在课前通过云平台系统学习知识讲解的微课与反馈练习，初步了解了乙烯的结构、性质和用途，能力层阶基本达到了辨识记忆的水平。教师通过云平台提供的练习测试反馈数据，精准诊断学生在学习过程中存在的问题，即对乙烯使酸性高锰酸钾溶液褪色、乙烯使溴的四氯化碳溶液褪色原理的理解，基于此，课堂教学开展针对性的教学活动进行教学纠偏。课堂上，老师精心设计探究活动，针对学生在课前知识学习过程中存在的问题，从宏观实验现象到微观反应机理，通过宏观实验现象获得的证据进行有序推理，进一步深化对两者褪色不同原因实质的理解，由此帮助学生梳理乙烯的结构特点，形成结构决定性质的关键理解，促进宏观辨识与微观探析、证据推理与模型认知的学科核心素养的发展。

2. 信息技术与学科融合实现了呈现方式的创新

化学强调收集证据，强调证据的可解释性，强调证据从定性向定量发展。数字化实验则可以实现实时化、可视化和高精化，有利于科学探究活动的开展。在本节课课堂环节 2 中，由于反应中生成 CO_2 量较少，传统的定性感受很难，老师适时采用 CO_2 传感器，不仅检验出了 CO_2，而且把其量的变化也直观地呈现出来，并据此引导学生继续进行探究。在课堂教学环节 3 中，教师运用压强传感器分析乙烯与溴的 CCl_4 溶液反应过程，就压强的变化提出猜想，进行探究教学，取得了较好的教学效果。

通过观察、分析曲线，运用宏观—微观—符号—曲线四重表征，进行证据推理，有序思维，引导学生从溶解的阶段，对实验现象与结论之间进行探究，进一步优化探究实验方案。在这两个教学环节中，利用数字化实验使得教学更加直观，有效地培养了学生的证据推理、科学探究与创新意识。

3. 信息技术与学科融合增强了对学科本质的理解

化学微观模型及微观过程往往是教师教学的难点，也是学生学习的难点，很难将微观的过程直观形象地展现出来。随着信息技术的发展，AR（增强现实）、VR（虚拟现实）和 MR（混合现实）等技术，为深刻理解物质的微观结构及物质之间的微观变化提供了认知方式的创新，有利于对结构决定性质、变化的实质等的理解。在课堂教学环节 1 中，运用 AR 技术现场制作可旋转、可移动的乙烯三维立体结构，对于帮助学生理解碳碳双键的结构特点，理解其对称性等，有着积极的作用。证据推理与模型认知是化学学科核心素养的核心认知视角，利用信息技术对获得的证据进行概括加工，形成相应的物质结构模型，对于帮助学生理解微观实质、理解宏观性质与微观结构之间的逻辑结构关系，有着非常重要的作用。相信信息技术与化学的融合必将带来教学方式上的飞跃与革新，必将在新一轮课改核心素养落地过程中发挥更大的作用。

后　　记

国际经合组织（OECD）在"迪斯科"计划（DeSeCo）中将"素养"界定如下："素养不只是知识与技能。它是在特定情境中，通过利用和调动社会资源（包括技能和态度）、以满足复杂需要的能力。"教育部《关于全面深化课程改革落实立德树人根本任务的意见》中把核心素养界定为"学生应具备的适应终身发展和社会发展需要的必备品格和关键能力"，并点明其要点，"突出强调个人修养、社会关爱、家国情怀，更加注重自主发展、合作参与、创新实践"。无论是国际比较还是国内教育政策，都指向了从信息技术革命迈向人工智能时代培育创新素养和实践能力的必要性和紧迫性，同时在新时代更加突出人的情意价值，发展社会所需要的必备品格和正确的价值观念。

《普通高中化学课程标准（2017年版）》中指出：学科核心素养是学科育人价值的集中体现，是学生通过学科学习而逐步形成的正确的价值观、必备品格和关键能力。化学学科核心素养包括"宏观辨识与微观探析""变化观念与平衡思想""证据推理与模型认知""科学探究与创新意识""科学态度与社会责任"5个方面。本书用全面的大视野，梳理从核心素养到化学学科核心素养，论证提出核心素养的必要性，审视从核心素养到学生发展核心素养的进阶性，阐释从学生发展核心素养到化学学科核心素养的实践性。对化学学科核心素养分别从学生发展核心素养、科学素养、化学科学本体3个视角进行建构，详细阐释了5个素养的内涵及关系，分析了化学学科核心素养的特点及相较于2003版课程标准的重要变化，提出了化学学科核心素养目标达成的主要路径。本书分5章分别对5个核心素养的内涵及体现、发展对应素养的教学策略、落实对应素养的教学设计案例做了详细解读。最后梳理了促进发展化学学科核心素养的教学模式，提出了基于真实情境的项目式教学、单元整体教学、学习任务驱动型、深度学习、融入化学史、信息技术与学科深度融合等多种教学模式。

本书的理论梳理部分引用了部分专家学者的研究成果或观点，他们是在核心素养研究领域颇有建树的专家，如钟启泉、蔡清田、崔允漷、褚宏启等，在化学学科核心素养研究领域自成一家的学者，如王磊、王祖浩、郑长龙、吴俊明、吴星、王后雄、李俊、朱鹏飞、陈进前等，在此表示诚挚的谢意和由衷的感佩。本书的教学案例部分试图全面展现我国在化学学科核心素养落地方面的积极探索与实践，除了我们厦门团队的教学案例外，还引用了诸如广东省深圳市坪山高级中学宋靳红、深圳市宝安区教育科学研究院唐云波、广东仲元中学曾国琼、北京市第五中学分校马薇、杭州第四中学王爱富等老师的实践案例，在此向各位老师表示深深的谢意。

海纳百川，有容乃大。正是有了我们全体化学教育人孜孜以求的探索，才有了目前化学学科核心素养落地百花齐放、百家争鸣的和谐动人的美好景象。

我要感谢所有对本书的撰写、出版及修订给予过帮助与支持的化学同仁和社会各界朋友。在本次修订过程中，我邀请了福建省厦门一中叶亚洋、杨琳琳、杨忠宇、黄宇晗、张炜钰、谢琼、林昕、吕孟紫荆、汤诗雯、于海江、田宇、揭佳莉、林静蓝、詹晨等老师对书稿做了审读，他们认真细致、精益求精的作风给我留下了深刻的印象。同时，在书稿修订过程中，北京教育学院王春、兰州市教科所吴正帅、汕头市教研室林波、湖南省长郡中学喻建军等老师也给予我很多有益的建议，在此一并致谢！

我还要感谢我的家人，书稿修订过程中，家庭给了我最大的支持，让我得以全身心地投入到稿件的修改当中。谢谢你们的支持！

由于时间的关系，书中还存在诸多不足之处，衷心希望广大化学教育研究专家、教研员、教师批评指正，以便下次修订时改正。

江合佩

2021年6月于慎思斋